米百俵の主人公 小林虎三郎

日本近代化と佐久間象山門人の軌跡

坂本保富 著

学文社

肖像「小林虎三郎」(小金井権三郎・良精編『求志洞遺稿』所収)
(長岡市立中央図書館蔵)

虎三郎と同門畏友の「三島億二郎」（今泉省三『三島億二郎伝』所収）
（筆者所蔵）

ドナルド・キーンの英訳『米百俵』
（長岡市米百俵財団、1998年、筆者所蔵）

山本有三『米・百俵』
（新潮社、1943年、初版、筆者所蔵）

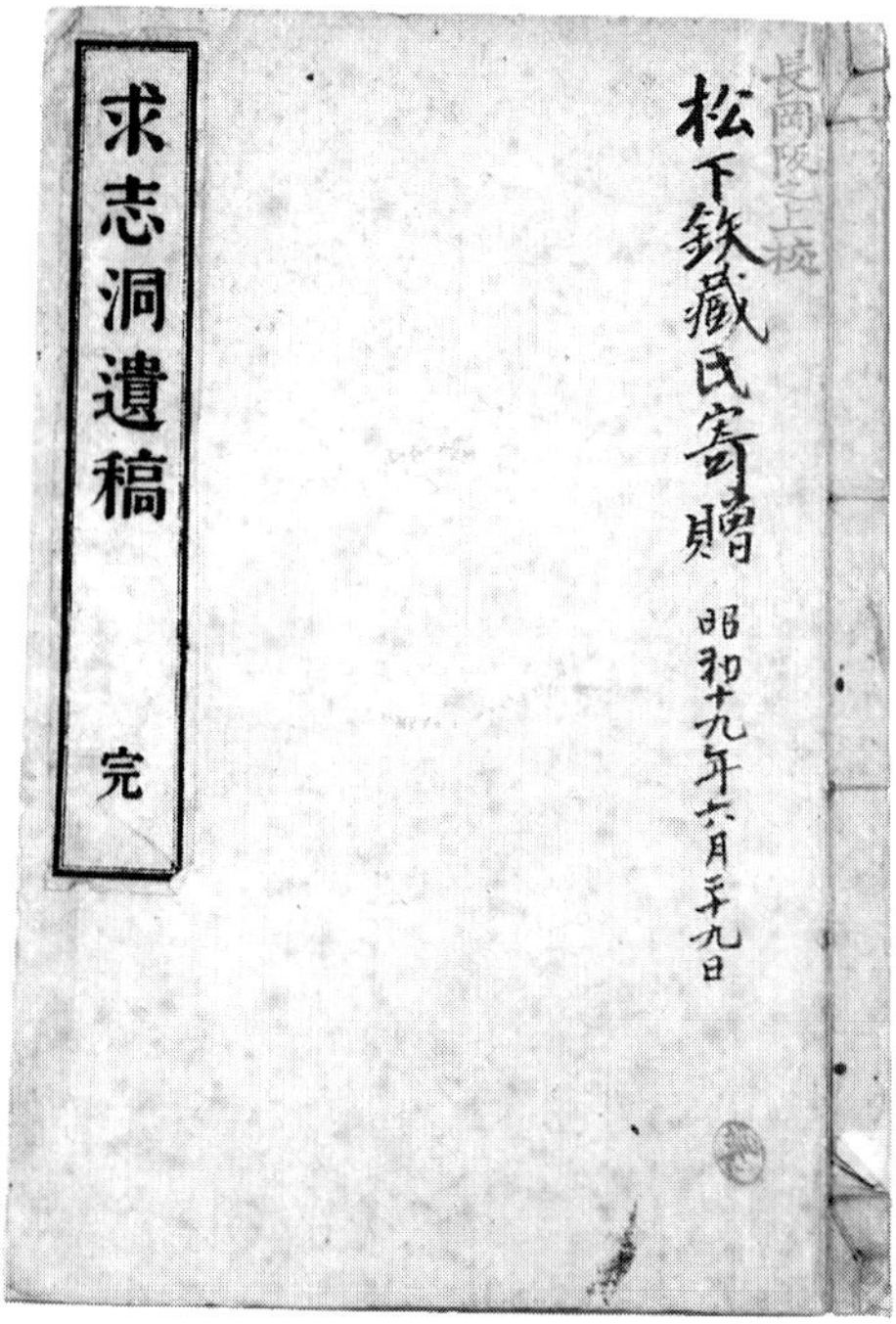

小金井権三郎・良精編『求志洞遺稿』
（1893年、長岡市立中央図書館所蔵）

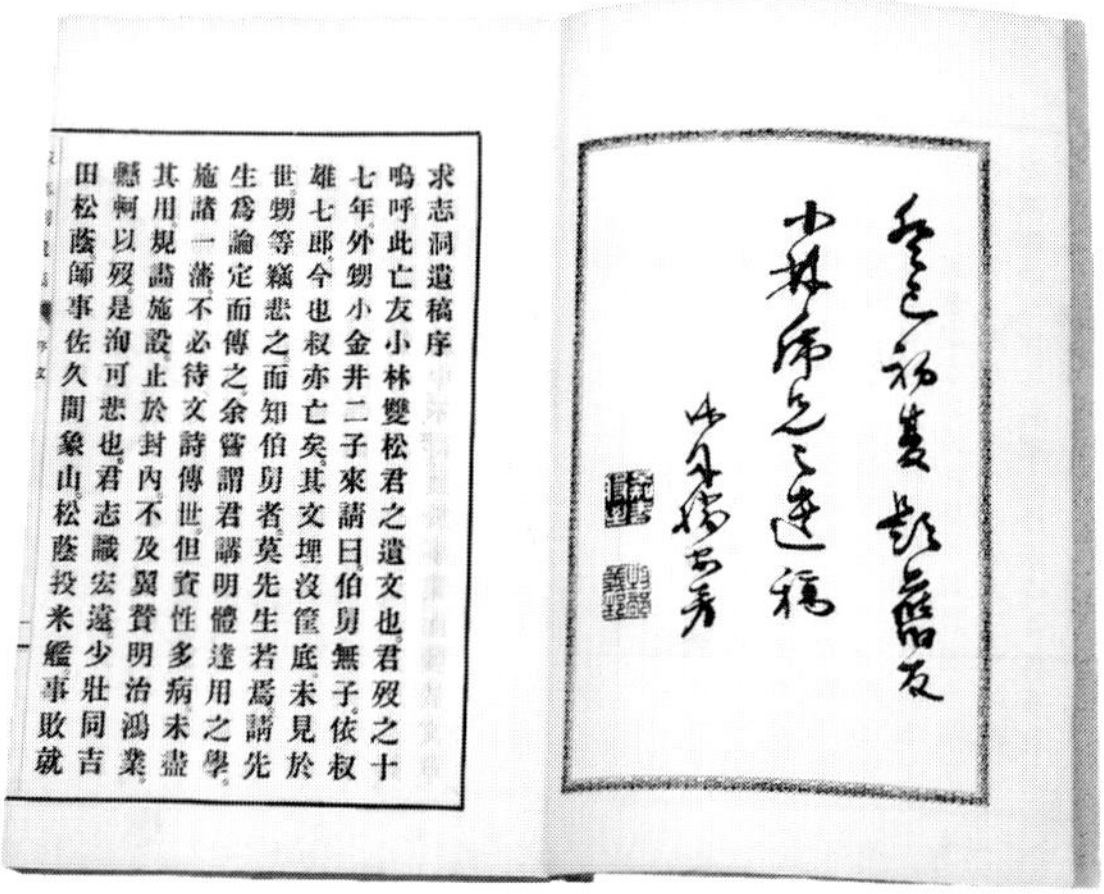
求志洞遺稿序
嗚呼此亡友小林雙松君之遺文也君歿之十七年外甥小金井二子來請曰伯舅無子依叔雄七郎今也叔亦亡矣其文埋沒篋底未見於世甥等竊悲之而知伯舅者莫先生若焉請先生爲論定而傳之余嘗謂君講明體達用之學施諸一藩不必待文詩傳世但資性多病未盡其用規畫施設止於封內不及翼賛明治鴻業轗軻以歿是洵可悲也君志識宏遠少壯同吉田松蔭師事佐久間象山松蔭投米艦事敗就

『求志洞遺稿』の裏表紙、（右）は勝海舟「揮毫」、（左）は北沢正誠「序」

はじめに

本書は、近代日本が誕生する戊辰戦争の直後、越後長岡藩に起きた美談「米百俵」の主人公・小林虎三郎の学究的軌跡の全容解明を目的とした研究書である。美談とは、実に心地よい響きの言葉である。

ところで、美談(moving or impressive tale, a story about an admirable)とは何であるのか。日本人にとって、江戸時代に主君の仇討に人生を捧げ若くして無念の最期をとげた四十七人の義士の物語「忠臣蔵」、佐倉藩主の苛政にあえぐ領民救済を将軍に直訴して死罪となった義民「佐倉惣五郎」の物語などは、実に感動的な美談であり、今なお歌舞伎や演劇で上演されている。日本の歴史上には、地方版を含めれば、数々の美談が語り継がれてきた。ある意味で、美談とは、後世の日本人の生きる希望であり勇気の源泉となってきた物語であったのかもしれない。

だが、時代の移ろいと共に人の生き方も変わるものである。特に天皇制や軍国主義の足枷から解放された昭和戦後の日本には、自由や平等を天賦の人権として声高に叫び、己一個の世俗的な価値や評価を求めて、私利私欲や栄誉栄達に目を奪われ、世間の毀誉褒貶に翻弄されて生きる利己的《エゴイステック》な人間が溢れでた。政治経済や学問文化などの世界でも、時流に乗って功なり名をとげ、偉人と仰がれる人物が数多く生まれてきた。しかしながら、分野の如何を問わず、一人の偉人の成功物語《サクセスストーリー》が誕生する陰には、それを支える無数の無名な人々がいるのである。この厳粛な歴史的事実を看過してはならない。名もなき無数の人々の犠牲や奉仕の上に、偉人と称される人々の立身出世や成功物語は成り立つものである。

ところで、偉人の成功物語は、必ずしも美談であるとは限らない。形振《なりふ》りかまわず権力者に成り上がった戦国武将や明治の元勲たちなど、多くの場合がそうである。権謀術策をめぐらし覇道を駆け登った彼らの立身出世の物語は、とても美談などと呼べる代物ではない。

はたして美談の美談たる本義とは何か。それは、主人公の人生における純粋性や悲劇性、愚直なまでに滅私奉公を貫く誠実な利他（犠牲）の精神などが考えられる。とりわけ美談には悲劇性という要素が不可欠である。如何に才能に恵まれていても、時代に翻弄されて夢や希望を叶えることができず、道半ばで無念の死や非業の最期をとげた人々が、歴史上には数え切れないほどいる。彼らは、存命中に栄誉栄達や拍手喝采とは無縁で、世間的評価を受けることなどなかったかもしれない。さすれば美談とは、正義や忠義を貫いて生きようとする主人公の無念な思いの悲劇性に支えられた感動的な物語である、と言いかえてもよいのではないか。

特に歴史的な美談は、世俗的な価値や評価を求めて自己中心的に生きる現代人の生き方とは全くの対極に位置づく、人間理想の純化され美化された世界である。国家や人民、郷土や家族に対する忠義や正義、あるいは恩義や孝養を貫き、一身を捧げて己の人生を生き抜いた人物の美談は、現代人にとっては実に感動的であり、人間としての自分自身の生き方を省みる鑑ともなりうるものである。だが、注意すべきは、美談には、ある人物像の断片を切り取って歴史的な事実を誇張したり粉飾して、美化し顕彰する場合が少なからずある、ということである。

確かに「米百俵」の史実は、感動的な美談である。だが、それは、主人公である小林虎三郎の不運と不幸が重なる人生の断面でしかないのである。彼は、識見高邁、才徳兼備の人物で、権力に迎合しない謹厳実直な学究的人生を貫いた。それ故に、豊かな学問的才能を発揮しえず、難病との格闘の末に病死したという事実は、実に悲劇的であり、知る人の感涙を誘う美談の条件を十二分に満たしている。

一体、美談とされる「米百俵」の物語とは、どのような史実であったのか。主人公の辿った人生の軌跡の全体像をみることなく、彼の思想や行動の断片を捉えて純化し美化した物語を、無条件に美談と呼ぶことはできないのではないか。

儒教道徳を基盤とする幕末期の日本に、力は正義という覇権主義を根本原理とする異質な西洋近代国家が、圧倒的な軍事的威力をもって侵攻してきた。国家人民の存亡に係る危機的状況に直面した幕末期の日本人は、一体、何を考え、如何に行動したのか。彼らは、身分制度や藩社会という狭隘な枠組みを超えて、国家や民族に目覚め、日本人であることの自分自身の存在に覚醒し、何をどうすることが、この世に生まれてきた自分自身の生き甲斐であり死に甲斐であるのかを自覚した。幕末動乱の時代に青春を生きた日本人は、死に甲斐のある人生を求めて現実から逃避せず、生き甲斐のある充実の日々を生きようとしたのである。時代の転換期である幕末期には、そのような人物が数え切れないほど存在した。佐久間象山や吉田松陰がその一人であり、そして小林虎三郎もまた然りであった。


人間は、生き甲斐や死に甲斐を求めて生きる、極めて特異な動物である。生き甲斐と死に甲斐とは決して別物ではなく、裏表一体の関係にある。道元禅師の説く「修証一等」の世界と通底する。死に甲斐は生き甲斐であり、生き甲斐は死に甲斐である。生死という人間存在の絶対的な本質から、幕末維新期という激動の時代を生き抜いた虎三郎をみたとき、彼の人生もまた、郷土や領民、国家や人民の平和と安寧の実現という天命(死に甲斐)を求めて、病躯をおして生き抜く壮絶な人間の軌跡であった。後世に聴く者、観る者をして、我もまた「かくありたい」と、怠惰で脆弱な現代人の生き方の根幹を揺さぶり、人間の根源的な生の在り方への覚醒を喚起せしめずにはおかないであろう。その意味で、「米百俵」の主人公の生き方は、紛う方なく美談と呼ぶにふさわしい感動的な人生であった。

本書もまた、先に刊行した『米百俵の歴史学—封印された主人公と送り主—』(二〇〇六年)と同じ学文社からの出版となった。本書は、前著と姉妹編をなすものである。活字離れが急速に進行する中で、本書のような大著の刊行をお引き受けいただいた学文社の勇気ある決断に、深甚の敬意と謝意を表したい。特に本書の原稿段階からご面倒をおかけした同社の三原多津夫氏には、衷心より御礼を申し上げたい。願わくば、一人でも多くの読者諸賢に、御一読を賜れることを切望する次第である。

平成二十三年六月二十五日

北アルプスを遠望する信州大学の研究室にて

坂本 保富

米百俵の主人公　小林虎三郎＝目　次

凡例

本書に引用した資料（史料）の記載は、可能な限り原文の表記を尊重したが、読者の利便性を考慮して、次のような措置を講じた。

1、引用資料や引用文献については、著書の場合は『　』、著書の一部または収録された論文の場合は「　」で表記した。

2、引用史料の原文の一部を割愛した場合は「前略」「中略」「後略」と表記した。

3、引用史料には、読みやすくするために句点・読点・濁点を、適宜、施した。また、引用史料の中の特殊な読みや難解な文字には、右側に読み仮名（平仮名のルビ）を付した。

4、引用史料の原文の旧漢字は可能な限り常用漢字を用い、また異体字の場合も同様の措置を講じた。

（例）學→学、國→国、畧→略、徳→徳、數→数、嶋→島、會→会、讀→読

5、明らかな誤字・あて字、あるいは不適当な箇所や疑問箇所には、該当文字の右側に「ママ」を付した。

6、変体仮名は、「ひらがな」あるいは「カタカナ」に換えた。

（例）之→の・ノ、而→て・テ、茂→も・モ、江→え・エ、者→は・ハ、ゐ→い、ゑ→え、キ→い・イ、など。

7、年号の表記は、例えば「明治五年（一八七二）」のように、和暦（西暦）の順に記した。また、「西暦」には「年」を省略し、漢数字だけを記した。

8、他の解読や解釈の可能性がある文字や単語の場合には右側に（カ）を付した。

米百俵の主人公　小林虎三郎

――日本近代化と佐久間象山門人の軌跡

緒　言

明治維新を迎えるときの越後長岡を舞台とする「米百俵」の美談は、平成十三年（二〇〇一）五月に行われた小泉純一郎元首相の所信表明演説に引用されたことで、日本の内外に広く報道され、一躍、有名となった。しかし、「米百俵」の逸話が、美談として広く日本人に知られるところとなったのは、何といっても文豪・山本有三（一八八七～一九七四）の功績による。それは、太平洋戦争中の昭和十八年（一九四三）六月に出版された戯曲『米百俵』（新潮社）によってであった。そのとき有三は五十六歳、すでに多くの戯曲や小説を世に出し、文豪としての地位と名声を確かなものとしていた。昭和の戦時中に、非戦論を貫いて文筆活動を休止していた有三は、終戦を迎えて貴族院議員に勅撰され、さらに貴族院の廃止に伴う最初の参議院議員選挙に自ら立候補して当選し、舞台を国会に移して、国語国字問題を中心とする日本の民主化運動に尽力した。それ故、『米百俵』は、彼にとっては作家生活最後期の作品である。戯曲であると小説であるとを問わず、彼の作品には、絶望の淵から希望の光を求めて誠実に生きようとする人間の真摯な姿が貫かれている。演劇の台本として書かれた『米百俵』もまた、そうであった。

越後長岡藩は、明治の夜明けに勃発した戊辰戦争（一八六八年）で官軍に敗れ、無条件降伏。官軍への徹底抗戦の結果、焼土と化した長岡の人々は、その日の衣食住にも困窮した。惨状をみかねた分家の越後三根山藩（峰岡藩、現在の新潟市西蒲原区峰岡）から、救援米「米百俵」が恵送されてきた。戦後長岡の復興を委ねられて大参事（旧家老職）となった小林虎三郎（一八二八～一八七七）は、「食えないから学校を立て人材を育てるのだ」といって、一粒の米も分配せず、郷土復興の基礎となる人材育成のための学校建設資金に組み込んでしまった。美談「米百俵」の誕生である。

この史実が、有三の戯曲では、実に感動的に描かれている。いきりたつ藩士たちが救援米の分配を求めて虎三郎を取り囲み、今にも抜刃せんばかりの迫真の場面を演出した有三は、主人公の虎三郎をして次のように語らしめている。

> 国がおこるのも、ほろびるのも、町がさかえるのも、衰えるのも、ことごとく人にある。だから、人物さえ出てきたら、人物さえ養成しておいたら、どんな衰えた国でも、必ずもり返せるに相違ない。おれは堅く、そう信じておる。そういう信念のもとに、このたび学校を立てることに決心したのだ。おれのやり方はまわりくどいかもしれぬ。すぐに役にたたないかもしれぬ。しかし、藩を、長岡を、立てなおすには、これよりほかに道はないのだ。（中略）
>
> 食わなければ、人間、生きてはゆけない。けれども、自分の食うことばかりを考へていたのでは、長岡はいつになっても立ちなおらない。貴公らが本当に食えるようにはならないのだ。だからおれは、この百俵の米をもとにして、学校を立てたいのだ。演武場を起こしたいのだ。学校を立て、道場を設けて、子どもをしたてあげてゆきたいのだ。しっかりした人物を養成してゆきたいのだ。
>
> この百俵の米は、今でこそただの百俵だが、後年には一万俵になるか、百万俵になるか、はかり知れないものがある。いな、米だわらなどでは、見つもれない尊いものになるのだ。その日ぐらしでは、長岡は立ちあがれない。あたらしい日本はうまれないぞ。
>
> （山本有三『米百俵』、新潮社）

観る者、聴く者の心を揺さぶるような虎三郎の台詞《せりふ》は、実に感動的である。そこには、教育立国思想の真骨頂が、徳川家康恩顧の譜代大名たる長岡藩牧野家の家訓「常在戦場」の精神をもって平易に説かれていた。

一体、何故に有三は、維新の夜明けの越後長岡に注目し、戊辰戦争の廃墟から郷土の復興に立ち向かった人物を描こうとしたのか。実は、有三が、「米百俵」の逸話を知る契機となったのは、彼の名作『真実一路』（一九三五年）をドイツ語に翻訳した長岡出身のドイツ文学者・星野慎一（一九〇九～一九九八、当時は旧制成城高等学校教授、後に東京教育大学教授）との出会いであった。有三が星野との交流を機に、「米百俵」を執筆するに至った経緯を、筆者は、先に出版した拙著『米百俵の歴史学』（学文社、二〇〇六年）の中で、次のように書いた。

太平洋戦争の渦中で、軍部はもちろん国民世論の大勢が、戦争遂行に必要な米や船を、そして飛行機の増産を叫んでいたときに、有三は、『米百俵』という作品を通して、人づくりという教育の重要性を訴えた。人づくりの重要性を説くのに、なぜ、虎三郎だったのか。そして長岡を語るのに、なぜ、戊辰戦時の英傑・河井継之助ではなく、無名で地道な虎三郎だったのか。

有三は、自分の文学作品の全体を貫通する人間の真に人間らしい生き方、すなわち、如何なる絶望の中にあっても、明日への希望の灯火を掲げて誠実に自己を生き抜く人生の素晴らしさ、尊さ、それを虎三郎の生き方にみいだした、とみてよい。虎三郎が貫いた真実一路の人生にこそ、有三は、共感し、共鳴したといえる。有三自身、そのような己の人間賛歌の熱い胸の内を、次のように述べている。

長岡といえば、すぐ河井継之助を連想するくらい、継之助の名は、広く天下に響いております。長岡の町を焼け野が原としてしまった人は、これほど世にもてはやされておるのに、焼け野が原の上に立って、「人物をつくれ」と説いた人の名は、ほとんど全く伝えられておりません。目立たない事に力をつくした人というものは、とかく世間から顧みられないものです。継之助を継之助として認めることは、もとより当然ですが、しかし、一方、これだけの人物を、このままうづもれさせておく事は、どんなものでしょう。そこで私は、この人の紹介を思い立ったのです。うづもれている人というのは、小林虎三郎という人物です。

（同上、山本有三『米百俵』）

星野が、東京三鷹の有三邸で歓談し、話が共に敬愛する海軍大将の山本五十六（一八八四～一九四三）に及んだとき、星野は、山本大将が長岡出身で戊辰戦時の英傑・河井継之助に私淑していたことを、有三に述べた。そして、恐れ多くも国民的な文豪である有三に対して、星野は、「悲運の英雄河井継之助のことを、なんとか小説に書いていただけませんか」と懇請したのである。

これを受けて有三は、幕末維新期の長岡藩の動向、継之助や虎三郎の人物像について、可能な限り調べ上げた。その結果、有三が書きたいと思ったのは、「長岡の町を焼け野が原としてしまった人」ではなく、「焼け野が原の上に立って、人物をつくれ、と説いた人」、すなわち虎三郎の方であった。それ故に、有三の描いた戯曲『米百俵』は、まさしくヒューマニズム作家としての有三が、一貫して追求してきた自分自身の文学的世界を表現するに値する作品であった。

（坂本保富『米百俵の歴史学』）

美談「米百俵」の主人公は、小林虎三郎という長岡藩士である。戊辰戦後の長岡復興を担わされた彼は、二人三脚で復興に尽力した三島億二郎（一八二五～一八九二）や戊辰戦争のときの長岡藩軍事総督であった河井継之助（一八二七～一八六八）と共に、幕末期、ペリー米国艦隊が浦賀に来航した当時は、江戸の佐久間象山（一八一一～一八六四、信州松代藩）の私塾で学んでいた。彼らは同門畏友の象山門人だったのである。

はたして象山が提唱し実践した「東洋道徳・西洋芸術」という思想は、東西世界のボーダレス化を迎えた幕末期の時代状況を如実に反映した、開国和親・進取究明の学問的成果であった。それは、鎖国攘夷から開国進取への歴史的な転換期における日本人の国際社会への新たな対応指針となった。が、具体的には、日本人の思惟行動の基盤を形成する伝統的な儒教思想から構築された西洋異文化受容の定式―儒学的洋学受容の理論として展開されたものである。

一体に、「西洋芸術」(西洋の科学文明)と「東洋道徳」(東洋の人倫道徳)とは、決して矛盾し対立するものではない。それ故、日本人であることの主体性の喪失(アイデンティティ・クライシス)を恐れずに、進んで西洋日新の学問文化を学んでいくべきである。そう門人たちに、象山は説いたのである。象山の「東洋道徳・西洋芸術」という思想は、幕末期における幕府諸藩の学校教育への洋学導入に理論的な根拠を与えると共に、その後の政治経済や学問文化の担い手となって近代日本の創出に生きた全国各地の青少年たちに、大いなる勇気と希望を喚起するところとなった。

陸軍軍医総監や日本赤十字社社長などの国家的要職を歴任した石黒忠悳《ただのり》(一八四五～一九四一)は、近代日本の西洋医学界を代表する重鎮であった。その彼が、西洋嫌いの無知蒙昧な鎖国攘夷論を脱却して西洋医学の研鑽に向かう転機となったのは、実に象山との出会いであった。彼は、いまだ成人前の若き日に、信州松代に蟄居中の象山を訪ねて教えを請うた。この無名の青年に対して、象山は、自己の獲得した西洋日新の学問文化の蘊蓄を披瀝し、国事多難な日本の状況や外国の事情、経済問題や兵制改革など、幕末期の日本が直面する様々な難題について個人教授した。それは、たった三日間のことであった。だが、石黒が象山から受けた衝撃は、彼の人生観が逆転するほどに大きかった。

畢竟、教育とは出会いの衝撃である。関わった期間の長短ではなく、衝撃の質量の問題である。晩年の石黒は、若き日に象山との邂逅で受けた教戒を回顧して、改めて彼の教育的な感化力の偉大さを再認識し、次のように述べている。

「西洋の学問の進歩は恐るべきものである。足下《そこもと》ぐらいの若者は充分我が国の学問をした上で、更に西洋の学問をなし、そしてそれぞれ一科の専門を究めることにせねばならぬ。また、そのうちからしっかりした者を西洋に遣《つかわ》し修業せしめることが肝要である。かくて、それぞれの専門家を集めて、国の力を充実し兵備を完成しなければならぬ。足下のような若者は、この心懸けで、身体を達者にしてそれぞれの学問をして行くことが責務であって、徒らに悲歌慷慨《（ママ）こうがい》したり、軽躁《けいそう》に騒擾憤死《そうじょうふんし》するようなことでは君国のために何の役にも立たぬ。」といって、普通の攘夷論を完膚《かんぷ》なく論破し、青年はそれぞれ一科の学問を修め、研究を遂げて、その結果を挙げることに力めることが結局、今後、真の攘夷の方法であるぞということを、力強く開示されたのでありました。（中略）

私の見た限りにおいて、その見識の雄大さ明達にして、一言一句、私の脳中に沁み込んで永く忘れることの出来ないのは、佐久間先生であります。吉田松陰でも、橋本左内でも、象山先生によって大なる感化を受けたことと思います。（中略）

昔年、平田篤胤は、本居宣長先生に対し、死後の門人と称したと申すが、われまた先生に対して死後の門人たらんことを願う。今より斯学を研究しその奥を究め、我が国新学を以て彼の泰西と併行し、攘夷の実を挙げて先生に報い奉らむ。

（石黒忠悳『懐旧九十年』、岩波文庫版）

一般には、幕末期の西洋砲術塾として知られた象山の軍事科学系の洋学私塾には、勝海舟（一八二三～一八九九、幕臣）、坂本龍馬（一八三五～一八六七、土佐藩）、橋本左内（一八三四～一八五九、福井藩）、西村茂樹（一八二八～一九〇二、佐倉藩）、加藤弘之（一八三六～一九一六、出石藩）、津田真道（一八二九～一九〇三、津山藩）など、全国各地から多くの優秀な門人が集った。個性豊かで多士済々な象山門人の中にあって、「米百俵」の主人公である虎三郎は、「象門の二虎」として吉田松陰（一八三〇～一八五九、長州藩）と並び称される代表的な門人であった。行動的な松陰とは対照的に学究肌であった彼は、謹厳実直の人格者であり、刻苦勉励の秀才であった。誰よりも誠実に「東洋道徳・西洋芸術」という恩師象山の学問思想の全体を学び取った彼は、それを幕末維新期の日本近代化に具現化しようとして生きたのである。

日本近代化に関わって展開された虎三郎の学究的人生の軌跡は、象山が提唱し実践した「東洋道徳・西洋芸術」という思想の、日本近代化における可能性や有効性を検証する格好の事例となりうる。そのような彼の学究的な軌跡の全体からみれば、美談「米百俵」の史実もまた、軌跡を構成する断片の一つに過ぎないものである。

だが、これまで、虎三郎の思想や行動の全体像は、ほとんど知られていなかった。それ故、本書の研究的な意図は、恩師象山が提唱し実践した日本近代化の思想「東洋道徳・西洋芸術」を継承し、それを日本近代化の過程に具体化して生きた虎三郎の学究的軌跡の全体像を解明すること。この一点に尽きる。したがって、本書における分析の対象は、美談「米百俵」という史実の断片ではなく、それを包摂した彼の思想と行動の全体である。木をみて森をみない歴史理解であってはならない。如何なる大木といえども、それは森を構成する一本に過ぎないのである。

有三の『米百俵』は、それが戯曲であるが故に、史実として誕生する歴史的な背景や文脈を捨象して、主人公の描いた軌跡の断片である出来事を取り上げ、それを可能な限り純化し美化して、舞台ドラマの脚本として感動的に描かれた名作である。だが、「米百俵」の主人公、ただそれだけでは、日本近代化と共に生きた虎三郎の悲運の生涯は、決して語り尽くすことはできない。

あの吉田松陰に勝るとも劣らない学徳兼備の主人公の、日本近代化に寄り添って必死に生きた人生の全体に照射し、その中に「米百俵」の史実を位置づけ直してみれば、より深い歴史的意味をもった新たな美談として、「米百俵」の史実はみえてくるにちがいない。そのためには、美談「米百俵」の世界を、史実「米百俵」の断片においてのみ捉えるのではなく、主人公である虎三郎の生きた人生の全体、日本近代化と共に歩んだ彼の学究的軌跡の全体において理解すること、すなわち史実「米百俵」を生み出した主人公の教育的な思想と行動の全体像—米百俵の教育的な思想世界—の解明が是非とも必要ではないか、ということである。

救援米「米百俵」を分配せずに、人材育成のための学校建設の資金に充てた。このような美談「米百俵」の逸話は、単なる歴史上の偶然ではなく、「かく在るときには、かく在るべし」という歴史的な必然性の然らしむ出来事として惹き起こされた事実であった、とみることができる。偶然の奥に潜む必然性である。それ故に、同様の歴史的な事実は、いつでも、どこでも、起こりうる。そう考えることができるのである。さすれば、美談「米百俵」が誕生する歴史的な必然性を、幕末維新期の歴史的潮流の中で進行した日本の近代化に即して、歴史学的な視座から関係資料の精査と分析を通して理解すること、それこそが、今、美談「米百俵」の研究には求められているのではないか。

象山思想の継承者である虎三郎の思想と行動の全体を、確かな資料分析を通して歴史学的に吟味することは、結果的にみれば、史実「米百俵」の美談としての価値を相対化する営み、であるかもしれない。だが、それは、決して美談の仮面を剥ぐことではない。ましてや主人公の歴史的な事跡を、過小評価したり否定したりするものでもない。

全く逆である。もしも「米百俵」の史実が、主人公の日本近代化に関わって展開された様々な活動を象徴する最も具体的な活動として再認識されるならば、ポツネンと立つ孤高の山ではなく、広い裾野に支えられて悠然とそびえ立つ富士山のように、新たな美談として「米百俵」の史実は甦るかもしれない。

象山思想「東洋道徳・西洋芸術」の研究を志した筆者は、今から四十余年も前に「米百俵」の美談と出会った。以来、上述のような研究への問題関心を抱いて、主人公である象山門人の虎三郎に寄り添って生きてきた。

ところで、主人公である虎三郎の生きた生涯の全体像を解明するとはいっても、本書は、単なる個人の伝記や評伝ではない。主人公が描いた学究的軌跡の生涯を、「東洋道徳・西洋芸術」思想の実践的展開という基本的な視座から、彼の思想と行動の展開を具体的な活動や業績の分析を通して明らかにすること。それこそが本書の研究課題である。

「人間五十年、天下の内をくらぶれば、夢幻の如くなり」(『信長公記』)とは、虎三郎が歴史上で最も敬愛した織田信長(一五三四〜一五八二)が、悲願の天下統一を眼前に京都の本能寺で無念の最期を遂げんとしたとき、火中で舞ったといわれる舞「敦盛」の一節である。虎三郎もまた、相次いで難病に襲われ癒えることのない病苦にもめげず、信長と同じ五十年の一期を生き抜いたのである。

虎三郎が描いた学究的な軌跡の全体は、彼の人生展開の時系列に即してみれば、次の八つの活動領域あるいは研究課題に分けて把捉することができる。実は、それらが、本書の各章を構成しているのである。各章において取り扱う虎三郎の主要な活動の内容分析と、それに関して解明すべき研究課題の概要を示せば、おおよそ次の通りである。

第一章　幕末期における教育立国思想「興学私議」の形成と展開

本人自身は、夢想だにしえないことであったであろうが、やがて美談「米百俵」の主人公となる青少年期の虎三郎は、地元長岡の藩校での基礎的な学問修行を経て、念願の江戸遊学をはたし、佐久間象山の私塾に入門する。生涯の師と敬仰する象山の下で、「東洋道徳・西洋芸術」思想を教育指針とする洋儒兼学の学問研鑽を通して、彼は、黒船来航に揺れる幕末期に教育立国という思想を形成し、それを処女論文「興学私議」にまとめ上げる。

時代が思想を生み、思想が時代を形成するといえるが、はたして、「興学私議」に表現された彼の教育立国という思想は、如何にして形成されたのか。その内容は如何にあり、特徴はどこにあるのか。その思想は、思想というものの現実的な有効性が厳しく吟味検証される幕末維新期の日本近代化過程において、どのように展開され具体化されていったのか。

第二章　美談「米百俵」の誕生とその歴史的真実

虎三郎が、青年期において自己の思想と行動の原点となる論文「興学私議」を執筆した後、はからずも明治維新の夜明けに戊辰戦争(一八六八〜一八六九年)が勃発し、家康恩顧の譜代大名たる長岡藩は、官軍に徹底抗戦し無条件降伏となる。焼土長岡の戦後復興を委ねられたのは虎三郎であった。彼は、維新政府の政策展開を冷静に凝視しながら、自らが「興学私議」に描いた教育立国思想を郷土長岡の復興に実現すべく、藩立学校の新設を最優先課題とする人材育成の教育政策を展開する。

支藩から恵送された救援米「米百俵」を、一粒も分配せずに開校資金に組み込んで、虎三郎たち新生長岡藩の首脳陣が新設した藩立学校とは、一体、どのような学校であったのか。設立の趣旨と経緯は、如何なるものであったのか。その教育内容と特徴は、いまだ教育近代化の端緒にあった明治初期の日本において、どのような歴史的な意味や役割を有するものであったのか。

第三章　明治初期の教育近代化に関する問題認識

新たに新築開校した藩立学校の初代校長に就任したのは、虎三郎であった。が、彼は、翌年の廃藩置県(一八七一年)による長岡藩の終焉を契機に、一切の公職を返上して東京へと旅立つ。それは、覚悟の出郷であった。以後、彼は、二度と郷里長岡に戻ることはなかったのである。何故に彼は、いまだ復興途上の郷里を去って上京してしまったのか。この問題は全く不可解な謎であった。だが、その理由は、上京後に展開された彼の活動の数々を分析し吟味してみれば、自ずと納得できる行動であった。

上京後の虎三郎は、維新政府が展開する近代化の政策、とりわけ教育近代化の政策展開に注視する。そこにおいて彼は、何をどう読み取り、如何なる問題を発見したのか。維新政府の教育近代化政策に対する虎三郎の問題認識の有り様の分析を通して、上京後における彼自身の役割認識の在り方と、問題解決に向けた数々の積極果敢な活動展開の内実を明らかにする必要がある。

第四章　国文による歴史教科書『小学国史』の編纂刊行

西洋近代の学校教育をモデルとして構想された日本最初の学校教育法たる「学制」(一八七二年)の実施の後、四民平等を謳った国民皆学という高邁な教育理想の実態は、はたして、どのような状況にあったのか。虎三郎は、「学制」の描く教育理想と学校教育の現実との狭間で生じた、様々な問題を発見する。とりわけ、教科書を巡る問題状況の重大性を痛感する。その結果、彼は、国民教育における身分的差別や地域的格差などの旧弊を是正すべく、全ての平民児童が等しく学べる平易な教科書の必要性を自覚するのである。

教科書問題の中でも、特に彼が緊要な課題として認識したのは、政府主導で文明開化が叫ばれる欧化全盛の時代思潮の下で、大人向けの欧米翻訳の歴史書が小学児童の歴史教科書とされていたこと、しかもその訳文が旧来の武家文化を継承する漢文調で難解なものであったことである。

虎三郎は、このような国民皆学を国是とする小学校の教科書問題に対して、すでに教育立国思想を形成する幕末期において、国語国字問題の改革を意識し、そのための創意工夫を重ねていたのである。その具体的な実践の成果が、平易な国文による歴史教科書『小学国史』(全一二冊)を独力で編纂し刊行したことであった。

同書の編纂に至る動機や経緯は、一体、如何なるものであったのか。また、彼が編纂した『小学国史』の内容は、どのようなものであったのか。さらには、当時の他の歴史教科書と比較した場合、どのような特徴が認められるのか。これまで全く看過されてきた『小学国史』に関する様々な疑問や問題点を解明する必要がある。

第五章　漢書『大徳国学校論略』を明治初期の日本に翻刻紹介

虎三郎は、中国在留のドイツ人宣教師が、アヘン戦争後に展開された清朝中国の近代化政策の問題状況を、徳国(ドイツ)を中心とする西欧諸国との比較教育文化論の視座から鋭く分析した『大徳国学校論略』(一八七三年)という一冊の漢書と遭遇する。彼は、即刻、同書を入手し訓点を施して、翌年の明治七年、いまだ近代化の端緒にあった明治初期の日本に紹介したのである。この彼の貴重な業績もまた、従来の教育をはじめとする歴史学の世界では知られていなかった。

同書は、日本に紹介されたドイツ文献の嚆矢であり、その歴史的な意義は大きかった。虎三郎が日本に翻刻紹介した『徳国学校論略』(二冊)とは、一体、どのような内容と特徴を有する書物であったのか。さらに同書を、ドイツと中国、それに明治初期の日本の三国における教育近代化の有り様を巡る比較文化論の観点から分析し考察する必要がある。

第六章　明治初期の教育界を啓蒙した英米翻訳教育書の校訂活動

「学制」を発布して以降、国民教育を担った欧米モデルの近代小学校の実態は、教育の施設・設備はもちろん、教師も教科書も、そして教育の内容も方法も、全てが旧態依然の問題状況にあった。特に新時代の教育を担うべき教員は、いまだ教員養成の師範教育が緒に就いたばかりで絶対的に不足し、学校現場の教員のほとんどが従来の藩校や寺子屋などの教師の寄せ集めであった。それ故に、教員の意識改革はもちろん、肝心の学校や学級の経営、授業の構成や展開、生徒への対応や指導など、教職に関する知識技術の刷新が急務とされた。急場を凌ぐために文部省は、学制実施後における明治初期の教育界に、教師の教育実践に関する最新の知識技術を急ぎ提供すべく、欧米教育書を御雇外国人教師に翻訳させて刊行した。いわゆる翻訳教育書である。

その日本語訳文の校訂を、文部省から委嘱を受けて担当した最初の人物が、実は虎三郎であった。この歴史的な事実は、これまで全く知られずにきた。彼は、英文原書を日本語訳した御雇オランダ人教師のファン・カステールとコンビを組んで、日本語訳文の校正を担当し、矢継ぎ早に欧米教育書を翻訳して刊行したのである。

一体、ファン・カステールとは、どのような人物であったのか、その経歴と業績は如何なるものであったのか、虎三郎が校訂した英米物の翻訳教育書―『教師必読』『学室要論』『童女筌』とは、一体どのような内容と特徴を有するものであったのか、それらが学校現場の教師たちに与えた影響とは如何なるものであったのか、等々の疑問を解明する必要がある。

第七章　幕末維新期におけるオランダ原書の翻訳活動

江戸の象山塾でオランダ語の修得に励んだ虎三郎は、恩師象山の勧めもあって、江戸遊学中に沢山のオランダ原書を購入あるいは書写していた。期せずして黒船来航に遭遇した彼は、恩師象山の横浜開港説を奉じて幕府や藩主に建言し、これがもとで処罰され地元長岡での蟄居謹慎という処分を受ける。以来、明治維新の夜明けまでの十数年間、病躯に懊悩しながら、彼はひたすらに学究の日々を送ったのである。

だが、学問への大志を砕かれた彼ではあったが、絶望的な状況に決してめげることはなかった。謹慎中における彼の主要な活動は、実は江戸から持ち帰ったオランダ原書の翻訳であった。一体、彼が翻訳した西洋日新のオランダ原書(物理学、地理学、食糧学、歴史学などに関するオランダ原書)とは、どのような内容の書物であったのか。彼の翻訳活動の成果は、幕末維新期における洋学受容の歴史において、どのように評価され位置づけられるべきものであったのか。これまで全く紹介されることがなく、本邦初公開となる虎三郎の翻訳活動の具体的な成果を解読して内容を分析し、日本の洋学受容史上における歴史的意義の吟味が求められてしかるべきである。

第八章　病翁小林虎三郎の病気と病状の分析

虎三郎が生涯、病身であったことは知られていた。だが、病名や病状についての詳細は明らかではなかった。彼は、誕生直後に天然痘に罹患して一命を取りとめる。だが、二十代後半にはリウマチその他の難病を相次いで発症し、言語を絶する過酷な闘病生活が最期まで続いた。しかし、彼は、如何なる病魔にも屈せず、病躯をおして日本近代化に関わる様々な活動を必死に展開したのである。

日本近代化に関わる彼の様々な学究的業績を追体験的に理解し、それを歴史上に正当な位置づけをするためには、彼が対峙した病気や病状が如何なるものであったのかを、関係史料を病歴の進行に即した時系列で抽出して分析し、闘病生活の具体的な実態を解明する必要がある。

象山門人の虎三郎は、幕末維新期の日本近代化過程において、教育を中心とする様々な分野で近代化推進に関わる学究的活動を展開した。畢竟するに、彼の生涯は、恩師象山の「東洋道徳・西洋芸術」思想を継承した教育立国思想の実践的な展開であった。彼の活動展開は、一貫して幕末維新期の近代日本の構築に照準化されていたのである。アヘン戦争後における欧米列強諸国の極東アジア侵攻を眼前にして、国家や民族の平和的な存立や安寧を如何にして確保すべきか。死に甲斐を求めて必死に病身を生きる虎三郎にとっては、まさに天命としか言いようのない喫緊の課題であった。

恩師象山の遺志を受け継ぐ虎三郎は、独立自尊の国家や国民を形成する全ての基礎は、人材育成の教育にあるとみていた。彼は、時代や権力に迎合できない謹厳実直な性格であったが故に、その生涯は誠に悲運であった。だが、それは紛う方なく、教育立国思想の実現という国家的課題の実現に向かって展開された一筋の学究的な軌跡であった。

彼の教育的な思想世界の全容を解読することは、鎖国攘夷の封建日本が開国進取の近代日本へと転換する幕末維新期にあって、誠実に天命を奉じて己を生き抜いた一人の日本人の教育的信念とその軌跡を辿ることである。換言すれば、国家民族の危機的な時代にあって、日本人による日本人自身の国家・国民の発見とその理想像の素描を、国民教育の実現を通して達成しようとする教育立国の思想世界を生き抜いた人物の軌跡の解明を通して明らかにすることでもある。

それ故に本書は、日本人自身による日本近代化の教育的な探求と実現に生きた「米百俵」の主人公の学究的な生涯の解明に照準を当てた研究書である。激動する幕末維新期の時代的な諸条件の下で、恩師象山の「東洋道徳・西洋芸術」思想を継承し実践して生きた彼自身の生涯を闡明し、様々な具体的活動を分析し考察することを通して全体像を解明すること、このことを研究課題としているのである。

第一章　教育立国思想「興学私議」の形成と展開

第一節　黒船来航と象山思想「東洋道徳・西洋芸術」の展開

アヘン戦争の勃発（一八四〇年）から黒船来航（一八五三年）へと急展開する十九世紀中葉の極東アジア世界を舞台に繰り広げられた、欧米列強諸国による植民地獲得の競争は熾烈を極めた。その「弱肉強食」を基本原理とする世界情勢の渦中に、否応なく取り込まれた鎖国日本の危機的な存在状況。極東アジアの端に浮かぶ小さな島国の日本。それは、まさに風前の灯火であった。それ故、国内には欧米列強の外圧に対する危機意識が急速に昂揚した。幕末期を生きた同時代人の危機意識は、後世の人々の想像を絶するものであったに相違ない。

当時の「力が正義」という欧米列強諸国による軍事的な支配原理の下で、一種の国際化現象(Globalization)《グローバリゼーション》が進行する新たな世界情勢の中にあって、日本は如何に対応すべきであるのか。国家民族の存亡に関わる緊要な課題であった。そのような危機的状況にあって、日本人の選択しうる主体的な対応思想の一つとして形成されたのが、実は佐久間象山（一八一一～一八六四、信州松代藩）に象徴される「東洋道徳・西洋芸術」という思想であった(1)。

東西世界のボーダレス化という幕末期の世界情勢を如実に反映した「東洋道徳・西洋芸術」という思想は、開かれた新たな国際社会への日本人の対応指針として機能したのである。その思想は、具体的には、日本人の思惟や行動の基盤を形成する伝統的な儒教思想から構築された儒学的洋学受容論として展開された。「西洋芸術」（西洋の近代科学技術）は「東洋道徳」（東洋の人倫道徳）と決して矛盾し対立するものではない。それ故、日本の青少年は、進んで西洋日新の学問文化を学んでいくべきである。そう、象山は説いたのである。彼の「東洋道徳・西洋芸術」という思想は、幕末期における幕府諸藩の学校教育への洋学導入に理論的な根拠を与えると共に、その後の政治経済や学問文化の担い手となって近代日本の創建に生きた全国各地の青少年たちの人生観や世界観に転換をもたらし、独立進取への勇気と希望を与えるところとなった。

如何なる学問や思想も、教育的な営為の媒介なくしては理解も普及もありえない。それ故に象山もまた、幾度かの私塾教育を通して「東洋道徳・西洋芸術」思想の普及拡大に挺身した。彼の学問探究の人生は、同時に率先垂範の教育的人生でもあった。自らの学問思想を実践躬行する象山の姿は、数多の青少年の進路に大きな感化を与え、彼らをして西洋日新の学問文化の探究に向かわしめたのである。黒船来航に揺れる幕末期に多感な青年期を迎えて洋学と出会った大隈重信（一八三八～一九二二、佐賀藩出身）は、当時の青年たちに与えた象山の教育的な感化力が如何に絶大なるものであったかを、次のように回顧している。

当時、藤田東湖と佐久間象山とは、殆ど天下一般に承認せられたる有識者なりし。二人の所説は固より同一ならざりしと雖も、これを尊信する青年書生の身に取りては、其の一言一句みな闇夜の光明の如くなりし。其の容姿と議論とは、聴くものをして覚えず飛躍抃舞《ひやくべんぶ》（喜び舞う）せしむるに足るものありし。（中略）余が如くに学校を放逐せられて、封建の弊習、束縛、圧制を見る蛇蝎《だかつ》（恐れ嫌う）よりも甚だしく、身は逆境に住して心は不平に堪へず。片時も速に此の境域を脱却せんと企図するものに向つて、藤田、佐久間等の言は誠に天国の福音の如くにありしなり。(2)

国家存亡の危機的状況の中で、象山の謦咳に接した青少年たちは、迷い悩める自己の存在を根本から揺さぶられ、人生を左右するほどに強い感化を受けたのである。(3) 象山にとっての私塾教育は、「東洋道徳・西洋芸術」に結晶する自己自身の学問思想の探究過程であり、同時にそれは、学問思想の対社会的な有効性を問うための実践活動でもあった。

江戸に開設された象山の私塾には、現在、確認しうるだけでも北海道から九州に至る全国五十余藩の青少年が入門して学んだ。(4) 彼らは、象山塾において「東洋道徳・西洋芸術」という開国進取の新しい思想と出会い、世界的な視野から極東アジアの片隅に位置する島国日本を認識し位置づけることのできる新たな世界観を獲得し、それまでの伝統的な儒学を基礎として培ってきた日本人としての identity《アイデンティティ》 を喪失することなく、積極果敢に西洋日新の学問文化を摂取していこうとする、開かれた精神と態度を形成し実践していったのである。(5)

彼ら象山門人たちの幕末維新期における進路と活躍は、尊皇開国に日本の活路を見いだそうとして倒幕運動に挺身した人々、幕府や維新政府に出仕して中央世界で活躍した人々、地道に出身地域の改革と発展に尽力した人々、新しい分野の開拓と発展に貢献した人々、等々、実に様々であった。(6) 彼ら多くの門人たちの多種多様な活躍によってこそ、象山が生涯を賭して提唱し実践した「東洋道徳・西洋芸術」という思想は、近代日本の形成に有効な思潮となりえ、様々な人と時と場所をえて具体的な展開を示すところとなったわけである。

したがって、幕末維新期という日本近代化の端緒の時期に形成され展開された「東洋道徳・西洋芸術」という思想は、単に象山個人のものとして完結し終息し評価されるべきものではなく、まずは彼の私塾に学んだ数多の門人たちの進路と活動を包摂した集合的全体として把握される必要がある。そう捉えることによってこそ、「東洋道徳・西洋芸術」という思想の意味と役割とが、歴史的な現実に即して理解されることになるのではないか。

日本近代化に関わった「米百俵」の教育的な思想世界を探求する端緒となる本章では、上述のような問題意識に立脚して、一般には、昭和十八年(一九四三)という太平洋戦争の最中に刊行された山本有三の戯曲『米百俵』の主人公として知られる、象山門人の小林虎三郎（一八二八～一八七七）に着目する。これまで彼は、郷里である越後長岡における戊辰戦後の教育復興に尽力した人物として評価されてきた。しかし本書の基本的な研究視座は、彼の思想と行動の全体を、幕末維新期における「東洋道徳・西洋芸術」思想の具体的展開という歴史的観点から把捉し分析することである。[7]

第二節　象山塾への入塾経過と入塾後の学び

1　長岡藩校崇徳館での学びの基礎

江戸中期を代表する経世学者であった林子平（一七三八～一七九三）は、晩年の名著『父兄訓』の中で、「実に三歳児《みつご》の魂百迄と云俗諺《ぞくげん》の如く、幼少の時の仕癖《しへき》が、老年迄も附纏《つきまと》ふもの也」[8]と説いている。伝統的な日本の近世武家社会では、幼少期における家庭教育の重要性が広く認識されており、特に父親が男児の基礎教育を担うのが一般的であった。

虎三郎の場合もまた、そうであった。彼の人格と学問の基礎は、甥が「幼より厳父の庭訓を受け」[9]と証言しているごとく、父親である小林又兵衛（生年不詳～一八三二、誠斎または厳松）の家庭教育によって形成された。百石取りの越後長岡藩士であった又兵衛は、勇猛果敢な騎馬武者でありながら学問文化にも極めて造詣が深く、まさに知勇兼備の侍であった。それもそのはず、彼は若くして藩校崇徳館の「助教」や「督学」などの教職を歴任して新潟町奉行となり、一時は江戸の長岡藩邸で藩主の世子（嫡男）の傅役《ふやく》（養育係）を務めるほどの人物であった。彼が、人格円満、識見高邁の学究的な人物と評される所以である。[10]

ところで虎三郎は、小林家の嫡男ではなかった。彼は、その名のごとく七男二女の三男であった。長男と次男が

【小林虎三郎の家系譜】

○小林又兵衛親真
彭隆院哲応道仙居士
（安政六・一〇・一七歿）
久（ひさ）
妙林院智山貞鐘大姉
（明治一一・一二・二六歿）

長男　夭折
次男　夭折
3男　虎三郎（**象山門人、米百俵の主人公**）
4男　貞四郎（虎三郎没後の小林家当主）
長女　幸（**ゆき、長岡藩小金井家に嫁す**）
次女　富（とみ、長岡藩吉田家に嫁す）
5男　大五郎（横田家の養子となり横田大造と改名）
6男　寛六郎（慶應義塾出身）
7男　雄七郎（**衆議院議員、慶應義塾出身**）

小林　幸
○小金井良達
（長岡藩士）

権三郎（長男、衆議院議員、慶應義塾出身）
良精（**次男、東大医学部教授**）——初妻／後妻
保子（長女）
幾子（次女）
寿衛造《すえぞう》（陸軍少佐、日露戦死）
玉汝《たまじょ》（四女）

○小松維貫
（松本藩医、
象山門人）

長男　彰（**象山門人、文部大丞**）
次男　精一（文部省・内務省出仕）
長女　八千代
次女

○小沢維直
（松本藩小沢家から小松家に婿養子、軍医）

○赤松則良
（海軍中将）
——登志

○森　静康（静男）
（津和野藩医）
峰子

林太郎（**鴎外**）
篤次郎《とくじろう》
喜美子《きみこ》
（鴎外の東大医学部先輩・小金井良精の後妻、作家で「鴎外の思い出」などの作品）

森於菟《おと》

精子
○星一《はじめ》
（星製薬株式会社、星薬科大学の創設者）

星新一（**本名、親一**）
（**作家**）

夭折してしまったがために、彼が家督を継ぐ羽目になったのである（前頁の筆者作成「小林虎三郎家系譜」を参照）[11]。期せずして嫡男となった虎三郎は、藩校に入学するまでは、家庭にあって小林家の跡継ぎとして、父親から厳格な文武両道の武士教育を受けて育ったのである。

その虎三郎が、家庭での基礎教育を経て藩校崇徳館へ入学したのは天保九年（一八三八）、数えで十一歳のときであった。入校後の虎三郎は、「藩儒高野某に就いて学ぶ。又、山田某の教を受く」[12]といわれる通り、幕府儒官・佐藤一斎（一七七二〜一八五九）の門下生で藩校の都講《とこう》（校長職）を務める高野松陰（一八一一〜一八四九）、そして高野の後任の都講となった山田愛之助（一八一六〜一八九六）など[13]、藩内一流の儒学者たちから儒学研究の基礎を学び取ったのである。

ちなみに、彼が藩校で教えを受けた高野が、虎三郎が生涯の師と仰ぐ佐久間象山とは、同じ佐藤一斎の門人同士であったということは、奇縁であった。さらに注目すべきは、もう一人の藩師であった山田との邂逅である。当初、藩校崇徳館に学んだ山田は、その後、藩命を受けて江戸に遊学し、幕府儒官の古賀侗庵《とうあん》（一七八八〜一八四七、寛政の三博士と評された幕府儒官古賀精里《こがせいり》の子息）の門に入って儒学の研鑽を積み、古賀の私塾の塾頭にまで抜擢された碩学であった。だが、彼の学問修業はこれに止まらず、さらに大阪の緒方洪庵（一八一〇〜一八六三）と並び称される江戸の西洋医学界の泰斗・伊東玄朴（一八〇〇〜一八七一）に師事して蘭学をも学び、帰藩して藩校教授となった博覧強記の人物であった。

そのような洋儒兼学の山田から、はたして虎三郎が、何をどの程度まで学んだかは不明である。だが、少なくとも山田との出会いを通じて、彼は、間接的ながら蘭学―洋学との接点を持ち、東西両洋の学問を対立矛盾する関係ではなく、兼学兼修することが可能であることを学んだであろうことは想像に難くない。

ともかくも、藩校入学後の虎三郎は、刻苦勉励して学問の研鑽に励み、才能を開花させていった。その結果、十七、八歳の頃には藩主に非凡な学才を認められ、かつて父親が務めた藩校の「助教」に抜擢されることとなった[14]。

当時の藩校崇徳館の教官は、「教授」と「助教」とで構成されていた。虎三郎が任命された「助教」の任務は、「凡《およそ》初学の句読を授くることを掌どり、義理分明音韻雅正《おんいんがせい》ならんことを要す。人才を教育するの本根、全て此の職に在り。」と規定される教育の実務を担う教職であった。(15) 虎三郎は、藩校での職務を遂行しながら、さらなる学問への飛翔を期していた。嘉永三年(一八五〇)、ついにそのときが巡ってきた。彼は、藩命を受けて念願の江戸遊学に旅立つことになったのである。虎三郎、二十三歳のときであった。

2 長岡藩関係者の洋学修行と象山塾

幕末期とはいえ地方から江戸や大阪などの大都市に学問修行に出ることは、経済的な負担も大きく、並大抵のことではなかった。雪深い越後長岡に生まれ育った虎三郎が、江戸に出て象山塾に入門した当時の長岡藩主は、第十代の牧野備前守忠雅(一七九九～一八五八)であった。彼は、開明的な人物であった。幕末期の日本を取り巻く危機的な国際情勢と、それに対応すべき国内課題について的確な現実認識を持ち、激動する内外情勢に対応して問題解決に当たれる人材育成の必要性を自覚していたのである。

それ故に彼は、人材の育成と登用とに意を用い、洋学＝蘭学という当時としてはいまだ一般には認知されていなかった異国の学問修得を目的とした藩士の学問修行―遊学にも理解の深い人物であった。それもそのはずである。彼は、すでにアヘン戦争直後の天保十四年(一八四三)には、弱冠二十五歳という若さで幕府老中に就任し、以来、中央政界にあってアヘン戦争後の難局打開の重責を担っていた。特にペリー艦隊を迎えて日米和親条約を締結する際には、海防担当の老中次席として老中主座の阿部正弘(一八一九～一八五七、福山藩主)を補佐して活躍した人物である。(16) それ故に彼の治世には、越後長岡藩から洋学の学習を目的として江戸や大阪、さらには長崎へと、藩費で学問修行に赴く青年藩士が急増したのである。

長岡藩では、すでにアヘン戦争直後の弘化年間から、江戸の代表的な西洋医学塾であった伊東玄朴の「象先堂」

には、後に藩校崇徳館を統括する朱子学者の山田愛之助が入門しており、これが先駆けとなって長岡藩関係者の同塾への入門者が相次いだ。[17] また、嘉永六年(一八五三)のペリー艦隊の浦賀来航を機に、西洋砲術家としては先駆的な江川坦庵(太郎左衛門、一八〇一～一八五五)や下曾根信敦(金三郎、一八〇六～一八七四)の私塾にも、西洋砲術や西洋兵学の修得を目的に、藩士を選抜して入門させている。[18] さらに大阪にある緒方洪庵(一八一〇～一八六三)の西洋医学塾「適塾」にも、小山良運(一八二六～一八六九)をはじめとする藩士数名が入門している。[19] 幕末期における長岡藩と洋学との関わりの中でも、特に嘉永期以降においては、西洋砲術・西洋兵学を含めた広範な洋学の学習を目的とした藩士の遊学活動が、活発に展開された。とりわけ幕末期における軍事科学を内実とする西洋文明の積極的な受容現象は、当時の進歩的な諸藩に認められる一般的な傾向であったのである。

それでは、そのような学問状況の中で、長岡藩と象山塾との関わりは、如何なるものであったのか。信州松代藩の象山が、江戸において西洋砲術や西洋兵学の教授活動を本格的に開始するのは、嘉永三年(一八五〇)からのことである。以来、江戸での西洋砲術教授は、彼が長州藩出身の愛弟子である吉田松陰(一八三〇～一八五九)の海外密航事件に連座して捕縛される、安政元年(一八五四)の四月まで継続した。江戸の象山塾は、四年足らずの短期間であった。実は、その期間における象山塾の門人について窺い知ることのできる史料「訂正及門録」がある。[20] そこには長岡藩関係と推察される次の七名の入門が記載されている。[21]

小林虎三郎(嘉永四年)、川嶋鋭次郎(河嶋永次郎、同四、六年に重複記載[22]―筆者注。以下もカッコ内の追記は全て同様)、渡辺進(同四年)、河井継之助(同五年)、稲垣与一(同六年)、佐藤広二(同六年)、菅沼幾三郎(同六年)

嘉永四年における長岡藩の入門記載者は、小林虎三郎と河島鋭次郎(維新後に三島億二郎と改名)、それに渡辺進の三名であった。だが、同じ年の入門とはいっても、名簿への記載順からみれば、虎三郎が最初であった。したがって、長岡藩から象山塾へ入門した最初の人物は、虎三郎であったとみてよい。このことは、後述するような彼の入門経緯を知れば事実とみてよいであろう。すなわち、虎三郎の入門を皮切りに、長岡藩から象山塾への入門者が相次いだということである。

3 約束された象山塾への入門

儒教を経世済民(世を治め民を救うこと)の思想的基盤とする近世の徳川社会では、儒学教育を旨とする漢学塾を中心に、様々な私塾教育が展開された。近世私塾の教育世界では、入門手続きが重視されたが、とりわけその厳格さをもって知られていた象山塾の場合、入門者の入門経緯を分析してみると、多数の藩士が入門した佐倉藩や中津藩、さらに大野藩や土佐藩などのように、藩主自らが洋学者象山の信奉者となって藩士を藩命で集団入門させる場合が多かった。次いで、すでに入門している自藩あるいは他藩の友人知人の紹介で個人的に入門する場合、さらには地縁や血縁の人間関係に頼る場合、等々による入門がほとんどであった。

では、虎三郎の場合はどうであったのか。彼の象山塾入門への経緯は、象山の郷里である松代藩以外の場合では、少々、特異なケースであった。すなわち、虎三郎の象山塾への入門は、まだ彼が幼少の折りに、彼の父親と象山との間で交わされた約束事であったのである。

百石取りの越後長岡藩の家臣であった父親の小林誠斎が、新潟町奉行の職にあった天保九年(一八三八)、たまたま信州松代藩の象山が藩命を帯びて越後に遊び、誠斎と出会った[23]。そのとき、数えで二十八歳の象山は、前年に松代藩最初の藩費遊学生として二年間、江戸で林家学頭の佐藤一斎に師事して漢学や文学を修めて松代に帰国し、自己の進路を朱子学を奉じる漢学者の道に定め、将来の大成を期していたのである。

その彼が、江戸での学問成果をもって藩当局に「学政意見書」を上書して学政改革を進言したのも、越後を訪ねる前年のことであった[24]。若き日に長岡藩校崇徳館で教鞭を執った学識豊かな虎三郎の父誠斎と、新進気鋭の儒学者として自信と希望に溢れる青年象山との邂逅を、虎三郎の遺稿集『求志洞遺稿』を編纂した外甥の小金井権三郎(一八五五〜一九二五)は、次のように叙述している。(25)

父誠斎、職を新潟に奉ずるの日、象山に邂逅す。一面旧の如く、交情甚だ厚し。且つ象山博識多通にして議論卓越せるに服し、以て児を託し教を受くる者と為すは、世に独り斯の人有るのみ。因て之を象山に乞ふ。象山之を許す。是を以て象山に随従するなり。(26)

誠斎は、若輩ながら博覧強記で鋭い論理的能力を持つ初対面の象山との談論風発を通して、彼の自信に満ちた自説開陳の中に、非凡の才能を感得した。それ故、誠斎は、いまだ十歳を過ぎたばかりの少年虎三郎の教育を託するに足る人物として、象山を見定めたわけである。

当時の象山は、やがて自分自身の進路に重大な衝撃と転換をもたらすアヘン戦争の勃発など夢想だにしえなかった。したがって誠斎もまた、新進気鋭の青年学徒である象山が、やがて洋学に進んで儒学との統合をはかり、日本の進むべき進路を指示する「東洋道徳・西洋芸術」という思想の形成と実践に挺身する、波乱万丈の人生を歩むことになるとは、夢想だにしえなかったことである。ともかくも虎三郎の象山塾への入門は、実際の入門に十年余りも先だって取り交わされた、父親と象山との約束事であった。このような象山塾への入門動機は、他の門人たちの場合とは異なり、まさに「約束された入門」であったといえる。

4　象山塾の教育と虎三郎の学習状況

虎三郎の象山塾への入門は、前述のごとく象山側の門人帳資料によれば(27)、嘉永四年(一八五一)のこととされる。だが、彼が藩命を受けて江戸に遊学するのは、その前年のことであった。ということは、江戸へ到着後の虎三郎は、すぐさま象山塾には入門せず、他の私塾に入門したということである。

なぜ、象山塾に直行しなかったのか。甥が執筆した虎三郎の略伝には、「初め萩原某の門に入り、後、佐久間象山に就いて学ぶ[28]」と記されている。すなわち、虎三郎が嘉永三年(一八五〇)に江戸へ到着した後、最初に入門したのは、象山塾ではなく萩原塾であった。その間の経緯が、『長岡市史』には次のように記されている。

川島(改名前の三島億二郎)より一年遅く、嘉永三年、二十三歳の小林虎三郎(病翁)は、藩命によって江戸の萩原緑野の白鶴塾に学んだ。翌四年には佐久間象山の門に入り、蘭学と砲術を学び、優れた力量を表し、長州から来た吉田寅次郎(松陰)とともに「象門の二虎」と称された[29]。

藩の公費で江戸遊学に出た虎三郎が、最初に入門した私塾の「萩原緑野」とは、一体、如何なる人物であったのか。その彼は、江戸で漢学塾「白鶴塾」を主宰し、長岡藩主牧野忠雅の養子で第十一代藩主牧野忠恭《ただゆき》(一八一四〜一八七八)の恩師であった。さらに、第十二代藩主の牧野忠訓《ただくに》(一八四四〜一八七五)もまた、萩原の門人帳「鶴塾生名簿」に名を連ねていたのである[30]。したがって萩原は、長岡藩お抱えの漢学者であったとみてよい。それ故に、虎三郎の萩原塾入門は、藩命による入門であったと推察できる。ともかくも、江戸に遊学した虎三郎は、萩原塾入門を経て、念願の象山塾に入門することとなる。このとき、彼は二十四歳であった。

虎三郎が入門する頃の象山はといえば、越後訪問の後の天保九年(一八三八)に再度の江戸遊学が認められ、神田阿玉池《おたまがいけ》に漢学塾(玉池書院、五柳精舎)を開設し、儒学者として一家をなしていた。さらに天保十三年(一八四二)には、アヘン戦争を契機に江川坦庵や下曽根信敦に師事して西洋砲術・西洋兵学を修め、刻苦勉励してオランダ語も修得して、積極果敢に洋学の研鑽に立ち向かった。そして嘉永三年(一八五〇)には、松代藩の江戸深川藩邸で西洋砲術・西洋兵学の教授活動をはじめる。さらに翌四年には、江戸木挽町(現、東京都中央区銀座)に独立した塾舎を構えると、全国諸藩から入門者が相次ぎ、洋儒兼学の学者として大成したのである。

儒学から洋学を修めた象山の学問に対する世間の評価は、象山自身の意識や私塾の教育実態に反して、西洋兵学・西洋砲術を専門教授する軍事科学系の洋学者としてであった。(31)だが、近世私塾の教育界には、専門領域を超えて自由な競争原理が働いていたのである。それ故、当時の象山塾には、軍事科学系の西洋砲術塾の筆頭に挙げられる江川坦庵の私塾からはもちろん、西洋医学系の洋学塾を代表する伊東玄朴の「象先堂」や緒方洪庵の「適塾」などの権威ある私塾からも、門人たちが象山の令名を慕って移動入門してくるという現象も多くみられたのである。(32)

したがって、虎三郎が入門した嘉永四年頃の象山塾は、全国各地から多数の入門者が参集して学び、対外的な危機意識の昂揚する幕末期の時代状況を反映して、異常なほどの活況を呈していた。(33)象山の郷里である信州松代藩の関係者はもちろん、同じ信州の上田藩や松本藩からも入門者が相次ぎ、さらに旗本やその陪臣たち、そして佐倉藩、田辺藩、田丸藩、姫路藩、小浜藩、津山藩、松山藩、徳島藩、大洲藩、土佐藩、熊本藩、中津藩、佐賀藩など全国五十余の諸藩から、数百名の入門者が殺到していた。特に九州の中津藩や熊本藩、四国の土佐藩などは、多数の藩士を集団入門させていたのである。

虎三郎が入門する前の著名な門人としては、木村軍太郎（一八二七〜一八六二、佐倉藩）、高畑五郎（一八二五〜一八八四、徳島藩）、武田斐三郎（一八二七〜一八八〇、大洲藩）、山本覚馬（一八二八〜一八九二、会津藩）、勝麟太郎（海舟、一八二三〜一八九九、旗本）、津田真一郎（真道、一八二九〜一九〇三、津山藩）、本島藤太夫（一八一〇〜一八八八、佐賀藩）などがいた。(34)

先に述べたごとく、象山塾は、西洋砲術・西洋兵学の教授を内実とする軍事科学系の洋学私塾として社会的な名声をえていた。それ故に、入門者の多くは武士階層であった。彼らは、黒船来航前夜の外圧に対する危機意識の高まりから、武士本来の国防意識に目覚めて入門するというケースが、最も一般的な入門動機であった。(35)明治維新の後、文明開化を象徴する学術団体「明六社」の結成に参画し、日本最初の西洋法律書『泰西国法論』を著して、明治の司法界に重きをなした津田真道、あるいは初代の東京大学綜理（後に帝国大学総長）となった加藤弘之（一八三六〜一

九一六、但馬出石藩）などの場合でさえもが、象山塾入門の目的は、実に単純明快、国防的動機からの西洋兵学修行であった。(36)

幕末期日本における洋学の急速な普及拡大は、何といっても国防的動機から西洋軍事科学を学ぼうとする洋学学習者の急増によってもたらされた、全国的な規模での教育現象であったとみてよい。(37)黒船来航前後の対外的な危機意識の昂揚する幕末期に、国防的契機から軍事科学系の洋学修得に向かった人々の典型的な入門への動機と意識を、虎三郎と同年に象山塾に入門した西村茂樹（一八二九〜一九〇二、佐倉藩）の場合にみることができる。彼は、象山塾への入門動機を次のように記している。

佐久間の門に入り砲術を学ぶに及ぶに、象山余に謂《いい》て曰く、砲術は末なり、洋学は本なり、吾子（あなた）の如きは宜しく洋学に従事すべし、余の如きは（象山自ら云ふ）三十二歳の時始めて蘭書を学べり、吾子は余の学べる時に比すれば年猶若し、必ず志を起こして洋学を勉むべしと。余謂《おも》へらく、余、今西洋砲術を学ぶといへども其意は攘夷護国に在り、已に其術を得れば足れり、敢て彼の書を読むことを要せず、道徳政事に至りては東洋の教は西洋の上に在るべしと。故に初めは象山の言を以て然りとせざりし。(38)

しかしながら、虎三郎の入門には、すでにみたような経緯の下での「約束された入門」であったことや、入門以前の彼の学習経歴には、前述の津田や加藤、さらには西村の場合のような西洋兵学や西洋砲術への関心が全く認められず、明らかに彼らの場合とは異なっていた。実は、象山は、嘉永年間に虎三郎たちが入門する私塾、すなわち一般世間からは西洋砲術ないしは西洋兵学の塾と目される私塾を開設する前に、朱子学者としての大成を期して江戸の神田阿玉池に漢学塾を開設していたのである。(39)

その彼が、清朝中国でのアヘン戦争を契機として、西村茂樹に「余の如きは三十二歳の時始めて蘭書を学べり」

と諭したごとく、壮年にして猛然と洋学＝蘭学の修得に挑んだのである。不眠不休で短期間の内にオランダ語の読解力を身につけた彼は、以後、オランダ語の原書から軍事科学を中心とする西洋新知識の獲得と検証に専心した。

そのような洋学の学習成果をもって時代の教育要求に応えるべく、彼は、黒船が来航する前夜の嘉永三年(一八五〇)には、江戸深川の松代藩邸内に西洋砲術教授の看板を掲げ、さらに翌年には江戸木挽町に独立した塾舎を構えて本格的な教育活動を展開した。だが、その私塾は、単に西洋砲術や西洋兵学などの西洋軍事科学に関する知識技術を教授するものではなかった。洋学が儒学の基礎の上に学び位置づけられた彼の学問思想の内実からみれば、彼が江戸に開設した漢学と洋学の二つの私塾は、決して別物ではなかったのである。彼の私塾は、少なくとも彼自身の意識においては、東西両洋の学問を兼修し統合する学問的な思想世界の実践的な場として考えられていた。したがって、嘉永年間の象山塾は、彼が生涯を賭して提唱し実践した「東洋道徳・西洋芸術」という儒学的な洋学受容の思想形成とそれを展開するための教育的世界の営みであった、と理解することができる。(40)

事実、「砲術の事等は誠に余業」と喝破する彼の私塾には、西洋砲術や西洋兵学など、西洋軍事科学の修得を目的とする入門者だけではなく、儒学や蘭学を学ぼうとして入門する門人も数多くいたのである。いわば黒船来航前夜の嘉永年間以降における象山塾には、伝統的な儒学を学習する門人、最新の西洋軍事科学技術の修得を志す門人、そして蘭語学を中心とする洋学を研究する門人という、三種の入門者が存在していたという事実を否定することはできないのである。(41)

だが、象山自身は、それら三種の学習目的に対応した教育を個別に展開していたわけでは決してなかった。彼は、全ての門人に対して、東西両洋の学問を統合した「東洋道徳・西洋芸術」という思想的観点から、「西洋の学専ら修め申度と申すもの共に候へども、聖賢の大道を知らず候時は大本立ち不申候に付、課を定め候て四書等講明致させ候」(42)というように、洋儒兼学の教育方針を徹底して貫いていた。それ故に彼の私塾では、東西両洋の学問が必須の学習内容として等しく学ぶことを求められていたのである。

虎三郎が入門を取り次いだといわれる同門の吉田松陰は、自らの入門当初における象山塾の教育状況を、地元長州の叔父宛に次のように報告している。

真田侯藩中佐久間修理と申す人、頗る豪傑卓偉の人に御座候。元来一斎門（佐藤一斎の門人）にて経学（儒学）は艮斎《ごんさい》（儒学者の安積艮斎）よりよかりし由、古賀謹一郎（幕府の儒官）いへり。艮斎も数々《しばしば》是を称す。今は砲術家に成り候処、其の入塾生、砲術の為めに入れ候ものにても必ず経学（儒教の学問）をさせ、経学の為に入れ候ものにても必ず砲術をさせ候様仕《し》懸《か》けに御座候。西洋学も大分出来候由。会日《かいじつ》（集会日）ありて原書の講釈いたし申し候。(43)

虎三郎の場合は、入門当初から単なる西洋砲術・西洋兵学に関する知識や技術、すなわち「西洋芸術」のみの習得が目的では決してなかった。それ故、抵抗なく象山の学問思想の統合された「東洋道徳・西洋芸術」という全体世界の修得に向かうことができたとみてよい。そのことは、彼のその後の思想と行動、とりわけ象山塾における学習成果として彼が恩師象山に提出した処女論文「興学私議」の内容とそこに一貫する思想をみれば明らかとなる。

郷里長岡に暮らす父親の誠斎は、江戸の象山塾で学問修行に励む虎三郎を案じて、度々、象山に書簡を送り、象山もまた返書で虎三郎の勉学状況を報告していた。ある返書の中で象山は、虎三郎について次のように報告している。

才気不凡、其上第一に志行篤実にて、当今多く得べからざる御人物と、他日に望み候処浅からずと存じ候。学東西を并《あわ》せ術文武を兼ね候事、僕の志し候処に之れ有り候へば、其衣鉢《いはつ》、多分斯人《このひと》に落ち申すべくと存候事に御座候。(44)

象山は、虎三郎の人間性と学問的才能を高く評価し、自分の学問思想の後継者と期待していたのである。また、私塾で門人たちの教育に当たっていた象山は、自己の学問的な到達点である「東洋道徳・西洋芸術」という基本思想に立脚して、前述の誠斎宛の書簡の中で引き続き、来るべき新時代の学問観を次のように披瀝している。

兎《と》に角、此節と成り候所にては、漢土の学のみにては空疎の議を免かれず。又西洋の学ばかりにては道徳義理の講究之れ無く候故に（中略）是を合併候にあらざれば、完全の事とは致し難く候。（中略）東洋道徳、西洋芸《マ マ》、匡《きょう》廓《かく》相ひ依りて圏《けん》模《ぼ》を完うす。大地の周囲は一万里、還《ま》た須く半隅を虧《か》（欠）き得べきやいなや。(45)

上記の誠斎に対する書簡内容からみても、松陰と共に「象門の両虎」と称されたごとく、虎三郎に対する象山の期待が如何に大きかったかを窺い知ることができる。象山塾で虎三郎と親交の深かった松陰は、「虎三郎は才華《さいか》にして、矩方《のりかた》（松陰）は則ち才粗《さいそ》なり」(46)と、自らを卑下して虎三郎の才能を高く評価していた。しかし、将来の学問的大成を嘱望された虎三郎ではあったが、思いもよらぬ時代の波に足をすくわれることとなる。彼が象山塾へ入門して二年後の嘉永六年（一八五三）六月、黒船来航という日本を震撼させる歴史的大事件が勃発するのである。

第三節　「東洋道徳・西洋芸術」への目覚めと「興学私議」の執筆

1　黒船来航と象山塾師弟の対応

冒頭にも述べたごとく、嘉永年間から安政年間へと移る十九世紀中葉の時期は、極東アジアの海国日本にとって、鎖国から開国へと向かう歴史的な転換期であった。このような時代状況に深くコミットして生きた象山や彼の門人たちにとっては、死に甲斐を求めて生きる激動の時代であった。黒船来航という歴史的な出来事は、西洋砲術・西洋兵学という最新の軍事科学技術を教授する江戸で評判の私塾であった象山塾にとっても、厳しい受難の時代の到来を意味した。すなわち、象山自身や彼の門人たちにとって、私塾で探究してきた学問思想の現実的な有効性が問われる、まさに試練のときを迎えたからである。

嘉永六年（一八五三）六月、ペリー提督率いる米国艦隊の浦賀沖への出現は、一夜にして江戸市中を震憾させる一大事件となった。この出来事を、象山は、「僅か四艘の船に候所都下の騒擾《そうじょう》大方ならず[47]」と表現し、門人の松陰もまた、このときの象山塾の騒然たる様子を「佐久間并びに塾生等其の外好事の輩多く相会し、議論紛々に御座候[48]」と記している。

だが、塾主である象山は、この出来事を、すでに一〇年も前のアヘン戦争勃発（一八四〇年）のときに予測し、洋学の研鑽に向かっていたのであった。当時、日本の将来に深く関わるアヘン戦争の歴史的意義を鋭く分析した象山は、虎三郎の藩主である牧野忠雅と共に幕府の老中職（海防掛）にあった松代藩主の真田幸貫《ゆきつら》（一七九一〜一八五二、松平定信の第二子）に対して、「海防意見書」（一般には「海防八策」と呼ばれる上書）を提出していた[48]。その上書の中で、彼は、植民地獲得の競争に鎬《しのぎ》を削る西洋列強諸国の実態を、「元来道徳仁義を弁へぬ夷狄《いてき》の事にて、唯利にのみ賢く候得ば、一旦兵を構へ候方、己れの利潤と相成可申と見込候はゞ、聊《いささ》か我に怨《あだ》なくとも如何様の暴虐をも仕可申候」と分析し、その実像を、倫理道徳を蹂躙した弱肉強食の「力は正義」という侵略主義の論理と見抜いていたのである。十九世紀の中葉に展開する一種の globalization《グローバリゼーション》とも呼ぶべき、悪逆非道な侵略行為が罷り通る世界状況の下で、彼は、中国を陵辱《りょうじょく》した欧米列強諸国が、早晩、日本に侵攻してくるのは不可避であることを予言し、それのために日本が講ずべき具体的な対応策を進言していたのである[49]。

したがって、ペリー艦隊が浦賀沖へ来航した際にも、彼は、来るべきときがきたと冷静に受け止め、重ねて祖国防衛上の建策を幕府に上書した。すなわち、海国日本の防衛上から「堅艦を新造して水軍を調練すべき事」（海軍の設置)、従来の法制や慣行に囚われずに「短所を捨て長所を採り名を措て実を挙ぐべき事」(開国進取)など、十ヶ条の対応策をまとめた「上書」(一般には「急務十条」と呼ばれる上書)を、老中主座の阿部正弘に提出したのである。(50)

鎖国攘夷を時代錯誤の不可と断じて、開国進取を主張する象山が特に力説したのは、どの港を開港することが日本の国益に適うか、という現実問題であった。幕府当局が考える下田開港、あるいは一部の幕閣が画策する浦賀開港を、積極的な開国進取を主張する象山は、軍事的あるいは経済的な観点から全く否であると論破し、「横浜を以て直ちに互市場と為すに如かざるなり(51)」と、横浜開港を強く主張したのである。

このような恩師象山の横浜開港説に共鳴した門人たちもまた、象山の意志を受け継ぎ、その実現を期して奔走した。まず、同じ長岡藩士で、虎三郎の畏友である川島鋭次郎(維新後に三島億二郎と改名)が、ペリー来航直後の嘉永六年(一八五三)十二月、当時、老中次席の要職にあった長岡藩主の牧野忠雅宛に「意見書」を提出し、「我短を捨て、彼の長を採り、須く兵制を改革して大に富国強兵の途を講ずべき(52)」ことを進言した。だが、藩費で江戸遊学中という書生の分際で幕政に建議した彼の行動は、「書生の分際を以って藩政を云々するは僭越(53)」と断罪され、郷里長岡での謹慎処分を受ける結果となった。

畏友が処罰された直後の翌年の正月、今度は虎三郎が師説を奉じて藩主と幕府に建言したのである。だが、結果は同じであった。虎三郎もまた億二郎と同罪で処罰され、即刻、郷里長岡に帰藩の上、蟄居謹慎を命じられた。学問への大志を抱いて江戸に遊学した虎三郎であったが、安政元年(一八五四)の春、帰郷するに際して、恩師象山に別離の挨拶に赴く。その際に彼は、恩師象山の下で東西両洋の学問を兼学するという学問への道半ばにして、江戸を去る無念の心情、畏敬する恩師象山との離別の悲哀を吐露した「甲寅《こういん》の春、罪を獲《え》て将《まさ》に郷に帰らんとして、象山先生に留別《りゅうべつ》し奉る(甲寅春。獲罪将郷帰。奉留別象山先生。)(54)」と題する、次のような漢詩を詠んでいる。

粗率自知多漏遺　　粗率《そそつ》自ら漏遺《ろうい》多きを知る

一朝獲辜又咎誰　一朝辜《つみ》を獲るも又誰をか咎《とが》めん
故山伴父豈無楽　故山父に伴ふ豈に楽無からんや
此地離君太耐悲　此の地君に離る太《はなは》だ悲しみに耐へたり
学併東西志何挫　学は東西を併《あわ》せ志何ぞ挫《くじ》けん
術文兼武意聊期　術は文武を兼ね意聊か期す
索居偏恐長驕惰　索居《さつきょ》（独居）偏《ひとえ》に驕惰《きょうだ》（臆病）の長ずるを恐る
引領遙望規誨辞　領を引いて遙かに規誨《きかん》（教え）の辞を望む

他方、愛弟子である虎三郎の謹慎処分を悲嘆した象山もまた、松陰の密航事件に連座して捕縛され江戸伝馬町の牢獄で著した『省諐録《せいけんろく》』に、当時の心境を次のように記している。

門人長岡の小林虎をして、その主侯（老中職にあった長岡藩第十代藩主の牧野忠雅）に上書して、大計を開陳せしめ、又、之をして阿部閣老（老中首席の阿部正弘）の親幸する所を見て、為にその利害を論じ、時に因りて規諫《きかん》（正し戒める）することを得て挽回《ばんかい》する所あらんことを欲す。並に皆行はれず。小林生は此を以て主侯の譴《けん》（とがめ）を得て、遂に辞して国に帰れり。[55]

同門親友の松陰もまた、勇気ある虎三郎の行動に対する藩当局の処罰を悲しみ痛んで、「門人長岡藩臣小林虎三郎〈師の見る所を聞き深く之れを然りとし〉師の説を以て執政某侯の臣に語ぐ。遂に諸生天下の事を議するの罪を以て藩、国に還し就かしむ。[56]」と記している。

だが、同門知友の相次ぐ蹉跌を憂えた松陰もまた、同じ安政元年の三月、今度は師説を奉じて海外密航という大胆な行動を企てる。しかし、結果はペリー米艦から送還されて幕府の役人に捕縄され、連座した恩師象山と共に江戸伝馬町の獄に繋がれるところとなった。

一般には知られていないが、松陰の海外密航という非常の行動は、当時としては、一見、暴挙と思える企てではあった。が、決して唐突なものではなかった。同じ象山塾に学ぶ二人の長岡藩士の勇気ある行動を伏線とし、その延長上において決起された覚悟の行動であったのである。幕末期の危機的な時代状況が、異常を異常と感じさせない大胆な判断と実行を促したとみてよい。しかしながら、彼ら象山塾の門人たちの、少々、時代を先取りした非常の行動は、衰えたとはいえ、いまだ鎖国政策を堅持しようとする幕藩体制社会においては、決して許容される勇気や冒険ではありえなかった。それ故に、虎三郎たちの勇気ある行動は処罰され、彼らの人生を大きく左右する青春の蹉跌となったのである。

ところで皮肉なことに、松陰の密航事件に関して、この事実を知ったペリー提督は、「知識を増すために生命をさえ賭さうとした」日本の青年―松陰の行為は、「教養ある日本人の烈しい知識欲を示すもの」[57]と高く評価し、罪の軽減を幕府当局に申し入れ、松陰のような青年のいる日本の前途を有望視していたのである。このような黒船来航時のペリー提督と松陰に関わる歴史的事実もまた、意外と知られてはいないのである。

なお、虎三郎は、維新後に自らが編纂した歴史教科書『小学国史』の中で、松陰の密航事件の経緯と恩師象山が捕縛され地元松代での禁固刑に処せられた歴史的事件について、次のように詳述している[58]。

長門の士吉田松陰矩方虎次郎は、佐久間啓(象山)の門人なり。外国に往て、其情を探んと欲し、去年秋、長崎に至りて、之を謀り、遂ずして江戸に還しが、彼理《ペリー》が船、横浜を去て下田に泊するに及んで、其郷友金子重之輔と謀り、直に彼船に至て倶に其国に往んことを請しかども、彼理《ペリー》聴ずして送還せり。前後の事、啓(象山)頗る指示する所あり。幕府、国禁を犯すとなし、啓を二人に并て獄に下し、尋《つい》て各其藩に禁錮せり。啓、心を海防に潜ること十余年、天下の洋兵を講ずる者、争て其門に趨《はし》り、声望其盛なりしが、忽《たちま》に罹《こうむ》て山中に蟄《ちゅう》しければ、有志の士、深く之を惜たり。(59)

上記のごとくに虎三郎は、義務教育の小学校で広く全国で使用されるべき歴史教科書に、松陰の海外密航事件の顛末を取り上げ、一頁近くものスペースを割いて詳述している。このことは、もちろん彼自身の心中に、自身と深く関わるこの密航事件に対する強い憤怒の情が潜在していたことは否めないところではある。

だが、それ以上に、近代日本の誕生前夜に起きた出来事の意義を歴史に書き記し、後に続く子供たちに教え継ぐべきだという彼自身の「歴史を遠望する慧眼」が、強く働いていたものとみることができる。ともかく、ペリー提督率いる米国艦隊が浦賀に来航したという歴史的な事件は、塾主である象山と彼の門人たちの捕縛あるいは謹慎という思わぬ悲劇を招き、江戸における象山塾が潰滅的な打撃を被ったということは間違いのない歴史的事実であった。

2　恩師象山の教訓と長岡謹慎中の学究生活

安政元年三月、蟄居謹慎の罪をえて郷里長岡に帰藩する虎三郎に対して、松陰の密航事件に連座して獄に繋がれる直前の象山は、自己の思想的世界を端的に表現した、次のような漢詩一篇を贈って励まし、愛弟子を見送ったのである。

小林炳文に贈る

宇宙の間、実理二無し。斯の理の在る所、天地も此れに異なる能はず。鬼神も此れに異なる能はず。近来、西洋人発明する所の許多《あまた》の学術、要は皆実理にして、祗《まさ》に以て吾が聖学を資するに足れり。而して世の儒者、類《おおむね》ね皆凡庸の人にて窮理を知らず。視て別物と為し、啻《つと》に好まざるのみにあらず、動《やや》もすれば之を寇讐《こうしゅう》(敵)に比す。宜《むべ》なるかな、彼の知る所之を知る莫《な》く、彼の能くする所之を能くする莫《な》きや。蒙蔽《もうへい》深固にして、永く核童《がいどう》の見を守る。此の輩、惟々哀愍《あいびん》(悲しみ哀れむ)すべきのみ。以て商較《しょうかく》(比較)を為すに足らず。大丈夫、当《まさ》に大塊有る所の学を集め、以て大塊無き所の学を立つべし。小林炳文《へいぶん》は吾に従って遊び、吾が言を説《よろこ》ぶ者なり。其の帰省するに於て、書して以て之を贈る。(60)

この象山の漢詩には、朱子儒学が説き示す「格物窮理」(物に格りて理を窮める)という実験的な検証原理の下に把握される「実理」(真理)は、東西の学問的な異同を超越した普遍性を共有するものであるとする彼の学問的信念と、そこから東西両洋の学問を等しく探究して止揚統一し、新時代に対応した新たな学問文化を構築すべきであるとする彼自身の高邁な学問観とが、簡潔明瞭に表明されている。

　このような矛盾対立するものを止揚し統一する「易経」の理論を基盤として、東西両洋の学問の統合に関する一種の弁証法的な観念の仕方こそは、彼における「東洋道徳・西洋芸術」という思想成立の基底をなすものであった。それ故に「東洋道徳・西洋芸術」という思想は、当時の「西洋の衝撃《ウエスタン・インパクト》」に揺れ動く幕末期の時代状況にあっては、従来の儒学を中心として形成されてきた日本人の主体性を動揺させたり喪失させることなく、西洋日新の学問文化を積極的に摂取していくことの現実的な可能性を切り開く、儒学的な洋学受容の理論として展開される進取究明の開かれた思想であったといえる。(61)

　虎三郎が長岡に帰った翌四月、象山自身もまた松陰の海外密航事件に連座して捕縛され、約六ヶ月の入牢後、地元での蟄居という幕府の判決を受ける。信州松代に囚われの身となった象山は、その後も「吉田小林二生の事、御尋に御座候所一向其後の様子承り申さず候。小林事は在所へ著し候ては何の咎も之れ無き事とは承り候(62)」と、愛弟子である虎三郎と松陰の身を案じている。だが、象山が信州に蟄居した後も、江戸の塾生たちとは、書簡や知人を介して断続的に音信が続いていた。特に虎三郎の場合は、蟄居先の越後長岡から書簡をもって信州松代の象山に種々の質問や依頼をしており、むしろ江戸の塾にあったとき以上に師弟の教育的関係は深まっていった。象山は、郷里の信州松代に蟄居して以後、従前にも増して洋学研鑽を中心とする学究生活に没頭する充実の日々を送り、自己の学問と思想のさらなる拡大深化を目指していたのである。

他方、越後長岡に帰って謹慎生活に入った虎三郎もまた、江戸の象山塾で共に学んだ河井継之助が家老職にまで登り詰める異例の出世ぶりとは対照的に、蟄居謹慎している自宅を「求志洞」と名付けて、病躯に鞭打ちながら蘭書の翻訳や論文の執筆という学究の生活に明け暮れていた。そんな中で、彼が添削を願って信州松代に住む恩師の象山宛に送った次のような「洋書を読む（読洋書）(63)」と題する漢詩一篇がある。

洋儒窮物理
輓近滋精明
剖析入微眇
万象無遁情
創意製人血
全然若天成

洋人取燐酸鉄礦砂揮発華鶏子白食塩四品而混合之、加以瓦爾華尼電気、経十二少時則化　而為血、与天成之物無以異也

洋儒物理を窮め
輓近滋《ますます》精明なり
剖析《ほうせき》微眇《びびょう》に入り
万象遁情《とんじょう》無く
創意人血を製し
全然天成の若し

洋人燐酸鉄、礦砂揮発華《らしゃきはっか》、鶏子白、食塩の四品を取て之を混合し、加ふるに瓦爾華尼電気《がるばにでんき》を以てし十二少時を経れば則ち化して血と為る。天成の物以て異なる無きなり。

神会乃至斯
造物豈無驚
味者郤娼嫉
謗議謾縦横
何人執箴石
痛下破心盲

神会《しんかい》乃ち斯に至る
造物豈に驚く無からん
味者は郤《かえり》て娼嫉《ぼうしつ》し
謗《ぼう》議《ぎ》謾《みだ》りに縦横す
何人か箴石《しんせき》を執りて
痛下《つうげ》して心盲を破せん

【意訳】西洋の科学者は物質の真理を窮め、近年、益々精緻になってきている。物質の分析は微妙精緻に至り、万物の本質が明らかになってきた。人間の科学的な創意が人血を造れるまでになり、全く天然の物と変わりなくなっている。

西洋人は、燐酸鉄、硇砂揮発華《ろしゃきはっか》(塩化アンモンの昇華物)、鶏子白、食塩の四品を混合して、特に瓦爾華尼《がるばに》電気《でんき》(Galuvani, 十八世紀中頃のイタリアの生理学者)の場合などは、十二時間を経れば則ち化合して人工の血液となる。本物の人血と何ら変わりない。

科学の神秘はここまできている。人間の創意工夫とは驚くべきものである。この恩恵を受ける者は、本質を知らないが故に、却ってこれを嫉み、悪口がみだりに広まっていく。一体、誰が、箴石《しんせき》(病気を治す石針)を以て痛みを与え、誤った考えを打ち破ることができるのか。

この漢詩からは、分析と合成の実験的手法を駆使した緻密で精巧な西洋化学に象徴される西洋の学問世界を知って驚嘆し、自らも西洋科学の探求に向かわんと知的好奇心を募らせている虎三郎の姿が彷彿とする。それは、かつて恩師の象山が、単に翻訳された蘭書の記述や他人からの伝聞による西洋知識を盲信せずに、可能な限り自らが実験や観察を通して事実を確認し納得するという、徹底した西洋科学の体験的理解を目指した姿であり、そのような学問態度をこそ率先垂範して塾生に示そうとした象山塾の教育方針に通じる、さらなる学問探求への精神と態度であったといえる。(64)

3　教育立国思想「興学私議」の執筆とその内容

論文執筆の動機

恩師の象山は、愛弟子松陰の海外密航事件に連座して江戸伝馬町の獄中にあったとき、自らの来し方を省み、国家人民の将来を憂いて己の信ずる所に従って行動した自身の生き方の正当性を再認識し、当時の偽らざる心情を吐露した回顧録『省諐録』を著した。幕府の取調の結果、象山は信州松代で蟄居、松陰は長州萩の野山獄で服役との判決が下されると、象山は、出獄の別離に臨んで松陰の行く末を案じ、餞別《はなむけ》の言葉を手向けた。松陰は、そのときの様子を回顧して、次のように記している。

> 甲寅(安政元年、一八五四)九月、江戸獄を脱し、象山先生と別る。先生、時に余を顧みて曰く。「今吾が徒、謀敗れて法に坐し、復た為すべきものなし。然れども航海は今日の急務、一日も緩うすべからざるものなり。汝、盍《なん》ぞ力めて之れが書を著はし、本謀の然る所以を明らかにせざる」と。余、再拝して命を受く。已《すで》に国に帰り野山獄に囚せられる。首《はじ》めて獄吏に請ひて紙筆を求め、急に此の録を為す。実に先生の命を終ふるなり。(65)

江戸伝馬町での恩師象山との約定を遵守すべく、松陰が急ぎ長州萩の野山獄で執筆し、象山に送り届けた苦心の論考こそが、彼の代表作の一つとなった『幽囚録《ゆうしゅうろく》』であった。(66)象山は、愛弟子の松陰が書き上げた『幽囚録』を一読してこれを喜び、詳細な添削批評を加えて、その出来栄えを讃えた(67)。

同じように虎三郎もまた、謹慎処分を受けて越後長岡に帰藩した後、「求志洞」と命名した自宅に籠もって、専ら学問研鑽の日々を送り、ついに安政六年(一八五九)の春、悪戦苦闘の末に一篇の論文を書き上げ、恩師象山に送り届けた。これが「興学私議」と名付けられた彼の処女論文であった(68)。

松陰の『幽囚録』、そして虎三郎の「興学私議」、これらは、門人たちが恩師の学恩に応えるべく必死に書き上げた論攷、いわば卒業論文とも呼ぶべき作品であった。両作品とも、象山塾での学究成果を踏まえて形成しえた、自身の学問思想を体系的に表現した力作であり、その後の彼らの思想と行動を支える基本指針となったものである。

処女論文「興学私議」の内容と特徴

「興学私議」は、数多の象山門人の中で最も誠実に象山の学問思想を継承した虎三郎の、教育的な思想世界の骨格を表現した論文であった。全文で四千文字を優に超える立派な漢文体で、和漢洋三学の学問研鑽に励んだ虎三郎が、広く深い学識を駆使して執筆した「興学私議」は、標題の通り「興学」(国家統一的な学校教育の確立)による「人材」(「東洋道徳」と「西洋芸術」とを兼備し総合した人間)の育成こそが「国家万世富強治安」の根本であるとする教育立国思想の主張と、それに基づく抜本的な教育改革案の提唱とを内容とするものであった。

処女論文「興学私議」の執筆は、虎三郎が数えで三十二歳、安政六年(一八五九)三月のことで、日米修好通商条約が締結される直前であった。彼が、嘉永六年(一八五三)七月のペリー艦隊の浦賀来航に際して取った非常行動を譴責され、長岡に謹慎してから、五年目の春であった。その間には、長く続いた徳川幕藩体制を揺るがす歴史的な大事件が幾つも起こり、日本は鎖国から開国へという未曾有の転換期を迎えていた。

最初に開国への扉をこじ開けたのは、ペリー艦隊の来航にはじまるアメリカであった。嘉永七年(一八五四)三月、幕府は、再度、日本に来航したペリー提督と日米和親条約を締結し、これを皮切りにイギリス(一八五四年七月の日英和親条約）、ロシア（一八五五年二月の日露和親条約）、オランダ（一八五六年一月の日蘭和親条約）と相次いで条約を結ぶに至った。

他方、幕府は、国防のための防衛改革にも着手し、オランダに協力を求めて急ぎ防備の西洋化を進めた。すなわち、全国諸藩に武備の充実を指令（一八五三年六月）、江戸湯島に鋳砲場を設置（一八五三年八月）、オランダ商館長に軍艦・銃砲・兵書の購入を依頼（一八五三年九月）、浦賀に造船所を建設（一八五三年十一月）、御用地石川島を造船所敷地に決定（一八五四年一月）、日本最初の洋式木造帆船が竣工（一八五四年一月）、浦賀造船所で西洋型の大型帆船鳳凰丸が竣工（一八五四年六月）、大名旗本に洋式銃陣の修行を命令（一八五五年八月）、長崎海軍伝習所を開設しオランダ人教官の下で海軍伝習を開始（一八五五年十二月）、洋学の教育・翻訳機関としての蕃書調所（洋学所）を開設（一八五六年三月）、江戸築地に西洋砲術を含む武術を教授する講武所を開設（一八五五年四月）、等々の軍事科学の西洋化政策が矢継ぎ早に展開されたのである。

ペリー来航後の内外情勢を冷静に把握していた虎三郎は、幕府が展開する採長補短の付け焼き刃の改革政策、特に人材育成に関する教育政策を厳しく分析して、自らの学問的成果をまとめ上げたのが論文「興学私議」であった。その冒頭で、彼は、次のように述べている。

> 中国（日本国のこと）、虜（欧米諸国）の侮を受くるや久し。昔嘗て安きに狃《な》れて労を憚かり、之を禦《ふせ》ぐ所以の方を求めず。癸丑墨夷《きちゅうぼくい》の事（一八五三年、ペリーの浦賀来航）あるに及び、然る後、祖宗の故事を知り、以て当時を済《すく》うこと無し。而して変通更革の以て已むべからざるなり。是に於て一旦令を発して、水陸の兵制、堡台（台場）の備へ、皇砲《こうほう》（大砲）巨艦、以て凡百の器械の細に至るまで、皆則を荷蘭（オランダ）に取る。
> 既にして其の人を招致し、舟揖《せんしゅう》（船と舵）を操り、水兵を練るの法を受く。又武学を置き、蕃書院を建て、之が教師を設けて以て多士を育す。凡そ彼の諸学科は、皆其の力の及ぶ所に随いて、之を治むるを得たり。蓋し其の意は全く彼の長ずる所を取りて、我が短なる所を補い、以て我が勢を振うに在り。而して一毫《いちごう》も固執の私

を其の間に雑《まじ》えざるなり。宜しく其の兵制は整い、堡台《ほだい》は厳に、砲船は悉く具はり、器械は尽く利に、既に以て虜の侮を禦《ふせ》ぐに足れり。而して人材日に長じ、国は駸々乎《しんしんこ》として彊《きょう》（強）に趨《おもむ》かん。然れども其の効未だ顕れず。虜、其の是の如きを見るや、滋《ますます》以て驕肆《きょうし》（驕り気ままなこと）す。我は唯々惴々焉《ずいずいえん》として一物の其の欲に適はずして、或いは其の怒りを激せんことを懼《おそ》るるのみ。此れ其の故は何ぞや。(69)

日本の幕府は、ペリー来航以来、「彼の長ずる所を取りて我が短き所を補ひ、以て我が勢を振ふ(70)」という採長補短を内実とする西洋化を進め、オランダをモデルとして軍事や教育などの諸分野で積極的に欧化政策を推進してきた。しかし、中々、実効があがらない。問題の根本は、学政（学問と政治）が不一致で、人材の育成と登用とが全く整わず、身分制度の下で伝統的に家学、家職が世襲され続け、門閥制度が蔓延している故と彼は批判し、学政不一致・政教不一致の閉塞した状況を次のように指摘する。

学政は一に諸《これ》を儒臣に付して、復《また》意を措《お》かず。而して其の他文武の学、礼はこれを礼家《れいか》に付し、楽はこれを楽家に付し、兵はこれを兵家に付し、射・御・書・数・刀・鎗・医方、凡百の学に至るまで、亦皆これを射家・御家・書家・数家の類に付し、人々のこれを為すに任《まか》す。故に学者は各々私見を張り、其の要を求むるを知らず。是を以て天下の学、固《もと》より則ち虚にして、其の用に適するもの、蓋し幾《ほとん》ど無し。然り而して、官を授け職に任ずる、又唯々閥閲《ばつえつ》（門閥）資序《しじょ》（順序）を以てするのみにて、学と材とは則ち問はず。故に治道に達せずして、執政に任ずるものこれあり。食貨を習わずして司農たる者これあり。兵を知らずして三衛（軍隊）を管するものこれあり。律を学ばずして理官（裁判官）となるものこれあり。工を暁《さと》らずして大匠となるものこれあり。この類を推すや、指僂《ろう》するに勝《た》へず。学の明らかならざる、人材の振はざる、文武百官の其の人を得ざる、豈此れより甚だしきものあらんや。(71)

国家民族の危機に際して、如何に武備を整え人材育成の教育機関を設けても、学政一致・政教一致を根本とした人材の育成と登用の制度が確立されなければ、本末転倒の改革である、ということである。幕府の改革政策に対して厳しい分析を加えた虎三郎は、欧米列強諸国に関しても、当時の攘夷思想に幻惑されることなく、実にリアルな認識を示していた。

東西の諸蕃（欧米諸国）は其の道浅陋《せんろう》、其の俗貪鄙《たんぴ》（欲深く卑しい）、遠く中国（日本国）の美に及はずと雖も、然も其の発明する所の諸学に至りては、則ち幽微を探り、精緻を窮め、家国民生を裨益すること、中国（日本国）の未だ嘗てあらざる所なり。而も其の学を設け材を育し、職を分ち課を考ふること、又詳かにして且悉《つく》さざることなし。是を以て、これを内にしては、政事を修め、財用を理《おさ》め、百工を課す。これを外にしては、外国と交はり、貿易を通じ、師旅（軍隊）を出して、廃事あることなし。国以て富み、兵以て強く、四海に横行して、能く禁ずる者なし。[72]

上記の虎三郎の叙述には、産業革命を達成し富国強兵・殖産興業を実現した欧米諸国の、経済覇権の拡張を目指して、強力な軍事力を背景に世界進出を展開している姿と、閉鎖的な狭い世界観に安住し拘泥している旧態依然の日本とが、対比的に描写されている。実は、そのような欧米諸国の素顔と日本の現実とが重なりあって、ペリー来航以来の危機的な状況、すなわち「彼其の自ら視ること太《はなは》だ驕《おご》り、中国（日本国）の已《おのれ》に若《し》かざるを見るや、以て是を愚なるべしと為す。乃ち陸続として至り、不遜の語を出し、跳梁《ちょうりょう》（跳ねまわること）の態を示す。而して中国は奈何《いかん》ともする莫《な》し。[73]」という日本の悲劇的な状況、押し寄せる欧米諸国の前に為す術のない無為無力な国家としての徳川幕藩体制の日本、主体性を喪失して次々と欧米諸国に蹂躙され追随するという日本の不幸な状況が惹起された、と虎三郎は分析している。

このような欧米列強と日本の現状に関する虎三郎の分析や理解の仕方は、恩師である象山自身が、ペリー来航に十数年も先立って惹起されたアヘン戦争以来、一貫して主張し続けた持論であり、「東洋道徳・西洋芸術」思想が成立する前提となった世界観であった。

恩師象山と同様の視点に立つ虎三郎は、ペリー来航後の日本の現状を憂い、改革の方途を示そうとしたわけである。彼が問題の根本とみたのは、「今、中国（日本国）人材の振はず、文武百官の其の人を得ざるを以て、城内の政すら猶且つ挙げんと欲して能はざる所あり。(74)」と指摘するごとく、国家民族の難局に対処できる有能な人材の絶対的な不足であった。それ故に日本の改革に当たっては、「一旦悉く彼の学を収め、以て国勢を振わんと欲するも、そのなす所のものなし。亦惑《まどい》なきのみ。(75)」と、この期に及んでは西洋の学問を全面的に受容して国勢を挽回するしかない、と彼は大胆な提言をするのである。

日本は、長い徳川幕府の支配下で実利有用の生きた学問が不振を極め、国家富強という現実課題に対応できない無為無用の学問状況にある。その結果、「文武百官、率ね皆な学ばず。其の職皆な虚を為す。夫れ当今の患此の如し。(76)」というような状況にあり、各分野で責任ある職務についている者が不学であるが故に、現実問題に対する解決能力を失っている、と彼は分析するわけである。無用な「虚学」から有用な「実学」へと学問の転換をはかるには、「教養を広くし以って人材を育するに在り。官制を修めて任使を専らにするのみ。(77)」と説き、学問を研鑽した教養のある人材の育成と登用の制度を実現しなければならない、と主張する。そして彼は、教養豊かな人材を育成するには、大学から小学に至るまでの体系的な学校教育制度の確立が不可欠であること、すなわち「興学」の必要性を強調するわけである。

だが、そこに彼のいう「興学」とは、従来の東洋的世界観の下での狭い枠組に収まった旧態依然とした学問の復興ではない。東西両洋の学問を視野に入れた新たな世界観の中で現実問題に対応できる有用の学問、すなわち「明体達用」(物事の本質を明らかにし事理に精通)の学問を興す、という意味である。その場合、学問には大きく分けて二つあるという。「何を以てか教養を広くし人材を育すると謂ふか。夫れ学の事は二つあり。道なり、芸なり。道は以て体を明らかにし、芸は以て用を達す。相離るべからざるなり。[78]」と。すなわち学問には、人間の本体である「道」に関する人倫道徳と、その本体を表現して物事をなす「芸」に関する科学技術とがあり、しかも両者は人間において統一融合され、決して別々に分離独立して存在するものではない。そのように東西の学問を統合した「明体達用」の学問を身につけた人間、すなわち「東洋道徳」と「西洋芸術」を兼備融合した人間こそが、今後の日本に望まれる「人材」と呼ばれるに値する国家有意の人間である、というわけである。

そして、「興学」の具体的な実現は、偏に教育の如何に係っていると考える彼は、教育、特に学校教育の在り方を重視し、そこに西洋に倣った全国規模での統一的な教育制度の確立を提唱する。すでに日本には、江戸に指導者養成の専門別の高等教育機関として三つの官立学校があった。幕藩体制の官僚養成機関としての昌平坂学問所、軍事的人材養成機関としての講武所、洋学の研究教育機関としての蕃書調所。虎三郎は、それら三校は、個々バラバラで相互の連関もなく、所期の機能を全く発揮できない状態にある、とみたのである。

これらを改革するには、まずは三学を統一し、欧米諸国の学校制度を範として学科組織や教育内容を整備拡充すること、学校に必要な図書や器械などを西洋から購入すること、生徒を海外に派遣する留学制度や外国から教師を招聘する御雇外国人教師の制度を早急に創設すること、等々の改革が不可欠であることを、彼は次のよう提唱している。

今、都府の学三つ。曰く大学、曰く武学、曰く蕃書院。大学は主に道を教うる所、而して武学と蕃書院とは、則ち芸のみ。然り而して三者は相為に謀らず。胡越(古代中国で疎遠な関係にあった二つの国)のごとく然り。此れ固より已に失せり。而して況んや三者は皆未だ其の宜しきを得ず。前に言う所の如きか。今修めて之を挙げんと欲せば、三者これを一所に集め、皆其の堂廡《どうぶ》（学校建物）、屋舎、垣墻《えんしょう》（垣根）の制を拡大すべし。大学に在りては、則ち教師を増し而して選を厳にし、国史制度律令格式の学、国家礼学兵刑食貨の籍（書籍）、皆これを此《ここ》に属し、之を古法に考へ、之を時勢に斟《く》み、以て科を設け局を分つ。要は華を去りて実を得るに在り。夫れ武学と蕃書院との若きは、其の教うる所の芸、率ねこれを彼（西洋）に取る。則ち其の科を設け局を分つは、固より亦宜しく倣うべきなり。而して教導の人に乏しければ、則ち生徒を遣わして彼に学ばしむると、教師を彼に雇うとは、又皆速に行ぜざるべからず。遣わす所の生徒は拾歳以上、四拾以下、俊爽彊敏《しゅんそうきょうびん》なる者を択び、五人を保（単位）となす。保に長あり。総長を立て、其の勤惰を督す。雇う所の教師は、毎科数人、各局に分居す。諸学科用うる所の図書器械は、又皆これを彼に購ひて各局に配置す。悉く備はらざるなし。(79)

西洋近代の学校制度をモデルとして幕府の学制を抜本的に改革すべしとする、実に斬新な学校構想であった。しかしながら、学制改革で最も重要なことは、基礎となる小学教育をベースとして高等教育までが機能的に組織化された学校制度の確立にある故、まずもって国民全体を就学対象とした小学教育制度を確立することが肝要であると説き、彼は次のように述べている。

然れども猶宜しく挙ぐべき者あり。小学是なり。夫れ長じて学ぶと、若小にして之を習ふと、入り易きは孰《いず》れぞや。故に先王は殊に小学の教えを重んず。而して近ごろ外蕃（西洋）の幼蒙を導くの法を聞くに、又其の詳を極む。今都府に於いては小学数所を建て、士大夫の子弟、年七、八歳に至れば、皆これを此に入れ、而して教うるに六書（六経―詩経、書経、易経、春秋、礼記、楽記）の学、四子（孔子、孟子、曾子、子思）六経の文を以てし、兼ねて外蕃の幼蒙を導く所以の者を以てす。其の長ずるに及んで、之を三学に進む。則ち教を受くるに地あり。而して材は以て達すべし。夫れ是くの如し。然る後、都府の学備わる。(80)

虎三郎の抱く小学教育構想には、士庶の身分を問わず、全ての子弟を入学させるべきであるという、国民皆学の思想が示されていた。そのような彼の学校教育構想の前提には、近世の身分制社会では世襲制による固定的な人事が、人材の育成と登用とを阻んでいるとの強い批判的な認識があった。それ故に彼は、身分的な教育差別の旧弊を打破して、能力主義による人材の育成と登用の制度が、今こそ国家的規模で確立される必要がある、そう主張したのである。国家的規模での人材育成を基礎とした富国強兵・殖産興業の実現、これこそが虎三郎の説く教育立国思想の根本であった。

以上のような虎三郎の処女論文「興学私議」は、安政六年(一八五九)の春に書き上げられた。恩師象山と別れてから四年後のことである。奇しくもその年は、同じ象山門下の橋本左内や吉田松陰が処刑された「安政の大獄」の年でもあった。「興学私議」に示された内容は、恩師象山が私塾で展開した教育そのものであり、それは象山の描いた「東洋道徳・西洋芸術」思想を基盤とした教育的思想世界の範疇の内にあった。したがって虎三郎の学校教育構想は、象山の学校教育論を敷衍化し具体化した内容であったとみてよい[81]。

幕末期の注目すべき学校論としては、虎三郎の「興学私議」の数年後に書かれた、南部藩の大島高任(一八二六〜一九〇一)が構想した学校教育論が傑作とされる。だが、虎三郎のそれは、大島のそれと比較しても、全く遜色のない出来栄えであった[82]。従来の教育史学界では、ほとんど注目されることのなかった虎三郎の「興学私議」に示された学校教育構想は、幕末期における近代的な学校制度論の先駆として注目に値する内容であると評してもよいであろう。

ところで、無念にも江戸遊学の途上で帰藩しなければならなかった虎三郎が、その後の越後長岡での謹慎生活の日々に刻苦勉励した学問の成果を、信州松代に蟄居中の恩師象山に報告したいという一心で執筆したのが論攷「興学私議」であった。「興学私議」を受け取った象山は、松陰の届けた「幽囚録」の場合と同じように、これを喜び、その出来栄えを賞して次のような讃辞を送った。

象山先生曰く、小林子文《しぶん》は、嘗て余に従ひて遊ぶ。志は明体達用の学に有り。辞別《じべつ》して数歳、録して此の文(「興学私議」)を示す。詞理明暢《めいちょう》にして、皆実用有り。平生の志に負《そむ》かずと謂うべし。[83]

第四節　虎三郎の謹慎生活と維新前後の長岡藩

江戸の象山塾に学んだ門人たちは、象山が捕縛された後、それぞれ郷里に帰藩し、象山塾での学習成果を活かして様々な分野での活動を展開する。地方に帰った多くの門人たちに共通する顕著な活動の一つとしては、江戸での洋学に関する学習成果をもって地域近代化のリーダーとして活躍したことである。まず第一に、幕末維新期という新旧文明が転換する時代的な要請として、当然のことながら西洋砲術や西洋兵学など、国防に関わる蘭書の翻訳とその指導普及という先駆的活動が挙げられる。

例えば、信州上田藩における八木剛助(一八〇一～一八七二)や山田貫兵衛(一八一三～一八七二)、越前大野藩における広田憲寛(一八一八～一八八八)や内山隆左(一八一二～一八六四)、但馬出石藩における大島万兵衛(一八〇六～一八八八)などの場合がそうであった。[84] 彼らは、象山塾での学習成果と帰藩後の翻訳活動などによって、広め深められた西洋日新の知識技術に関する研究成果を展開し、幕末維新期に藩の砲術や兵学の近代化、すなわち西洋化を推し進める兵制改革の推進者となって活躍した人物である。彼らの軍事科学を媒介とした洋学普及の活動は、江戸から明治への時代展開の中で、従来の和漢流から新たな西洋流へと文明が転換する時期にみられる典型的な過渡的現象であった。

不本意ながら、志し半ばで長岡に謹慎の身となった虎三郎の場合もまた、同様であった。安政元年の春以来、彼は「求志洞」と名付けた自宅に籠り、病身に鞭打って学究の日々に明け暮れた。その間の彼は、論文「興学私議」

などの著述活動の他に、西洋兵学を中心とする蘭書の翻訳活動をも根気強く進めていた。江戸の象山塾時代に蒐集したオランダ原書『重学訓蒙』『察地小言』『野戦要務通則一斑《いっぱん》』『泰西兵餉一斑《へいしょういっぱん》』などの翻訳が、その成果であった(85)。しかも彼は、謹慎中においても自ら執筆した論攷や翻訳草稿などを、訪問してくる同藩の有志や子弟に示して彼らの意識の変革や世界観の拡大を促し、また長岡藩の兵制改革についても指導していた(86)。

明治の夜明を眼前にした慶応年間のはじめ、長岡藩は、兵制改革の実行に際して、虎三郎など藩の有識者に改革意見を求めた(87)。これに応じて虎三郎は、藩老に改革の意見書を提出した(88)。彼の意見書は、西洋兵制に関する確かな知識を基に論述されており、いわば西洋先進国をモデルとした長岡藩兵制の近代化論であった。特に彼は、近代的な兵士養成の在り方を喫緊の課題として重視し、西洋先進諸国における士官教育のための学科目(地理、本国史、万国史、数学、代数学などの二一科目)を例示しつつ、具体的な改革案を提示している(89)。

なお、この意見書の末尾には、「拙訳兵書草稿三冊を貴覧に入れ奉り候、之は一両年中病間に蘭兵書中より抄録仕置候ものにて、軍務切要の事件と存候(90)」と、虎三郎自身が抄訳した西洋軍事科学に関する蘭書三冊の翻訳草稿を意見書に添付する旨の一文が付記されていた。その「三冊」とは、先に紹介した『察地小言』『野戦要務通則一斑』『泰西兵餉一斑』を指すものと思われる。

ところで、長岡藩にとっての明治の夜明けは、惨憺たる悲劇の幕開けであった。慶応三年(一八六七)十二月に発せられた王政復古の大号令、その翌年の慶応四年、すなわち明治元年は、薩長両藩が主導する官軍側と旧幕府軍側との雌雄を決する「鳥羽伏見の戦い」で幕が開けた。いわゆる戊辰戦争のはじまりである。この戦争は、長岡藩の運命を大きく左右する出来事となった。

幕末維新期の長岡藩にあって指導的立場に立ちうる人物は、河井継之助、三島億二郎、そして虎三郎の三名であり、彼らはいずれも象山門人であった。だが、等しく象山門人とはいっても、河井と三島や虎三郎とでは、思想的に、したがって帰藩後の進路と行動において、少々事情が異なっていた。単に食客として象山塾を通り過ぎただけの河井に対して、億二郎と虎三郎は、終生、象山を恩師と仰いで敬慕し、象山の提唱した「東洋道徳・西洋芸術」という思想的世界を誠実に生き抜いたのである。億二郎と虎三郎が、共に江戸の象山塾時代の罪科をもって不遇な謹慎生活を送らければならなかった幕末期に、河井は並外れた経世済民の才覚を発揮し、立身出世の階梯を駆け上った。そして彼は、元治元年（一八六四）には、上席家老に抜擢され、名実共に長岡藩政の中心に踊りでた。思想や行動において、虎三郎や億二郎と、河井との相容れない関係を、虎三郎の遺稿集を編纂した外甥の小金井権三郎は、次のように叙述している。

長岡藩中、翁（虎三郎）と名声を馳せる者は、鵜殿団次郎・河井継之助・川島億二郎等。鵜殿は幕下（幕府）に徴されて目付役と為り、勝安房等と共に幕議に与る故を以て常に藩に在らず。河井、川島、翁と共に藩政を議し、迭《たがい》に其の論を上下す。然るに翁、多く病床に在るを以て、持論を施行すること能はず。川島も亦、翁と意を同じうす。独り河井のみ之に反す。且つ才弁（弁舌）以て衆を服し、遂に顕職に昇り、藩政を掌握す。官軍越に臨むに方《あた》り、藩師方針を誤る者は、皆河井の意に出ず。多く壮士を亡くし、其の身も亦戦没す。慨《がい》せざるべけんや。

是の時に方り、翁、屡々《しばしば》河井の失政を論ず。然れども病に臥して其の説を達する能はず。徒に天を仰いで浩《こう》嘆《たん》するのみ。蓋して河井の藩政を執るや、権力一時盛んなりと雖も、学力道徳に至りては、翁に遠く及ばず。故を以て平素、翁を忌避して其の説を用ひず。翁も亦其の論の容れらざるを知り、敢えて藩政に与らず。王政復古の日に至るまで、唯々病を養って一室に閉居するのみ。(91)

戊辰戦争の勃発と共に、歴代藩主が老中職を務めるなど常に幕閣の一翼を担ってきた徳川譜代の長岡藩は、その帰趨が注目された。上席家老から新たに軍事総督に就任した河井の下で、藩論を佐幕（幕府側）で統一し、危機的事態への対応をはかろうとした。そのような状況の中で、億二郎と虎三郎は、終始、河井と意見を異にし、一貫して非戦論を主張し対立した。だが、会津討伐を目指して越後長岡に進軍した新政府軍に対して、武装中立をもって平和的収拾を企図した河井の戦略は敢えなく頓挫し、ついに官軍と武力衝突した。結果は火を見るよりも明らか、悲惨な無条件降伏であった。長岡領内は、焼け野が原と化してしまったのである。(92)

第二章　美談「米百俵」の誕生とその歴史的真実

第一節　戊辰戦後における長岡藩の教育復興

1　敗戦後の長岡の悲劇と再生

明治維新の夜明けに勃発した戊辰戦争（慶応四年、一八六八）は、長岡藩を含めた奥羽列藩同盟側の無条件降伏をもって終結した。勝者である維新政府は、敗者である列藩同盟の諸藩に対して、厳罰をもって臨んだ。徳川家康の三河時代以来の重臣であった越後長岡藩の牧野家は、代々、老中や京都所司代など幕府の要職を占めてきた名門の譜代大名であった。だが、敗戦後、賊軍の汚名を着せられた長岡藩は、廃藩だけは免れたものの維新政府の処分は厳しく、第十二代藩主の牧野忠訓《ただくに》は官位剥奪、隠居謹慎の処分を受け、禄高も従前の七万四千石から二万四千石へと大幅に減封された。

維新政府軍との長岡城争奪を巡る激しい戦闘の結果、焼土と化した戦後長岡の人々の生活は、衣食住の全てに困窮を極め、惨憺たる生活状況に陥っていた。物心両面にわたる極限状況の中で、郷土長岡の再生を託された人物は、何と象山門下の虎三郎と億二郎であった。二人とも江戸の象山塾に学んでいたとき、黒船来航に遭遇して恩師象山の開国進取の説を奉じて藩主に上書し、処罰を受けて学問的大成への夢を絶たれた間柄である。皮肉なことに、その二人が戦後長岡の復興を任されたのである。しかも彼らは、長岡藩にあっては共に軽輩身分(小林家百石、三島家三十七石)であった。藩重役への抜擢は非常時ならではの人材登用であったといえる。

長岡藩では、維新政府から戦争責任を問われて隠居謹慎を命じられた第十二代藩主牧野忠訓の後を受けて、明治元年(一八六八)十二月、新たに牧野忠毅《ただかつ》(鋭橘《えいきつ》、一八五九～一九一七、第十一代藩主忠恭《ただゆき》の第四子)が、第十三代藩主を襲封した。いまだ数えで十歳を迎えたばかりの幼君の誕生であった。だが、明治二年正月、薩長土肥の四藩連署による版籍奉還の建白書が提出されるや、藩主に就任して半年も経たない同年四月、忠毅は、藩論に従って維新政府に版籍奉還を願い出て、新たに藩知事を拝命した。

維新政府は、戊辰戦争の終結と同時に、明治元年九月、旧藩の職制改革を求めて「藩治職制」を定め、全国の諸藩に布令した。これを受けて長岡藩も、翌年の明治二年八月、職制改革を実施し、新たな職掌を定めた[1]。旧藩時代の家老職に相当する新たな職掌とされた「執政」には、藩主牧野家の縁戚(旧家老家)の牧野頼母(図書《ずしょ》、一八二六～没年不詳)と億二郎が就任し、虎三郎は人材を育成し文武を振起する文武局の「総督」に任ぜられた。さらに、同年十一月の第二次職制改革では、藩士の公選(入札)によって虎三郎と億二郎の両名が、牧野頼母と共に大参事に選挙され、維新政府から辞令を交付された[2]。これによって新生長岡藩は、旧主家筋の牧野頼母を中心に結束して幼君を支え、虎三郎と億二郎が長岡復興の実質的な責任者として藩政を担うこととなったのである。

以後、象門畏友の二人は、焼土長岡の再生に向けて奔走する。だが、長年の不治の難病に苦しむ虎三郎に代わって、戦後長岡の救済方を維新政府に嘆願すべく、長岡と東京を往復して関係各方面に嘆願して回ったのは、年長の億二郎であった。もちろん虎三郎の方も、長岡復興のための具体的な自力更生策を、億二郎と共に立案し実施に移していった。

彼らが断行した戦後長岡の様々な復興策の中でも、特に注目すべきは、藩立学校の新設であった。虎三郎は、すでに幕末期の安政年間に、国家の富強と安寧の根本は人材の育成にあるとの恩師象山の教育立国思想を奉じ、その学習成果を論文「興学私議」にまとめていた(3)。それ故に彼は、戊辰戦後の長岡復興に際しても、学校建設による人材育成こそが、全ての復興事業の基礎であると考え、廃墟と窮乏の只中にあって、藩立学校の創設を最優先の政策課題としたのである。

折しも明治三年(一九七〇)五月には、長岡藩牧野家の分家である越後三根山藩(現在の新潟市西蒲原区峰岡)から救助米「米百俵」が送られてきた。藩政の最高責任者の一人であった大参事の虎三郎は、この「米百俵」を飢えに苦しむ藩士家族に配分せず、断腸の思いをもって藩立学校の開設資金に組み込んでしまった。美談「米百俵」の誕生である。

はたして「米百俵」の美談とは、如何なる歴史的経緯の下に誕生した物語なのか、その内容は如何なるのもであったのか。一体、美談「米百俵」の歴史的な意義とは何処《いずこ》にあったのか。

2 藩立学校とその教育伝統

長岡藩に藩士子弟の教育機関としての藩立学校、すなわち藩校が開設されたのは、幕府の老中職を務めた第九代藩主牧野《まきの》忠精《ただきよ》(一七六〇〜一八三一)の治世、文化五年(一八〇八)四月のことであった。藩校の校名は、中国古典の名文「義を明らかにして徳を崇び、功に報ゆ」(『書経』)から「崇徳館《そうとくかん》」と命名された(4)。この藩校崇徳館は、戊辰戦争が勃発する明治維新までの一六〇年余りの長きにわたって、長岡藩の人材養成機関として機能し、藩の内外に多くの人材を輩出した。

ところで、江戸時代初期の寛永年間にはじまる全国規模で展開される藩校の創設は、明治四年の廃藩置県に至る約二五〇年の間に、全国で二八〇校余りを数える(5)。最も多くの藩校が開設されたのは、江戸後期の文化年間から天保年間の四〇年間(一八〇四〜一八四三)における七二校であった。次いで天明年間から享和年間の二三年間(一七八一〜

一八〇三）の五九校、さらに明治元年から同四年の明治維新期の四年間（一八六八〜一八七一）の四八校と続く。(6) 一般に、藩校は江戸時代の学校と思われがちであるが、藩校を持たなかった小藩は意外と多く、維新後に急ぎ藩校を創立する場合が顕著であったことを物語っている。したがって、文化年間に創設された長岡藩七万四千石の藩校崇徳館は、設立年代からみれば全国諸藩の中では平均的な開設であった。

　儒教を思想基盤とする徳川幕藩体制の下では、当然のことながら長岡藩の崇徳館もまた、儒学を学問教育の基本とした。しかし、中国伝来の儒学とはいっても、仏教などと同様に、経典（四書五経）の解釈や意味づけを巡って、幾つもの学派に分かれていた。崇徳館の場合は、開校後しばらくの間、伊藤仁斎（一六二七〜一七〇五）を学祖とする古義学派（仁斎学派）と、それに対抗して荻生徂徠（一六六六〜一七二八）が開いた古文辞派（徂徠学派）という二つの学派が併存していた。(7) 明治に入って旧長岡藩から文部省に報告された資料には、「学校ヲ造築シ伊藤満蔵（古義派）秋山多門

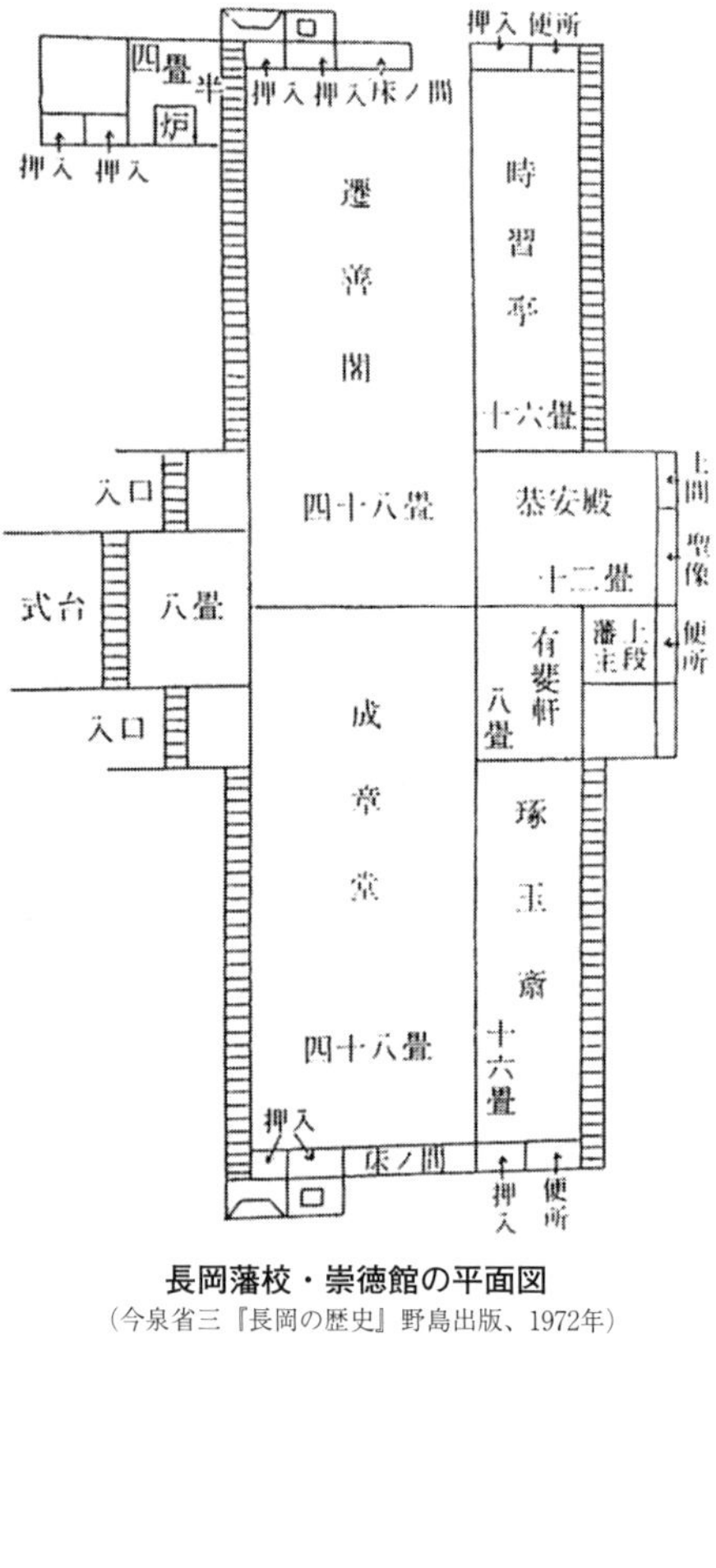

長岡藩校・崇徳館の平面図

（今泉省三『長岡の歴史』野島出版、1972年）

太（徂徠派）ノ二儒ヲシテ別ニ校長タラシム」(8) とあるように、藩校の内には二つの学派の校舎が分立して併存し、各々に教授の中から都講《とこう》（教授たちを統括する校長職に相当）が配置されていたのである。

しかし、虎三郎が入校する天保年間の頃には、前述の文部省報告書に「古義派ヲ廃シテ朱子ノ一派トナス」(9) とあるように、徂徠学派の秋山が辞任し、新たに幕府儒官で昌平坂学問所教授の佐藤一斎の門下生である高野松陰（虎太、一八一一～一八四九）が都講に就任してからは、藩校における古文辞派の流れは、幕府正統の朱子学派に取って代わられた。したがって、天保年間の藩校崇徳館は、新たに古義学派と朱子学派が併存する時代となり、その頃に入校した虎三郎は、両方の学派の儒学を学んだことになる。

さらに幕末期の慶応年間には、「慶応年間備前守牧野忠恭ノ代ニ古義派ヲ廃シテ朱子ノ一派トナス」(10) とあるように、古義学派を廃して朱子学派に統一された。慶応以前の幕末期に入学した生徒の回顧談には、入校当時の崇徳館の様子と自分が受けた教育が次のように述懐されている。

崇徳館の学統は古義派、朱子派に分れ、其教場は朱子派は階上にて遷善閣《せんぜんかく》と云ひ、古義派は階下にて成章《せいしょう》堂《どう》と称し、又遷善閣に属する生徒の質問所を有斐軒《ゆうひけん》、成章堂の方を琢玉斎《たくぎょくさい》と称し、館中一番良い所を撰んで孔子を祀《まつ》り之を恭安殿《きょうあんでん》と称した。崇徳館の先生には都講と助教とがあって、私共の生徒時代には遷善閣の都講が高野虎太サン、成章堂の方は平岡村之丞サンであった。（中略）都講は平日は教授せず月何斎《なんさい》と云ふ様に生徒から質問を受け、都講の下の助教が毎日親しく教へる。助教の教へるのは主として素読《そどく》であるが、其教科書は大学、論語、五経（「易経」「書経」「詩経」「礼記」「春秋」―筆者注、以下も同様）、古文真宝《こぶんしんぽう》（中国古代の詩文集、全二〇巻）等にて蒙求《もうきゅう》（中国古代の児童教科書、全三巻）に至りて止《とど》まる。（中略）学業の成績は出席日数を標準となし、会読《かいどく》、輪講《りんこう》其他を合せて一年千席以上とか、無倦怠《むけんたい》とか云ふ成績を挙げたものは藩侯より扇子とか紙とかを賞与として賜はる。束修（ママ）（束脩《そくしゅう》）即ち現今の月謝は一年百文宛で、生徒の資格は、当時、士分だけに止まり、お足軽は之に与《あずか》らなかった[11]。

上記の資料に「生徒の資格は、当時、士分だけに止まり、お足軽は之に与らなかった」と記されている通り、藩立の教育機関である崇徳館への入学資格には、藩士子弟に限るという厳しい身分制限が設けられていた。だが、入学年齢や修了年限については、文部省への報告資料に「生徒入学年齢且何課程ヲ了ハレバ退学セシムル等ノ制アルニ非ス[12]」と報告されたごとく、別段の規定はなかった。

このような長岡藩校の入学や就学に関する規定は、近世の藩社会における人材養成機関として設立された藩校としては、決して特別な事例ではなく、全国諸藩の多く藩校と同様の学校であった。

3　戊辰戦後における藩立学校の再開

奥羽列藩同盟に加盟して官軍と抗戦した越後長岡藩は、慶応四年(戊辰、一八六八)五月の開戦から四ヶ月後、明治と改元される同年九月に無条件降伏した。この戊辰戦争の直後に、廃墟となった長岡藩の復興を目指して、前述のような藩職制の改革が実施されたわけである。が、それに先立つ明治二年五月、虎三郎は、畏友の億二郎とはかって城下の寺院本堂(四郎丸昌福寺)を借り受け、これを仮校舎として藩士子弟の教育をはじめた。藩校の再開である。仮校舎での教育再開を告げる次のような「触書」が、明治二年四月、藩庁から藩内に回付された。

文武ノ儀ハ、御手厚ニ御取立被遊度儀ニ候得共、御家中初御扶助モ不被為行届御場合、着時被為仕尊慮ニ候ニ付、当分経書教場四郎丸昌福寺御借受被成候事。来月朔日ヨリ勝手次第出席可被為候。武場ノ儀ハ追テ可申達候[13]。

こうして明治二年(一八六九)五月、長岡藩の教育は、寺院本堂を仮校舎として再開された。当時の様子を、教員の一人として関わった西郷葆《さいごうつつむ》(一八三三〜没年不詳、虎三郎が校長となった国漢学校の教員で、明治七年に藩立国漢学校が分離・新設した表町小学校の初代校長)は、次のように証言している。

戊辰兵燹《へいせん》(兵火)の後、長岡藩士の疲弊は其絶頂に達し、住むに家なく喰らふに食《し》なき悲惨なる境遇に陥った。乍去《さりながら》斯《かか》る場合に於ても子弟の教育亦た忽諸《こつしょ》(軽んじ疎かにする)に附すべからざるを自覚し、小林虎三郎、三島億二郎氏等諸先輩の唱導に依り、明治二年五月に四郎丸昌福寺に士族の子弟を集め学問を教ゆることとなった。教員は田中春回氏を筆頭として、私に大瀬虎治、田中登、大原蔵太、稲垣銕吉《ていきち》、伊地知《いじち》涵《ひたし》、伊地知元造の八名で、生徒の内には渡辺廉吉《わたなべれんきち》、柳澤銀蔵、鬼頭悌二郎、波多野伝三郎《はたのでんさぶろう》、根岸錬次郎、仙田楽三郎氏もあった。能く記憶せぬが生徒の数は四五十名位で、教員の給料は多額の人が年給十二両、最低は十両位で、教授は毎日午前限りである。教員は藩庁の習慣にて名義は日勤であったけれども其実隔日出勤教授していた様だ。(14)

確かに敗戦後の窮状の中で、他事を投げ打って教育を再開するという機敏な対応は、実に勇気ある措置であった。それは、幕末期の安政時代以来、教育立国思想を唱導した虎三郎が、人材育成の教育を再開することが長岡復興の最優先課題である、との強い信念を貫いた結果でもあった。このような彼の決断と実行とが、まさに美談「米百俵」が誕生する伏線となる出来事であったことはまちがいない。

だが、寺院本堂を仮校舎として藩校教育を再開したこと、さらにその翌年には校舎を新築して新たな藩立学校を開校したこと、これらを、虎三郎個人の勇気ある英断とのみ捉えて美談とすることは、決して歴史学的な理解とはいいがたい。実は、戦後長岡における藩立学校の再開という教育施策それ自体が、近代統一国家の建設を急ぐ維新政府の教育政策に呼応した急場凌ぎの出来事であったのである。

長岡藩をはじめとする全国諸藩において、明治の御一新の後に展開された教育の新たな動向は、天皇制中央集権体制の確立を急ぐ維新政府の教育政策と密接に関わって展開されたものであった。勝者の官軍が組織する維新政府の御威光は絶大であり、これに逆らうことはできなかった。とりわけ官軍に抗して惨敗した幕府側の諸藩は、藩の存続上、維新政府の政策展開には非常に敏感であり、遺漏なき対応を迫られたのである。

長岡藩の場合も然りであった。それ故に、長岡藩内で起こった出来事を理解する際に、維新政府の政策展開を主軸とした明治維新期の歴史的潮流を無視してしまっては、事実認識を基本とする歴史理解を歪曲してしまう危険性が生じてしまう。如何なる歴史的な出来事も、歴史的条件を捨象した真空パックの中では決して生まれない。すなわち、維新期の長岡藩に起こった史実「米百俵」に関わる教育的な出来事を、維新政府による国家教育の政策展開を無視して、単に長岡藩という閉じた地方世界で起こった先駆的な出来事として捉えてしまうこと、あるいは主人公である小林虎三郎という個人を顕彰する美談として喧伝してしまうことは、歴史的事実に違背する大いなる誤解を生むということである。そのような歴史理解を最も嫌ったのは、歴史学者でもあった虎三郎その人であったのではないか。

4　維新政府の教育構想と長岡藩の教育復興

欧米列強の植民地獲得の脅威にさらされた極東アジアの小さな島国の日本。維新政府にとっては、国家民族の独立体制を確保するためには、従来の地方分権を基本とする幕藩体制を、何としても中央集権を基本とする近代統一国家に変革することが喫緊の政治課題であった。そのためには、国家の構成基盤となる人民に対する国家意識の形成と富国強兵を担う人材育成という教育課題が、維新政府の取り組むべき喫緊の重要施策となった。

それ故に、教育政策を最も緊要な国策の一つと考える維新政府は、副総裁である岩倉具視（一八二五～一八八三）を中心に、明治の夜明けと共にその具体化に着手する。皇国の学としての国学をもって王政復古の精神と考える維新政府の岩倉は、早くも戊辰戦争が勃発した明治元年の二月には、腹心の玉松操（一八一〇～一八七二）、平田篤胤の養嗣子である平田鉄胤《かねたね》（一七九九～一八八〇）、それに矢野玄道《はるみち》（一八二三～一八八九）という平田派の国学者三名に、「今般学校御取立ニ付制度規則等取調申付」として「学校掛」に任じ、学校制度の取り調べを命じた。(15) さらに、その翌三月には、後の文部省に当たる教育行政府の役割をも担っていた維新政府の教育機関の昌平学校（旧昌平黌《しょうへいこう》）に、新たに「府県学校取調局」を設置して全国府県への小学校の設置と監督の権限を与え、「府県学校取調御用掛」を任命して配置したのである。(16)

維新政府は、全国的な規模での学校教育の開設を企図して早くから準備を整えてきた。それ故、いまだ戊辰戦争が終結する前の明治二年二月には、旧来の幕藩体制を改めて近代国家としての中央集権体制を構築すべく、維新政府直轄の府県が早急に取り組むべき緊要な政策課題として、全十三ヶ条からなる「府県施政順序」を発令していた。(17) 実は、その中には、国民教育を担う小学校の設置を義務づける「小学校ヲ設ル事」という一項が盛り込まれていたのである。その内容は次のようなものであった。

一、小学校ヲ設ル事

専ラ書学素読算術ヲ習ハシメ願書書翰《しょかん》記《き》牒《ちょう》算勘《さんかん》等其用ヲ闕《かか》サラシムヘシ。又時々講談ヲ以国体時勢ヲ弁ヘ忠孝ノ道ヲ知ルヘキ様教諭シ風俗ヲ敦クスルヲ要ス。最才気衆ニ秀テ学業進達ノ者ハ其志ヲ遂ケシムヘシ。(18)

上記のような維新政府の教育指針は、あくまでも直轄地である府県（旧幕府の領地と戊辰戦争後の没収領地）に対する布達であった。だが、いまだ廃藩置県の前で、直轄地ではなかった全国の諸藩に対しても、維新政府の御意向は絶大な影響力を与えた。ましてや戊辰戦争で政府軍と抗戦して逆賊となった奥羽列藩同盟の諸藩にとっては、維新政府の打ち出す新政策を真摯に受け止め、進んで実行することが厳しく求められたのである。

明治維新に際して、一体、何故に四民平等の小学校を性急に開設する必要があったのか。維新政府の意図は、上記の布令の中の「講談ヲ以テ国体時勢ヲ弁ヘ忠孝ノ道ヲ知ルヘキ様教諭シ風俗ヲ敦クスル」という文面によく表現されていた。すなわち、旧藩の領民をして国体忠孝を体得した国家の人民にまで教育すること、このことが従来の身分的制限を廃して、全ての人民児童を入学対象とする小学校を全国に設立する目的であった。実は、このような小学校の設立条文の前項には、「制度ヲ立風俗ヲ正スル事」との一項があり、そこには「善ヲ勧メ悪ヲ懲シ華美奢侈ヲ禁ジ倹素質朴ヲ尚ヒ人民ヲシテ各所ヲ得其業ヲ勉メシムルヲ要ス、是繁育ノ基トス」[19]と、人民教化の重要性が説かれていたのである。そこに、維新政府が望む国家の理想的人民像とその実現をはかるための教育指針を窺い知ることができる。

さらに維新政府は、その翌月の三月には、先の「府県施政順序」とは別に、戊辰戦争で朝敵となった越後を含む東北諸藩に対して、速やかに小学校を設けて人民の教化に着手すべしとする、次のような内容の布達を改めて発令したのである。

庠序《しょうじょ》(学校)ノ教不備候テハ政教難被行候ニ付、今般諸道府県ニ於テ小学校被設人民教育ノ道洽《あまね》ク御施行被為在度、思召《おぼしめし》ニ候間、東北府県速ニ学校ヲ設ケ御趣意貫徹候様尽力可致旨被仰出候事。[20]

上記のごとく維新政府は、戊辰戦争の最中に、近代日本を構成する一般人民の国民教育を重視して府県学校取調掛を任命し、全国の府県に急ぎ小学校を設立すべき旨の布達を発令した。特に維新政府に抗した奥羽列藩同盟の諸藩に対しては、速やかに小学校を設置して一般人民の教育を徹底するよう、重ねて督励したのである。

全国の府県や諸藩は、維新政府の発令した人民教育の普及徹底に関する教育政策を受けて、小学校を開設し一般人民の教育を実施することを急ぎ求められた。このことが、戊辰戦後の越後長岡に、美談「米百俵」が誕生することになる重要な歴史的背景となっていたのである。すなわち、美談「米百俵」を理解するに際しては、教育によって全国諸藩の領民を近代国家の国民にまで啓蒙し教化しようとする明治国家の教育政策が、日本近代史の幕開けの時期に強力に推進されていた、という歴史的事実を認識することが不可欠なのである。

実は、長岡藩が戊辰戦争の敗戦直後に、長岡復興の重要施策として市内の寺院本堂を仮校舎として急ぎ藩士教育を再開したのは、維新政府が全国の府県に小学校の開設を督励する布令を発した直後であった。確かに藩校教育を再開するに際しては、教育立国思想を掲げる虎三郎の貢献を無視することはできない。だが、それは虎三郎個人の意志や信念によるものでは決してなく、維新政府の教育施策という国家の御意向に対応した決断と行動の結果であった、という歴史的事実を捨象してはならない。「米百俵」の美談を生み出すに至った、戊辰戦後の長岡復興へ向けての教育動向は、維新政府の教育政策に機敏に対応した虎三郎や億二郎など、藩当局者たちの奮闘努力によって展開された所産であった、といわなければならない。実は、「米百俵」の美談を生んだ歴史的経緯を簡潔に記録した史料がある。それは、藩立国漢学校の後身である阪之上小学校の校長を歴任した人物（旧長岡藩士の湊八郎）が書き残した、明治十年（一八七七）に同校が新築移転した際の撰文「阪之上小学校造営の記」である。

恭しく惟《おもんみ》るに明治聖上（明治天皇）の御宇（御治世）の始め、首（主）として諸藩県に詔《みことのり》して学を立たしむ。蓋《けだ》し人才（人材）は国の本にして、学を立つるは即ち国の本を培う所以なり。我が小区嚮《さき》に兵燹《へいせん》（兵火）の余を承《う》け、闔区《こうく》（長岡）凋残《ちょうざん》す（枯れ残る）。東号西呼するも、旦夕《たんせき》の薪米《たきぎ》（薪と米）に是れ苦しむ。未だ学を興すに暇あらざるなり。旧藩の知事公、及び旧参事小林・三島諸君等、切に聖謨《せいぼ》（天皇の統治方針）に称《かな》う無きを憂い、慨然《がいぜん》として非常節減の令を布く。一朝に一餐《いっさん》（飲食）、一葛一裘《いっかついっきゅう》（裘葛《きゅうかつ》、冬のかわころも）のみにし、闔藩凍餓《こうはんとうが》（長岡藩が凍え飢えること）を忍び、以て文武の両場を置き、頗る士風を督励す。[21]

上記の史料は、「天皇親政の詔」（明治二年布告の「府県施政順序」）を受けて、戊辰戦後の長岡復興を担った藩執政の虎三郎や億二郎たちが、焼け野が原となって塗炭の苦しみにあえぐ中で、万難を排して維新政府の布令「小学校ヲ設ル事」を実現しなければならないと意を決し、美談「米百俵」の誕生舞台となった藩立の国漢学校を開設するに至った歴史的な経緯を、極めて端的に表現した名文である。藩政を担う最高責任者の虎三郎や億二郎の場合はもちろん、長岡藩政に関わる人々にとって、維新政府の「小学校ヲ設ル事」という布達（「府県施政順序」）は、まさに衣食を絶っても遵守しなければならない「天皇親政の詔」とも呼ぶべき、絶対服従の御下命として受け止められたのである。

以上のような「府県施政順序」や東北諸藩に対する「達」にみられる維新政府の人民教化を意図した教育政策の展開こそが、戊辰戦後の混乱と困窮の渦中にあって、なおも長岡藩が明治二年五月に城下の寺院本堂を仮校舎として急ぎ学校教育を再開したこと、さらに翌三年五月には支藩の三根山藩から恵送されてきた「米百俵」を開校資金に組み込んで新たな藩立学校を開設したこと、などの直接的な契機となったものであった。ここにこそ、長岡藩における国漢学校開設の歴史的な契機や教育史的な意義もあった。このような歴史的事実を無視して、救援米である「米百俵」を学校建築資金に充当して新たな藩学校を開設したことを、単純に美化し喧伝することはできない。

第二節　救援米「米百俵」と藩立学校の新築

1　分家の三根山藩が「米百俵」を恵送

戊辰戦争の後、長岡復興の重責を担わされた虎三郎や億二郎たちの東奔西走の結果、長岡藩の教育は仮校舎をもって再開された。さらに彼らは、翌年の明治三年六月には新校舎を建設して学校備品を整備し、従来の藩校における武士階層に限定した身分制社会の旧教育を改め、藩内領民の全ての児童を入学対象とした新たな藩立学校として再出発させた。美談「米百俵」を生み出す新たな教育的世界の誕生である。

維新政府から「府県施政順序」や東北諸藩に対する「達」が相次いで発布された後、長岡藩の寺院を仮校舎とする旧態依然の藩校教育を再開するという付け焼き刃の教育施策では、とても維新政府が求める新時代の学校教育を満たすことはできない。このことの重大性を、最も痛感していたのは、虎三郎をはじめとする新生長岡藩の首脳陣であった。如何にして長岡藩が、維新政府の教育指針に叶うような全ての領民児童を対象とした四民平等の学校教育を実現するか。急を要する難題であった。

第一に学校建設の資金の問題である。戊辰戦争前の借財と戦費による膨大な借金財政に加え、新政府によって藩収入の財源となる禄高が大幅に削減された財政破綻の状態で、如何にして多額の学校建設資金を捻出することができるのか。教育立国思想を掲げる虎三郎たち藩首脳にとっては、長岡藩が維新政府に抗した逆賊であったが故に、殊の外、維新政府の打ち出す教育政策には神経をとがらせ、遺漏なき万全の対応が求められたのである。だが、領民児童の全てが通う学校を新設することは、教育立国の精神による長岡復興の実現を希求する虎三郎の基本方針と、決して矛盾するものではなかった。いな、虎三郎たちにとって、維新政府の要求に応える形で長岡復興の人的基盤を形成することは、取りも直さず教育立国思想の具体化であった。それ故に虎三郎たちは、総額三千両といわれる多額の学校建設資金を、莫大な負債を抱えて困窮する藩財政の中から、何としても工面しなければならなかったのである。(22)

そのような苦渋の選択を迫られていた折りに、牧野家の分家である越後三根山藩から戦災見舞いの「米百俵」が送られてきた。明治三年(一八七〇)五月のことである。だが、戦後復興を担った長岡藩大参事の虎三郎は、三根山藩から送られてきた救援米を、食糧難に苦しむ藩士家族には一粒も分配せず、学校の開設資金に組み込んでしまったのである。この間の歴史的な経緯が、虎三郎校長の下で新築開校した国漢学校の教員を勤めた人物の回顧談(「西郷葆翁談」）には、次のように記録されている。

維新匆々《そうそう》の際なり又教授も不慣にて殆んど学校というべきものではなかったが、大参事たりし小林虎三郎氏は、大にこれを改良して完全なる教育を子弟に施さんものと考慮された。偶《たま》ま明治三年に三根山藩士族より御見舞として、長岡藩士族へ米百俵を贈与し来たった。当時、戊辰戦乱の後を承け闔藩《こうはん》（長岡藩）の疲弊言語に絶したるより、士族多数の意向は、各自にこれが分配を希望したるも、独り小林氏は青年の前途を憂慮し断然衆議を排し自説を主張し、該米を以て学校資金となし、国漢学校を建設するの議を定められた。(23)

この「西郷葆」という教員の証言は、まさに有三の戯曲『米百俵』が描いた美談の原型であった。虎三郎の教育信念が貫かれ、救援米が学校建設の資金に充当されたという談話の信憑性を裏付けるべく、談話者である西郷自身が、「これに就いては明治三年五月七日附を以て士族一統への布告がある」として示した史料的根拠が、次に掲げる長岡藩の公文書史料であった。

士正

三根山藩士族より、当藩士族へ、此節の見舞として百俵米贈与有之《これあり》、然る処《ところ》、士族給与米の儀は三月中より面扶持《めんぶち》（家禄ではなく、家族の人数によって与えた扶持米）に候へば、辛《から》くも目今の凌《しのぎ》は相成候筈《はず》に付、右百俵を以て文武両場必要の書籍器械の費《ついえ》に充《あて》候ば、闔藩《こうはん》（長岡藩）士族、両道稽古の一助にも相成、即ち三根山士族の厚意に戻《もと》らざる儀と評決いたし、其段取計候間此段為心得《こころえなされ》一統へ可有布告《ふこくあるべく》候也

五月　士族事務総裁(24)

以上の史料によって、三根山藩から送られた「米百俵」が、戦後復興を担った藩大参事の虎三郎や億二郎など長岡藩当局者の基本的な施政方針であった、「目今、藩計極々窮蹙《きゅうしゅく》(困苦の極み)ニハ候え共、文武ノ儀ハ一日休業候えハ、後来藩勢振興一日ノ遅延を引起し候」[25]という教育立国思想の観点から、食糧難にあえぐ藩士家族への生活救援米としては分配されず、長岡復興の長期的な展望に立って、最も必要な人材の育成を担う学校関係の費用に充てられたということは、疑いえない事実である。

だが、換金された「米百俵」の代金は、二七〇両前後であった。[26]学校新築の資金三千両には、ほど遠い金額である。実は、三根山藩から恵送された「米百俵」の他にも、学校新築経費の一部として提供された資金があった。「米百俵」が送られてきた直後の「明治三年六月十二日」の長岡藩史料には、「従五位様(旧長岡藩第十三代藩主の牧野忠毅)ニ於ても、此段深く御憂慮被為在候より、御家禄之内より御出費ニテ、国漢学校建設ニ相成」[27]とあり、さらに同じ月の別の藩史料には「知藩事家、御家禄の内より御出費にて、国漢学校建造既ニ成功ニ至り、当十五日開校ニ相成候」[28]と記されている。長岡藩旧主家の牧野家が、藩費から宛がわれている家禄の中から学校新築資金の一部として提供した拠出金があったのである。[29]しかし、これを加えてもなお、学校新築に必要な資金の総額からみれば、僅かな金額でしかなかった。有三の戯曲『米百俵』に「食えないから学校を立てるのだ」と描かれているが、三根山藩から送られた「米百俵」だけで、学校の校舎新築が実現したわけではなかったのである。

2　救援米「米百俵」の使途

それでは、三根山藩から送られた救援米「米百俵」の代金は、一体、どのように使われたのか。もちろん、学校の開設資金に組み込まれたことはまちがいない。だが、学校建設に必要な資金の総額は、三千両という多額の金額であった。「米百俵」の換金や旧藩主の牧野家からの援助金などでは、とても賄える金額ではなかった。

したがって、学校建設資金のほとんどは、維新政府の小学校設置に関する督励を厳粛に受け止めた虎三郎たち藩首脳が、財政窮乏の中から苦心惨憺して捻出したもの、と理解するのが妥当である。このことは、三根山藩から「米百俵」が送られてきた「明治三年五月」という日付と、学校が新築落慶して開校式を迎えた「明治三年六月」との間隔が一ヶ月余りしかなかったという時間的制約からも明らかである。この少ない日数では、とても学校建築に必要な工期を満たすことはできない。それ故に、学校の建築工事は、三根山藩から救援米「米百俵」が送られてくる前に着工されていた、とみるのが妥当である。実は、美談「米百俵」の理解に関わる上述のような時間的経過を踏まえて、国漢学校の建設経緯を矛盾なく説明した人物が、地元長岡にいたのである。労作『三島億二郎伝』や大著『長岡の歴史』(全五巻)等の学術的な研究書を多数刊行し、長岡の近代史研究の泰斗と評してもよい今泉省三(一九〇五～一九七八)が、その人である。彼は、次のように述べている。

校舎にあてられた昌福寺は、あくまでも当座の間にあわせの仮校舎だ。そのうえ書籍はもとより器具調度とて満足のものがなく、その不備をかこっていた。

機も熟して、翌三年早々、阪之上町二七番地、いまの大和長岡店のところに、演武場と学堂の新築にかかり、四月二十二日、演武場が開所し、六月十五日には国漢学校を移転開学し、同時に洋学局・医学局を設けた。(30)

上記のような今泉の記述を裏付ける資料的な根拠としては、藩政庁が明治三年(一八七〇)六月十二日に発令した開校式を告げる公文書「触書」があり、そこには「国漢学校建設ニ相成、来ル十五日開校ニ候」(31)という開校式の期日を告げる記載が認められていたのである。

以上のような諸史料を総合的に勘案すると、明治三年五月に三根山藩から救援米「米百俵」が長岡藩に送られてきたが、それは学校の新築資金に使われたのではないことがわかる。「米百俵」が送られてきたときには、すでに藩の財政的な措置が講じられて、すでに学校の新築工事は着工され、しかも落成間近であった。建築資金の財政的な裏付けなくしては、学校の新築工事を着工することはできないからである。

それでは、二七〇両前後で換金されたといわれる「米百俵」の代金は、一体、どのように使われたのか。次の史料は、虎三郎と共に藩大参事として国漢学校の開設に尽力した億二郎の日記に記された「米百俵」の使途に関わる部分である。

五月二十二日

三根山知事家より御到来米、代金之内百両、文武入用ニ御出被下候分配当

二十両　国漢　　　二十両　兵

二十両　武場　　　二十両　医

二十両　洋

五月二十七日

二十八日立、松五郎江二百両遣ス、峰山（三根山）米代金ニて書籍之料となす也、他百両可遣、是ハ武場道具之料也、差支故後組ニ致候(32)

上記の内容を裏付ける確かな史料として、億二郎の日記が書かれる前の明治三年五月七日付で藩庁から士族一同に宛てた、次のような布告「三根山藩士から見舞いの米百俵の使途につき達し」がある。

三根山藩士族より当藩士族へ、此節の見舞として百俵米贈与有之、然る処、士族給与米の儀は三月中より面扶持に候へば、辛《から》くも目今の凌《しのぎ》は相成候筈に付、右百俵を以て、文武両場必要の書籍器械の費に充候へば、黌《こう》藩《はん》（長岡藩）士族両道稽古の一助にも相成、即ち三根山士族の厚意にも戻《もと》らざる儀と評決いたし、其段取計候間、

此旨為心得一統へ可有布告候也

（明治三年）五月　士族事務総裁(33)

以上のような億二郎日記や藩庁布達などの諸史料を総合的に勘案すると、三根山藩から送られてきた救援米「米百俵」の代金は、学校本体の建築費用ではなく、校舎の建築が完成した後に、開校後の教育に必要な書籍や備品の購入費に充てられた、とみてまちがいないであろう。

実は、上述のような「米百俵」の使途に関する理解を最も早くに示したのが、前述の今泉省三であった。彼は、三根山藩から贈与された「米百俵」の使途に関して、山本有三の戯曲『米百俵』に描かれたような、藩立国漢学校の建設資金に充当されたという単純な見解とは異なる、次のような極めて妥当な解釈を示していたのである。

三根山藩からもらった米そのままでは学校の経費に組みいれるわけにはいかない。ただちに換金された。当時、米一斗七、八升で金一両の相場である。四斗七升いれ百俵でおよそ二百七十両余になる。とりあえずこのなかから百両を割《さ》えて国漢学校・演武場・洋学校・兵学校・医学校へそれぞれ二十両ずつを按分《あんぶん》した。この決定は五月二十二日になされたが、（中略）要するに松五郎へ二百両を預けて書籍を購入させ、別に百両は演武場の道具を買う資にあてるということで、三根山からの米代金に牧野家が多少充足して文武両場の経費にあてたのである。(34)

三根山藩から送られた「米百俵」によって国漢学校が建てられたのではなく、学校本体の建築に要する多額の費用は逼迫する藩財政の中から捻出されたものであったこと、「米百俵」の代金は開校後の教育に不可欠な書籍や備品の購入費に充当されたこと、これらのことは疑いえない歴史的事実とみてよいであろう。

しかしながら、「米百俵」が学校開設資金の総額からみて、如何に少額であったとしても、その日の空腹をも満たすことのできない戊辰戦後の困窮の中で、それを救助米としては配分せず、長岡復興を担う人材育成のための学校開設資金に組み込むという虎三郎たち藩首脳陣の勇気ある決断は、長岡の人々をして敗戦の絶望から復興の希望へと意識の転換を促すに足る、実に衝撃的な出来事であったといえる。三根山藩から送られた「米百俵」は、長岡復興の起爆剤となり、単なる経済的な効果を超えて、計り知れない精神的な価値をもたらしたということである。たかが「米百俵」、されど「米百俵」。ここにこそ、史実「米百俵」の美談としての歴史的な意味があるのではなかろうか。

第三節　国漢学校の誕生とその教育

1　新生藩立学校の教育精神

明治三年(一八七〇)六月十五日、虎三郎たち長岡藩の人々の悲願であった国漢学校の開校式が、旧藩主の臨席をえて盛大に挙行された。当日の様子を、入学生徒として列席していた生徒は、次のように記録している。

国漢学校の始めに開校式の様な事があった。時の藩知事即ち殿様が御臨席になって、小林虎三郎サンが大学の講義をされた。殿様から二三間の前に藩の重立《おもだち》初め綺羅星《きらぼし》の如く居並ぶ処に、髯《ひげ》ムシャムシャの小林サンが裃《かみしも》を着けて、荘厳なる御前講義を試みられたのは、如何にも偉観を極めたもので、今猶ほ眼前に彷彿たるの想ひがする。(35)

もちろん、国漢学校の初代校長に就任したのは虎三郎であった。彼は、新築なった開校式の晴れ舞台に立ち、旧藩主で長岡藩知事の牧野忠毅《ただかつ》をはじめ藩の重役たちが居並ぶ前で、新入生に対して、学問することの根本目的は「修身斉家治国平天下」（身を修め家を斉《ととの》えれば国は治まり天下は平らかとなる）の実現にあることを説いた、漢学の古典『大学』の講義を披瀝したのである。儒学の根本教材である「四書」の中の一書『大学』は、中国儒教の学問論を代表する名著である。そこに説き示された学問の世界は、まさに恩師象山の思想「東洋道徳・西洋芸術」を継承し実践する虎三郎自身が探究してやまない、教育の理想世界であった。廃墟の中から長岡復興の源泉となる国漢学校の開校式を迎えた虎三郎の胸中に去来するものは、一体、何であったのか、察するに余りある。彼は、学問論を説いた中国儒教の古典『大学』の一言一句をもって、新生なった国漢学校の育成すべき真の人材とは、如何なる人間であるべきかを開陳《かいちん》した、とみてよい。この初代校長の開校式での御前講義は、その後の国漢学校の教育指針となり、長岡の復興と更なる発展の礎となったであろうことは疑いえないところである。

ところで、財政難の中で総額三千両といわれる多額の建築費を投じて落成した国漢学校は、平屋建ての木造建築で、六つの教室とその他の部屋からなる文学校舎と武道鍛錬の演武場からなっていた。

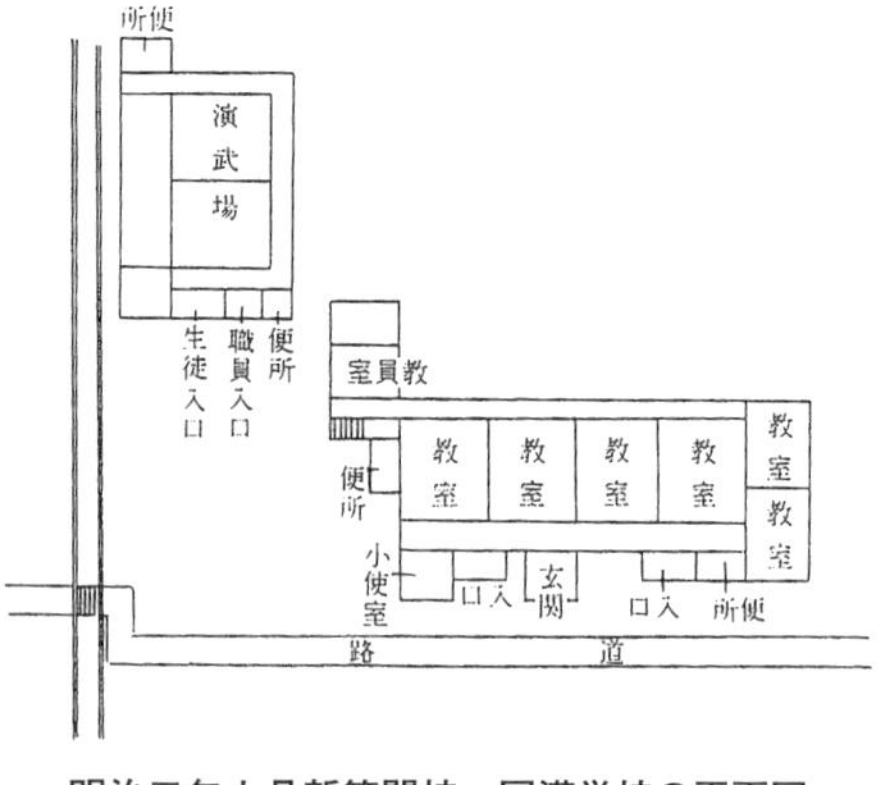

明治三年六月新築開校　国漢学校の平面図
（今泉省三『長岡の歴史』第六巻）

2　校名は「崇徳館」から新たな「国漢学校」に

新築校舎をもって開校した藩立学校は、「国漢学校」と命名された。同校の教育内容を表す単純明快な校名である。旧来の「崇徳館」と呼ばれた藩立学校は、徳川時代の儒教を学問教育の基本思想とする身分制社会の学校であった。

それ故に、入学資格を藩士子弟に限定し、教育内容も儒学を専らとした。

だが、新たな藩立学校として開校された国漢学校は、国民形成を緊要課題とする維新政府の教育政策を受けて設立された新時代の学校であり、したがって教育の内容も刷新された。すなわち藩校以来の伝統的な漢学（儒学）の他に、新たに国学（皇学）が導入され、国漢両学を兼学する学校に生まれ変わったのである。国漢学校という校名は、新しい藩立学校の性格と内容を端的に表現するものであった。

一体、何故に旧来の漢学一辺倒の教育内容を改め、国学が加えらたのか。理由は簡単明瞭である。それは維新政府の思想基盤による変化であった。儒教思想を基盤とする徳川幕藩体制を打倒した維新政府は、天皇制を基本とする近代統一国家の構築を目指していた。徳川幕府を倒し天皇を頂く王政復古の原動力となった思想は、皇国の学としての国学であった。明治維新期における国学の勢力は、旧来の儒学や新興の洋学を圧倒した。維新政府の後ろ盾をえた国学の威勢を天下に示す出来事としては、全国を吹き荒れた廃仏毀釈の運動を想起すれば足りるであろう。

維新直後の新政府は、旧来の徳川幕藩体制を支えた儒学や欧米化としての日本近代化を推進する洋学よりも、倒幕思想としての有効性を発揮した国学を重視し、政府関係の要職に国学者を積極的に採用した。教育面においても国学の影響力は大きく、国学を抜きにして近代日本の教育制度を構想することはできなかった。すなわち、国民形成と人材育成に関わる教育関係においても、国学重視の政策展開が顕著であったのである。

明治元年（一八六八）二月、維新政府の取るべき学校教育政策を調査・立案する「学校掛」に採用された玉松操、平田銕胤《かねたね》、矢野玄道《はるみち》の三名は、いずれも政府参与の国学者であった。彼らが政府に提出した学校制度「学舎制」では、国学、漢学、洋学の三学を網羅していた。が、そこで特に重視されたのは国学であった。旧来の儒学を学問教育の基本とする幕府諸藩の学校では、儒学の開祖としての孔子像が学神として祀《まつ》られていた。だが、「学舎制」では「祭神を異国に求めずに我国の神を祀ること」[36]とされた。「米百俵」を送った長岡藩牧野家の分家である越後新潟の三根山藩（明治三年九月に峰岡藩と改名、一万一千石）でも、藩校入徳館では、創立以来、「聖像」（孔子像）を学神として安置してきたが、明治三年五月には、新たに「神壇」を設けて神道による祭儀を行った[37]。地方の小藩にまでも国学の勢力が及んだことを如実に物語っている。

東京遷都を直前に控えた明治元年九月には、「大学校御取立被遊天下ノ人才ヲ集メ文武共盛ニ被為備程[38]」との趣旨で、維新政府の行政官より「皇学所」と「漢学所」を京都に創設する旨の御沙汰が発せられた。そこに示された七ヶ条からなる「規則」の前三ヶ条は、次の通りであった。

一、国体ヲ弁シ名分《めいぶん》ヲ正スヘキ事

一、漢土西洋ノ学ハ共ニ皇道ノ羽翼《うよく》タル事

　但シ中世以来武門大権ヲ執リ名分取違候者数多ニ付向後屹度《きっと》心得ヘキ事

一、皇学漢学共ニ是非ヲ禁シ着実ニ修行文武一致ニ教諭致ヘキ事[39]

維新当時は、近代日本の思想的な主導権を巡って、国学、漢学、洋学の三学問が鼎立《ていりつ》拮抗して競い合った。だが、維新政府の依って立つ思想的な立場は、国学であった。皇国の学たる国学が絶対的な優位を占めていたのである。天皇を頂点とする近代日本の構築を目指す維新政府は、国学を国家国民の精神的な主柱に据え、それを鳥の二枚の羽のごとくに羽翼《うよく》（補佐）するのが旧来の漢学と西洋日新の洋学の役割という構図を描いていた。そのような皇国体制を整えるべく、明治元年十二月、維新政府は太政官布告をもって「皇学所」の開校を告げた。その前文には、皇国の学としての国学を振起し勉励すべきことが次のように記されていた。

近来皇国ノ学相衰ヘ、外国ヘ対シ候テモ不都合ニ付、今般更ニ皇学盛大ニ御振起《ごしんき》被遊度思召《おぼしめし》ニ候間、各御一新ノ御趣意ヲ奉戴《ほうたい》シ、異日国家ノ大用ニ相立候様、一同奮発勉励致ヘキ旨御沙汰候事[40]

以上のように、維新当初の日本は、国学全盛の時代であった。教育政策の面でも、国学の教育が、漢学や洋学にも増して奨励されたのである。維新政府の国学を重視する教育政策は、全国諸藩の藩校教育にも大きな影響を及ぼし、多くの藩校では急ぎ皇学所や国学所を新設し、あるいは国学関係の学科を新たに開設していった(41)。藩校教育への国学の浸透は、当然、一般人民の教育を担う小学校の教育内容にも及び、旧来の漢学と共に国学の教育が強調された。それ故、明治三年六月に新築開校された長岡藩立の国漢学校も、旧来の藩校崇徳館時代の儒学一辺倒の教育を改め、漢学と国学の両学問を教育内容とすべく、校名が「国漢学校」と命名されたのである。

明治維新期において、校名に「国漢」を冠する藩立学校は他に例をみない。だが、国学を藩立学校の教育に導入するのは維新期の時代思潮であった。長岡藩が新築開校した国漢学校の場合は、維新期の教育状況を最も端的に表現した校名であったのである。生徒として国漢学校の開校式に臨んだ渡邊廉吉（一八五四～一九二五、明治大正時代に行政裁判所評定官として活躍した法制学者）は、新生なった国漢学校で受けた教育の内容を、「国漢」という校名の意味から説明して、次のように述べている。

国漢学校の教育は、崇徳館とは大に内容を異にし、国学と漢学とを併せ教授すると云ふ点に、頗る進歩の跡が見える。従来、崇徳館の教育は、凡《すべ》て漢学で漢土の事のみを教へてあつたから、日本の臣民でありながら日本の国体等の事も分らなかつたのであるが、国学を併せ教ゆるに至て従来の欠陥を補ふこととなつた。而して単に国学と云ふも仮名交りの文章を読ませるのでもなければ、又和文和歌を教ゆるのでも無い、矢張り漢文を以て国家の歴史、制度等を学ぶと云ふ遣方《やりかた》である。之と同時に世界の出来事、凡ゆる科学的の事をも研究させる。日本の歴史、制度の教授に用いた重なる教科書は、大日本史、日本外史、漢学に於ては経書は勿論、史類等にて、尚ほ科学的の方面に於ては漢文で書いた地球説約（地理書）、窮理書（物理書）、博物新篇其他技術に関するもの等で、全く教育の方針を一変したものである(42)。

3 領民子弟に等しく開放された国漢学校

明治四年(一八七一)七月には廃藩置県が断行された。これによって徳川幕藩体制は、名実ともに終焉を迎えたのである。ところで、その前年に新築開校された国漢学校は、正真正銘の藩立学校であった。江戸時代に創建され維新期まで存続した藩立学校の崇徳館もまた、同じく藩立学校であった。が、同校は、身分制社会を反映して入学対象を武家の子弟に限定していた。しかし、国漢学校は、同じ藩立学校でありながらも、入学者の身分的制約を撤廃し、藩内領民の全ての子弟が入学して学ぶことのできる学校であった。従来の「米百俵」の理解では、この点が、教育立国を説く虎三郎の先駆的な功績として高く評価されてきた。例えば松本健一『われに万古の心あり―幕末藩士　小林虎三郎』では、次のように述べられている。

国漢学校は、(中略)はじめは藩校の崇徳館にかわる、それも士族ばかりでなく町人も農民も入れる、開かれた学校として創立された。これは、重ねていうが、虎三郎の思想によるものであった。かれの田中春回に宛てた手紙には「小学は貴賤賢愚の別なく皆入るべき所」とあったし、三島億二郎に宛てた手紙には「兎角諸旧藩の風習にて、平民教育に心を用いず、士族而已《のみ》に教育費用を掛け」とあった。それは、虎三郎の思想がもともと、「富強の本ただ人民の知識を開く外なし」というものであり、そのためにはまず小学校の教育制度改革から始めなければならない、と考えていたことを示している。(43)

教育における身分的な制限や差別を撤廃して、日本国民の全てに小学教育を施すべきであるとする思想は、すでに述べたように虎三郎の恩師である象山が、美談「米百俵」の誕生よりも三〇年も前のアヘン戦争直後の天保時代から強調していた教育思想であった。国民皆学の思想は、少なくとも黒船来航後の幕末期においては、多くの開明的な知識人に共有される教育認識となっていたのである。象山門人の虎三郎も、その一人であった。明治維新の折りには、近代日本の構築を担う維新政府も、国是とする富国強兵、殖産興業の人的基盤として国民皆学を重視し、その実現を期して欧米型小学校の普及徹底を急務としていたのである。

したがって、身分的差別を撤廃して、全ての人民子弟が等しく小学教育を受けるべきであるとする教育認識は、当然のことながら維新政府の首脳陣には等しく共有されていたのである。例えば幕末期に渡英経験を持つ若き開明官僚の伊藤博文(一八四一〜一九〇九)は、早くも兵庫県知事であった二十代の明治二年(一八六九)一月に、国家の施政方針として「国是綱目」を朝廷に建白し、「全国ノ人民ヲシテ世界万国ノ学術ニ達セシメ、天然ノ智識ヲ拡充セシム可シ」と述べて、「府藩県ヨリ郡村ニイタル迄小学校ヲ設ケ、各大学校ノ規則ヲ奉ジ、都城辺僻ニ論ナク、人々ヲシテ智識明亮《ちしきめいりょう》タラシム可シ」と、全国に国民皆学の小学校を創設すべきことを提唱していた(44)。また、公卿出身の尊皇攘夷論者で維新政府の重鎮であった岩倉具視は、同じ公卿仲間の国学者である玉松操を腹心として重用して、早くから皇国の学としての国学の復権を企図していた。その岩倉も、すでに明治二年(一八六九)十二月には「宜ク全国大小学校ヲ設ケ彝倫《いりん》ノ道ヲ講明スルヲ以テ根礎ト為スヘシ(45)」と述べ、「彝倫《いりん》ノ道」(人として常に守るべき道)を普及徹底するという皇道主義的な立場から全国規模での小学校教育の実現を説いていたのである。

さらに同じく維新政府の実力者であった木戸孝允(一八三三〜一八七七)もまた、明治元年十二月、朝廷に建言して「王政維新いまだ一年を出ず、東北の反徒ことごとく其の罪に伏す。今より勉て武政の専圧を解き、内は人民平等の政を施し、外は世界富強の各国え対峙するの思召」と、戊辰戦後の国家富強の政策遂行を説き、一般人民に対する普通教育、すなわち小学校教育の重要性を説いて次のように述べている。

元来国の富強は人民の富強にして、一般人民無識貧弱の境を離るる能はざるときは、王政維新の美名も到底空名に属し、世界富強の各国に対峙するの目的も必ず其の実を失う。付ては一般人民の智識進捗を期し、文明

各国の規則を取捨し徐々全国に学校を振興し大に教育を布かせられ候儀、則ち今日の一大急務と存じ奉り候。(46)

実は、上記のような維新政府の首脳たちの、一般人民に対する小学教育（普通教育）の緊要性についての共通認識を踏まえて、維新政府は、明治二年二月、「小学校ヲ設ル事」という一項を含む「府県施政順序」を制定し、これを全国に布達したわけである。

維新直後における一般人民の教育を巡る新政府の政策展開を受けて、全国の諸藩は、藩立学校の身分的制限を撤廃する方向での教育改革を次々と断行していった。例えば、信州諏訪の高島藩では明治二年に藩校長善館の教育改革を実施して「学校造営ノ儀ハ士族卒平民ノ三等ノ生徒ヲシテ尽《ことごと》ク其智識ヲ広メ其才徳ヲ成サシメ天下国家ノ実用ニ供候趣意ニ候(47)」あるいは「士族ハ勿論卒平民ニ至ル迄日夜勉励致勤学達材成徳シテ御国恩ヲ奉報候様相心得可申事(48)」と入学対象を規定し、平民子弟の入学を許した。徳川御三家の紀州和歌山藩でも、明治二年の藩校改革で「生徒貴賤ヲ論セス学事ニ付テハ四民同胞(49)」と、早早に身分的制限を撤廃した。さらに、戊辰戦争で幕府軍に加わった志摩鳥羽藩もまた、明治三年の学校改革で「士卒ノミ教ルタメノミニアラス農工商ト雖トモ有志ノ者ハ入校ヲ許候(50)」と、従来は藩士子弟に限られていた藩校入学の身分的制限を撤廃し、一般領民の子弟にまで拡大したのである。

全国の諸藩は、維新後は藩立学校への入学に関する身分的制限を競って撤廃し、農工商の平民にまで拡大していった。そのような学校開放の歴史的潮流の中で、他藩に比べれば出遅れはしたが、長岡藩の国漢学校は新築開校されたのである。当然のことながら、同校もまた、旧来の藩士子弟に限定された身分的制限を撤廃し、藩内領民の全ての子弟にまで学校を開放した。このような、戊辰戦後に虎三郎たち藩首脳が推進した長岡復興に向けての教育的な対応は、維新政府の教育政策に全く呼応したものであり、新時代の教育的潮流に沿った教育政策の展開であったのである。

もちろん長岡藩が、財政破綻の厳しい経済状況の中で、維新政府の教育政策や新時代の潮流に即応した国漢学校を開校できたことは、教育立国思想を掲げる虎三郎の思想的な先駆性や開明性によるものであった。だが、四民平等という近代教育の原理に基づく国漢学校の開設を、単に虎三郎個人の功績に帰着させ美化して捉える見方は、明治初期の維新政府を中心とする教育動向を全く捨象した、誤った歴史理解といわざるをえない。美談「米百俵」は、美談である前に厳粛な歴史的事実、すなわち史実なのである。史実「米百俵」が惹起される歴史的経緯を抜きにして、美談であるか否かの価値判断をすることはできない。この点こそは、美談「米百俵」を理解する際に留意すべき最も重要な観点である。

第四節　国漢学校の命運と虎三郎の転身

1　長岡藩の終焉と国漢学校の命運

国漢学校に、開校直後の同年八月、校名となった国漢二学の外に医学局と洋学局、それに演武場が急ぎ増設された。これによって、国学、漢学、洋学の三学を兼修する文武両道の教育体制が整えられた。虎三郎が恩師象山の「東洋道徳・西洋芸術」思想を継承して「興学私議」に描いた教育的思想世界—学校教育構想の具体化であった。初代校長に就任した虎三郎は、和漢洋の学問を教育内容とする明体達用（事理に精通し有用な内容）の教育、文武両道の教育を実施に移そうとしたのである。開校の趣旨を周知徹底すべく藩当局より布達された次の文書は、虎三郎の執筆と思われるが、そこには教育立国思想による郷土復興にかける虎三郎の悲壮な決意を読み取ることができる。

目下藩の会計極々窮処《きゅうしょ》には候へ共、文武の義は一日休業候へば、後来藩勢の振興一日の遅延を引起し候次第、従五位様(旧長岡藩第十三藩主の牧野忠毅)に於ても、此段深く御憂慮在せられ候より、御新禄の内より御出費にて国漢学校建設に相成、来る十五日開校に候條、銘々にも御旨染趣辱相弁へ、艱難中ながら精々出校、奮発勉励、着実研修、其材質を尽し、御奉公の基礎相立候心掛可為肝要者也。(51)

だが、虎三郎たち長岡藩の人々が苦心惨憺の末に創設した国漢学校は、設立の後、間もなくにして大きな転機を迎える。戊辰戦後の長岡藩は、戦前の膨大な借財と戦費の消耗、さらに戦後処分の大幅減禄による藩収入の激減などが相俟って、再建不能なまでの財政破綻に陥っていた。億二郎たちの維新政府に対する度重なる救済嘆願にもかかわらず、維新政府からは思うような財政支援がえられなかった。その結果、国漢学校が開校式を挙げて僅か数ヶ月後の明治三年(一八七〇)十月、牧野忠毅(第十三代藩主)は、維新政府に対して長岡藩知事の辞職願を提出し受理された。これによって長岡藩は、維新政府が直轄する柏崎県に編入され、維新政府の直轄地となった。廃藩置県の詔書が発布される前年のことである。徳川家康の重臣であった初代藩主の牧野忠成(一五八一～一六五四)が越後長岡に入国してから二五〇年余、牧野家長岡藩は、遂に終焉のときを迎えたのである。

当然のことながら、廃藩によって藩立の国漢学校は柏崎県の所管となった。校長であった虎三郎は、廃藩の翌月の明治三年十一月、柏崎県庁より新たに「学校兼演武場掛」(校長職)という辞令を受けた。さらに翌四年五月には、国漢学校は県立柏崎学校の「分校長岡小学校」と改められたのである。

このことは、学校創設に奔走した虎三郎たち長岡藩の人々にとって、アイデンティティの基盤であった長岡藩の終焉を実感させられる衝撃的な出来事であった。彼ら長岡藩の人々は、幾世代にもわたって歴史と伝統のある長岡藩の家臣の家に生まれ育ち、藩の存続発展に身命を賭してきた。彼らにとって長岡藩は忠誠と奉公の全き対象であった。その長岡藩の消滅は、まさに一大事であった。しかしながら、この衝撃的な事態に直面した虎三郎は、廃藩置県の直後、長岡復興の後事を全て畏友の億二郎に託し、藩の公職を全て辞任して上京するのである。以来、彼は、再び郷土長岡の土を踏むことはなかった。それは、覚悟の出郷であったといえる。

2　新たなる美談としての「米百俵」の再認識

泥中に咲く蓮華をみるがごとく、絶望の淵にあって希望への光明を描き上げる文豪・山本有三の戯曲『米百俵』は、読む者の心を揺さぶり、感涙を誘う名作である。だが、それは単なるフィクションではなかった。有三は、歴史学者が顔負けするほどに、膨大な関係資料を徹底的に調査・分析した。そうした学問的な作業を踏まえて、有三は複雑怪奇な一つの史実を解き明かし、それを極限にまで純化し美化して作品にしたのである。彼は、「米百俵」の精神を、主人公の虎三郎をして次のように説かしめている。

食わなければ、人間、生きてはゆけない。けれども、自分の食うことばかり考えていたのでは、長岡はいつになってもたちなおらない。貴公らが本当に食えるようにはならないのだ。だからおれは、この百俵の米をもとにして、学校を立てたいのだ。演武場を起こしたいのだ。学校を立て、道場を設けて子どもを仕立てあげてゆきたいのだ。しっかりした人物を養成してゆきたいのだ。この百俵の米は、今でこそただの百俵だが、後年には一万俵になるか、百万俵になるか、はかり知れないものがある。いな、米俵《こめたわら》などでは見積もれない、尊いものになるのだ。その日ぐらしでは、長岡は立ちあがれない。新しい日本は生まれないぞ。(52)

有三が戯曲『米百俵』に描いた虎三郎の教育立国という思想世界は、確かに感動的な美談であった。その物語は、明治維新という時代の転換期に勃発した戦争の悲劇から生まれたものである。だが、その「米百俵」の物語を、美談である前に、史実として捉えた場合、一体、どのようにみえてくるのか。一つの史実が惹き起こされる背後には、個人の力では如何ともしがたい、その時代に特有の様々な歴史的要因が複雑に絡み合って存在する。史実「米百俵」

にも歴史的な要因や経緯があったのである。美談「米百俵」を史実という歴史学的な視座から捉え、その歴史的な経緯や背景を分析してきた結果、次の事実を指摘することができる。

(1) 維新の夜明けに勃発した戊辰戦争の結果、維新政府軍に抗した越後長岡藩は惨敗した。無条件降伏の後、知行高七万四千石の長岡藩の城下町は灰燼と帰し、藩士家族や領民の生活は、衣食住にも窮した。長岡復興を委ねられた象山門人の虎三郎は、同門畏友の億二郎と共に様々な復興政策を展開していく。が、象山の学問思想を継承した彼らは、儒学の説く教育立国の思想を掲げて、人材育成の教育を重視し、急ぎ藩立学校を再開する。さらに厳しい財政難の中で校舎を新築し、差別なく全ての領民子弟が学べる四民平等の藩立学校－国漢学校を開校させた。

(2) 国漢学校の校舎が落慶する直前に、長岡藩牧野家の分家にあたる越後三根山藩から救援米「米百俵」が送られてくる。虎三郎は、救援米である「米百俵」を飢えに苦しむ藩士家族に分配せず、これを元手に国漢学校を新築した。従来は、そう理解されてきた。戦争の悲劇が生んだ美談「米百俵」の世界である。

(3) だが、事実はそうではなかった。虎三郎が、戊辰戦後の間もなくに、万難を排して藩立学校を再開し、さらに財政危機の中で新たな藩立学校の校舎を新築し、領民子弟に開かれた国漢学校を開校したのは、そうせざるをえない理由があったからである。すなわち、富国強兵を急ぐ維新政府の基本政策の一つに、国民皆学を旨とする全国ネットでの学校教育の構想があった。虎三郎たち新生長岡藩の首脳たちは、この維新政府の御意向を絶対的な忠節をもって受け止め、急ぎ学校教育を再開し、万難を排して四民平等の国漢学校を新たに開設しなければならなかったのである。

確かに結果的には、史実「米百俵」の誕生は、虎三郎の教育立国思想による長岡復興という夢の実現に繋がった。だが、その歴史的な本質は、逆賊となった長岡藩が、忠誠の証として維新政府の求める教育政策を誠実に履行することに大きな意義があったのである。決して虎三郎個人の勇気ある英断で誕生した美談ではなかった。歴史は、一人の英雄によって創造されるほど単純なものではない、ということである。

(4) 虎三郎たちが、必死の思いで新築開校した国漢学校は、校名が示す通り旧来の儒教一辺倒の漢学教育ではなく、新たに国学を取り入れて、国漢両学を兼修する新しい学校であった。それは国学を重視する維新政府の教育政策を体現したものであった。また、旧来の藩校が支配階層の武家の子弟に入学を限定していたのを、全ての領民子弟が学べる開かれた学校として国漢学校を開校したのも、四民平等の国民皆学を掲げる維新政府の教育政策を忠実に履行することに他ならなかった。決して虎三郎個人の先駆性によるものではなかったのである。

(5) 以上に指摘した諸点は、従来の「米百俵」の理解に反する、というよりは美談を覆すことになる。だが、越後長岡を舞台とした「米百俵」の物語は、美談である前に厳粛な歴史的事実、すなわち史実である。歴史理解の本質的な視座から、「米百俵」の誕生経緯とその内実を詳細に吟味してみると、従来の解釈とは全く違った意味で、「米百俵」の史実は「美談」に値する歴史的な出来事であった。

すなわち、三根山藩から送られた「米百俵」は、教育立国思想を掲げる虎三郎と彼の盟友たちによって、経済的な価値をはるかに凌ぐ精神的な価値を生み出した、ということである。学校の新築資金三千両の全体からみれば、「米百俵」の代金(約二七〇両)は微々たる金額であった。だが、今日《きょう》の飢えを耐え忍んで明日《あす》への希望に生きる決意や覚悟の象徴として、学校開設資金の中に組み込まれた。そして、この決断と実行とが、戦後長岡の復興への起爆剤となった。衣食住という生きるための最低条件を奪われてもなお、物心両面で窮地に立つ人間は、歴史の連続性から断絶した「今」という現実には埋没しえず、孫子《まご》の世代に連続する教育的世界を遠望して生きられる存在である。何と尊厳にみちた偉大なる存在であることか。それ故に、「米百俵」という史実は、人間存在の教育的本質において「美談」と呼ぶに値する。そう再認識することができる。

明治維新という大きな時代の転換期に、越後長岡で誕生した「米百俵」の美談は、国是ともいうべき維新政府の御意向には逆らえず、財政破綻にあった逆賊の長岡藩が、他事を投げ打って遵守した教育政策の賜物であった。そこには、明治維新という転換期の時代思潮を読み違えず、しかも維新政府の権力に抗うことなく、長岡という地域住民の安寧を求めて、ひたすらに学校開設による人材育成という最も平和的な方法で、戦後復興に立ち向かった「小林虎三郎」という英明にして篤実な人物がいた。

その彼が、同門畏友の億二郎たち長岡の人々と共に、敗戦後の悲惨な郷土長岡の復興にかけた思いが、「米百俵」の史実を生み出した。その意味で、矢張り「米百俵」は美談に値するといえる。さすれば、このような美談は、決して越後長岡のみに起こりうる奇跡的な出来事ではなく、維新期の日本の彼方此方《おちこち》で起こりえた美談であったとみることができる。実は、そこにこそ、史実「米百俵」が、地域的な特殊性を超えて美談として認知されるに足る普遍的な価値を内在した歴史的な出来事であった、とみる解釈が成り立つ理由があるのである。

第三章　明治初期の教育近代化に関する問題認識

第一節　国文による歴史教科書『小学国史』の編纂前夜

1　越後長岡を去って東京へ出郷

長岡藩の大参事（旧家老職）に選任された虎三郎は、戊辰戦後における長岡復興の中心人物として、彼の存在そのものが藩士や領民たちにとっては、長岡再生への勇気と希望を喚起しうる象徴的な人物となっていた。それにもかかわらず、その彼が、突然、いまだ復興への道半ばにして上京してしまうとは、一体、如何なることか。長岡藩の人々にとっては、全く理解に苦しむ出来事であったにちがいない。だが、虎三郎にとっては、郷里長岡との覚悟の別離を意味した。たとえ、病気療養というやむをえざる理由があったにしても、越後長岡という地域社会からみれば、虎三郎の出郷は、思いもよらぬ衝撃的な出来事であった。億二郎のごとく、最期まで郷土復興に身命を賭してこそ、三河以来の長岡藩牧野家の家訓に殉ずる長岡武士の生き方であったのではないか。そう、思われても致し方ない行動であった。何故に、彼は出郷したのか。虎三郎自身の胸奥に秘められた惜別の念は一入《ひとしお》であったことは察するに余りあり、他人の憶測の及びえないところであった。

思うに虎三郎の教育立国思想による郷土復興への努力、すなわち美談「米百俵」の教育的思想の実践は、単に越後長岡という一地方で誕生し完結する教育的美談ではなかった。それは、虎三郎の信念であったとみてもよい。それ故、彼にとって長岡における「米百俵」の美談は、教育立国思想による人材育成こそが、国家富強の根本をなす基礎であるという、彼が若くして「興学私議」に描いた国家観の地方版に過ぎなかった。その教育立国の思想を、今度は日本近代化に具現すること。それこそが、江戸の象山私塾に学んでいた青年期の虎三郎の初心であり大志であった。そしてその夢が、遅ればせながら郷里長岡を去った後、如何なる病躯にもめげずに、日本近代化を目指して学究的な諸活動を推進しなければならないとする強靱な意志を、彼に喚起し持続せしめたものとみてよい。

彼が求め抜いた教育的な思想世界は、紛う方なく、恩師象山が提唱し実践した「東洋道徳・西洋芸術」思想を継承し具体化することであった。そのためには、幾つもの難病に蝕まれ、余命幾ばくもない残り火を、虎三郎は、若き日に恩師象山の下で学問研鑽に励んだ江戸、改め東京で燃焼し、日本近代化の推進に微力を尽くしたい、恩師の夢を我が夢として実現し最期を飾りたい。そのような押さえがたい衝動が、彼をして郷里長岡を去って上京させるに至った最大の動機ではなかったか。死に甲斐の探求と実現である。そう推察することができる。上京して後、虎三郎は、再び郷里長岡の土を踏むことはなく、遺骸も東京谷中の共同墓地に葬られたのである。

かつて、虎三郎の恩師である象山は、愛弟子・松陰の海外密航事件に連座して捕縛されたとき、江戸伝馬町の獄中で、自身の学問的な世界観の拡大と人生の展開とを重ね合わせて半生を省み、次のような漢詩で心中を吐露した。

予《われ》年二十以後、乃ち匹夫の一国(藩)に繋《かかわ》ること有るを知る。三十以後、乃ち天下(日本)に繋ること有るを知る。四十以後、乃ち五世界(世界)に繋ること有るを知る。(1)

愛弟子の虎三郎にとってもまた、安政元年(一八五四)に罪をえて郷里長岡に謹慎してからの十有余年の間、特に戊辰戦後の長岡復興に悪戦苦闘した明治維新の数年間は、まさに「匹夫の一国に繋ること有るを知る」人生の展開であったとみてよい。したがって、相次ぐ難病と対峙し苦悩する自らを「病翁《へいおう》」と改名して再出発を期し、郷里長岡を去り行く四十代半ばの虎三郎の胸中には、江戸遊学のときに描いた青年の夢―「天下に繋ること」あるいは「五世界に繋ること」を目指した学問的思想世界の探求―を何等かの形で実現させたいと請い願う、最後に残された微かな希望がなかったわけでは決してない。

そのことは、上京後の晩年に、幾つもの難病にあえぎながら、彼がなし遂げた国家的レベルでの諸々の活動とその成果をみれば明白である。後述する歴史教科書『小学国史』(全一二巻、一八七三〜一八七四年)の編集刊行、漢書『徳国学校論略』(上下二冊、一八七四年)の翻刻紹介、さらには英米翻訳教育書(米国原書の『学室要論』と『教師必読』、英国原書の『童女筌』、一八七五年)の校訂活動などは、まさに古今東西にわたる和漢洋の学問を修得して、恩師象山の「東洋道徳・西洋芸術」思想を体現した虎三郎にして初めてなしうる、最も具体的な学究的活動の一大成果であった。

彼の人生は、理想と現実との懸隔があまりにも大きく、満ち足りた安穏の日々など決して望むべくもなかった。だが、彼は、如何に絶望的な状況にあっても決して怯まず、若き日に描いた己自身の学問的な夢の実現に向かって、ひたすら天命に殉ずる誠実一路の人生を生き抜いたのである。

郷里長岡を離れ、一八年ぶりに上京した東京での心境を、彼は、次のような漢詩に詠んでいる。

十八年前北帰客　十八年前に北帰の客
一千里外再遊人　一千里の外　再遊の人
旧朋瓢散無尋処　旧朋　瓢散《ひょうさん》して尋ぬる処なし
何限情懐向孰陳　何限《かげん》の情懐　孰《た》れに向かいてか陳《の》べん
余此観此詩友人蟻川某処。先生再遊旧朋凋謝。所以此嘆。

余此の詩を友人蟻川某の処に観る。先生再遊のとき、旧朋凋謝《ちょうしゃ》す。此の嘆ある所以なり。

奕葉覇図夢一場　　奕葉《えきよう》の覇図《はと》夢一場
空看松樹傲厳霜　　空しく看る松樹厳霜に傲《おご》るを
城楼依旧人非旧　　城楼《じょうろう》旧に依りて人旧に非ず
不賦黍離亦断腸　　黍離《しょり》を賦せざるも亦断腸(2)

【意訳】一八年前、初めて江戸に遊学してから、ペリー来航に遭遇し、恩師象山先生の横浜開港説を奉じて藩主に上書した。だが、この行動によって藩当局より処罰を受け、即刻、越後長岡に帰還し謹慎を命じられた。今、久しぶりに江戸に来てみると、すでに象山先生は京都で斬殺されて此の世になく、共に学んだ同門の旧友たちも、霧散して居所さえも知るよしがない。再会して話したいことは尽きない。だが、一体、誰に向かって我が胸中の思いを開陳すればよいのか。

編者である私（甥の小金井権三郎）は、この先生（虎三郎）の漢詩を象門旧友の蟻川賢之助（一八三二〜一八九一、象山高弟で幕府の講武所砲術教授）の御宅で拝見した。先生が初めて江戸に遊学してから十八年後に再び上京した折り、旧知の友どちは何処《いずこ》に散ってしまったのか、居場所さえも知れず、嘆き悲しんだと、先生はいわれる。だが、私も、今また先生と同じ心境である。

何代も続いた徳川幕府の栄華は、今は夢のように跡形もない。江戸城の松の木は、何事もなかったかのごとくに聳《そび》え、城の天守閣は依然として元のままの偉容を誇っている。だが、そこに住む人は嘗《かつ》ての人ではない。宮殿の跡には黍《きび》の穂が垂れており、この荒れ果てた景色を見ると、詩も詠めないほどに断腸の思いに駆られる。

安政元年（一八五四）の春、学問への志し半ばで謹慎処分を受け、長岡に帰藩して以来、一八年ぶりに目の当たりにする江戸は、東京と改められ、欧化日本の発信地に変貌していた。人も街も、見る物すべてが遊学当時の江戸とは一変し、殊更に彼の心中に懐旧の情を喚起せずにはおかなかった。だが、再度の上京をはたした虎三郎には、少しも暗さや諦めは感じられなかった。

上京後の彼は、郷里長岡の復興の行く末を案じながらも、日本近代化の推移を冷静に凝視し、自らが追い求める教育立国という夢の窓から、船出したばかりの日本近代化の現実を鋭く分析し、そこに様々な問題点を指摘していくのである。

ときあたかも、明治初期の日本では、維新政府が、国民皆学を掲げて西洋型近代学校をモデルとした学校教育制度の法律「学制」を制定（一八七二年）し、富国強兵・殖産興業を国是とする近代日本の建設に不可欠な人的条件、すなわち「国民」の育成という教育事業が全国展開されようとしていた。まさしく、時代は近世から近代への歴史的な転換期にあり、国民の人材化を意図する維新政府の教育政策が、欧米先進国をモデルとした近代学校教育の実現を期して推進されることとなる。

2　上京後の土佐紀行による地方の実態把握

東京には、いまだ草創期にあった福沢諭吉（一八三四〜一九〇一）の慶應義塾に学ぶ実弟の雄七郎（一八四五〜一八九一）がいた(3)。彼は、虎三郎の説得もあって、敗戦覚悟の戊辰戦争には参戦せず、江戸や横浜に留まって英学の研鑽に励み、戊辰戦後の明治三年五月には、慶應義塾に入学した。すでに入学するときには、雄七郎の英語力は相当なもので、学力別クラス編成の義塾で、最初から最上級のクラスに配属されたのである。(4)

その実弟が、福沢に英語力を見込まれ、翌年の明治四年五月には、土佐藩の藩立学校の英学教師に推挙されて赴任することになる。(5) この雄七郎の南国土佐行きに、長岡から上京したばかりの虎三郎も、病気療養を兼ねて同行した。

周知のごとく、長岡戊辰戦争の勃発は、長岡藩の軍事総督であった河井継之助と、攻める官軍側の東山道先鋒総督府の軍監であった岩村清一郎(高俊、一八四五〜一九〇六)との和平会談、いわゆる「小千谷《おぢや》談判」の決裂に端を発した。(6) 実は、河井の敵方であった官軍側の岩村は、土佐藩の出身だったのである。それ故、歴史的な美談「米百俵」の底流には、司馬遼太郎が歴史小説『峠』に描いたように、(7) 土佐藩出身の若き指揮官・岩村の度量の狭さに開戦の責任を求める無念の思いがあったことは、想像に難くない。まさしく越後長岡藩にとって土佐藩は、恨み辛み(ルサンチマン、ressentiment)の仇敵であったとみてもよい。

その土佐へ、戊辰戦争の直後に、虎三郎は赴いたのである。土佐行きに際して、虎三郎は、象門畏友の北沢正誠(信州松代藩出身の政府役人)に、次のような漢詩を寄せている。

流寓東京難久駐　　東京に流寓して久しく駐《とど》まり難し
南溟千里試舟航　　南溟千里舟航を試む
無端更至浪花府　　端《はし》無くも更に至る浪花の府
却望東京是故郷　　却《かえり》て東京を望めば是れ故郷(8)

戊辰戦争のとき、敗戦必死の情勢を冷静に認識していた虎三郎は、岩村率いる官軍側との非戦論を最後まで主張し、河井と鋭く対立した人物であった。しかも、土佐藩には、坂本龍馬を初め旧知の象山門人が数多くおり、象山高弟の虎三郎にとっては、土佐藩に対する怨恨は微塵もなかったとみてよい(9)。

虎三郎の土佐滞在は、僅か一年という短期間であった。だが、その間に彼は、土佐の幾人かと深い交友を結んだ。その代表が、斎藤利行(渡辺弥久馬、一八二一〜一八八一)であった。斎藤は、幕末期に象山を土佐藩に招聘しようとした藩執政の吉田東洋(一八一六〜一八六二)に抜擢されて活躍し、維新後は新政府に仕えて参議に任じられ、元老院議官にまで出世した歴史的人物である(10)。

雄七郎の土佐藩との教師契約は一年で終了し、翌年の五月には東京に戻ることになった。土佐を去るに当たって、虎三郎は、親交を結んだ斎藤に、謝辞を込めて次のような漢詩を送った。

余将に高知を発せんとす。静盧斎藤公送別の作あり。次韻して以て酬《むく》ゆ。

(余将発高知。静盧斎藤公有送別之作。次韻以酬。)

臞儒謬受鉅公知　　臞儒《くじゅ》謬《あやま》りて鉅公《きょこう》の知を受け
臨別感嗟何有涯　　別れに臨んで感嗟《かんさ》何ぞ涯《かぎり》有らん
帰舟明夜阿波海　　帰舟明夜は阿波の海
応夢高堂晤語時　　応《まさ》に高堂晤語《こうどうごご》の時を夢むべし(11)

【意訳】取るにたらない学徒である私は、たまたま参議である斎藤公の知遇をえた。今、別れに際して万感胸に迫るものがあり、押さえがたい。明日の夜は、帰京の舟に乗って、阿波の海にいることであろう。今夜は、先生の立派なお宅で、お互いに胸襟を開いて夢を語り合いたい。

虎三郎が、己の胸中を吐露した、実に臨場感の溢れる漢詩である。人間の信頼の深さは、交友の時間的な長短によるものではない。例え短期間ではあっても、肝胆相照らすほどの深い友情の絆を結ぶことができる。偶然にまみえる人間の邂逅の奥には、必然性が潜んでいるのかも知れない。このことを、虎三郎の謝意を込めた送別の漢詩に読み取ることができる。斎藤もまた、次のような惜別の漢詩を詠み、帰京する虎三郎を見送ったのである。

一回承歓如旧知　　一回歓を承けて旧知のごとし
君東帰去我南涯　　君は東に帰去し我は南の涯《はて》
東西奔走男子事　　東西に奔走するは男子の事
屈指相期再会時　　指を屈して相期するは再会の時(12)

第二節　明治初期における教育近代化の問題状況

虎三郎は、一年足らずの土佐滞在を経て、明治五年(一八七二)の四月、再び東京に戻る。そして、その翌年の明治六年四月、代表作のひとつとなる歴史教科書『小学国史』の刊行を開始する。それは、何と全一二巻という大著であった。如何なる動機で、彼は、このような大作を物したのか。同書の歴史教科書としての内容や意義の分析に入る前に、(13)明治初期における教育近代化の進捗状況に対する彼自身の問題認識の有り様を理解しておく必要がある。

虎三郎が土佐から東京に戻って数ヶ月後の明治五年八月、維新政府は、西洋モデルの近代学校制度を構想した学校教育に関する総合的な法律「学制」を発布する。日本最初の学校教育法であった。同布令は、後進国日本の近代化を左右する人的条件の抜本的な改革を目指して、国民皆学を担う小学校から国家官僚の養成を旨とする大学に至るまでの、壮大な近代学校教育の構想であった。

だが、日本の近代化は、決して零からの出発ではなかった。当時の日本には、後進国とはいっても、西洋先進国の近代学校教育制度を受容し定着させる受け皿となりうる、豊かな教育遺産があった。すなわち、江戸時代に築かれた日本独自の学校教育ネットワークが全国規模で存在していたのである。(14)

この歴史的な事実に注目すれば、日本の教育近代化とは、近世教育の遺産である日本型の学校教育システムを、新たな近代統一国家の支配原理をもって、西洋型の統一的な教育システムに転換し再構築する試みであった、とみることができる。

日本の経験主義を原理とする非生産的な前近代の教育を、西洋近代の功利性や合理性に富んだ主知主義の学校教育に切り替えるには、従前の日本の教育、特に学校教育の意味や役割を、新たな国家原理の下に置く学区制度や学校設置、教員養成や教科書作成、教育計画や教育方法、等々の西洋近代教育の原理や制度を急ぎ導入しなければならなかったのである。畢竟するに「学制」に描かれた学校教育制度は、維新政府が構想する近代日本の国家を実現するための、必要不可欠な国家教育の理想像であった。

しかしながら、「学制」の実施に当たっては、未知なる難問が山積していた。「学制」の描く教育理想と当時の厳しい教育現実との間には、大きな乖離があったのである。その狭間で、如何にして日本に近代的な学校教育を実施し定着させることができるか。黒船来航以来の至上課題である国家民族の独立維持を実現するためには、富国強兵・殖産興業の実現を担う人材の育成が、喫緊の政治課題であった。

特に、維新政府は国民教育を重視し、「一般の人民(華士族卒農工商及婦女子)、必ず邑《むら》に不学の戸なく家に不学の人なからしめん事を期す(15)」(明治五年八月公布の太政官布告「学事奨励に関する被仰出書」)と、国民皆学の実現を緊要な教育課題としたのである。維新政府が国是として求める富国強兵・殖産興業を担う人材とは、一体、どのような人間なのか。それは、具体的には幕藩体制下の旧領民を国家を構成する人民にまで国民化すること、国民皆兵の徴兵制度を支える国民を軍人化すること、国民を工業化社会を担うに足る識字能力を身に付けた人材として労働力化すること、であった。

欧米列強諸国の極東アジア侵攻によって、日本はいつ植民地化されても不思議ではなく、風前の灯火であった。その日本を独立国家として存続させるためには、地方分権の徳川幕藩体制を、政治的にも経済的にも、そして国防という軍事の面においても、中央集権的な近代国家体制に改革すること、これが維新政府に課せられた国家至上の課題であった。その際の改革の視座として、国家優先的な観点と国民優先的な観点との二つが考えられた。

虎三郎の場合は、後者の国民的な視点であった。彼は、国民あっての国家であり、国民の在り様が国家の在り様を規定すると考えていた。それ故に彼は、如何に国民教育が重要であるかを、黒船来航直後の幕末安政期以来、冷静に認識し権力を恐れずに力説していたのである。

こうして彼は、歴史教科書『小学国史』を編纂刊行した後、今度は中国在留ドイツ人宣教師がアヘン戦争後の中国近代化の問題状況をドイツとの比較でまとめた漢書『大徳国学校論略』(一八七三年)を入手し、いまだ近代化の端緒にあった明治初期の日本に翻刻紹介するのである。その序文で、彼は次のように述べている。

地は民を生じ、民聚《あつま》りて一大団を為す。是を国と謂う。民は乃《すなわ》ち国の体なり。故に民強ければ則ち国強く、民弱ければ国弱し。国の強弱は民の強弱に係る。何を民の強と謂ひ、何を民の弱と謂ふや。其の能く学を励み業を勉め、勇ありて方を知る者、之を強と謂ふ。(16)

上記のような国家的な教育課題に対して、いまだ黒船来航前の身分制度を根幹とする封建社会にあって、国民的規模での基礎教育の必要性を説いた恩師象山の学問思想を継承した虎三郎は、その後の安政年間に執筆した処女論文「興学私議」において、師説を奉じて全国民を対象とする小学教育の重要性を強調していたのである。(17) 幕末以来、国民皆学の基礎たる小学教育の実現という問題は、教育立国思想を信念とする虎三郎が、一貫して取り組もうとした最重要課題となっていた。それ故に虎三郎は、上京前の越後長岡における戊辰戦後の復興施策の中でも、とりわけ教育政策を優先し、焼土の中で藩立学校の創設という苦心惨憺の教育事業を展開したわけである。この「米百俵」の美談に象徴される、人材育成こそが国家の存続発展の全的基盤と考える彼の決断と行動とは、「興学私議」に描いた彼自身の教育的思想世界の具体的な表現のひとつであった。しかも、虎三郎の意識においては、郷土長岡の復興政策に示された彼の教育立国思想は、日本国家の近代化という大舞台に移してもなお、妥当性と有効性を有する国家指針でありうる。彼は、そう考えたのである。それ故に上京後の彼は、病躯を押して教育立国思想を具体化する様々な活動を展開していくわけである。

維新当時の最重要な国家課題であった富国強兵・殖産興業の実現に際して、前述のごとくに彼は、国民の資質如何という教育的な観点から国家の在り様を問題とし、富国強兵・殖産興業の成否は、いつに国民教育の実現如何に係っているという教育立国思想を展開した。それでは、如何にして国民教育を普及徹底するのか。この国家課題に対する、上京後の彼の教育的な対応行動の第一歩が、実は歴史教科書『小学国史』の編纂活動であったとみてよい。

上京後の彼は、すでに長岡復興に具体化した教育立国思想に立脚して、西洋モデルの日本近代化を目指す明治初期の教育現実に刮目し、そこに内包される様々な問題点を把捉していたのである。次に引用する一文は、彼が、明治六年(一八七三)五月、すなわち高知から東京に戻った直後に、郷里長岡の復興に悪戦苦闘している畏友の億二郎に送った書簡の一部である。

兎角《とかく》諸旧藩の風習にて、平民教育に心を用いず、士族のみに教育費用を掛け、凡才の者に俊秀に教うべき学科を授け候様の不適当なる事、比々《(日々)》皆然。高知県の如きも尚此の如し。是れ畢竟は地方官の教育事務に疎《うと》きの致す所と慨嘆少なからず候。然る処、文部省に於て、天下の中小学を管轄し、大監小監を設て之を監督せしむるの趣向と申事、尤の事に候。但、文部省にも其人少く、余程当惑の由、且、差当《さしあた》り小学にて国文の書を以て平人学の教授いたし候ものも、中々闔国《こうこく》(日本全国)一般小区(小学校設置単位の地域区画)に付き一人とも配当は出来申間敷の困り物に御座候。(18)

ここには、虎三郎が、高知生活で実際に見聞した地方教育の実情を踏まえて、西洋型近代学校制度を構想した「学制」の実施を目前にした、明治五年前後の教育状況に対する彼独自の問題認識が、鮮明かつ具体的に表現されている。彼が最も問題とした点は、維新後もなお身分制度を根幹とする江戸時代そのままに、武士教育を重視した旧態依然の教育施策に拘泥している地方現場(旧諸藩)で、平民教育が軽視あるいは無視されている教育実態であった。

明治五年(一八七二)に「学制」が発布される前後の明治初期には、「ひろく府県に小学校を設け、選ばれた少数者ではなく、あまねく人民大衆の教育」を目指そうとする「開かれた小学校構想」と、逆に「選ばれた少数者のための小学校」の育成を旨とする「エリート教育の小学校構想」という、相対立する二つの小学校観念が併存し、国民皆学を目指す維新政府の小学校政策に深刻な問題状況が生じていたのである。(19)

そのような小学校を巡る対立と混乱の最中にあって、幕末以来、平民教育の不可欠であることを主張し続けていた虎三郎は、維新後の中央政府や地方行政当局による近代学校教育の計画実施の動向に対して、平民および平民教育の欠落という由々しき問題状況を、次のように指摘している。

是迄幕府初百姓は力田して貢税を滞りなく納めさへ致せば、外に用は無き物と心得居候は、大いなる誤にて、旧藩三四年前の政事抔《など》は、其内の甚しき物にて候処、今に到りても朝廷并地方官員此に省悟いたし候者、猶十に二三もこれ無しと相見え、更に趣向を成さず。子路(孔子の門人)は、勇且方を知しむべしと云。孟子は、梃《てい》を作て秦楚の堅甲利兵《けんこうりへい》(強い兵力)を撻《たつ》しむべしとも申さずや。今の普仏両国の如きは其極に至る者ともいふべし。

要路の官吏、是等の目的立たざる迄は何れも致し難く存ぜられ候。[20]

四民平等の明治維新を迎えて、国民の中心である「百姓」に対する中央や地方の当局者の教育認識が、なおも旧態依然の差別的な実態にあることを、彼は批判したのである。江戸時代の身分制度そままの意識で展開される武士優先の教育施策は、彼が、維新政府の教育方針に呼応して、戊辰戦後の長岡に藩立学校を設立し、地域社会の復興と発展のための「開かれた教育機関」と位置づけた教育政策とは、全く逆行するものであった。そのような時代錯誤の由々しき事態が発生するのは、結局のところ教育政策の立案実施にあたる官吏（教育行政官）、すなわち「人」の問題である、と彼は分析したのである。

虎三郎は、「学制」の発布を目前に控えた文部省が、地方教育の問題状況に改善策を講じようと苦心惨憺している事実は認めつつも、地方と同様に、文部省自体が人材不足の状況にあることを指摘した。教育百年の大計を構想し実施できる有能な人材の不足を問題としたのである。彼は、文部省における人材不足の問題状況を、別の書簡でも、「文部省にて、何か学政拡張致したき所存とは相見え候へ共、何分応用の人材乏しく、致し方これ無し[21]」と述べており、彼においては一貫した問題認識であった。

教育の世界における人材不足という「人」の問題に関して、さらに彼は、国民教育を担う「有能な教師の不足」という問題も指摘する。すなわち彼は、小学校現場に有能な教師（「国文の書を以て平人学の教授いたし候もの」）が絶対的に不足している問題状況を指摘したのである。実際問題として、学校現場における人材不足は深刻であった。国文の教科書で平民教育を実践できる教師を一つの小学校に一人も配置できていない、という惨憺たる実情を、彼は嘆いていたのである。

維新の当初においては、国民教育を担うべき小学教師のほとんどが、「学制」に規定された教員資格（第四十章「男女ヲ論セス、年齢二十歳以上ニシテ師範学校卒業免状或ハ中学免状ヲ得シモノニ非サレハ、其任ニアタルコトヲ許サス」）を満たすものは皆無であった。日本の近代教育を担った小学校の教師は、漢学主体の武士教育を受けた士族たち、あるいは庶民教育を担ってきた寺子屋師匠たちの寄せ集めであった。教師としての学力や人格に非常な格差があり、まさに玉石混淆であった。この旧態依然の驚くべき事実を想起すれば、彼が問題として指摘する教育状況は、時代の転換期における如何ともしがたい歴史的現実であったのである(22)。

明治前期には全国各地に小学校が開設されたものの、肝心の教員が絶対的に不足し、旧来の漢学者や寺子屋教師を掻き集めて急場を凌がざるをえなかったのである。このような惨憺たる教育状況を、明治大正時代の日本を代表するジャーナリストの山路愛山(一八六四〜一九一七)は、自身の小学校体験を踏まえて、次のように述べている。

> 文部告(明治五年発布の「学制」)は俄《にわか》に全国に学校を作った。謂はゆる邑《むら》に不学の徒《(ママ)》なく、家に無智の民なしと云ったように、文部省は無闇に学校を作った。学校は寺を借りても出来もするが、教員は右から左には出来ない。西洋の諺に「教師は学校を作る」と云って、教師は学校の中心であって、教師さへあれば、砂の中でも教育は出来るが、日本では教師よりも先に学校を作ったのである。学校は文部省令で一日の間にでも出来るが、教師はさう早くは出来るものではない。そこで文部省も非常に窮した。(中略)文部省は従来ハイカラ主義で、西洋ばかり偉いものと思ふて居たが、教師にする人が無いので、仕方なしに、昔は聖堂の儒者であったとか、藩の学校に居たとか云ふ、旧主義の老爺《ろうや》を引張り出して来て、校長や教員にしなければならぬことになった(23)。

しかし、同様の問題は、教育に関わる「物」の世界においても指摘できたのである。それは、新教育の内容を最も具体的に指し示すべき「教科書」に集約的にみてとれた。「学制」が実施された当時の学校教科書に関しては、当初から平民児童のために平易な日本語で書かれた教科書を準備することなど、とても望むべくはなかった。それ故、後述するように、従来の寺子屋で使用されてきた教科書(往来物や中国古典)や教育的な配慮の足らない欧米翻訳教科書に依存するしか、急場を凌ぐ手だてがなかったのである。それ故に虎三郎は、「学制」の発布後における肝心の教科書を巡る問題状況をも厳しく的確に認識し、国家的な課題として真剣に模索していた。そして、その問題解決に向かって、自らが担いうる具体的な活動とは何か、を懸命に自問していたのである。

第三節　明治初期における小学校教科書の問題点

1　明治初期の教育状況とその問題点

虎三郎が指摘した教育政策や教育行政の問題、あるいは小学校の教師や教科書に関わる問題は、「学制」が発布される前後の、明治初期の教育現実が抱える矛盾や問題を端的に反映していた。そのような由々しき教育実態を十分に承知した上で、なおも虎三郎は、教育立国思想による独立自尊の理想国家の建設を夢み、「学制」発布前後の厳しい教育現実を見据えて、急ぎ解決されなければならない重要課題の幾つかを具体的に指摘したのである。

幾多の問題の中でも、とりわけ彼が焦眉の問題と認識したのが、教科書問題であった。先にみたように、彼は、教師の資質を巡る問題と共に教科書の在り方を問題として捉えた。国民皆学を実現するためには、旧武士階層を中心とする教育を改め、平民教育を推進しなければならない。彼は、このことを強調していたのである。そこで重要な問題は、平民児童の小学校での学習を可能にする適切な教科書、すなわち「平易な国文で書かれた教科書」を如何にして提供することができるか、ということであった。国民皆学を基本理念とする「学制」が発布された直後の明治五年十月付の書簡で、彼は、教科書を含めた当時の教育現実の問題状況を、次のように記している。

既に御承知の如く、過日、学制も御頒告に相成り、此の間小学教則抔も出申候。方今、少も識見これ有り候者は、富強の本は只人氏の知識を開く外なしという議論にて、朝廷にても専ら此に御注意御座候様子に相見え候所、文部省の事、規模固り大ならざるに非ず。節目は余り挙がり申さず。既に昨秋、老拙出京の頃より小学は総て国文の書を以て西洋の学科を教えられ候御趣向と申事にて、其後編輯寮《へんしゅうりょう》設けられ、小学にて用うべき書類編纂と承り候ば、追々然るべき書籍も出来、発蒙の功効も顕れ申べしと相考居候処、豈料《あにはから》んや、多分の財を費し一年弱の光陰を送りて、是ぞと申程の書籍は一部も出来申さず。

今般の小学教則には、多分、福沢等の元来学校に用いる責りにも無き書類を以て暫く塡《うず》め、これ有り候位の事、徒に書生の嘲を醸し、遺憾も少なからざる次第に御座候。されば只今の処にては、文部省は海内の文権を握ると申ものの、実は小学校の整頓も出来ざる形勢に御座候。

小学は貴賤賢愚の別なく皆入るべき所、此一件処分宜きをえず候ては、他皆如何とも致し難るべし。成る丈早く、基礎の立候様致度と陰ながら祈居候事に御座候[24]。

維新政府が、教育事業を国家富強の根本政策のひとつと位置づけ、西洋モデルの近代学校教育制度を規定した「学制」を発布したことは、疑いえないところであった。特に、その中でも国民教育を担う小学教育を重視し、その具体的な実施をはかるために、文部省は、「学制」発布の翌月の明治五年九月に、小学校で、何をどのように教えるか、すなわち教授内容の細目や教授方法などを規定した「小学教則」を策定した[25]。

だが、そこに文部省が、小学校の教科ごとに例示した教科書は、虎三郎が「福沢等の元来学校に用いる責りにも無き書類を以て暫く塡《うず》め、これ有り候位の事」と厳しく指弾したごとく、福沢諭吉による西洋書物の翻訳紹介書、例えば『学問のすゝめ』『西洋事情』『窮理図解』『童蒙教草』『筆算訓蒙』などをはじめとする、既刊の欧米翻訳書(西洋紹介書)がほとんどであった[26]。そこに例示された書籍は、いずれもが大人である一般読者向けの書物であったのである。

それ故に、内容も文体も小学校の教科書としては、全く適合しないものであった。庶民社会に広く普及定着していた従前の寺子屋を、近世教育の遺物として否定し、欧米モデルの近代学校教育を導入することは、維新政府の新教育構想における基本方針であったはずである。[27] そのような政治的判断の下で「学制」を実施するに際して、文部省は、「学制」の教育精神を具体化した自前の教科書を編集し供給することなど、全く不可能な事態に直面していたのである。それ故に、当面の応急措置として福沢などの欧米翻訳書を、小学校の教科書として指定しなければならなかったわけである。[28]

虎三郎は、そのような文部当局の安易で無計画な準備不足の教育政策を、なおも次のように厳しく批判したのである。

> 文部省にて、何か学政更張《かくちょう》致程所存《しょぞん》とは相見え候へ共、何分応用の人材乏しく、致方無之《これなく》と相見え、只九月下旬やに、荒々しき教官始の黜陟《ちゅっちょく》(任免)之れ有り候迄にて、其後何の処置をも不兼(ママ)候。併し、今少し学費を増位の事は無《な》くして叶わざる事と存候。何《いず》れ小学は漢字を廃し、国文書を以て速《すみや》に平氏(平民)に迄も教化及候様可致趣向と申事、去乍《さりながら》、右国文の書を善く編集する程の学力の人も、中々多くは之れ有る間布(敷)、困物也。[29]

2 『明六雑誌』を舞台とした国字改革論議と虎三郎の見識

幕末期の安政年間以来、虎三郎の一貫した教育主張は、国家富強の礎である平民教育(小学教育)の実現にあった。彼にとって、その具体化の第一歩としてはたすべき役割は、平民教育に必須の国文による教科書を編集し、平民教育の現場に供給するという活動であった。しかも、漢字仮名交じりの国文による教科書を編集すべしとする彼の国字改革論は、「何れ小学は漢字を廃し、国文書を以て速に平氏に迄も教化及候[30]」と述べるがごとく、やがては平民教育の小学校から漢字を全廃すべきであるとする抜本的な改革への将来展望をもった、極めて暫定的な提言であった。国民皆学を担う小学校から難解な漢字を廃止すべしという虎三郎の教育主張は、幕末期においては、実に大胆奇抜な発想であったといえる。

国字改革論の先駆者・前島密の漢字全廃論

ところで、わが国における漢字廃止論は、早くも明治維新に先立つ慶応二年(一八六六)、後に近代郵便制度の創設者として令名を馳せる幕臣の前島密(一八三五〜一九一九)が、第十五代将軍徳川慶喜(一八三七〜一九一三)に提出した建白書「漢字御廃止之議」をもって嚆矢とされる。[31] 若くして幕末期に蘭学や英学を学び、西洋世界に精通していた前島は、すでに維新前の慶応年間から国語国字問題に強い関心を抱き、抜本的な改革を志向していたのである。その彼は、前述の建白書において、国語国字を簡略化すべきことの国家的な意義を次のように述べている。

学事を簡にし普通教育を施すは、国人の知識を開導し、精神を発達し、道理芸術百般に於ける初歩の門にして、国家富強を為すの礎地に御座候得は、成るべく簡易に、成るべく広く、且つ成るべく速に行届候様、御世話御座有り度き事に存じ奉り候。[32]

前島は、虎三郎と同様、教育立国を基本思想とする人物であった。それ故に彼は、国家富強の基礎である日本人一般に普通教育(小学教育)を実施することの急務であることを説いたのである。そのためには、旧来の武士階層を対象とした難解な漢学教育を改め、国民に対する普通教育の普及に不可欠な「国語国字の簡易化」を、維新直後の明治二年、改めて主張し改革の意義を次のように述べている。

国民の智度開進の事、之を単言すれば教育普及の一に在之《これあり》、別に改革の要は之れ無き如く、縦《よ》し何等《なんら》改革する所ありとするも亦別に難事は有らざる如く候得共《そうらえども》、野生《やせい》（小生）が教育普及と申すは、漢字を廃し仮名字（平仮名）を以て国字と定め、古来の教育法を変じ新教育法を以て、倫理、物理、法理等より日常万事の事に至るまで、其の仮名字なる簡易の国字を以て教育する儀に之れ有り。再言すれば、幾年の後は官私一般普通の用には漢字全廃の利を爰《ここ》に企画致さざるべき大改革を意味する事に御座候。（中略）漢字を用ひてするときは、学童の神脳を苦しめ霊知の発達を害するのみならず、体質の発育を妨げ、遂に国民総ての体格を弱劣ならしめ、彼《かの》欧米の智識体格剛健なる人民と併行《へいこう》する事は望むべからざるに至るべしと存じ奉り候。(33)

前島は、幕府当局に対して上書した漢字全廃論を、改めて明治維新政府に開陳したのである。彼が説かんとした趣意の基本は、「国家の大本は民の教育にして、其教育は士民を論せす国民に普からしめ、之を普からしめんには成る可く簡易なる文字文章を用ひさる可らす(34)」という、国民皆学を実現する上で不可欠な文字文章の平易化という教育方法上の建議であった。前島の改革論は、国字改革の動機や意義において、虎三郎の場合と全く同じ立場であった。だが、具体的な実施方策となると、両者は全く異なっていた。前島の場合は、「御国に於ても西洋諸国のごとく音符字（仮名字）を用ひて教育を布かれ漢字は用ひられす、終には日常公私の文に漢字の用を御廃止相成候様にと奉存候(35)」と漢字全廃論を徹底的に主張し、その結果、具体的な改革案として「言文一致のカタカナ表記(36)」を提唱するものであった。

以上のような前島の漢字廃止を内容とする国字改革論は、明治維新政府に対する建議書では、更に具体化された内容となっていた。

古来の教育法を変じ新制教育を施すの一事は、方今の勢情に察して至難には非《あらざ》るべし。然ども漢字を廃し国字を興す事には一見至難を感ずるは、蓋《けだし》国内を挙げて然りとせん。千年以来、祖先歴代其《その》用に慣れたる漢字、歴史、記録、官私万事に供する漢字、殊《こと》に近日漢学生の世に志を得たるより、俄《にわか》に文書の体裁を変じ、官文私書とも稍《よう》く《や》漢文体に擬せんとするの勢を生ず。此《この》趨勢に逆《さから》ひ、其習慣を転じて之を廃せんとす、其議の難きは怪《あや》し《し》むに足《た》ら《ら》ざる事に御座候。

去り乍《なが》ら最も審明に国民教育の利害を講究し、最も深遠に国家興隆の本源を思慮せば、何たる漢字保守者と雖《いえど》も之を廃するの真利たるを暁知《しょうち》(承知)すべし。而て国文を興すの議、一朝廟堂(朝廷)に決せられなば、衆民相慶して賛すべく、之を実行せらるゝ日は其易《やす》きこと水の下流の如しと存じ奉り候。(37)

前島は、漢字全廃を理想とする国字改革を実現するための手順を、「国文教育施行の方法」と題して、建議書に添えていたのである。そこには、漢字全廃の実現に至るまでに要する期間を六期に区分し、各時期において実施すべき具体的作業の内容が示されていた。

・第一期(二年)

広く府藩県に選て(38)、和学、漢学、西洋学者各々三名乃至五名を招し、国字を以て裁する国文の体を創定せしむ。国語国文の典範を選ばしむ。

別に十名乃至十五名の助手及若干の附属員を用ひて、国語字引を編纂せしむ。

(注意)新選国語は漢語、西洋語を論ぜず之を容納し、文章は古雅を主とせず近体の俗文を主とす。

・第二期(二年)

新教科書を編纂せしむ。古事記、日本書紀の如き、大日本史、外史等の歴史、其他本邦の事情を教ふる必要の書を新定国文を以て反訳《ほんやく》せしむ。西洋書の既に反訳したるもの、及び世界の事情を知るべき著書を反訳せしむ。西洋書を反訳せしむ。漢書も必要のものを反訳せしむ。編纂及反訳したるものは直ちに上刊す。

此等の事に任ずる者は、共産に応じて召募す。故に予《あらかじ》め何名を限るを要せず。編纂反訳等は此期に限るに非ず、永統の業とす。

・第三期(一年)

府藩県に令して、其地に於ける人口の多少に随ひ、二人以上の新教育に従事し得べき者を出さしめ、前記の文典教科書を学ばしめ、以て其府藩県に於ける新〔教〕育の第一教師たるの準備を為す。

・第四期(一年)

更に府藩県に令し、其地に於て授業すべき人員の多寡に応じ其教授員となるべき人を適宜に選ばしめ、前記伝習生の帰国するときは之を教師として学ばしめ、第二教師たるの準備を為す。

・第五期(二年)

府藩県は、従来の学校(有るものは)又は便宜の地に教育所を設け、或は巡廻教師として町村の寺院等に臨機の教場に順次巡教する方法を立て、士分は勿論、町村役人、寺僧、社人、医師の如き、苟《いやしく》も文字の教を受けたる者、文字を知らねばならぬ者、及び町村の重立《おもだち》たる者に新教育をなす。

此教育一段は、厳令強迫の手段を用ひるべからず。本邦の初に於て、来る何年何月より公用の文書は総て漢字を用ひず国字を用ふべしと命令し、私用たりとも成るべく国字を望べしと訓令す。御詔勅をも下されたし。

・第六期は年限なし。

已に第五期の終末に至り、国民の重立たる者は悉皆《しっかい》漢字に依らずして国文の教育を受る場合と相成りたるを以て、是より国民の全体をして遍く教育を受けしむるの制度を立つべし。即ち教育普及法、是なり。(39)

以上のような前島の漢字全廃を内実とする周到な国字改革論は、英国の学校制度をモデルとする近代学校教育の実現を前提としたものであり、そのための具体的な方策であった。彼は、この建議書を、明治三年六月に駅逓事業の調査で英国に渡航する前の年に執筆していたのである。彼は、すでに渡航前において英国の初等・中等・高等の三段階からなる近代学校制度を極めて的確に理解しており、そのような豊かな西洋知識を背景に、近代日本がモデルとすべき学校教育制度について英国の場合を挙げ、次のように具体的に紹介していたのである。

国民には種々の階級あり、其階級に応じて教育の度に高低有らざる可らず。又、国民の業務も種々なれば、其種類に応じて共学を異にせざるべからず。従前本邦の教育の如く、単に忠孝仁義の道を教ふるのみにては、其効や甚《はなはだ》微なり。故に、其程度種類に従て高低及び特別の教場を設備せざるべからず。

按ずるに、凡《おおよそ》百戸毎《ごと》に英国の所謂コンモンスクール即ち尋常学校を設け、幼年男女を爰《ここ》に教育す。子弟あり、之を此学に登せざる者は科怠《かたい》(咎めるべき怠慢)とす。

次に、英国の所謂ハイスクール即ち高級学校を府藩県在庁地等に便宜一ヶ所以上を設く。是は各人の随意を以て登学せしむるものとす。此学に登る者は士民同等の待遇を為し、又は何等かの方法を以て登学を奨励す。其方法とは、此学に登り或る程度の業を卒《お》へざれば官の役人及町村の役人と為るを得ずとする如し。

次に又英国の所謂アカデミー又コーレッジ即ち専攻大学校を両京に設く。爰《ここ》には各種の学科を置き、各人の志望に応じて専修の学を教ふ。(40)

前島の建議書では、上記の学校制度の他に、学校経費、教員、学科目などが具体的に紹介されていた。明治二年という学制発布前の日本における、前島の英国近代の教育制度に関する理解は極めて正鵠を射ており、これまで全く看過されてきたが、実に先駆的な内容であった。このような前島の国字改革論に対して、虎三郎もまた、前述したごとくに、究極的には漢字の全廃を目指しつつも、当面は漢字平仮名交じり文の国文表記から実施すべきことを主張していた。漢字全廃という点では、両者は共通理解であった。だが、虎三郎の見解は、前島の漢字全廃に向けた国字改革論とは、内容的にも方法的にも異なり、極めて現実的であった。

前島の大胆な漢字廃止論は、明治維新の後、福沢諭吉や西周（一八二九〜一八九七）など、主として「明六社」に所属する洋学派の啓蒙思想家たちに継承され、様々な国字改革論を惹起する端緒となった。

虎三郎の現実的な国字改革論

福沢や西に先んじて、漢字廃止論をいち早く問題提起した先駆者は、何といっても虎三郎であった。だが、この厳粛な事実は、これまで全く知られてこなかった。彼は、越後長岡の自宅に蟄居謹慎した安政年間から慶応年間にかけての幕末期に、オランダ原書の翻訳活動を積極的に展開し、幾冊もの翻訳書を物した。そのような翻訳活動の中で、彼は、常に平易な国文（漢字仮名交じり文）での翻訳に苦心していたのである。

例えば、彼が慶応元年（一八六五）にオランダ語の原書から抄訳した『重学訓蒙』（物理学入門書）という書物では、次のように平易な国文による日本訳語に努めたことが述べられている。

> ちかころ偶々《たまたま》荷蘭人の著す所の重学訓蒙なる者を獲て、之を読むに、其の事鄙細《ひさい》に似たりと雖も、民生の日用に実に、殊に切要と為す。因って自ら揣《はか》らず、訳すに国語を以てし、以て夫《そ》の寒郷《かんきょう》（田舎）晩生（後輩）の斯《こ》の学に志ありて、未だ洋文に習はざる者に示し、之をして其の端緒を窺ふを得しむ。(41)

身分や地域の差異を超えて、広く日本人に読んでもらえる翻訳書の刊行を、彼は、いつも心掛けていたのである。しかも、彼の国字改革の前提には、前述のごとく漢字廃止論があった。時系列でみれば、虎三郎の漢字廃止論は、前島に次ぐ維新前の所説で、極めて先駆的なものであった。

彼は、オランダ原書を自在に翻訳できるほどに蘭学を学び、自他ともに象山門下を代表する儒学者と評せられる洋儒兼学の漢学者であった。洋行体験のある福沢や西などの洋学者とは異なって、儒学という伝統的な漢字文化を基盤とする人物によって、漢字廃止論が問題として提起されたことは、実に驚くべきことであった。それは、虎三郎が、近代国家の建設にとって小学教育を基礎とする平民教育―国民教育が如何に重要であるか、この国家的課題を痛感していたからに他ならない。

福沢諭吉の漢字制限論

虎三郎に続いたのが、福沢諭吉であった。彼は、明治六年（一八七三）の十一月、「故《こと》さらに難文を好み、その稽古のためにとて、漢籍の素読などを以て子供を窘《くるしむ》るは、無益の戯と云て可なり[42]」と漢字廃止論を主張し、その実現へ向けての具体的な試みとして、自ら小学校の国語読本『文字之教』（全三巻）を編集し刊行した。

福沢は、同書の冒頭の「端書」で、漢字廃止論の根拠とその段階的な実現への段取りを、次のように述べている。

日本に仮名の文字ありながら漢字を交へ用るは甚《はなは》だ不都合なれども、往古よりの仕来《しきた》りにて、全国日用の書に皆漢字を用るの風と為りたれば、今俄《にわか》に、これを廃せんとするも亦不都合なり。今日の処にては不都合と持合にて、不都合ながら用を便ずるの有様なるゆへ、漢字を全く廃するの説は願う可くして俄に行はれ難きことなり。この説を行はんとするには、時節を待つより外に手段なかる可し。

時節を待つとて、唯手を空ふして待つ可きにも非ざれば、今より次第に漢字を廃するの用意専一なる可し。其用意とは、文章を書くに、むづかしき漢字をば成る丈け用ひざるやう心掛ることなり。むづかしき字をさへ用ひざれば、漢字の数は二千か三千にて沢山なる可し[43]。

上記のごとく、漢字全廃を教育的な理想とする福沢ではあったが、現実的には漢字の制限的な使用が妥当であるとして、「漢字の数は二千か三千にて沢山」と述べている。福沢の所説から一四〇年以上が経過した二十一世紀初頭の現在、文部科学省が定めた小学校六年間に学習すべき「教育漢字」は一〇〇六字（平成二十年三月告示の文部科学省「小学校学習指導要領」）であり、文部省国語審議会が日常必要な漢字として選定した「常用漢字」（一九八一年）が一九四五字（二〇一〇年に改定され、二一三六字）、また第二次大戦直後の内閣が告示した「当用漢字」（一九四六年）が一八五〇字である。これらの漢字数を基に福沢の提案した「漢字の数は二千か三千にて沢山」という見解をみると、極めて妥当な数字であり、彼の現実を見据えた先見性を高く評価することができる。

福沢の漢字廃止論は、基本的には全廃を理想としながらも、その性急な実施の非現実性を指摘し、当面は漢字の使用制限（節減）で対応すべきとする、極めて現実的なものであった。福沢の国字改革の主張は、現実的である点において虎三郎のそれと非常に酷似していた。

福沢は、「一身にして二生を経る」（福沢諭吉『文明論之概略』）と、江戸の前近代と明治の近代の二つの時代を生きた自身の人生を回顧した。虎三郎もまた、国家多難な幕末維新期の日本を生きた福沢と同時代人であった。西洋に軸足をおく福沢（西洋道徳・西洋芸術）と東洋に軸足をおく虎三郎（「東洋道徳・西洋芸術」思想）とでは、学問の力点の置き方は全く対照的であった。しかしながら、両者は、共に和漢洋の学問に通じ、世界的視野から国家富強の礎たる国民啓蒙に苦心惨憺した教養人であった。そのような両者が、はたして面識があったのかどうか。資料的な裏付けはない。だが、互いに意志の疎通をはかれるほどに極めて身近な間柄にあったことはまちがいない。

虎三郎の畏友で最大の理解者であった億二郎は、維新後、虎三郎と共に郷土長岡の復興を任されたとき、維新政府への窮乏打開の嘆願などで上京するたびに、象山塾同門の勝海舟や小松彰、そして前島密や福沢諭吉などを訪ねて、種々、長岡復興の相談に与ってもらっていた(44)。このように福沢と昵懇の間柄にあった億二郎は、戊辰戦争の直後の明治二年八月には、長男の徳蔵を慶應義塾に入学させていた。

虎三郎もまた、福沢とは浅からぬ因縁があった。虎三郎の実弟二人（寛六郎と雄七郎）が、慶應義塾の草創期における卒業生であった。特に雄七郎の方は、福沢から英学の才能を認められ、土佐藩の学校教師への就職斡旋まで世話になっていたのである。

実は、雄七郎が入学する前後の草創期の慶應義塾には、長岡藩からの入学者が相次ぎ、長岡藩と福沢とは極めて深い関係にあった[45]。特に戊辰戦争の後、十歳を過ぎたばかりの幼少で最後の長岡藩主を襲封した牧野忠毅《ただかつ》（一八五九～一九一七、第十三代藩主）は、明治二年（一八六九）四月に版籍を奉還した後、長岡藩知事（知藩事）に任ぜられる。だが彼は、この官職を翌三年十月には返上し、直ちに慶應義塾へ入学している。これは、側近として仕えた億二郎の尽力によるものであった。

以上の諸事実を総合的に勘案すると、虎三郎は、畏友の億二郎と同様、福沢とは互いに存在を相知る仲であり、たとえ面識はなくともお互いの学識を認め合う関係にあったとみてよい。さすれば、前述のごとく、虎三郎の漢字廃止論は、福沢の受け売りか、とみられかねない。だが、事実はそうでなかった。漢字改革の問題提起そのものが、虎三郎の方が福沢よりもはるかに先であった。虎三郎は、いまだ幕末期の安政年間に執筆した論文「興学私議」で平民教育の重要性を開陳して以来、日本の平民児童の全てが「貴賤賢愚の別なく皆入るべき」小学教育の実現を願い、そのために不可欠な国文主義に基づく平易な教科書の出現を希求していたのである。

西周の日本語ローマ字化論

福沢の国字改革論が出された翌年の明治七年（一八七五）三月、今度は西周が、『明六雑誌』の創刊号に、論文「洋字ヲ以テ国語ヲ書スルノ論」を発表した。彼の漢字廃止論は、すでに発表されていた前島の「和字ノミヲ用フ」という見解、虎三郎の「小学は漢字を廃し、国文書を以て速に平氏に迄も教化及候様致すべき」という問題の提起、さらには福沢の「漢字ヲ限定スルノ説」という先行する諸説を全て不可とし、全面的なローマ字採用を主張する画期的な「日本語ローマ字化論」であった[46]。同論文において西は、当時の前島や福沢などが展開する国字改革の論議を踏まえた上で、独自の改革案を提示したのである。

それは「洋字ヲ以テ和語ヲ書ス」こと、すなわち「アベセ二十六字」をもって日本語を表現する完全ローマ字化の提案であった。西は、「今洋字ヲ以テ和語ヲ書ス其利害得失果シテ如何」として、日本語の読み書きを完全ローマ字化することの利害得失を比較計量した。その結果、メリットが十点（利十）とデメリットが三点（害三）と評価し、絶対的に「利」が「害」に勝っていることを、次のごとく詳細に論述していた。

> 此法行はるれば、本邦の語学立つ。その利、一なり。童蒙の初学先ず国語に通じ、すでに一般事物の名《めい》と理とに通じ、次に各国の語に入るを得《う》。かつ同じ洋字なれば彼を見る、すでに怪むに足らず。語種の別、語音の変など、すでに国語においてこれに通ずれば他語はただ記性《きせい》（物事を記憶する能力）を労するのみ。これ入学の難易もとより判然たり。その利、二なり。
>
> 言うところ、書くところとその法を同《おなじ》うす。もって書くべし。もって言うべし。すなわちレキチュア（lecture, 講演）、トースト（tost, 乾杯の挨拶）より会議のスピーチ（speech, 話）、法師の説法、みな書して誦すべく、読んで書すべし。その利、三なり。
>
> アベセ（アルファベット）二十六字を知り、いやしくも綴字《つづりじ》の法と呼法とを学べば、児女もまた男子の書を読み、鄙夫《ひふ》（見識の狭い男性）も君子の書を読み、かつ自らその意見を書くを得べし。その利、四なり。
>
> 方今、洋算法行われ人往々これを能《よ》くす。これと共に横行す、その便知るべし。しこうして大蔵陸軍等すでにブウクキーピンク（bookkeeping, 簿記）の法を施行す。これと共に横行字を用ゆ。彼の法を取るのみ。その利、五なり。
>
> 近日ヘボン（アメリカ人宣教師 J.C. Hepburn）の字書（『和英語林集成』）、また仏人ロニ（フランス人の東洋学者 L. Rosny）の日本語会（『和法会話対訳』）あり。しかれども直ちに今の俗用を記し、いまだその肯綮《こうけい》（要点）を得ず。今この法

ひとたび立たば、これらまた一致すべし。その利、六なり。

この法はたして立たば、著述・翻訳はなはだ便《たよ》りを得ん。その利、七なり。この法はたして立たば印刷の便ことごとく彼の法により、その軽便言うばかりなかるべし。彼国にてこの術に就て発明する所あればそのままにてこれを用ふべし。その便、八なり。

翻訳中、学術上の語の如きは、今の字音を用うるがごとく、訳せずして用ふべし。また器械・名物等に至ては強《しい》て訳字を下さず原字にて用うべし。その利、九なり。

この法はたして立たばおよそ欧州の万事ことごとく我の有となる。自国行うところの文字を廃し他国の長を取る。これ瑣々《ささ》(些細)服飾を変うるの比にあらざれば、我が国人民の性質、善に従う流るるがごときの美をもって世界に誇り、すこぶる彼の胆《きも》を寒《ひ》やすに足らん。これその利、十なり。(47)


これらの十ヶ条の利点に反して、彼は、「十利あり。しかしてこれを行う、また何を窮《きゅう》して決行せざる。曰く、しからばはたして害あるなきを得んや」と問い、「害」と考えられる次の三点をあげている。


曰く、筆墨肆《し》(店)その害、一なり。しかるにいわゆる筆墨肆は三都その他の数のみ。かつ行うに漸《ぜん》をもってす。彼また業を転ずるの暇《いとま》あり。もとより顧《かえりみ》るに足らず。紙の製、改めざるべからず。その害、二なり。しかるに近日、すでに洋紙製造所を建るの設あり。漸次の勢によりて推《お》してこれを全国に及ぼす。しかして我の紙まことに多く、我の障子ガラスとならば、もって世界の用に供すべし。これ害を転じて利となすなり。

ただ漢学者流国学者流、この説を伝聞せばすこぶるこれを厭《いと》い嫉《ねた》む者あらん。これその害、三なり。(48)


以上のごとく西周は、「漢字を全廃して片仮名や西洋文字《アルファベット》を使用」することの利害を比較検証し、結論として「三害すでに害たる者にあらずして、いわゆる十利なる者は利の真利なる者なり。いずくんぞ十真利をもって一虚害に敵すべけんや[49]」と述べ、日本語ローマ字化が正論であることを堂々と主張したのである。

西村茂樹の日本語ローマ字化論への反論

西周の日本語ローマ字化という極端な国字改革論に反駁する人物がいた。西村茂樹である。彼は、象山塾における虎三郎の後輩であった。彼は、福沢や西周、あるいは同じ象山門下の加藤弘之や津田真道などと共に、森有礼(一八四七～一八八九、薩摩藩出身で維新政府を代表するエリート官僚、初代文部大臣)を社長とする洋学者の学術結社「明六社」の創設に参画して社員となっていた。その明六社の機関誌『明六雑誌』の創刊号(明治六年四月刊)には、前述した西周の論文「洋学を以て国語を書するの論」と共に、西村の論文「開化の度に因て改文字を発すべきの論」が掲載されていたのである。しかも西村は、発刊前に西の論文を精読して不満を抱き、これに反論すべく急ぎ執筆したことが、次の論文巻頭の一文から判明する。

西先生の改文字論を再三熟読するに、その論説、痛快精到《せいとう》(緻密)少しも遺憾《いかん》なし。はたしてこの言《げん》のごとくなることを得《え》ば、実に文運の大進歩にして、吾儕《わがせい》(我々)操觚者《そうこしゃ》(文筆者)のもっとも愉快とするところなり。ただ、方今《ほうこん》、人民愚昧《ぐまい》、学問の何事たることを知らず。旧来の文字を学ばしむるだに、許多《あまた》の説諭を労せざれば、行わるること能《あた》わず。いわんやこれまで国字とせし四十八字を棄《す》て、視《み》て蚓行蛇歩《いんこうちほ》(ミミズや蛇のような読みにくい文字)とせし外国の文字を学ばしめんとするは、難中の難事というべし。西先生の説に曰《いわ》く、文字を改めて民の愚見を破ると。僕謂《おも》えらく、民の愚見破れざれば文字を改むること能わずと。

およそ知者の事を慮《おもんぱか》るは、必ず利害を雑《まじ》う。洋字を用うるの利は、西先生の論中すでに詳にして、また贅《ぜい》言《げん》(余計な言葉)を須《もち》うるところなし。その害を言うに至ては、いまだ尽さざるところあるに似たれば、僕請《こ》う、これを補わん。[50]

年齢は、西村が西よりも一歳年長であった。が、西は、幕末期にフランス留学をはたして維新後は兵部省に出仕し、明六社の結成時には陸軍大丞を経て陸軍省課長という新政府のエリート官僚であった。その西に敬意を表してか、年長の西村は、西の日本語ローマ字化という大胆な改革論に対して、実に丁重に反論している。

西村は、長く日本人が使用してきた仮名文字「いろは四十八」を破棄して、外国のローマ字を採用することには利害得失がある、という。にもかかわらず西は、メリット（利）のみを説き、デメリット（害）を述べておらず、そこが問題だと指摘する。それ故に西村は、西の論文の欠点を補う形で、日本語ローマ字化によってもたらされる不利の三点を挙げて、次のように反論しているのである。[51]

・第一の不利

およそ簡易明白を喜び、繁冗《はんじょう》混雑を厭《いと》うは人の情なり。今、山、川と書くときは、字画《じかく》簡易にして字義明白なり。yama, kafa と書くときは、字画やや繁冗にして字面《じづら》やや明了ならず。かつ、川、革、側と書くときは、字面を一見して自《おのずか》らその義を知るべし。kafa. kafa. kafa と書くときは、三語各別《かくべつ》の義を区別することすこぶる難し。これその不利の一なり。

・第二の不利

往昔《おうじゃく》本朝、支那の言語・文字を経緯してこれを用うること千有余年、文字の用法その便利を極めたり（方今開化の度にては）。しかるに漢字、仮名字を併《あわ》せてこれを棄て、一《いつ》に洋字を用いしめんとするは、その難《かた》きこと昔日《せきじつ》国字を廃せしと（漢字が渡来する以前の古代に日本神代文字を棄て中国漢字を受容したこと）同日の論にあらず。これその不利の二なり。

・第三の不利

方今、上《かみ》朝廷の号令より、下《しも》民間の書翰に至るまで、和漢の文字を用いざるものなし。その他道理を論じ、人民を教え、事迹《じせき》(事跡)を記し、術芸《じゅつげい》(芸術)を述ぶるなど、およそ文墨《ぶんぼく》(文筆)に関するのことは皆然らざることなし。もし断然として和漢の文字を廃し、洋字のみを用うるときは、今日より以前の載籍《さいせき》(書物)は全く読むことを得ずして(浅学の人のみをいう)、二千年間の和漢の事迹は曖昧《あいまい》なること暗夜のごとくなるべし。しかしながら、そのうちには、学者輩出して、洋字をもって和漢の史伝などを記する者あるべきなれども、要するに二重の労たることを免《まぬ》かれず。これその不利の三なり。

以上の三点が、日本語ローマ字化に対する不利益として、西村が指摘した点である。もしも日本国民が、「文明開化の民」であるならば、「不利、一も不利とするに足るものなし」である。だが、現実はそうではない、と西村はいう。維新時における日本人民の知的レベルの現状に鑑みれば、「この三不利を冒《おか》して従来いまだあらざるところの奇法を行わんと欲するは、三尺の童子といえどもその至難なることを知るべし」(52)と、西村は結論づけたのである。

それでは、西村は、国字の改革は不用と考えたのか。決して、そうではなかった。西村は、日本語ローマ字化論の有効性を十分に承知した上で、これを時期尚早としたのである。国民の現実を直視し、現状に即した国字改革が必要であり、しかも改革には順序がある、と主張した。その西村が、日本語ローマ字化という理想を実現するために不可欠な、現今の急務として挙げた課題は次の点であった。

方今の急務は、国学、漢学、洋学の差別なく、ただ国民をして一人も多く学問に志ざしむるにあり。すでに学問に志すときは、自ら本朝、文字・言語の窒礙《ちつがい》(障害)多きことを知る。すでにこれを知れば、必ずこれを改めんとするの念を生ずべし。ここにおいて、和漢の文字を廃し洋字を用うるの説を発せば、流に順《したが》い舟を下すがごとく、力を労せずしてその功を奏することを得べし。これ僕が、民の愚見破れざれば文字を改むること能わず、と言しものなり。(53)

松陰や虎三郎たちと共に、象山塾で東西両洋の学問を修得し、維新後は、日本国民の道徳的な在り方の問題に取り組んだ道徳論者の西村茂樹。その彼が、西周の日本語ローマ字化に反論したのは、実に彼らしい現状認識であり、その内容もまた極めて現実妥当なものであったといえる。

清水卯三郎の説く平仮名専用の口語文

国字改革を巡る論議に遅れて参入したのが、清水卯三郎(一八二九〜一九一〇)であった。彼は、「明六社」にあっては異色な人物である。埼玉県羽生村の名主の家に生まれ、幕府洋学所教授の箕作阮甫《みつくりげんぽ》(一七九九〜一八六三)に師事して蘭学を学んだ。維新後は、民間にあって語学力を活かし、洋書の翻訳刊行の事業に尽力した人物である。(54)

その清水が、『明六雑誌』第七号(明治七年五月刊)に、論文「平仮名の説」を発表する。前島密の漢字全廃論や西周の日本語ローマ字化論などの極端な国字改革論に対して、彼は、平仮名を専らとする口語文に改革することの現実的な有効性を説き、平仮名による言文一致の国民啓発運動を展開したのである。

まず清水は、論文の冒頭で、明治初期の国改革を巡る所説紛々たる論議の状況を次のように整理する。

維新の際、論者文字を改めて通用に便《びん》せんと欲し、あるいは平仮名を用いんと云《い》い、あるいは片仮名を用いんと云い、あるいは洋字(ローマ字)に改めんと云い、あるいは新字(阪谷素の提案した世界共通の万国文字の新字の創作)を作らんと云い、また邦語を廃して英語に改めんと云う者あり(森有礼の漢字を廃止して簡易の英語に代えるという提案)。

また従前のごとく和漢雑用に従わんと云う者あり。しこうしてこれを問えばおのおのその説あり。(55)

清水が最も重視したのは、国字改革の論議で大切な視座として、国民の利便性や教化訓導という教育的な観点であった。彼は、教育的な利便性や有効性という観点から、従来の日本や外国の場合などを例示して、国字改革論議の問題点を挙げ、次のように整理・要約していた。

・天下のこと、通用便利を欠くときはその用に適せず、その用に適せざるときは教化訓導の術《すべ》を損す。けだし邦語を廃して英語に改めんと云う者はもとより論を待たず。(56)

・和漢雑用もまた、教化訓導のほか日用便利の器《うつわ》にあらず。また洋字に改むるものは、なお米飯をもって麺包《パン》に代え、味噌をもって酥酪《そらく》(乳製品)に代るがごとし。その滋養は勝《まさ》るといえども、現にその不便を観《み》る。しかれども、別に新字を作るものに勝ることあり。(57)

・文字・文章は声音の記号、言語の形状にして、古今を観《み》、彼此《ひし》を通じ、約諾《やくだく》を記し、芸術を弘《ひろ》むる、日用備忘の一大器なり。まことに言語と異なるべからず。いやしくも言語と異なるときは、これを読んで喜怒愛楽(ママ)の情、感動することとなし。喜怒愛楽の情、感動することなきときは、教化、訓導の意を失す。かの田舎源氏《いなかげんじ》、自来也《じらいや》物語、膝栗毛《ひざくりげ》、八笑人《はっしょうじん》、義太夫本、浄瑠璃本のごとき、婦女童子もこれを読んでよく感動し、あるいは笑い、あるいは哀《かなし》むもの、まことに言語・文章の相同《おなじき》きゆえんなり。(58)

・ゆえに欧、米諸州のごとき、みな自国言語と同き文章をもって先務とす。米国のごとき、英と一様の言語なおよく自国の文章を作る。さらに英書翻刻のごとき、自ら改め編じて自国語脈の文章となす。その関するところ観るべし。(59)

このような国字改革論議の整理・分析を踏まえて、清水は、「我邦ひとりこれを他邦に取るものは何ぞ」と日本語ローマ字化の非を論じ、また「読易く、解り易く、言語一様の文章を記して、もって天下に籍《し》き、民の知識を進ましむるものは、もとより学者・教師の任なり」として、完全な平仮名論を主張したのである。

余は、ただ平仮名を用うることを主張す。およそ平仮名の通常たる、招牌《しょうばい》、暖簾《のれん》、稟帖《ひんちょう》(請願書)、稗史《はいし》(民間歴史書)の類、観てみるべし。すなわち余が舎密《ものわり》の階《はしご》を訳述して同志に謀るゆえんなり。(60)

以上のごとく、近代日本の幕開けである明治初期の国字改革論には、幾つもの見解があった。それらの間には、内容的にかなりの差違が認められた。大別すると、前島や西周のように漢字を全廃して片仮名や西洋文字《アルファベット》を使用すべしとする急進的な改革論と、虎三郎や福沢のように現実重視の斬新的な漢字制限論、清水卯三郎の説く平仮名専用の口語文、等々に分かれた。

虎三郎の提起した漢字改革論は、時期的には西や福沢に先駆けるものであり、内容的には、福沢の立場に最も近いものであった。ここで看過されてならないことは、「米百俵」の主人公である虎三郎が、近代日本における国字改革の先駆者であったということ、しかもその事実を知る人が皆無であり、夢想だにされなかった、という歴史的事実である。

斬新な漢字廃止論を抱いて、漢字制限による国文主義の教科書の必要性を主張していた虎三郎は、維新政府の行政関係を含めて明治教育界に有能な人材が欠乏している実情を憂い、それ故に平民教育の実現を左右する国文による平易な教科書の編集など望みえないという、当時の現実を嘆いたのである。

このような欧米モデルの近代学校教育の実施前後における明治初期の厳しい教育現実に対する彼の問題認識が、不治の難病に懊悩するわが身を顧みず、自ら国文による歴史教科書『小学国史』を編集し刊行するという、国字改革の先駆的事業に立ち向かわせることになったといえる。

3　明治初期の歴史教科書刊行状況とその問題点

四民平等・男女平等という西洋近代社会の基本理念を導入して、平民教育の実現を目指した明治五年(一八七二)の「学制」は、実に画期的な西洋モデルの近代学校制度であった。しかしながら、虎三郎は、「学制」が描く理想と現実との懸隔を直視したとき、少しも安閑としてはいられなかった。「学制」実施の前後における日本の教育現実に対する虎三郎の問題認識は、すでに検証してきたように、教育に関する「人」と「物」の両面に及んでいたのである。

そのような問題状況の中で、彼自身がなしうる問題解決へのささやかな貢献と自覚し、また自負もして取り組んだ具体的な活動のひとつが、平民児童が小学校で学ぶために不可欠な「国文による平易な教科書」を、自ら編纂し刊行することであった。その成果が、他ならぬ歴史教科書『小学国史』であったというわけである。和装本で全一二冊という大部な『小学国史』は、決して全巻一括で刊行されたわけではない。明治六年(一八七三)四月に刊行がはじまり、最後の第一二巻が出版されて完結したのは、翌七年七月以降のことであった(61)。

虎三郎が編纂した『小学国史』の内容的な吟味に入る前に、彼が当時の由々しき問題状況に直面して、自ら教科書を編集刊行するに至った明治初期の教科書刊行状況を、『小学国史』と同じ教科分野である歴史教科書について概観し、そこに認められる特徴と問題点とを検討しておきたい。実は、そこに認められる問題状況こそが、虎三郎をして歴史教科書の編集刊行に奮起させた最大の契機であったと考えられるからである。

以下に『小学国史』が刊行される明治六年(一八七三)までの「明治初期歴史教科書刊行状況一覧」を掲げておく(書名の後のカッコ内の数字は、筆者算定による巻数の表示)(62)。

No	書名（冊）	編著・訳者	発行年	備考
1	西洋英傑伝（6）	作楽戸痴鴨（訳）	明治2年	英国人著書の訳編
2	西洋易知録（9）	河津孫四郎（訳）	同上	英国人著書の翻訳
3	泰西史鑑（28）	西村茂樹（訳）	同上	プロシャ人著書の蘭訳から重訳（明治14年完結）
4	万国史略（3）	西村茂樹（訳）	同上	英国人著書の翻訳（明治5年『校正万国史略』）
5	鐫銅　皇朝歴代沿革図解（1）	大槻誠之	明治3年	彩色地図を収録、解説つき通史
6	官板　近世西史綱紀（10）	堀越愛国（訳）	明治4年	文部省刊行、米国人著書の抄訳
7	五洲紀事（6）	寺内章明（訳）	同上	英国人著書の訳編
8	西史年表（3）	西村茂樹（訳）	同上	英国人著書の翻訳
9	万国新史（18）	箕作麟祥	同上	英仏人の著書数冊を編集した西洋近代史
10	偉績叢伝（4）	星　亨（訳）	明治5年	西洋偉人伝の訳編
11	英　史（11）	大島貞益（訳）	同上	文部省編纂、英国人著書の訳編
12	合衆国史略（2）	高橋基一（訳）	同上	米国人著書の抄訳
13	**官版　史略（4）**	**文部省**	**同上**	**皇国・支那・西洋（上下）の三領域構成、わが国最初の本格的な小学校用歴史教科書**
14	希臘史略（7）	楯岡良知（訳）	同上	文部省刊行、米国人著書の翻訳
15	訓蒙絵入　大東史略（3）	平井　正	同上	日本史（中国史・西洋史も欄外に略記）
16	訓蒙海外　各国略史（3）	谷井・田中（訳）	同上	仏国人著書の独国史の抄訳
17	條約国史略（4）	土谷・高見（訳）	同上	米国史書の抄訳

18	東洋史略	(2)	岡田輔年(訳)	同上	米国人著書の万国史の抄訳
19	万国歴史訳	(3)	西村恒方(訳)	同上	漢字仮名交じり文の歴代天皇記
20	**小学国史**	**(12)**	**小林虎三郎**	**明治6年**	**漢字仮名交じり文の小学校用歴史教科書**
21	米利堅志	(2)	岡・河野(訳)	同上	米国史の訳本
22	英吉利史略	(2)	和田義郎(訳)	同上	英国の太古からの簡略な編年史
23	各国英智史略	(4)	関 吉孝(訳)	同上	欧米諸国の偉人 名の列伝書
24	仮名 史略	(7)	榧木寛則	同上	皇国(2)支那(2)西洋(3)の三部構成
25	訓蒙 皇国史略	(11)	沖 修	同上	絵を挿入した児童向けの皇国史
26	校正 万国史略	(11)	西村茂樹(訳)	同上	欧米人の歴史書を諸学者向けに抄訳
27	皇朝仮名 史略	(6)	邨松良粛	同上	皇国史略を七五調に訓訳した歴史書
28	国史訓蒙	(2)	清原 某	同上	仮名書き行書体による歴代事蹟
29	史学初歩	(1)	高田義甫	同上	神代からの国史概説(付、支那、外洋の部)
30	続 国史略	(5)	谷、小笠原	同上	岩垣松苗『国史略』の続編(後陽成天皇以降)
31	日本志略	(7)	海軍兵学寮	同上	海軍兵学寮の教科書(紀伝体の国史)
32	日本略史	(4)	笠間益三	同上	童蒙初学者の国史教科書
33	万国通史	(8)	作楽・稲垣(訳)	同上	文部省刊行。英国人歴史書の翻訳
34	米国史略	(2)	高橋基一(訳)	同上	『合衆国史略』(明治5年)の改題

(海後宗臣・仲新編『近代日本教科書総説(目録篇)』(講談社、一九六六年)を基に筆者作成)

上記の一覧表にみられるごとく、「学制」が発布された翌年の明治六年までに刊行された歴史教科書は、全部で三四点を数える。だが、虎三郎の『小学国史』が刊行される前年の明治五年までのものとなると、その半数強の一九点と激減する。このことは、「学制」が頒布された翌年の明治六年には、虎三郎編『小学国史』をはじめ、多くの歴史教科書が急ぎ刊行されたということである。

そのような出版状況の中で、明治初期の歴史教科書に関して認められる顕著な特徴を、次の四点に集約することができる。

(1) 欧米歴史書から翻訳・抄訳した啓蒙的内容の教科書が断然多く、したがって、歴史といえば欧米史であるかのごとき錯覚に陥るほど、欧米史偏重の歴史認識が示されていること。

(2) 軽視されている日本歴史の場合でも、編集方針は歴代天皇記として日本の歴史を叙述する前近代の伝統的な歴史観が継承されており、欧米史さえもが同様の歴史認識の枠組で把握されているものが多いこと。

(3) 翻訳の日本語文体が、近世以来の伝統的な漢文を基調としていて、就学児童の理解や興味といった教育的な配慮が欠如していること。

(4) 歴史教科書を分量的にみた場合、一冊本は稀であり、三冊以上の大部なものが多数を占めていたこと。それ故、就学児童をもつ家庭の経済的負担からみれば、授業料負担の他に大部で高価な教科書を購入する場合には、家庭の教育費負担は極めて大きかったこと。[63]

ここに指摘した特徴の内で、まず(1)の欧米歴史書の翻訳教科書という点に関しては、維新直後の欧米モデルの近代化を国是とする文明開化の時代状況の下で、国民の啓蒙教化を緊急課題として近代学校教育の振興をはかろうとする維新政府の教育政策を考えれば、至極当然のことであった。このことは、虎三郎が『小学国史』を刊行する前には、欧米歴史書の翻訳書や抄訳書が、実に一九点中一五点(約七九％)を占めていたという事実が端的に物語っている。発足当初の小学校が、「欧米文化の直輸入型の小学校」[64]といわれる所以である。

上述のような出版状況の中で、日本人自身の手になる歴史教科書はといえば、大槻誠之『鐫銅《せんどう》　皇朝歴代沿革図解』(明治三年)、箕作麟祥『万国新史』(同四年)、平井正『訓蒙絵入　大東史略』(同五年)、そして文部省が明治五年に刊行した『官版　史略』、の四点を数えるにすぎない。厳密にいえば、その内の箕作『万国新史』は、西洋人の歴史書数冊を種本として編集されたもので、実際には外国歴史書とみてよいものであった(65)。したがって、純粋に日本人によって日本児童のために編集された歴史教科書といえるものは、大槻と平井の作品、それに文部省刊行『官版史略』の三点だけであった。

実は、そのように翻訳歴史教科書が圧倒的な優勢を誇る明治初期の教育状況に対する憂慮と反省から、文部省自身が、「わが国で作られた小学校歴史教科書の最初の著作(66)」と教育史上に位置づけられる『官版　史略』を編纂し刊行したのである。文部省編『官版　史略』は、内容構成を領域的にみれば、一応バランスよく日本・中国・西洋の三領域で構成されている。だが、分量的な配分バランスはどうかといえば、これまた欧米歴史書の翻訳歴史教科書が圧倒的多数を占める当時の欧化状況を反映して、全四冊中の二冊を西洋史に充当するというように、欧米重視の歴史教科書となっていたのである。

そのような欧米重視の状況の中で、残る二点の日本物の内容をみると、大槻の作品は、『鐫銅　皇朝歴代沿革図解』という書名の通り、歴代天皇の沿革史であった。平井の『訓蒙絵入　大東史略』も、基本的には神武天皇以来の歴代天皇記であるが、一応、日本史に対応する中国史・西洋史関係の史実を欄外に略記するという工夫を凝らし、僅かに「大東史略」という表題の体裁を保ってはいた。したがって、これら日本人の作品もまた、小学校児童の教科書という観点からみれば、決して問題なしとはいえないものであった。

次に、(2)に指摘した特徴、すなわち日本歴史を歴代天皇記として叙述する近世以来の編集方針を継承し、欧米史をも同様の観点から時代把握しているものが多い、という点についてである。明治五年に「学制」が発布され、近代学校制度が発足したとはいっても、維新政府が否定した近世教育の遺物である寺子屋と、導入推奨すべき欧米モデルの近代小学校の教育とが、なおも混在する極めて変則的な教育状況にあった。

こうした現実状況の下で、実際の小学校現場で使用される教科書もまた、従来の寺子屋で使用されてきた「往来物」や「四書五経」などの漢文を基調とする漢籍物、それに西洋物の翻訳紹介書とが混在し、まさに教育現場は混沌としていたのである(67)。歴史教科書をみても、頼山陽『日本外史』を筆頭に、岩垣松苗『国史略』や青山延于『皇朝史略』などの近世歴史書、あるいは『十八史略』『春秋』などの中国歴史書が、西洋歴史書と共に使用されていたのである(68)。

したがって、歴史教科書の構成や内容を規定する歴史観念も、当然のことながら近世社会の歴史観の延長上にあり、後の立憲君主制の下での皇国史観とは違った意味において、歴代天皇史として日本歴史を把握し記述する慣行が社会的に踏襲され、学校教育の現場においても継承されていたのである。

(2)の問題と不可分に関連するのが、(3)の問題である。欧米翻訳教科書が圧倒的に多数を占め、翻訳の文体自体が、近世以来の漢字仮名交じり文の漢文調であった。それ故、初学の平民児童にとっては実に難解であった。だが、旧態依然の教科書を巡る問題状況にあって、関連事項に色彩地図を付した大槻誠之『鐫銅　皇朝歴代沿革図解』、あるいは挿絵を掲げて児童の歴史理解を助けようとした平井正『訓蒙絵入　大東史略』など、それなりに創意工夫された教科書も現われはじめた。しかし、このように教科書としての教育的な工夫や配慮が施されたものは、むしろ例外であり、全体的にみれば就学児童の理解や興味を考慮した内容や文体の教科書は、極めて稀であったのである。

この種の問題は、明治の新時代を迎えて文明開化が叫ばれたとはいえ、実際には人々の意識や社会の文化が、実態的には江戸時代の延長上にあったことに基因する。明治の新時代に入っても、文字文化の主たる担い手は旧武士階層であり、そこでは依然として漢学的な表現が有効かつ支配的であった。そのような近世社会における伝統的な文字文化の継承は、明治初期の教育世界においても決して例外ではなかったのである。

したがって、近世教育を否定し、欧米モデルの近代的な小学校教育を目指しながらも、実際問題としては、近世社会の武家児童に対する漢学中心の文字教育の拡大延長上において、維新政府が目指した国民皆学の小学校教育が構想され実施されようとしていたのである。実は、そのような維新後の矛盾に満ちた教育の問題状況を、平民教育の実現を希求する虎三郎は、厳しく批判したのである。それ故に彼は、明治初期の教育近代化の問題状況に対する批判的な現実認識に立脚して、自ら歴史教科書の編集刊行を企図するに至ったとみてよい。

さらに(4)に指摘した問題、すなわち明治初期の歴史教科書を量的な観点からみた場合、先に示した「明治初期歴史教科書刊行状況一覧」からも明らかなごとく、一冊本は極めて稀であり、三冊以上の大部なものが多数を占めていた点である。このことは、明治初期の文明開化の時代は、翻訳教科書の隆盛時代であったという事実と密接に関連する。全二八冊という西村茂樹訳『泰西史鑑』は例外としても、ほとんどが三冊本以上であったことは驚嘆に値する。学校の児童用教材として使用される教科書が、まさに「教科書」という名称が指し示すごとくに、教師の教授書あるいは参考書として使用されることを目的としていたとしても、児童に教授すべき知識の量的な適性上はもちろん、購入する保護者側の経済的負担からみても、大いに問題があった。[69]

このことは、日本の近代学校教育の発足時における教科書についての観念の内実、さらには、それを含めた学校教育についての観念の有り様が、どのようなものであったのか、を如実に反映している問題でもあったとみることができる。[70]

第四章　国文による歴史教科書『小学国史』の編纂刊行

小林虎三郎編纂『小学国史』(全十二巻)
(長岡市立中央図書館蔵)

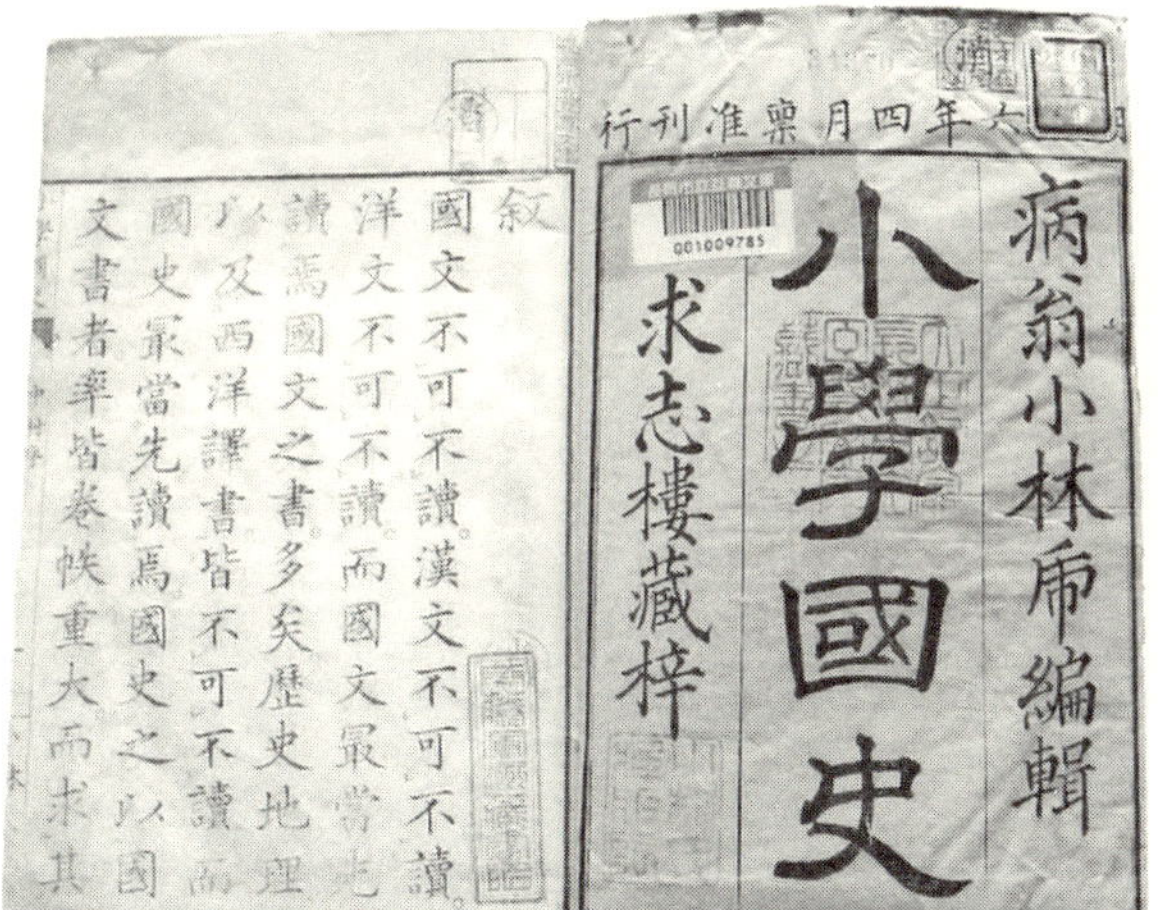

『小学国史』第一巻の裏表紙と中村正直「序」
(長岡市立中央図書館蔵)

第一節　明治初期の歴史教科書と『小学国史』の編纂動機

明治五年（一八七二）八月、日本における近代学校教育制度を定めた最初の学校教育法である「学制」が発布された。この法律によって、国民皆学の実現を期して欧米型の近代小学校が日本に誕生したわけである。虎三郎が編纂した『小学国史』（和装本一二巻）は、新生なった小学校に通う「平民児童が理解できる平易な歴史教科書」として編纂されたものであった。

最初の第一巻は、学制発布の翌年の明治六年（一八七三）四月に、「病翁《へいおう》小林俿《とら》編輯　小学国史　求志楼蔵梓」として刊行された。版元である「求志楼」とは、虎三郎が、廃藩置県の直後の明治四年（一八七一）に越後長岡から上京した後、居宅としていた東京神田の実弟宅であった。[1] 虎三郎による『小学国史』の出版は、文部省が小学校の歴史教科書として初めて編集した『官版　史略』が刊行された翌年のことである。奇しくも、『小学国史』が出版された明治六年には、その『官版　史略』が、文部省布達をもって小学校の歴史教科書として指定（小学用書目録「歴史の部」）された年でもあった。[2]

ところで、『小学国史』第一巻には、編著者である虎三郎自身の序文に先立って、すでに『西国立志編』『自由之理』その他の翻訳者として令名を馳せていた中村正直（敬宇、一八三二〜一八九一）の、格調高い漢文の「叙」が掲げられていた。正直の序文は、虎三郎の求めに応じて書かれた推薦文であるが、その内容については、正直と虎三郎との交友関係を含めて後に詳述する。

まず最初に検討すべきは、編著者である虎三郎の序文である。そこには、敢えて本書を編纂し刊行するに至った彼自身の意図が、簡潔明瞭に表現されている。以下に、その全文を掲げる。

我が邦の史、上下二千余年の事を挙げて、之を僅々数巻の内に約し、以て初学の階梯と為す可き者、世に固より多く之れ有り。然れども率《おおむ》ね漢文に係り、童蒙に在りては、猶難解を憂ふ。其の或いは国文に係る者も、又略に過ぎざれば、則ち蕪《ぶ》に失す。志を教育に有する者、常に以て憾《うら》みと為す。余、因りて自ら揣《はか》らず、痾《やまい》を養ふの余り、諸史を閲し、其の要を採り、悉く国文を以て綴輯《ていしゅう》す。上は神代に起り、下は近世に迄《およ》ぶ。総て若干の巻、名づけて小学国史といふ。梓《し》に鋟《きざ》み、以て世に公けにす。初学の徒、得て之れを読み、庶幾《こいねがわ》くは其の稍《やや》難解の憂を免れず、而して古今の隆替沿革に於て、亦以て其の概略を領するに足らんか。但、余は学識浅薄にして、又鄴架《ぎょうか》（書籍の詰った書棚）に乏し。考ふる所博からず、謬誤応《まさ》に多かるべし。大方の君子、若し是正を賜はらば、則ち幸甚なり。

明治六年。一月一日。越後小林乕炳文、東京神田の僑居に識す。編を通じて、叙事中、往々議論を挿み、多く前輩の成説を述べ、間々一二の臆見を附す。一々標別せず、簡省に従ふのみ。虎又識す。(3)

上記の序文によって、虎三郎が、何故に歴史教科書の編纂を企図したのか、その意図が判明する。明治五年に学制が発布され、日本に欧米モデルの本格的な近代学校制度が成立したとはいっても、いまだ発足間もない小学校現場の教育は、学制が描く教育の理想とは程遠い実態にあった。例えば、そこで使われている教科書ひとつを取ってみても問題であった。依然として漢文体の叙述が主流であった当時の教科書は、旧武家の出身で基礎的な漢学教育を家庭などで修了している児童にとっては、何ら問題はなかった。だが、初めて文字の世界に入る一般の平民児童にとっては、漢文体の教科書は実に難解であった。欧化近代を標榜する明治初期において、なおも江戸時代の漢学を主体とする武士教育の慣行が、当然あるいは自然のこととして存続していたのである。虎三郎は、そのような旧態依然の教育状況をこそ問題としたのである。

彼の抱く教育的な思想世界においては、「平民教育を基礎とした教育立国思想による近代国家の建設」が最優先の政治課題とされていた。そのような彼の教育的な思想世界の具体化は、奇しくも戊辰戦後の長岡復興に際して、平民児童の入学を認める藩立学校の創設を最優先する教育政策に示されていた。いわゆる、美談となった「米百俵」の史実である。それ故に、明治四年の廃藩置県を区切りに長岡を辞して上京した後の彼が、平民教育―国民皆学の実現という教育立国思想の観点から、維新政府が推進する教育近代化の政策展開に注目したのは当然のことであった。特に学制の実施前後における明治初期の教育状況に関して、彼が、小学教育の実際に強い関心を抱き、喫緊の教育課題と痛感したのは、教科書を巡る問題であった。日本国民の全ての児童を対象とした平民教育―小学教育の実現を、近代国家建設の全的基礎と考える彼は、それに相応しい学校教科書の出現を待望していたのである。

しかしながら明治初期の教育現実は、当時の歴史教科書ひとつを取り上げてみても、ほとんどが欧米歴史書の翻訳書、いわゆる「翻訳教科書」という惨憺たる実態にあった。とても平民児童の教育に適った教科書の供給など、期待できる状況にはなかった。明治初期の近代学校の発足当時において、学制の趣旨を体現した教科書を準備するという緊要な教育課題は、時間的にも能力的にも全く実現不可能なことであったのである。

そのような惨憺たる教育状況を眼前にして、なおも彼は、平民児童の初学階梯となるべき国文の教科書、つまり漢字仮名交じり文の平易な教科書の必要性を痛感していたのである。従来の身分制社会における武家の児童を基準とした漢学重視の教科書ではなく、さりとて欧米歴史書の翻訳教科書でもなく、平民児童にわかり易い国文の教科書、すなわち学ぶ側の児童の立場に立った教科書を編纂し刊行することの実現、この国家的な教育課題こそが、難病に苦しむ虎三郎をして、斬新な歴史教科書の編纂という教育活動に踏み切らせた最大の動機であったとみてよい。

第二節　恩師象山の理解者、中村正直の推薦序文

1　恩師象山と中村正直の交友関係

以上のような意図をもって編纂刊行された虎三郎の『小学国史』には、前述のごとく第一巻の巻頭に中村正直の「叙」が掲げられていた。「米百俵」の主人公である象山門人の小林虎三郎と、明治の近代日本を代表する洋学者の中村正直。一見すると、この二人の取り合わせは奇妙に思われる。はたして虎三郎と正直との関係は如何なるものであったのか。

正直自身が、序文に「余始て炳文《へいぶん》(虎三郎の号)に見《まみ》える」と明記している事実からも明らかなごとく、虎三郎は、自著『小学国史』の推薦序文の執筆依頼で面会したときが、正直との最初の出会いであったとみてよい。それでは、全く面識のない正直に、なぜ虎三郎は推薦の序文を依頼したのか。正直の方もまた、何故に初対面の人物の依頼を快諾したのか、大いに疑問である。

実は、両者は直接の面識こそなかったが、序文の執筆を依頼できるほどに旧知の間柄であったとみてよい。すなわち、両者の間には、媒介する人物がいたのである。第一は、虎三郎の恩師である佐久間象山。もちろん、正直は象山の門人ではない。だが、正直は、生前の象山とは面識があり、学問思想を共有できる昵懇の間柄にあったのである。

正直が、初めて象山と対面したのは幕末期の文久年間であった。幕府の昌平坂学問所出身の秀才で、若くして幕府儒官に抜擢された正直は、文久三年(一八六三)十一月、第十四代将軍徳川家茂(一八四六〜一八六六)に随行して上洛する。その翌年の元治元年(一八六四)三月には、門人吉田松陰の密航事件に連座して蒙った九年間の長い蟄居生活

から解放された象山が、幕府の徴命（幕府海陸御備向手付御雇）を受けて上洛したのである。[4]

当時、幕臣でありながら幕府の鎖国政策を批判して開国説を主張していた正直は、「東洋道徳・西洋芸術」思想の実践を志向して、朝廷や幕府の要路に堂々と開国進取の自説を開陳して廻る象山に刮目し、早速に面会を求めた。同じ昌平坂学問所教授の佐藤一斎門下である両者は、初対面にもかかわらず意気投合した。[5] 両者が京都で邂逅するのは、象山が京都で攘夷論者に斬殺される元治元年（一八六四）のことであった。

正直は、京都での象山との幾度かの会談を通じて肝胆相照らす仲となった。若い正直は、象山の学問思想を衷心から畏敬し、象山もまた、我が身の危険を顧みずに開国進取を説く正直に、強い思想的な共感を覚えた。と同時に、自他ともに天下第一等の漢学者をもって任ずる自負心の強い象山が、自身の漢詩文の添削を請うほどに、正直の学識、とりわけ漢学の学力を高く評価したのである。[6] 愛弟子の吉田松陰よりも二歳若く、親子ほどの年齢差のある若輩の正直を、象山が、かくも高く評価し敬愛するということは、象山の人となりを知る者にとっては、大変な驚きである。

正直の方は、西洋心酔者として危険視されていた象山と関わったが故に、「当時象山は国賊の魁（頭、統率者）を以て目されしが、先生亦同臭の醜類視せられ、浪士の嫉視《しっし》中に在り」[7] と『自助的人物之典型　中村正直伝』の著者石井研堂が記すごとく、象山と同様に、尊王攘夷を掲げる過激派浪士の標的とされる羽目になった。正直は、明治維新の後に、象山との想い出深いエピソードを交えて、往時の象山を回顧し、「象山ハ鉅儒《きょじゅ》、識量超卓、旅亭訪尋、燭ヲ継キ僕ヲ更フ」「惜イ哉、刺レ、道側ニ斃《たお》ル乎。踵《つい》テ吾レ譏《そしり》ヲ蒙リ、殆ント災厄《さいやく》ニ罹《かか》ル」[8] と述懐している。

幕府最末期の慶応二年（一八六六）九月、正直は、三十五歳のときに幕府派遣の英国留学生取締として洋行した。が、その二年後の慶応四年（明治元）六月、徳川幕府が倒壊し御一新となった後に帰国した。幕臣であった彼は、徳川家の駿府移封に随って静岡に赴き、徳川家学問所の漢文教授を拝命する。その静岡時代に、彼は、英国留学の体験を生かして『西国立志編』や『自由之理』など最新の西洋事情書を相次いで翻訳刊行し、福沢諭吉と並び称される啓蒙思想家として天下にその名を知られる人物となった。その結果、明治五年(一八七二)八月には、維新政府より大蔵省翻訳御用掛に抜擢されて上京することとなる。

虎三郎が、自著『小学国史』の序文を依頼するために東京の正直邸(小石川江戸川町)を訪ねたのは、正直が序文執筆の時期を、皇紀「二千五百三十三年五月上澣」、すなわち明治六年(一八七三)五月と記していることから、彼が静岡から上京した翌年のことであった。当時の正直は、大蔵省の官吏としての公務の傍ら、英学塾「同人社」の開設や学術団体「明六社」の結成に関与するなど、公私共に多忙を極める時期であった(9)。

そのような時期に、誠実謙虚な人格者の虎三郎が、何故に面識のない「時の人」である正直に序文を依頼したのか。もしも虎三郎が望むならば、序文を依頼できる著名人は他にも沢山いたはずである。例えば同じ象山門下の知己には、勝海舟や西村茂樹、あるいは加藤弘之や津田真道などがいた。さらに、実弟の恩師であった慶應義塾の福沢諭吉の推薦序文を巻頭に飾って、『小学国史』を刊行することも決して不可能なことではなかった。しかし虎三郎は、象山門下の旧友でも福沢でもなく、全く面識のない中村正直に序文を依頼したのである。

虎三郎にとって、象山は、終生、変わることのない唯一最高の恩師であった。虎三郎自身にとって、象山の存在は、自己の学問と行動の是非を確認する原点であり、如何なる逆境をも生き抜く希望と勇気の源泉でもあった。はたして象山先生がどのように評価してくれるか、まさに虎三郎の生涯は、恩師象山と共にあったのである。そのような虎三郎にとって、恩師象山が畏敬の念を持って深い親交を結んだ数少ない人物、それが正直であった。正直こそは、維新後の欧化近代を目指す日本社会にあって、象山思想「東洋道徳・西洋芸術」の第一の理解者、と考えられていたのである(10)。それ故に虎三郎は、自著『小学国史』の推薦序文は、是非とも正直に依頼したいと希求したに相違ない。

正直にしてもまた、『小学国史』の序文に、「炳文は越後の人。嘗て佐久間象山翁に学ぶ。蓋し淵源する所有りと云はん(11)。」と記している通り、自身が敬愛してやまない象山の門人であることに強い共感を覚えたこと、また初対面の折りの謹厳実直で学究肌の虎三郎その人に対する好意的な心象、さらには歴史教科書『小学国史』の刊行にかける虎三郎の決意と情熱、そして肝心の『小学国史』の教科書としての出来栄え、等々の諸要因が相俟って正直の心を揺さぶり、彼に序文の執筆を快諾させるに至ったものと考えられる。

しかしながら、実際には初対面の正直に仲介の労をとった人物が存在したことは間違いない。はたして、それは誰であったのか。その人物を、資料的裏付けをもって特定することはできない。維新期に正直の私塾に入門して英学を学んだという実弟・雄七郎の存在も、考えられなくはない[12]。だが、彼よりも虎三郎自身の人と思想を熟知した象山塾同門の仲介と考える方が、自然であり妥当である。その場合、幕末維新期を通じて虎三郎と正直の双方と親交の深かった人物としては、勝海舟が最も有力視される[13]。だが、海舟の他にも可能性のあった象門の旧友が幾人もいた。維新後も明六社同人として正直と親交の深かった西村茂樹・津田真道・加藤弘之[14]、あるいは維新後に象山関係史料の収集保存と顕彰報恩に尽力した北沢正誠[15]や子安峻[16](鉄五郎)、さらには維新後に虎三郎と姻戚関係になる文部官僚の小松彰[17]、等々の人物が想起される。

なお、『小学国史』の全巻が刊行された後に、北沢正誠編『象山先生詩鈔』(上下二冊、日就社、明治十一年)が刊行される。同書に収録された象山の漢詩を蒐集し編纂したのは、虎三郎とは象門畏友である松代藩出身の北沢正誠であった。そして、版元となった「日就社」は、これまた象門畏友の子安峻が設立した出版社(読売新聞社の前身となる活版印刷会社)であった。北沢を中心に象山門人が一致協力して出版した『象山先生詩鈔』は、象山関係の書籍としては『省諐録』(明治四年)に次いで二冊目であった[18]。

同書の上巻には、最初に二品山階親王(一八一六～一八九八)の序文、次に勝海舟と山岡鉄舟(一八三六～一八八八)の題詞、続いて中村正直の八頁にも及ぶ長文の序文が付されていた[19]。いずれも象山が生前に親交の深かった人物である。しかも、同書に収録された象山の漢詩文のほとんどに、正直による懇切丁寧な詩評が欄外に注記されていた[20]。そして下巻の最後には、門下生を代表して虎三郎の絶筆ともいえる跋文が添えられていた[21]。虎三郎にとって最後の仕事となった『象山先生詩鈔』の刊行に関しても、正直は、如何なる支援をも惜しまない最良の象山理解者だったのである。

2　中村正直の推薦序文とその内容

以上のような経緯の下で、虎三郎が編纂した『小学国史』は、正直の序文を得て刊行された。はたして正直は、如何なる観点から虎三郎の歴史教科書『小学国史』を評価し推薦したのであろうか。このことは、彼の推薦叙文の内容に窺い知ることができる。以下に、その全文を掲げる。(22)

国文読まざるべからず。漢文読まざるべからず。洋文読まざるべからず。而して国文最も当に先《まず》読むべし。国文の書多く、歴史地理、以て西洋訳書に及ぶ。皆読まざるべからず。而して歴史最も当に先《まず》読むべし。国史の国文を以て書すもの、率《おおむ》ね皆巻帙《かんちつ》(書物)重大にして其の事実簡明にして文辞嫺雅《かんが》(上品)なるを求むるものは甚だ稀なり。このごろ小林炳文、小学国史若干巻を著し、余に序言を乞う。受て之を読む。則ち上下二千年の興廃存亡、瞭として指掌《ししょう》のごとし。而して其の文雅《みやび》にして俚《いやし》からず。これ宜しく小学授業の書に充てるべきものなり。

余始めて炳文に見《まみ》える。年四十なるべし。面貌は痩《やせ》て黒し。自ら言ふ、久しく風湿《ふうしつ》を患うと。悠忽《ゆうこつ》(無駄に歳月を過ごす)日を渡り、一として成す所無く、意わず今此編の出ずるを見るなり。斯くして炳文の病榻《びょうとう》(病床)にありて痛苦を忘れて著述を楽めるを知れり。其の勤勉の功。洵《まこと》に嘉尚《かしょう》すべきなり。炳文は越後の人。嘗て佐久間象山翁に学ぶ。蓋し淵源する所有りと云はん。

二千五百三十三年五月上澣　中邨正直　撰

前述のごとく、虎三郎が『小学国史』の序文を依頼した当時の正直は、すでに『西国立志編』を初めとする西洋翻訳書の刊行実績によって、福沢諭吉と並ぶ開明的な啓蒙思想家あるいは英国帰りの洋学者として、日本国内で不動の地位と名声を獲得していた。彼が辿った学問的な経歴は、実に華々しい。だが、その彼は、何よりもまず漢学者であり、明治の日本近代化過程で活躍した洋学的儒学者(伝統的な儒学の上に洋学を修得した人物)の典型であったといえる。[23] 正直の思想を理解するに際しては、彼の洋儒兼学の学問的軌跡を看過することはできない。

文明開化が急展開する明治の初期に、『西国立志編』や『西洋品行論』の訳者として令名を馳せた彼は、一般には英学に精通した洋学者として理解されている。だが、彼の学問的な本領は漢学にあったとみるべきである。二十代前半の若輩にして幕府儒官(昌平坂学問所教授)に抜擢され、その後、英国留学を経て徳川家静岡学問所の漢学教授、そして東京大学の漢学教授に、という華麗な漢学の経歴が物語っている通り、彼は、紛れもなく明治の知識人社会における第一級の漢学者であった。特に、彼の漢詩文に関する造詣の深さは殊更で、漢学者として一家をなした自信家の象山が、自らの漢詩文の添削を請うほどの実力者であり、明治期の漢学界では他に追随を許さない代表的人物であった。[24]

そのような正直が、虎三郎の歴史教科書『小学国史』に序文を寄せたのである。彼は、その冒頭で国漢洋三学の教育的な必要性を説き、しかも「国文の書」をこそ最初に読むべきことを主張している。さらに彼は、従来の国文で書かれた書物は、歴史や地理、さらには西洋翻訳書など数多くあるが、事実を簡明に記し、優れた国文で綴られた書物は希であることを指摘する。彼は、この点において虎三郎の『小学国史』の出来栄えを高く評価し、「小学授業」に有益な書物として推薦したのである。

なお、『小学国史』の最終巻である第一二巻の末尾には、「青柳剛」という人物の跋文が付されていた。この人物は、長岡藩領三島郡河根川村の庄屋「青柳剛斎《ごうさい》」(一八三一~一八九〇)であった。中央では無名であったが、郷里長岡では著名な漢学者として知名の人物であった。虎三郎にとっては、同郷同学の敬愛すべき後学の漢学者であった。

彼もまた、虎三郎と同様に、幼くして神童と称される学才を示し、早くから将来の学問的な大成を嘱望された。やがて彼は、十分ではなかったが、江戸に遊学して幕府の昌平坂学問所に学び、佐藤一斎や安積艮斎など、当代一流の儒学者に師事して漢学を修めた。

二年の江戸遊学を終えて帰郷した後は、郷里長岡に私塾を開設し、専ら後進の教育に当たった。特に維新後の明治二年には、柏崎県立学校の開校と同時に一等教師に抜擢され、終生、越後を出ることなく雪国の地方学者として生きた人物である。その青柳が、最も身近で尊敬する人物が、虎三郎であった。それ故に彼は、虎三郎の『小学国史』の刊行に際しては、これを祝福し、その偉業を称える跋文を寄せたのである。跋文において彼は、前述した中村正直の序文と全く同様の趣旨から、『小学国史』が小学児童の歴史教科書として活用されるべき、誠に時宜を得た書物である、と称賛している(25)。

第三節　虎三郎編『小学国史』と文部省編『官版　史略』の比較

1　虎三郎編『小学国史』全巻の内容構成

虎三郎が編纂した歴史教科書『小学国史』は、和装本とはいえ全一二巻を数え、実に大部な作品であった。内容的にみても、当時の欧米史が圧倒する翻訳教科書全盛の時代にあって、「国史」という書名の通り、全てが日本歴史の叙述であった。この点に、最大の特徴を認めることができる。しかしながら、同書の編集方針は、当時の教科書を含めた歴史書と同様に、歴代天皇記として日本の歴史を把握し叙述するという、江戸時代の近世史観をそのまま踏襲するものであった。以下においては、『小学国史』の内容と特徴を、前年に刊行された文部省編『官版　史略』との比較分析を通して明らかにしたい。

周知のごとく『官版　史略』は、明治初年の学制実施期の小学教育界に最も普及した歴史教科書であり、内容面からみても同時代を代表する歴史教科書であった(26)。虎三郎は、当然、文部省編『官版　史略』の存在を承知の上で、これを参考文献のひとつとして、自らの『小学国史』を編纂したものと思われる。では、虎三郎の『小学国史』は、『官版　史略』と比較した場合、どのような特徴を有するのか。まずは『小学国史』全一二巻の内容構成からみておきたい。

最初の第一巻は、「神代」より「人皇」のはじまりである「第一代神武天皇」を経て「第二十二代清寧天皇」までを扱っており、その分量は和紙三十一丁（洋装本の六二頁分に相当）で、次のような内容構成で叙述されている。

○神代

・天神七代　国常立尊　国狭土尊　豊斟渟尊　泥土煮尊　大戸道尊　面足尊　伊奘諾尊

・地神五代　大日孁尊　正哉我勝々速日天忍穂耳尊　天津彦々火瓊々杵尊　彦火々出見尊
彦波瀲武鸕草葺不合尊

○人皇

神武《じんむ》天皇　綏靖《すいぜい》天皇　安寧《あんねい》天皇　懿徳《いとく》天皇　孝昭《こうしょう》天皇　孝安《こうあん》天皇　孝霊《こうれい》天皇
孝元《こうげん》天皇　開化《かいか》天皇　崇神《すじん》天皇　垂仁《すいにん》天皇　景行《けいこう》天皇　成務《せいむ》天皇　仲哀《ちゅうあい》天皇
応神《おうじん》天皇　仁徳《じんとく》天皇　履中《りちゅう》天皇　反正《はんぜい》天皇　允恭《みちやす》天皇　安康《あんこう》天皇　雄略《ゆうりゃく》天皇
清寧《せいねい》天皇

以上が第一巻である。さらに第二巻から後の各巻の内容構成を、取り扱っている天皇の治世と分量を示せば次の通りである。

・巻之二　「第二十三代顕宗《けんぞう》天皇～第三十九代弘文《こうぶん》天皇」…………（計十七代、三十四丁）
・巻之三　「第四十代天武《てんむ》天皇～第四十九代光仁《こうにん》天皇」…………（計十代、三十一丁）
・巻之四　「第五十代桓武《かんむ》天皇～第五十八代光孝《こうこう》天皇」…………（計十代、四十丁）
・巻之五　「第五十九代宇多《うだ》天皇～第六十九代後朱雀《ごすざく》天皇」…………（計十一代、三十九丁）
・巻之六　「第七十代後冷泉《ごれいぜい》天皇～第八十代高倉《たかくら》天皇」…………（計十一代、四十五丁）
・巻之七　「第八十一代安徳《あんとく》天皇～第九十五代花園《はなぞの》天皇」…………（計十五代、四十四丁）
・巻之八　「第九十六代後醍醐《ごだいご》天皇～第九十九代後亀山《ごかめやま》天皇」…………（計四代、四十二丁）
・巻之九　「第百代後小松《ごこまつ》天皇～第百五代後奈良《ごなら》天皇」…………（計六代、四十一丁）
・巻之十　「第百六代正親町《おおぎまち》天皇」…………（計一代、五十二丁）
・巻之十一　「第百七代後陽成《ごようぜい》天皇～第百八代後水尾《ごみずのお》天皇」…………（計二代、五十五丁）
・巻之十二　「第百九代明正《めいしょう》天皇～第百二十一代孝明《こうめい》天皇」…………（計十三代、六十丁）

2　文部省編『官版　史略』との比較

以上が、虎三郎編『小学国史』全一二巻の内容構成である。これに対して『官版　史略』（全四冊）の場合は、全体を「国史」（一冊）、「支那」（一冊）、「西洋」（二冊）の三領域で構成する「世界歴史」という方針で編集されている。明治初期における欧米歴史書の翻訳教科書全盛という西洋史一辺倒の時代思潮からみれば、『官版　史略』は、西洋史偏重という弊害の是正を意図して、日本・中国・西洋という三領域で構成した総合的内容の歴史教科書の嚆矢であり、実に画期的なものであった。この点こそが、虎三郎の『小学国史』と対比した場合の、『官版　史略』の最も顕著な特徴である。

しかしながら、『官版　史略』を内容構成の量的配分を吟味した場合、西洋史が四冊中二冊で六八％（八十丁／百十七丁）と、優に過半数を超えている。このような西洋史の扱いに対して、日本歴史に充てられた紙数は四冊本の内の最初の巻の十九丁（洋装本二八頁に相当）で、全体の僅か一六％（十九丁／百十七丁）に過ぎなかった。

したがって『官版　史略』もまた、依然として西洋史偏重の歴史教科書であったということに変わりはない。このことは、標題通り「国史」として編纂された虎三郎の『小学国史』が、欧化全盛の明治初期における歴史教科書としては、如何に特異な存在であったかを物語っている。

次に編集の方針であるが、『官版　史略』は、歴代天皇記としての「日本歴史」を「神代」と「人皇」とに二分し、最初に「神代」を簡潔に叙述した後、直ちに「神武天皇」にはじまる「人皇」の部へと移っている。しかも、その叙述は、編者である木村正辞《まさこと》（一八二七〜一九一三、国学者で東大教授）が「幼童をして暗誦せしめることを要す。故に簡易を旨とすべてを省略に従う(27)」と明記している通り、各々の天皇の事蹟とその間に生じた史実について僅かに数行を充て、あくまでも簡潔を旨として編集している。

これに対して、虎三郎の『小学国史』の方は、天皇を「神代」と「人皇」とに分けている点は『官版　史略』と同じであるが、さらに「神代」の中を「天神七代」と「地神五代」とに二分するというように、より詳細な構成を取っている。しかし「神代」に関する記述は、「幽遠にして、幼学の曉《さと》り難きふしも多かれば、唯世々の続きを記すのみにて、余は略《はぶ》きぬ(28)」と、編者の虎三郎が弁明している通り、「人皇」の場合と比べた場合に、極めて簡略（全体で二丁、四頁相当）な扱いとなっている。

さらに「神武天皇」にはじまる「人皇」の部分の記述は、天皇の治世の長短とその期間において記載すべき歴史内容の多少によって、各天皇間には分量的に大きな差異が認められる。具体的に一治世の記述量でみれば、少ないものでは僅か数行という場合もあるが、平均的な枚数は多くの場合、十丁（二〇頁）前後となっている。

だが、時代の転換期に関しては多くの紙幅を費やして時代変化の状況を詳述している。例えば北条氏から足利氏に政権交替する南北朝が成立する直前の「第九十六代後醍醐天皇」の記述（巻之八）などは二十六丁（五二頁相当）にも及んでおり、当該の巻（和紙五十二丁、一〇四頁相当）の過半数を費やしている。さらに、徳川幕府が成立する前後の時期を扱った第一〇巻の場合は、「第百六代正親町天皇」の一代のみに、当該の巻の全体（同五十一丁、一〇二頁相当）を充てている。この点もまた、歴代天皇の記述に均等配分された『官版　史略』と対比した場合、虎三郎編『小学国史』の顕著な特徴と指摘することができる。

それでは、『小学国史』における記述の方法はどうかといえば、各治世とも歴史年表をみるがごとくに、時間的な経過を追って歴史的な出来事を順次、年代順に項目を立て箇条書で叙述するという編年体方式を取っている。その場合、一治世の内容を構成している項目数は少ないもので数項目、多いものでは何と一〇〇項目を超える場合もある。だが、一〇項目ないしは数十項目というのが大部分である。

『小学国史』の記述方法は、「幼童をして暗誦せしめること」を旨として、過不足のない数行の流麗な文章で各治世を記述している『官版　史略』とは、実に対照的である。

次に『小学国史』における記述の内容はどうか。項目化された記述の中身は、最初に当該天皇に関する系譜と関連事項、次いで歴史叙述の中心をなす政治上の出来事、そして儒学を初めとする学問文化の動向、さらには日本に関連する外国事情など、あたかも総合歴史年表をみるがごとく、実に広範囲の多種多様な内容が網羅的に記述されている。この点にも『小学国史』の内容的な特徴を認めることができる。また、歴代の各天皇に関してはもちろん、主要な政治家や学者文人などについても当該箇所で没年を記し、生前における活動履歴や貢献事績、さらには編者である虎三郎自身の忌憚のない人物評も付されている。それ故に、読物の歴史書あるいは調べ物の歴史書としては、読者の興味を十分に喚起しうる個性豊かな内容となっている。この点もまた、終始、禁欲的に必要最少限度の歴史的事実をバランスよく簡潔に記述している『官版　史略』の場合と比較したとき、『小学国史』の顕著な特徴とみてよいであろう。

以上のような虎三郎編『小学国史』の特徴を、具体的に文部省編『官版　史略』の場合と同時代の同一項目で比較対照してみれば、両者の相違は一目瞭然となる。具体的な事例として、『小学国史』の最終巻（巻之十二）の最終項目となっている「第百二十一代孝明天皇」（江戸時代最後の天皇）を取り上げ、両者の記述内容をみておきたい。

なお、『官版　史略』の最終項目は、『小学国史』よりも一代後の「第百二十二代今上天皇」（明治天皇）である。また、次の引用文は、分量的にみれば『官版　史略』の場合は比較的長文の部類であり、『小学国史』の場合は極めて平均的な記述量である（引用文中の片仮名は平仮名に統一し、随時、句読点を付け、難解な漢字にはルビを付した）。

□文部省編『官版　史略』

第百二十一代孝明天皇と申す、仁孝天皇の御子也。五箇国の條約成りて武蔵国横浜に港を開き、貿易を専にす。将軍徳川慶喜、大阪に在て大政を行ふ。列藩の有志、復古の事を論ず。天皇、国事に憂苦し社稷宗《しゃしょくそう》廟《びょう》の為に規画すること甚深遠なり。大業未だ成らずして崩ず。天下、これを哀しむ。(29)

□小林虎三郎編『小学国史』

第百二十一代孝明天皇、諱は統仁《おさひと》、仁孝《にんこう》第四の子、御母は新待賢門院《しんたいけんもんいん》藤原雅子《なおこ》、中納言実光《さねみつ》の女《むすめ》なり。弘化三年、紀元二千五百六年二月、践祚《せんそ》（即位）、御年十六、関白政通、将軍家慶、皆故の如し。閏五月、北亜墨利加合衆国の兵艦二艘《そう》浦賀に来て、互市を請ふ。幕府許さず。諭《さとし》て、之を還《かえ》せり。四年、二月、幕府、川越、彦根二藩をして相模を、会津、忍二藩をして安房、上総を成らしめたり。

是歳、古賀煜《ひかる》侗庵没す、樸《すなお》が子なり。博覧父に踰《こ》え洋文を読すと雖も、好て訳書を読み外国の地理事情を探り、著す所の海防臆測、識者、其議論、遠く時輩の上に出ると称せり。

嘉永元年、十月、家慶、従一位左大臣に進みたり。二年、三月、家慶、大に小金が原に猟せり。是月、幕府、西洋医術を禁じたり。時に、幕府の侍医以下、皆漢方家にして洋方の漸く行はるゝことを嫉《ねた》み、みだりに譏《そし》り誹謗せしに因て、此事あり。然れども洋方は、日を逐て、盛になりぬ。

閏四月、英吉利船一艘、来て浦賀に泊すること二日、奉行幕命を以て、諭して、還らしめしに、英船、帰路、下田を却抄し、大嶋に往て、麦を刈り、牛を掠め、復下田に入り、海の深浅、山の高低を測量して、竹木を伐り、或は薪水を乞ふ者、年毎に多かりしかば、幕府、尋て、諸藩に令して、益海防を修めしめ、又文学兵法に通じたる士民の姓名を録上せしめたり。

是歳、始て、和蘭より、牛痘の方を、伝へたり。四年、三月、幕府、再び諸商戸を量定せり。天保の末に、之を罷てより、奸商を糺《ただ》し難きが故に、是に至て、復之を行へり。然れども、其税課は、免せしこと、故の如くなりき。

五年、五月、江戸西城焚《や》け、再築せり。八月、和蘭、書を以て、幕府に告て曰く、「亜墨利加合衆国、明年夏、兵艦を遣して、互市を請はんと欲す。意必成に在り。若し許されずば兵端を開ん」と。幕府懼《おそれ》て、之を秘すること、臭を韜《つつ》むが如しと雖も、外間、亦頗る聞知て、識者、守備の厳ならざることを憂ひたり。十一月是より先に、幕府、朝鮮の使に、大阪にて、接見せむと欲し、対馬守宗義和をして、彼国に報ぜしめしが、是に至て、西城焚け、諸国水旱《すいかん》の患ありしに因て、其期を延たり。

六年、六月、合衆国欽差《きんさ》大臣兼水師彼理《ペルリ》、四艘を率て、浦賀に来り、「大統領斐謨《ヒルモール》、通信互市を求めんと欲す。因て国書を斉し来らしむ。願わくは、江戸に抵《いたり》て、之を呈せむ」と請ふ。奉行伊豆守戸田氏栄、之を江戸に報ず。幕府、諸藩に令して、武蔵相模伊豆安房上総下総の海岸を分ち衛らしめ、方百間の仮館を、浦賀の九里浜に建、大学頭林某、及氏栄等をして、彼理を、此に延て、国書を受しむ。彼理乃《すなわ》ち、「明年、再び来て、答書を得ん」と、約して去ぬ。幕府、之を朝に奏す。帝《みかど》大に憂ひて、七廟の祝人、七大寺の主に勅して、外船退去、四海静謐《せいひつ》を祈らしめ給へり。初め彼理の来れるや、幕府、水戸前中納言斉昭を召れて、大議に参せしめ、其去りし後、遂に斐謨が書を諸国侯及び麾下《きか》の士に示して、其見る所を陳せしむ。是に於て、守禦の策、紛然として出たれども、是時、洋学未盛ならず。人多くは、外国の事情に暗く、彼が水陸の兵制、其攻守の法を知らざりし故に、其論ずる所、能く要領を得し者は、甚寡《すくな》かりき。七月、家慶薨《こう》す、年六十一。諡《おくりな》を慎徳院と賜りぬ。是月、魯西亜の水師提督布恬廷《プチャーチン》、兵艦四艘を率て長崎に来り、其宰相の書を致して、隣好を修め、樺太の界を正し、貿易を行はんことを請ふ。冬に至て、幕府、肥前守筒井政憲、左衛門尉川路聖謨等を、長崎に遣て、「重大の事、商議三五年を経るに非れば、事に従ふことを得ず」と、諭さしむ。

明年魯使去りぬ。八月、幕府、益近海の守備を修め、砲台三所を、品川海中に築き、江川太郎左衛門をして、之を規画せしむ。時に、高島四郎大夫が罪を赦して、江川に属せしめ、又始て、諸藩の火器を携て、江戸に入ることを許したり。尋て、和蘭に、蒸気船、及ビ兵艦を購はんと請ひ、又諸藩に、軍艦を造ることを許しぬ。砲台は、明年四月成り、後又之を増築きたり。十一月、家定、征夷大将軍内大臣となれり。十二月、是より先に、幕府一朱銀を廃せしが、是に至て、再び之を鋳たり。是月、水戸斉昭、嘗て梵鐘を毀《こわし》て鋳たる大砲七十二門を、幕府に献る。世、之を偉とせり。然れども、其製作粗悪、実用に適せず。識者憾みぬ。斉昭の賢明を以て、戸田藤田等の材臣、之を輔て、此の如くなりしかば、当時、幕府、及諸藩の武備、大抵児戯に均かりしも、推て知るべし、彼理の直に兵威を以て迫て、互市を要せしも、何ぞ怪むに足らん。

安政元年、正月、彼理兵艦七艘を率て、浦賀に来り、遂に神奈川湾に入て、去年の回答を請ふ。幕府、乃ち仮館を横浜に作り、二月、大目付美作守伊沢政義、江戸町奉行対馬守井戸学弘、大学頭林某等をして、彼理を延て、之に接せしめ、遂に下田函館二港に泊し、銭を納て、薪水食料等欠乏の物品を購ふことを許し、函館の地若干を貸し、下田の沙子島方七里に徘徊することを許し、條約已に成て、三月、彼理還り去ぬ。初め彼理の再び来れるや、帝又大に憂ひ、大廟、及二十二祠、七大寺、延暦寺等に詔して、外夷降伏、国家安全、宝祚《ほうそ》延長、武運悠久、万民娯楽を、祈らしめ給へり。

長門の士吉田松陰矩方虎次郎は、佐久間啓の門人なり。外国に往て、其情を探んと欲し、去年、秋、長崎に至りて、之を謀り、遂ずして、江戸に還しが、彼理が船、横浜を去て、下田に泊するに及で、其郷友金子重之輔と謀り、直に彼船に至て、倶に其国に往んことを、請しかども、彼理聴ずして、送還せり。前後の事、啓頗る指示する所あり。幕府、国禁を犯すとなし、啓を、二人に并《あわせ》て、獄に下し、尋て、各其藩に禁錮せり。啓、心を海防に潜ること十余年、天下の洋兵を講ずる者、争て其門に趨《はし》り、声望甚だ盛なりしが、忽ち禍に罹て、山中に蟄しければ、有志の士、深く之を惜めり。

初め寛永中、幕府、清和蘭の外、諸外国の通交を絶したり。是に至る迄、二百余年、諸国、皆目するに、鎖国を以てせしが、是に至て、海禁一たび弛て、諸国相継て至り、交際日を逐て盛に、士民の心、亦随て変じ、事故百出、騒擾十余年、幕府、遂に倒て、皇室中興、政刑典制、凡百の事、多く西洋に倣はるゝに至れり。(30)（傍線は筆者）

上記のような同一項目についての両書の記述量をみると、とても比較にはならないほど圧倒的に『小学国史』の方が多く、『官版　史略』の二〇倍以上の分量である。したがって、先に指摘した通り、『小学国史』の第一の特徴は、何といっても記述の分量が膨大である点にある。『小学国史』が年や月で区切りをつけながら、時間的な経過を追って、順次、箇条書方式で叙述している内容をみると、あたかも総合日本史年表を読み進むかのような錯覚に陥る。

さらにまた、編者である虎三郎が、序文に「叙事中、往々議論を挿し、多く前の輩の成す説を述べ、間にまた一二憶見を附す」と付記しているように、『小学国史』の場合、歴史的な出来事や人物について叙述をする際に、編者である虎三郎自身の思想的な信念あるいは学問的な識見に基づく判断や評価が随所に示されている。その具体的な事例を、引用文の中で傍線を施した部分、すなわち編者である虎三郎とは象山塾同門であった吉田松陰の海外密航事件とその顛末の叙述に端的にみることができる。

これに対して、『官版　史略』の方は、徹底的に主観を廃して事実のみを最少限度、簡潔に叙述するという禁欲的な編集を貫いている。両者は、全く対照的である。また、叙述の文体の問題であるが、確かに『小学国史』は、虎三郎が終始こだわった「国文」(漢字仮名交じり文)によって書かれてはいる。だが、『官版　史略』の方もまた、「幼童をして暗誦せしめることを要す」というように、『小学国史』と同様の編集方針を基本として、しかも児童の視覚に訴える「挿絵」を交えながら、「国文」による簡潔明瞭な文体で叙述している。したがって両書を、小学校児童のための歴史教科書という教育的な観点から比較した場合、はたして虎三郎編『小学国史』が、文部省編『官版史略』を凌駕しているかどうかは、極めて疑問であるといわざるをえない。

3　虎三郎編『小学国史』の特徴とその歴史的意義

虎三郎編『小学国史』は、大人の読物としては興味深い歴史書であることは間違いない。その意味で、小学校の教師が、自身の歴史理解を深め授業を準備する参考文献としても有益な歴史書であるといってよい[31]。だが、同書を、小学教師が教室での授業に使用する教授用書(「小学授業之書」)として、あるいは小学児童の所持すべき歴史教科書としてみた場合には、質的にも量的にも決して問題なしとはいえない。

まず第一に、同書が全一二巻という余りにも大部な分量であること。このことは、同書を購入する側の教師や児童に大きな経済的負担を強いるものであった、ということを意味する。とりわけ、授業料だけでも過重な教育費負担であった当時の一般家庭にとって、児童が所持する学習書としては、多大な教育出費を余儀なくされるものであったといわざるをえない。

第二に、同書は、学校の限られた授業時数の内で消化できる適切な教材量を遥かに超えた分量であったこと、を指摘しなければならない。

さらに第三の問題点としては、同書の内容構成と叙述方法とにある。すなわち、編者である虎三郎自身の歴史観が色濃く表現された極めて個性的な歴史書であった点である。文部省編輯寮の木村正辞による禁欲的で簡潔明瞭な『官版　史略』の叙述と比較して、『小学国史』には編者である虎三郎の独自の歴史観に基づく歴史解釈が直截に表現されており、このことが公教育における歴史教科書としての客観性や妥当性を問われることとなる。

同時にまた、この問題と密接に関連するが、はたして小学校の歴史教育が、「国史」すなわち日本歴史のみに終始してよいのか、という点も問題とされなければならない。もちろん、上述の問題点は、編者である虎三郎が『小学国史』を編纂するに至った動機や意図を勘案すれば、当時の国家主導で欧化政策を推進する日本の教育近代化の問題状況を抜きにして考えることはできない。

すなわち、欧米歴史書の翻訳書がそのまま小学校の歴史教科書として使用されていることの問題性と、そこから帰結する西洋史偏重という歴史教育の問題性である。実は、そのような明治初期の問題状況に対する批判と反省の上に、〝日本人による日本児童のための日本史の歴史教科書〟の編纂を期して刊行されたのが、虎三郎の『小学国史』であったわけである。明治初期の欧化全盛という時代的条件を捨象して、『小学国史』出版の意義を論ずることはできない。

ところで、内容的には西洋史偏重であった『官版　史略』は、『小学国史』の刊行後、師範学校編の『万国史略』(二冊本、明治七年)と『日本史略』(二冊本、同八年)とに分離再編された。そして文部省が明治十四年(一八八一)に公布した「小学校教則綱領」では、小学校の歴史教育が「尊皇愛国ノ士気ヲ養成」することに目的化され、内容も「日本歴史」のみに限定されたのである。

このような明治前期における歴史教育の時代的な変動を鳥瞰してみると、(32)『小学国史』は、日本近代化過程における歴史教育の転換期の作品であり、欧化全盛の西洋史一辺倒から尊皇愛国の日本史重視へという時代動向を先取りした歴史教科書であったといえる。それは、確かに標題の通りの「国史」であったが、日本の教育近代化の質的な転換を意味した「小学校教則綱領」の公布後に加速される、尊皇愛国の臣民教育に目的化された皇国史としての歴史教育を担う日本史の教科書とは、決して同列あるいは同質のものではなかった。[33] このことは、「東洋道徳・西洋芸術」を思想信条とする洋儒兼学の漢学者であった虎三郎が、『小学国史』の編纂を企図した際の意図と記述内容とからみても明らかなことである。

これらの問題点を勘案して『小学国史』を総合的に吟味してみると、例え中村正直が高く評価し、有益な「小学授業之書」として推薦したとはいっても、同書が適切妥当な小学児童の歴史教科書であったとはいいがたい。このことは、編者である虎三郎の当初の動機や意図と、実際に出来上がった歴史教科書としての『小学国史』の出来栄えとが、必ずしも一致してはいなかった、ということを物語っている。

それ故にか、西洋史の叙述に紙数の過半を充当した文部省編『官版　史略』が、明治初期の欧化啓蒙の時代状況や同書の簡潔明瞭な構成や叙述を反映して、全国各地の学校現場で広く教科書として採用され、明治中期において最大の発行部数を誇る歴史教科書となった。これに反して、管見の限りでは『小学国史』を採用した小学校の事例をみることはできない。

以上のような特徴を有する虎三郎の『小学国史』は、歴史学に精通する国文学者であった木村正辞の編集になる文部省刊行の『官版　史略』とは、実に対照的な歴史教科書であり、性格も内容も全く異なるものであった。『小学国史』は、恩師象山の「東洋道徳・西洋芸術」思想を継承した虎三郎自身の教育観と歴史観とに支えられた歴史教育書であり、それ故に思想性の強い、極めて個性的な内容であった。まさに『小学国史』は、幕末維新の動乱期にあって、美談「米百俵」に具体化された自己の学問的な教育世界を誠実に生き抜いた虎三郎その人の描いた学究的軌跡の表現であり、いわば虎三郎の教育的な思想世界を日本歴史の編纂叙述という学問的領域において具体化した労作であった、とみることができる。この点にこそ、虎三郎が独力で編纂し刊行した歴史教科書『小学国史』の歴史的意味が認められるといえるであろう。

第五章　漢書『大徳国学校論略』を明治初期の日本に翻刻紹介

第一節　近代化モデルの転換を巡る明治初期の動向

江戸時代の幕藩体制社会から明治の近代統一国家へと転換する近代日本の誕生は、実に難産であった。一般に、明治維新の変革は、西洋列強諸国による外からの軍事的インパクトと、それへの対応を余儀なくされた国内における危機的インパルスとの合力によって輻湊した、パラダイム変革へのダイナミズムの所産として惹起された歴史的な現象、と理解することができる。しかし、実際には、幕藩体制社会を突き抜けるよりも、中央集権の近代国家体制を確立することの方が、はるかに困難であった。それ故、明治の夜明けには、内外的な緊要課題が山積していて、理想と現実との懸隔は極めて大きく、決して順風満帆の船出とはいかなかった。内憂外患という国家存亡の危機的な時代状況の中で、新たな国家建設の在り方を含めた日本近代化の推進は、西洋先進諸国をモデルとする西洋化の試みであった。

かつて、日本の近代化研究を主導した丸山真男（一九一四〜一九九六）は、近代化のタイプを「自然成長的近代化」と「目的意識的近代化」との二つに類別して、特徴的に把握した。[1] 彼の類型に従えば、日本の近代化は、まさに後者であった。すなわち、「自然成長的近代化」を達成した欧米近代国家をモデルとして、その成果を効率的に摂取し、

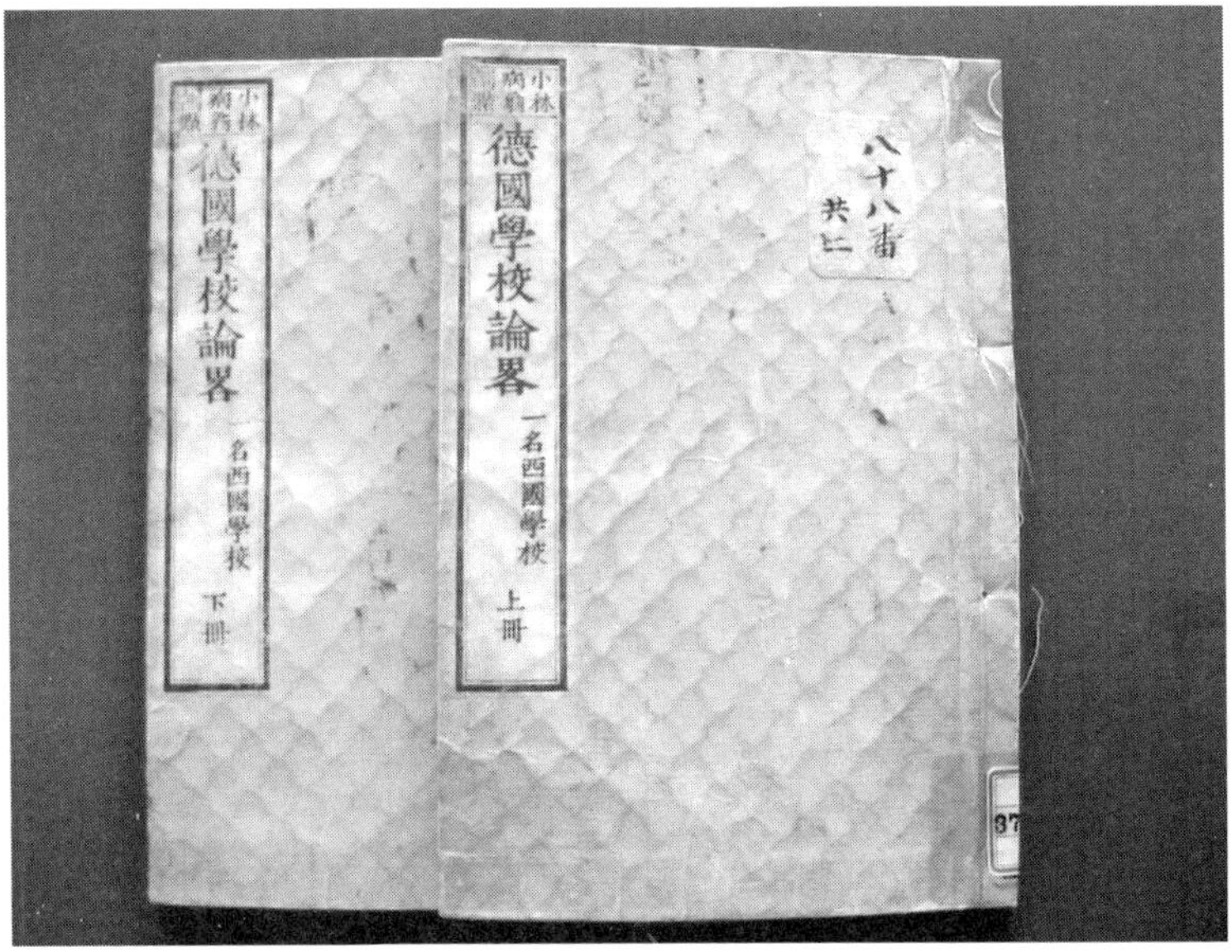

日本版：小林虎三郎翻刻『徳国学校論略』(全二冊)
(長岡市立中央図書館蔵)

『徳国学校論略』上冊の裏表紙と小林虎三郎「序」
(長岡市立中央図書館蔵)

耶穌降生一千八百七十三年
大德國學校論畧
同治十二年鐫　羊城小書會眞寶堂藏板
西國學校

中国版原書：漢書『大独国学校論略』
（中国上海市歴史文献図書館蔵の複写版）

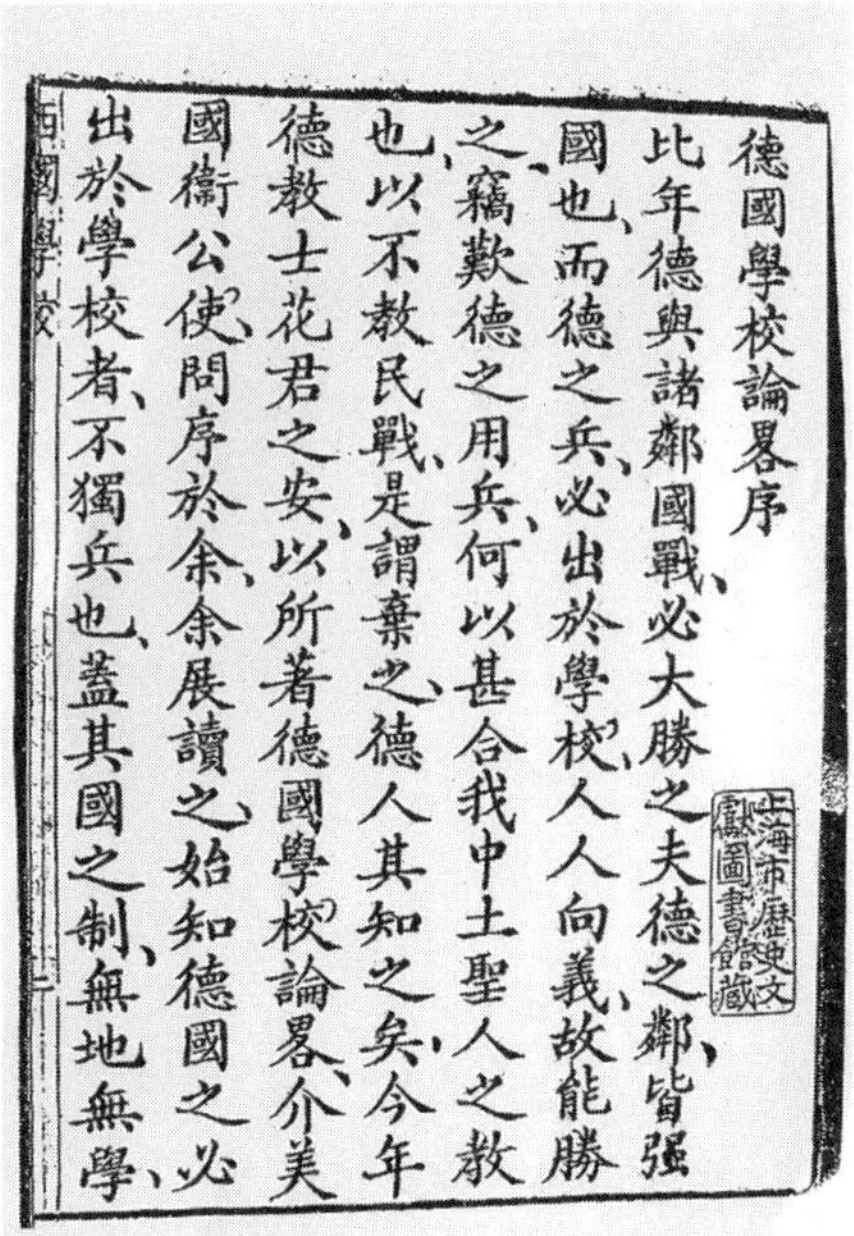
德國學校論畧序
比年德與諸鄰國戰、必大勝之、夫德之鄰、皆強國也、而德之兵、必出於學校、人人向義、故能勝之、竊歎德之用兵、何以甚合我中土聖人之教也、以不教民戰、是謂棄之、德人其知之矣、今年德教士花君之安、以所著德國學校論畧、介美國衛公使、問序於余、余展讀之、始知德國之必出於學校者、不獨兵也、蓋其國之制、無地無學、
上海市歷史文獻圖書館藏
西國學校

中国版原書：漢書『大徳国学校論略』の「序」

上からの国家主導で短期間に近代化を達成しようとする後発型であったといえる。

だが、その場合、欧米先進諸国の中の如何なる国を、日本近代化のモデルとして選択するか、が問題であった。維新当時において選択肢として考えられたのは、フランス、イギリス、アメリカ、そしてドイツであった。もちろん、選択は一つの国に限定されていたわけではない。当然、欧米の近代文明を受容する日本の立場からみれば、比較校合による採長補短という基本的な視座から、複数国における近代化の成果を種々の条件面で検討し、選択的に摂取する、ということも可能であった。事実は、まさにそうであった。

その場合に、ドイツは、欧米四ヶ国の中では、日本近代化のモデルとしては最も不適合な事例として消去された。もちろん、選択に際しては、欧米各国と日本との歴史的な関係性の浅深強弱の度合いが影響していたことはいうまでもない。しかし、ドイツが採用されなかった最大の理由は、欧米四ヶ国の中にあって、いまだ発展途上の後進国であったという厳粛な事実、すなわちドイツ自身が西洋社会の中では後発型の「目的意識的近代化」の国であったということである。その結果、日本の近代化は、フランスとアメリカ、そしてイギリスをモデルとして出発したのである。

だが、その後の近代化推進の過程で、理想型としてのモデル(仏米英)と理想化すべき現実(日本)との狭間での現実的な条件面において存在する、埋めがたい懸隔が認識されることとなり、やがて「モデルの変更」という重大な事態に立ち至る。すなわち、明治十五年(一八八二)三月の伊藤博文一行による憲法取調を目的とした欧州諸国への出張を契機に、明治十年代後半から二十年代初頭にかけて、日本近代化のモデルがドイツ型に転換されるわけである。

以上のような日本近代化過程における試行錯誤は、近代化の成否を左右する最も基礎的分野である教育の世界においても決して例外ではなく、教育近代化のモデルを巡っても、同様の現象が認められた。維新時には、幕末期以来、蓄積されてきた欧米各国の教育に関する多種多様な情報が吟味された。その結果、学校制度に関してはフランスをモデルとした国民皆学の「学制」が、明治五年(一八七二)に発布されたのである。他方、学校教育の内容や方法、教材や教具など教育実践に関する実際面では、アメリカの成果が導入された。しかしながら、そのような出発当初の教育近代化の在り方は、明治十年代の後半以降、抜本的に見直されることとなり、前述のごとくに、ドイツ・モデルによる日本独自の教育近代化路線に方向転換されるわけである。

ところが、すでに学制発布の直後において、多難な日本の教育近代化の問題現状を冷静に認識し、フランスやアメリカのモデルではなく、ドイツ型の近代化こそが日本近代化のモデルに相応しいと、虎三郎は指摘していた。それ故に彼は、清朝中国の教育近代化の問題状況との比較で、ドイツを中心とする西洋先進諸国の教育文化を紹介した漢書『大徳国学校論略』に注目し、これに訓点を施して翻刻し、明治初期の日本に紹介したのである。「学制」の発布から、僅か二年後の明治七年(一八七四)のことであった。この彼の業績は、日本にドイツ型の西洋学校教育制度を本格的に紹介した嚆矢であり、実に先駆的な功績であったと評することができる。

彼が明治七年(一八七四)に翻刊した『徳国学校論略』については、存在自体は知られていたが、何故に彼が漢書である同書を日本に翻刻紹介したのか、はたして同書の内容や特徴は如何なるものであったのか、等々の基本的な事柄に関する学術的な研究は今日まで皆無であった(2)。

第二節　虎三郎が日本に翻刻紹介した『徳国学校論略』

1　虎三郎と『大徳国学校論略』との邂逅

虎三郎は、様々な復興施策が軌道に乗りかけた矢先の明治四年(一八七一)八月、廃藩置県による長岡藩の終焉を契機に、藩の公職一切を辞して郷里長岡を去り、上京してしまった。

郷里長岡の復興事業に忙殺された心労の日々から解放され、自由の身となって一八年ぶりにみる新都・東京は、かつての江戸ではなかった。人も世も一変していたのである。

虎三郎は、草創期の慶應義塾に学んで洋学を修めた実弟の雄七郎を頼って上京した。早速、彼の上京を知った旧知の維新政府関係者から、彼は、文部省の博士職への任官を要請された。だが、当時、維新政府の官職にあった象門後輩の北沢正誠(信州松代藩出身)が、「朝廷其の能を知り、将に之を擢用《てきよう》せんとすれども、病を移へて出でず(3)」と証言するがごとく、難病にあえぐ彼は、病気を理由に、維新政府への出仕を辞退したのである(4)。だが、癒える望みのない療養生活の中で、やがて彼は、自己の半生をかけて探究してきた学問と思想が、決して徒労でなかったことを実感させてくれる、運命的な一冊の書物と出会うことになる。それが、『大徳国学校論略』という漢書であった。

彼は、中国で出版されて間もない、この書物を一読して共感した。是非とも、同書を近代化の端緒にある日本に紹介して、文明開化、すなわち日本近代化の在り方やその下での教育近代化を検討する手掛かりに供したいとの国家的次元での願望から、急ぎ同書に訓点を施して翻刻し、日本に紹介したいとの決意に立ち至ったのである。そして、彼の労苦は報われた。翻刻版『徳国学校論略』が日本で刊行されたのは、彼が、郷里長岡を辞してから三年の歳月が流れた明治七年(一八七四)の十月、四十七歳の秋であった。

2　漢書『大徳国学校論略』の著者、ドイツ人「花之安」とは

虎三郎の翻刻によって、明治初期の近代化過程にある日本に紹介された『徳国学校論略』の正式な原著名は、『大徳国学校論略』であった。頭に「大」の文字が付くのである。しかも、同書には「西国学校」という副題が付されていた。出版年は「耶蘇降生一千八百七十三年　同治十二年鐫《せん》」(西暦一八七三年)、日本の明治六年であった。版元は「羊城　小書会真実堂蔵板」、すなわち中国羊城(広東省)の省都広州であった(5)。原著者は、同書に記された「徳国花之安」というドイツ人宣教師であった。これに中国人の「王炳堃」という人物が校訂を加え、一八七三年に清朝中国下の広州で出版された。そのような同書を、漢学に造詣の深い虎三郎は、はやくも翌年の一八七四年(明治七)

十月には訓点を施して翻刻し、近代化推進の端緒にあった明治初期の日本に紹介したのである。(6) 実に時宜を得た機敏な対応であった。

ところで、原著者であるドイツ人の「花之安」とは、一体、どのような人物なのか。これまでの日本の先行研究では全く不明であった。(7) 実は、彼は、キリスト教伝導のために、若くしてアヘン戦争後の清朝中国に渡来したドイツ人宣教師であった。彼のドイツ名は、「Faber, Ernst《ファーベル・エルンスト》」、一八三九年四月にドイツで生まれ、一八六五年に「中国基督教礼賢会香港区会」(Rhenische Missionsgesellschaft)の宣教師として、イギリスの租借地である香港に赴任し、やがて羊城(広東省)の広州で活躍した。(8) ところが、一八八〇年には礼賢会を辞して独立し、再び香港に移住して伝導活動に挺身した。しかし、一八八五年には、新たに中国に開教された同善会(Allgemeiner Evangelisch Protestantischer)に請われて同会の宣教師となり、清朝政府が直轄する国際都市の上海に移り住んだ。(9) 最晩年の一八九八年には、ドイツ帝国が中国山東省の港湾都市・青島(Qingdao)を占有すると同時に、今度は青島に移住した。だが、その翌年、彼は、同地で六十一歳の一期を閉じた。人生の後半生の三十数年間を、東洋の異郷中国で宣教師として生きた彼の人生は、キリスト教の伝道においても米英仏の後塵を配したドイツ帝国の中国進出に呼応して変転し展開されたのである。(10)

上述のような『大徳国学校論略』の原著者であるドイツ人宣教師「花之安」(Faber, Ernst)の中国での履歴に関しては、戦前日本のキリスト教研究の成果を示す比屋根安定著『支那基督教史』には、次のように記述されている。そこに、何故に彼が所属する教会を変え住居地を移したのか、その経緯を窺い知ることができる。

> 同善会はワイマルに組織された年の翌年、即ち光緒十一年(明治十八年、一八八五)、ファ(ママ)ベル(『大徳国学校論略』の原著者「花之安」)を招聘した。先にファベルは、同治四年(慶応元年、一八六五)、礼賢会の牧師として香港に来り、広東省にて伝導していたが、光緒六年(明治十三年、一八八〇)礼賢会を辞して、香港にて独立伝道を為していた所、

光緒十一年(明治十八年、一八八五)同善会に請はれて転入し、翌十二年上海へ赴いて伝道及び教育に従ったが、光緒二十五年(明治三十二年、一八九九)独逸が青島を占領するや、同地に赴いて開教したが、間もなく卒去した。ファベルは、孔子及び孟子に関する著書があるが、支那の花類に関する著書もある。[11]

さらに別のキリスト教研究に関する先行研究－佐伯好郎『清朝基督教の研究』には、宣教師として活躍した彼の略歴に関して、上記の内容を補って余りある、次のような貴重な研究成果が示されている。

・独逸礼賢会の新宣教師花之安《ファーベル》(Faber, Ernst)が一八六五年に香港に到着し、広東省内の伝道を開始した。ファーベルはエナ大学の神学博士で、造詣深き学者であった。その英文著書、*A Systematic Digest of the Doctrines of Confucius. The Mind of Meneius. Introduction to the Science of Chinese Religion. Pre-historic China.* などの外に、同治十三年(西暦一八七四年)に著した漢文の『馬可講義』がある。その中国の経典を穿鑿《せんさく》し諸子百家の説を弁駁《べんばく》して、基督教新教のために万丈の気焔《きえん》を吐いていることも周知の事実である。ファーベル博士は、一八九七年青島が独逸兵によって占領されるや否や独逸人の本性を発揮して直に膠州湾《にかわしゅうわん》の独逸領に移ったが、一八九九年に歿したから義和団事件を知らずしてこの世を去った頗《すこぶ》る幸福な宣教師の一人である。[12]

・有名なファーベル(Ernst Faber)即ち花之安先生は、後に同善会に入った。このファーベルは最初一八六五年に香港に来た宣教師で頗る漢学に長じ、『論語』及び『孟子』に関する著書や漢文の『馬可講義』等がある。[13]

上記引用の資料によって『大徳国学校論略』の著者であるドイツ人宣教師「花之安《ファーベル》(Faber, Ernst)」が、何と神学博士の学位を有する学者的宣教師であったこと、特に彼の語学の才能は顕著で、英文の著書はもちろん、中国語にも精通して漢文の著書を幾冊も遺していたという事実を知ることができる[14]。その彼が、中国語の漢文で著した著書の代表作が『馬可講義』であり、そして『大徳国学校論略』であったのである。

3　虎三郎翻刻『徳国学校論略』に関する先行研究の誤謬

中国で出版された『大徳国学校論略』は、これまでの日本の先行研究では、後述するごとく、「ドイツ人の宣教師によってドイツ語で書かれた著書で、それを日本の小林虎三郎が日本語に翻訳して出版した」と誤解されてきた。前述の原著者「花之安(Faber, Ernst)」の中国での経歴についての論究で明らかなごとく、これは大いなる誤謬である。

筆者は、ドイツ人宣教師である原著者が中国語の漢文で同書を執筆したことを証明する前述のような諸資料(先行研究)に遭遇する以前に、中国で出版された原著書『大徳国学校論略』の存在を確認し、その複写版を中国から入手していた。それ故、原著者であるドイツ人の「花之安」は、同書を中国語の漢文で執筆したことは疑いえない事実であることを確認していた。語学力に秀でた神学博士の彼が、中国語で『大徳国学校論略』を執筆したということは、生来の語学的な才能が長年の中国生活で錬磨され、中国語を自由自在に操れるほどに熟錬していたことの証でもあった。

日本の虎三郎は、上記のような中国の漢文で書かれた原書を入手し、それを当時の日本人が読解できるよう白文に訓点を施し、中国での原著の出版の翌年、すなわち一八七四年(明治七)の十月に、日本で翻刊したのである。虎三郎が翻刊した日本版の書名では、原著名の「大」が削除されて単に『徳国学校論略』と表記された。副題の方も、原著書に付されていた「西国学校」が「一名西国学校」と変更された。日本版の表紙には、「徳国花之安著　清国王炳堃訂　日本小林病翁重訂訓点」と記されていた。なお、版元は「求志楼蔵梓」と刻まれていたが、これは虎三郎が同書を翻刊した当時の寓居、東京向島の実弟宅であった[15]。

虎三郎が翻刊した『徳国学校論略』を、中国で刊行された漢書の原著『大徳国学校論略』と比較してみると、両書の相違は、翻刊書に虎三郎の序文「徳国学校論略序」が、原著の冒頭に付け加えられただけで、後の序文や本文は頁数も改行も全く同じ複写版で、まさしく「翻刻」であった。虎三郎が日本に紹介した『徳国学校論略』は、中国から入手した原著書『大徳国学校論略』に訓点を施しただけの「翻刻」であり、それ故に極めて短期間の内に日本へ紹介することが可能となったわけである。

原著書に「徳国花之安識」と記されている通り、同書は、中国在留の宣教師であるドイツ人の「花之安」という人物が、自ら漢文で執筆した書物であり、その内容はドイツを中心とする西洋先進諸国の学校制度の紹介であった。

ところで、従来の虎三郎研究の先行研究として画期的な作品は、前述のごとく山本有三『米百俵』(一九四三年)であり[16]、それに続く労作が松本健一『われに万古の心あり―幕末藩士　小林虎三郎』(一九九二年)である[17]。だが、両書の記述内容を歴史学的な観点から精査し吟味してみると、虎三郎理解に関する重要な事柄について、明らかに事実誤認あるいは資料的根拠のない推察による叙述としかみられない誤謬が、いくつも散見される。特に問題点の多いのは、後者の『われに万古の心あり―幕末藩士　小林虎三郎』の方である。実は、問題とすべき具体的な事例の一つが、同書における『徳国学校論略』に関する記述である。同書は、ドイツ人がドイツ語で書いた『徳国学校論略』というドイツ語の原書を、虎三郎が日本語に翻訳して紹介したという全く誤った認識に立脚している。確かに虎三郎は、オランダ語の翻訳能力はあったが、ドイツ語は全くできなかった。松本の同書では、そのような彼が、如何にしてドイツ語の原書を日本語に翻訳することができたのかという疑問が設定され、その謎解きが展開されている。

かれはヨーロッパにおける新興国家ドイツ(プロシャ)の発展の秘密を、その学校制度にある、とみていた。これが、かれが同書を翻訳・略述した直接の動機にほかならない。[18]

虎三郎が日本に翻刻紹介した『徳国学校論略』に関して、上記のように全く誤った認識に立つ松本の『われに万古の心あり―幕末藩士　小林虎三郎』では、虎三郎の甥の孫に当たる作家の星新一が執筆した『祖父・小金井良精の記』を手掛かりに、[19]如何にして虎三郎がドイツ語の原書を日本語に翻訳することができたのかを解明しようとしている。

確かに虎三郎には、ドイツ留学を経て東京大学医学部の教授となり、日本の解剖学の権威者となった優秀な甥がいた。虎三郎の実妹の次男・小金井良精である。彼は、草創期の東京大学医学部の一年後輩で、同じくドイツ帰りの医学者となった文豪・森鴎外とは昵懇《じっこん》の間柄にあり、その縁で鴎外の妹・喜美子を後妻に迎えていた[20]（三五頁参照）。したがって、虎三郎の甥である良精と鴎外とは義兄弟の関係にあった。「米百俵」の主人公である虎三郎と文豪の森鴎外とが縁戚関係にあったとは驚きである。

さらに驚くべきは、良精の娘が、星製薬株式会社の創始者で星薬科大学の創立者でもある星一《ほしはじめ》（一八七三〜一九五一、福島県いわき市出身）に嫁ぎ、その長男として誕生したのが人気作家の星新一（本名、親一）であった、という事実である。新一は、祖父良精の住む東京本郷の邸宅に同居して育った。新一にとって、東京帝国大学医学部の教授で日本の解剖学の先駆者であった良精は、畏敬の人であると同時に、最も身近な理想的人間像であった。その祖父は、昭和戦中の一九四四年の十一月に病没した。享年八十七。父親が起業した製薬会社の後継者から転身して作家となった新一は、後年、祖父の遺した詳細な日記を基に、『祖父・小金井良精の記』を著して追慕した。

同書の中には、祖父の伯父に当たる虎三郎に関する記述が何ヶ所もある。『徳国学校論略』に関しても、次のような記述が収められている。

この年（明治七年）には、小林虎三郎が『徳国学校論略』という本を出版している。徳国とはドイツのこと。世界には広大な国土や、多い人口を持つ国がある。しかし、それが国力の条件ではない。ドイツは土地も人口もそれほどでないが、充実している。各人への教育が普及しているためだ。日本を向上させるのは、教育であるという内容のもの。『米百俵』の主張を、外国の例をあげて解説したもの。

おそらく、この著述は良精の手助けによるものであろう。虎三郎はオランダ語にくわしく、維新後、英語をいくらか学んだ。しかし、ドイツ語はだめだった。良精がドイツについての紹介書を訳し、学校でのドイツ人教師の講義の内容などを話し、それらを参考に虎三郎が文にした。虎三郎は雄七郎の家に同居しており、休日には良精がよく訪れていた(21)。

実は、この記述には、重大な誤謬がある。虎三郎の翻刻した『徳国学校論略』は、すでにみてきたように「『米百俵』の主張を、外国の例をあげて解説」した内容ではない。また、確かに原著者はドイツ人宣教師であったが、原著書は中国語の漢文で書かれた書物であり、決してドイツ語の原書ではなかった。

前述のごとくに、筆者は、中国で刊行された原著書『大徳国学校論略』の複写版を入手し、同書が中国語で書かれた事実を確認している。それ故、ドイツ語の原書を虎三郎が日本語に翻訳したという誤解に基づく『祖父・小金井良精の記』の記述、「この著述は良精の手助けによるもの」「良精がドイツについての紹介書を訳し、学校でのドイツ人教師の講義の内容などを話し、それらを参考に虎三郎が文にした」などは、明らかに資料的根拠のない推測であり、全くの誤謬であった。

松本健一『われに万古の心あり―幕末藩士　小林虎三郎』は、上記のような全く資料的根拠のない誤謬に基づく『祖父・小金井良精の記』の記述を、そのまま鵜呑みに転用して、虎三郎がドイツ語原書の『徳国学校論略』を如何にして日本語に翻訳したのかと問題提起し、次のように謎解きしてみせるのである。

小金井良精は明治五年十一月に大学東校に入学し、二年で予科を終えている。予科での勉強は、語学としてのドイツ語のほかに、数学や物理や化学などもみなドイツ語で、それにラテン語と自然科学が加わるわけだ。良精はその予科のあと本科(五年)にすすんで、ドイニッツ教授のもとで解剖学をはじめたのである。そうだとすれば、かれは大学東校に入学することによって、その予科で明治五年十一月から七年十一月まで、もっぱらドイツ語の学習に明け暮れていた、ということもできる。十五歳ぐらいの良精が、虎三郎の『徳国学校論略』の翻訳・略述においてはたして手助けすることができたろうか、という疑問は、これでほぼ解消する。

虎三郎はオランダ語にくわしく、英語は初歩程度。雄七郎は英語をよくしたが、ドイツ語はあまりくわしくなかった。とすれば、ドイツ語ができ、学校でドイツ人の教授たちにその社会や教育制度について質問することのできる良精の手助けなしに、虎三郎が『徳国学校論略』をあらわすことは不可能だったろう。[22]

この松本の『徳国学校論略』に関する理解と叙述は、星新一の『祖父・小金井良精の記』を根拠とした内容であることは明白である。資料的な裏付けの全くない推量による叙述であった星新一の『徳国学校論略』に関する記述を、松本は、そのまま『われに万古の心あり―幕末藩士　小林虎三郎』に援用したものと思われる。

以上のような誤謬に満ちた『徳国学校論略』の理解と紹介がなされる一方で、日本教育史研究の分野での先駆的な紹介が、何と戦時中の昭和十九年(一九四四)になされていたのである。山本有三の『米百俵』が出版された翌年のことであった。それは、日本の教育史学会の碩学にして、上智大学教授の稲富栄次郎(一八九七～一九七五)が著した『明治初期教育思想の研究』である。[23]

同書では、虎三郎が翻刻紹介した『徳国学校論略』について、次のように詳述されているが、その内容は、著者自身が、明らかに同書を実際に手にとって内容を吟味していることを窺わせるものである。したがって、日本における翻刻版『徳国学校論略』の本格的な紹介の嚆矢は、稲富栄次郎によってなされたといってもよい。

わが教育界当時の実情を見るに、「学制」頒布後も、西洋の教育制度に関する研究はますます盛んになっていて、最初はドイツの教育制度が相当に研究せられたようである。即ちまず挙ぐべきは、明治十年《（ママ）》十月翻刊の、徳国花之安著、清国王炳堃訂、日本小林病翁重訂訓点の『徳国学校論略』一名「西国学校」である。

本書はドイツの牧師花之安が著作したものを、中国人王炳堃が校訂し、更に日本小林虎三郎が重訂訓点を施したものである。そして原著者の序文には「耶蘇誕生一千八百七十三年」（明治六年）とあり、わが国における本書の翻刊がまた明治七年であるから、中国において出版せられた翌年早くも我が国において重訂翻刊せられているのである。

さて花之安が本書著作の動機は、中国人が古来自国を以て中華となし、外国をすべて蛮夷部落となすの蒙を啓き、中国ひとり文教の国にあらずしてドイツの教育ははるかに中国のそれにまさることを、完備したその制度を通じて知らせ、兼ねて高度に発達した欧州文化の一般を知らしめようとするにある（同書序）のである。そして、その内容は、郷塾・郡学院・実学院を初め、順次ドイツにおける各種学校の制度・組織等を説明し、最後に、各国大学院総数、徳国書院数、……新聞紙・書籍源流等、ドイツ文化の現状に対して統計的に説明を加えている。（中略）

さて小林虎三郎が本書を重訂翻刊した趣旨は、巻頭の「翻刊徳国学校論略序」に明らかであるが、それによれば、中国と欧米と同じ国家でありながら、その国力を比較すれば全く「天渕懸絶」、前者は「萎薾《いじ》弗レ振」（萎薾して振わず——筆者訳。稲富の原文は全て訓点つきの漢文のままの引用であり、読み下しは全て筆者による。以下も同様の扱い——筆者注）であり、後者は、「虎嘯竜驤《こしょうりゅじょう》展威八溟」（虎の如くに嘯《うそぶ》き、竜の如くに躍り昇り、威を八方に展開する）というがごとき有様である。そしてかくのごときに至るゆえんのものは、ひとえに学問教育の普及如何によるのであるが、教育は欧米ことにドイツが最も盛んであって、「学校最盛教育最行、為二欧米各国所一レ推」（学校最も盛んにして教育最も行われ、欧米各国の推す所となる）という有様であるから、日本の教育もこれに倣うべき所がすこぶる多い。

これ本書を翻刊するゆえんであるというのである。

そして本書が「学制」頒布以後の教育制度の確立に、実際上いかように活用せられたかはつまびらかでないけれども、小林が「彼学務之書、経㆓訳刊㆒者、和蘭学制今有㆓仏国学制㆒、亦方出、而徳国学校論略、又復舶《はく》齎《せい》」（彼の学務の書、訳刊を経る者、和蘭《オランダ》学制有り。今、仏国学制有りて、亦方に出ず。而して徳国学校論略、又復して舶齎《はくせい》せらる）と言っているのを見れば、本書が前に公にされた『和蘭学制』や『仏国学制』と共に当事者の有力な参考資料であったことは確かであろう。(24)

上記の稲富の紹介文は、虎三郎が日本で翻刻出版した『徳国学校論略』の概略を述べ、虎三郎自身の「翻刊徳国学校論略序」を踏まえて、明治初期における西洋学校制度論の受容状況の中で位置づけている。だが、そこには、翻刻された『徳国学校論略』の原本である漢書『大徳国学校論略』に関わる基本的な事柄（原書出版の経緯、原著者の経歴と執筆の意図など）については、全く触れられていなかった。また、稲富は、虎三郎の翻刻版はみていたが、中国で出版された漢書の原書はみていなかったことは間違いない。さらに、稲富による虎三郎翻刻の『独国学校論略』からの引用は、全て訓点つきの漢文そのままで、読み下されてはいなかった。

4　漢書『大徳国学校論略』に込められた関係者の意図

前述のごとく、中国で出版された『大徳国学校論略』は、ドイツ人宣教師「花之安」(Faber, Ernst)が中国語で執筆した漢書であった。だが、同書には、別に校訂者がいたのである。如何にドイツ人「花之安」が中国語に熟達していたとはいっても、最終的には中国人の専門家による漢文の校閲を必要としたわけである。それが「王炳堃」という中国人であった。彼が同書の漢文を校訂したが、さらに冒頭に推薦序文を寄せた別の中国人「李善蘭」という人物がいた。したがって中国で出版された『大徳国学校論略』には、著者と校訂者、それに推薦者という三人の人物が関係していたのである。

一体、何故に、ドイツ人の宣教師が、ドイツを中心とする西洋諸国の学校教育の制度に関する著書『大徳国学校論略』を、中国語の漢文で執筆し、中国で刊行したのか。まず第一に注目すべきは、ドイツ人宣教師が、イギリス人宣教師たちが学校教育を軽視したのとは逆に、アメリカ人宣教師と並んで学校教育の重要性を強調して布教活動を展開したという事実である(25)。前述の佐伯好郎『清朝基督教の研究』には、中国在留のドイツ人宣教師が、自国の進歩した学校教育をモデルとして中国で学校教育活動を展開したとして、次のように述べている。

独逸の学校教育が非常に進歩し、その施設が完備していたので、独逸宣教師もまた渡来と同時に中国人教役者の養成機関としての学校や、中国青年層に接近する一手段として諸種の学校を開始した(26)。

さらに原著者である「花之安」(Faber, Ernst)自身が、自著『大徳国学校論略』に付した序文の中で、同書を執筆した動機を、次のように具体的に述べている。

毎《つね》に見て、華士、徒に泰西の器芸を艶《うらや》みて、其の聖道を棄て、器芸は葉なり、聖道は根なり、器芸は流なり、聖道は源なり、根無ければ則ち木必ず隕《し》に、源無ければ則ち川流れず、其の糟粕《そうはく》(かす)を掇《す》てて、其の精華を遺《のこ》すを知らず。甚《はなはだ》為之れを惜み、道伝の余に、嘗て徳国学校一書を輯《しゅう》し、略《ほぼ》書院の規模、学をなすの次第を言い、海内人士をして、泰西は僅かに器芸を以て長ずるを見るに非ず、器芸は蹄涔《ていしん》(微小物)の一勺に過ぎざるを知らしむ(27)。

ドイツ人宣教師の目には、アヘン戦争の後の清朝中国は、なおも従来の伝統的な中華意識を頑なに墨守しつつ、他方においては性急に西洋物質文明の成果を導入しようと四苦八苦している状況にあると映った。そのような中国人の中華意識に基づく偏った西洋認識、いわゆる中体西洋思想に基づく洋務運動に接した彼は、西洋文明の本質や全体を正しく理解してもらいたい一心で、表面的な中国近代化の在り方を抜本的に再検討する一助になることを願って本書を著した、ということである。

そこには、ドイツを初めとする西洋諸国の発展は、決して物質文明に尽きるものではなく、実は、それを生み支える源泉となっているキリスト教文化が存在していること、とりわけ近年の西洋世界においては、後発国でありながら富国強兵を実現し、目覚ましい発展を遂げている自国ドイツの場合には、学校教育制度が全国的な規模で整い、教育立国精神の具体的な成果として国家発展の勇姿があるということを、是非とも中国の人々に理解させたかったのである。ここにドイツ人宣教師である原著者が、『大徳国学校論略』を執筆するに至った最大の動機があったといえる。

上記のような原著者の意図が込められた漢文の同書を、中国人の「王炳堃」という人物が校訂して出版を実現した。彼は、如何なる動機で校訂を引き受けたのか。実は、校訂者である彼自身の序文が、原著者の序文に次いで収められており、そこには次のように校訂に至った経緯が述べられている。

余《われ》、少《わか》くして西士の門に游び、粗《あらまし》西士の学を聞く。但《ただ》、書院の規模、学を為すの則例は、未だ之を前聞せず。此(ママ)牧師花先生と事を同じくすること数年、暇《いとま》に徳国学校一書を校す。其の制度の贍詳《せんしょう》(充実)、読書の次第を見るに、学術に大に裨《ひ》するところ有り。近来、徳国、蒸蒸日上、文徳武功、麟麟炳炳《きりんへいへい》にして、棫樸菁莪《よくぼくせいが》(人材育成)の盛なること自ずから由るところ有るを知る。学校は一国の盛衰に繫《つな》がる。[28]

校訂者の「王炳堃」という中国人は、幼少より中国在住の西洋人家庭に出入りし、西洋の学問文化について様々な情報を吸収しながら成長した。その彼が、長じて後、ドイツ人宣教師である原著者「花之安」(Faber, Ernst)と出会い、彼の教会で数年間、伝道活動を共にした。その間に彼は、宣教師「花之安」が中国語の漢文で執筆した『大徳国学校論略』に接し、同書を校正する機会をえたという。

この貴重な校訂作業を通して、中国人である「王炳堃」は、初めて西洋の強国ドイツの急速な発展の秘密、すなわち全ての近代化の基礎である学校教育制度の完備された実態を知るに及び、その結果、「学校は一国の盛衰に繋がる」との考えに立ち至った、というわけである。残念ながら、この中国人の校訂に至る意識の中には、原著者であるドイツ宣教師の本意、すなわちキリスト教を基盤に生み出されている西洋の文化や道徳についての関心や理解は、ほとんど認めることができない。

中国で刊行された『大徳国学校論略』を巡っては、ドイツ人の原著者と中国人の校訂者との間に、近代化—西洋化を巡る認識の相違が認められる。だが、そこには、異質な外来文化の伝達や受容に際して、送り手である西洋人と受け手である中国人との間の、置かれた立場や問題意識の相違に基因する不可避的な懸隔があった、とみることができる。

そのような東西両洋の間における認識の相違が、より顕著に認められるのは、中国での『大徳国学校論略』の刊行に際して収載されていた、もう一人の中国人の序文(同書に付されている順序からみれば、これが第一番目の序文である)の内容に窺い知ることができる。

それは、「李善蘭」という人物によって書かれた、同書推薦の序文であった。はたして、この人物が、当時の清朝中国の社会で、どのような地位にあったかは全く不明である。だが、「アメリカ国の衛《ウエイ》公使を介して序を申しつけられた」(29)と記されている事実から窺えるごとく、彼がアメリカ合衆国の公使から推薦序文を依頼されるほどの人物であったこと、そして原著者と校訂者の序文に先立って彼の序文が同書の巻頭に掲載されたこと、等々の厳粛な事実から推察すると、彼は、当時の中国社会において相当の地位と名声を得ていた実力者とみて間違いない。

その彼が、序文の冒頭で、ドイツについて次のような注目すべき認識を示している。

徳(ドイツ)、諸鄰国《りんこく》と戦いて、必ず大いに之に勝つ。それ徳の鄰《となり》は皆強国なり。而して徳の兵、必ず学校を出で、人人《ひとびと》義に向う。故に能くこれに勝つ。竊《ひそ》かに歎《たた》う、徳の兵を用うるは、何を以て甚だ我が中土聖人の教に合うや、と。教えざる民を以て戦う、是れ之を棄つると謂い、徳人其れ之を知る。(30)

鉄血宰相ビスマルク(Otto von Bismarck, 1815–1898)率いる当時のドイツ帝国は、一八七〇年にはじまる普仏戦争でフランスに勝利し、ウイルヘルム一世(William I, 在位1861–1888)を戴いて第二帝国を建設し、西洋世界の中で一大強国に躍進していた。そのようなドイツ人の宣教師が執筆した『大徳国学校論略』に推薦の序文を寄せた中国人は、同書を通して、上昇するドイツ帝国の軍事的な強さの秘密が、近代化の人的条件を担う人材育成という教育にあることを知った。しかも、ドイツ教育の特徴を「義」によって立つ人間の育成にあるとみてとるところに、中国人である彼の、ドイツ帝国およびその下での教育に対する儒教的な理解の仕方を窺い知ることができる。それ故に彼は、教育立国思想をもって隆盛する新興ドイツ帝国の勇姿は、中国儒教の聖人たちが説き示した学政一致・政教一致の理想社会と合致する理想である、と合点したのである。

中国を代表する彼に、ドイツ帝国を事例として教育立国思想の理想を知らしめてくれたのは、まさに序文を依頼された中国在留のドイツ人宣教師「花之安」が著した『大徳国学校論略』という書物であった。とりわけ彼が、驚きをもって注目しているのは、ドイツ帝国が単に軍事面のみに努力を傾けているわけではなく、「地として学なきは無く、事として学に非ざるはなく、人として学ばざるは無し(31)」と述べているごとく、国民教育の普及徹底に努めている点であった。ドイツ全土に張り巡らされた多種多様な学校教育のネットワークの下に、「その国の公令により、八歳以上にして、学に入らざる者は、その父母を罪《とが》む。故に徳の毛を食し、徳の土を践《ふ》めば、必ず徳の学に入る。(32)」

というほどに、徹底した国民皆学を実現しているドイツ帝国は、彼にとっては羨望をもった驚き以外の何物でもなかった。それ故に中国人である彼は、「将に人才輩出し、其の国必ず日に一日と盛んなるを見んとす」[33]という国家的な見地から、英国とのアヘン戦争によって蹂躙された屈辱と混乱と衰退の只中にあった中国社会において、漢書として出版された『大徳国学校論略』が、広く中国社会で読まれることを切望し、敢えて推薦の序文を認めたもの、とみることができる。

そのような彼の同書推薦の本意が、序文の最後に書かれた次のような記述に、よく表現されている。そこには、国家の盛衰は、ひとえに教育の如何に係っているという、伝統的な中国儒教の説く教育立国思想の精神を確かに読みとることができる。

良材有ると雖も、学ばざれば則ち廃《すた》る。国墾《ひら》かざるの地無ければ、則ち米粟を食するに勝《た》えず。国学ばざるの人なければ、則ち賢才を用いるに勝《た》えず。国の盛衰は人に繋る。徳国学校の盛んなること此の如し。[34]

第三節　翻刻『徳国学校論略』に込められた虎三郎の真意

日本の虎三郎が中国から入手した漢書『大徳国学校論略』には、前述のような関係人物の序文が付されていた。同書は、中国で一八七三年に出版された。これを虎三郎が日本で翻刻したのが翌年のことであった。いったい中国の原書が、いつ、どのような径路で、日本の虎三郎の手に渡ったのか。全く不明である。ただ一つ、手掛かりとなる史料がある。虎三郎が、郷里の長岡を去って上京したのは明治四年のこと。その年に彼は、実弟である雄七郎の高知赴任に同行した。そして翌五年には、東京に戻る。高知から大阪に向かう帰路の洋上で出会った中国人に、彼は「舟将《まさ》に浪花《なにわ》に達せんとして、清人某に別る」と題した、次のような漢詩を詠んでいる。[35]

君生西海吾東海
両日同舟亦好縁
自是悠悠分手去
不知再会在何年

君は西海に生まれ吾は東海
両日舟を同じうするも亦好縁なり
是れより悠悠《ゆうゆう》手を分つて去らば
再会何れの年に在るかを知らず

この漢詩は、漢学に造詣の深かった虎三郎が、清人、すなわち中国人と出会って意気投合し、交友を結んだことを裏付ける資料である。帰京後、彼は、この中国人との関係を介して、直接的にか間接的にか、『大徳国学校論略』を入手したのではないか、と推察できる。上記の漢詩が詠まれたのが明治五年(一八七二)のこと。その翌年の一八七三年に、漢書『大徳国学校論略』が中国で出版された。そして日本の虎三郎が、同書を『徳国学校論略』と題して日本に翻刻紹介したのが、明治七年(一八七四)十月のことであった。虎三郎が翻刻した『徳国学校論略』の刊行は、彼が前述の漢詩を詠んでから二年後で、漢文の原著書『大徳国学校論略』が中国で出版された翌年のことであった。したがって、中国での原著書の出版と日本での翻刻との時間的な間隔は、僅かに一年であった。この事実から考えると、虎三郎は、中国で漢書『大徳国学校論略』が刊行された直後に同書を入手し、病身に鞭打って急ぎ訓点を施し、上下二冊本として日本で翻刊したものと推察される。

ところで、日本版の巻頭には、新たに虎三郎自身の序文「翻刊徳国学校論略序」が収載され、そこに漢書『大徳国学校論略』を翻刊するに至った彼自身の意図が明記されている。まず、序文の冒頭に、彼は次のように記している。

地民を生じ、民聚《あつま》りて一大団と為《な》る。是れを国と謂う。民は乃《すなわ》ち国の体なり。故に民強ければ則ち国強く、民弱ければ則ち国弱し。国の強弱は、民の強弱に係る。何をか民の強と謂い、何をか民の弱と謂う。其の能く学に励み業に勉め、勇有りて方を知る者、之れを強と謂う。其の能く然らざる者は、則ち弱なるのみ。民にして果たして能く学に励み業に勉め、勇ありて方を知れば、其の数、寡なりと雖も、国以て強と為《な》るを得。若し能く然らざれば、則ち其の数多しと雖も、国、弱なるを免れず。(36)

維新当時の日本における最大の課題は、如何にして近代統一国家を形成し、その下での富国強兵・殖産興業を実現するか、という幕末以来のそれであった。それ故に維新時には、政府主導の近代化政策が矢継ぎ早に打ち出された。紆余曲折に満ちた維新時における日本近代化の進捗状況の下で、虎三郎は、国家を構成している「民」に着目し、その「民の在り方」によって国家の強弱が決まる、と考えたのである。それ故、彼は、「強民強国の基礎」としての国民教育こそが、「民の在り方」を決定する最も緊要な国家的事業であると考え、教育立国思想を展開するわけである。

この教育立国思想という彼の考え方は、彼が二十代の青年期に学んだ象山塾での学習成果である論文「興学私議」(37)に示されていた。さらには、そのような彼の考え方は、戊辰戦後の郷土長岡の復興政策に具体化された史実「米百俵」の基本精神ともなった。したがって、近代化途上の日本に『徳国学校論略』を翻刻紹介しようとした彼の意図は、「国の強弱は民の強弱に係る」という基本認識に支えられたものであり、それは「興学私議」以来、彼の思想的信念となっていた教育立国思想を日本社会に実現するという、この一点にあったとみてよい。

日本近代化の推進過程における虎三郎の思想的な位置は、畢竟するに同時代を共に生きて親交の深かった福沢諭吉の説く「一身独立して一国独立す」という思想とも相通じるものであるが、先にみた漢書『大徳国学校論略』に付された関係する中国人三者の序文からみれば、同書の冒頭に付された推薦序文の執筆者、すなわち中国の知識人「李善蘭」という人物の立場に最も近いものであったとみられる。

だが、「李善蘭」が、中国という旧態依然とした清朝中国の窓から西洋の強国ドイツを眺めて位置づけたのに反して、日本人である虎三郎の場合は、ドイツと中国における近代化を比較相対化し、アヘン戦争の顛末に象徴されるような「威を八溟《はちめい》に展《の》ぶ」る覇権主義の欧米諸国と、「萎爾《いじ》して振るわず、毎に外侮《がいぶ》に苦しむ」という萎縮した中国との間に認められる歴然とした懸隔の根本原因を、国家の近代化政策の全的基礎である人材育成という教育的な観点から比較考察して、(38)両国にみられる近代化の成功と失敗に関する歴史的事例から日本が学ぶべきものは何か、を冷静に探究しようとしていたのである。この点において、中国人の「李善蘭」と日本人の虎三郎との『大徳国学校論略』に関する理解の仕方は、大きく異なっていた。

虎三郎は、欧米人と中国人とを比較して、たとえ人種は異なっても、同じ人間であることに変わりないはずであるとしながらも、両国人民の決定的な差異を、次のように分析している。

惟《ただ》欧米各国の民、率《おおむね》皆な能く学に励み業に勉め、勇有りて方を知り、而して支那の民、則ち然る能《あた》わざるに由るのみ。(中略)亦、惟欧米各国、民を教うるの具と其の法とを備え且つ悉《つく》さざる莫《な》くして、支那は則ち然る能わざるに由るのみ。(39)

彼は、以上のような比較分析の結果、今後の日本は、欧米各国の制度に倣《なら》って、「其の民を啓迪《けいてき》(教え導く)し、弱を変じて強となし、以て其の国を強うせんと欲する者は、欧米各国の為す所を倣わずして、又、何所《いずく》にか求めん」(40)と、欧米を模範とする近代化の必要性を説いたのである。

だが彼は、その際に、欧米とはいっても様々な国があり教育があり、自ずとそこには国風や民俗の相違など条件面における差異があることを忘れてはならない、という。それ故に彼は、まずもって欧米各国の教育制度を比較検討して異同を明らかにし、その上で受容する日本側の現実的な諸条件を斟酌して、真に適切妥当な政策や制度を主体的に選択し受容すべきであることを説いたのである。

翻って維新後における日本の教育近代化政策の実際をみるに、早々に西洋のオランダ学制やフランス学制などが紹介され、明治五年（一八七二）にはフランス学制をモデルとした日本の近代学校制度の発足を告げる学校教育法「学制」が発布されていた(41)。虎三郎翻刻の『徳国学校論略』が紹介される前にも、ドイツの教育制度に関する断片的な情報は、若干ではあるがもたらされてはいた(42)。

しかしながら、ドイツの学校制度に関する全体的かつ統一的な情報はなきに等しかった。それ故に彼は、ドイツを中心に西洋先進国の学校体系を説き示した漢書『大徳国学校論略』を、教育近代化の過程にある日本社会に翻刻紹介することは大いに意味がある、と主張したわけである。そのような虎三郎の翻刊に込められた意図の底流には、漢書『大徳国学校論略』に付された推薦序文の執筆者「李善蘭」の場合に共通する、当時の新興上昇国ドイツに対する次のような認識があり、そこには日本における教育立国思想による近代国家の建設という理想が重ね合わせられていた、とみてよいであろう。

> 徳国は即ち独乙《ドイツ》にして、今の独乙は則ち普国（プロシア）なり。普国は旧独乙の一部たるのみ。晩近《ばんきん》に迨《およ》んで、其の民益《ますます》学に励み業に勉め、勇有りて方を知る。国、是れに由りて駸々《しんしん》として日に昌《さか》んなり。力を蓄え威を養い、機を見て動き、勢い河を決するが如し。東に墺を挫《くじ》き、南に仏を破り、遂に独乙諸部を統括す。英魯の雄を以てして、猶且つ之れを畏《おそ》る。蓋《けだ》し其の国、学校最も盛んにして、教育最も行われ、欧米各国の推す所と為《な》らん。日已《すで》に久し。故に其の民愈《いよいよ》強くして、国愈強きの効此《かく》の如し(43)。

たしかに当時のドイツ帝国は、ヨーロッパ社会において「自然成長的」な近代化を遂げた先進国のイギリスやフランスに比べれば、後から「目的意識的」な近代化を推進した後発国であった。したがって、近代化の仕方も英仏両国の場合とは異なり、国家が上から強力に推し進める「国策としての近代化」であった。

そのようなドイツの富国強兵・殖産興業を国是とした短期間における効率的な近代化の成功事例こそが、虎三郎には、まさに極東アジアの非西洋文化圏にあって近代化を目指す後発国日本にとって、最も適切妥当なモデルとして映ったにちがいない。それ故、すでに教育近代化の推進過程にあった日本にオランダ学制やフランス学制が紹介されていたのを承知の上で、彼は、「民を強くし国を強くするの基礎を定むるに於て万一の補有らんと欲すとしかいう」[44]と述べて、教育を基礎として富国強兵・殖産興業を実現したドイツ学制こそが、日本にとっては最も適切有効であると考え、『徳国学校論略』を翻刊するに至ったものとみてよいであろう。

第四節　虎三郎翻刻『徳国学校論略』の内容と特徴

以上、『徳国学校論略』に関わった四人の人物—原著者のドイツ人宣教師、中国人の校訂者と推薦者、そして日本に翻刻紹介した虎三郎—が、同書に込めた意図を比較検討してきた。それでは、肝心の『徳国学校論略』の内容は、はたして、どのようなもであったのか。

虎三郎が、一八七四年(明治七)に日本で翻刊した『徳国学校論略』は、上下二冊を一巻にまとめた漢文の和綴本五十一丁(洋装本で一〇二頁に相当)である。その内容は、一八七〇年前後におけるドイツ帝国の学校教育を中心とした教育文化の制度的な内容と特徴とが、アヘン戦争後の清朝中国における教育文化の現状との対比において、包括的に論述されているものであった。近代化の後進国でありながら先進国である英仏を凌ぐ勢いで発展するドイツ帝国を支える教育文化の制度的な全体像が、清朝中国の旧態依然とした教育現状の問題点を浮き彫りにする形で叙述されていた。具体的にはグレード別、コース別に整合性をもって組織化されたドイツの学校階梯の内容と文明開化を担う学校以外の各種の教育文化機関に関する情報とが紹介されていたのである。

上下二冊の「徳国学校論略目録」は次の通りである（カッコ内の漢数字は、筆者算定による本文中での頁数であるが、和装本の一丁を洋装本の二頁として算出した）。

□上冊の内容構成

第一章に相当する（一）には、「郷塾（一・五頁）」「郡学院（一・五頁）」「実学院（三・五頁）」「仕学院（二頁）」「太学院（経学　法学　智学　医学）（一八頁）」の紹介。次の（二）には、「技芸院（五頁）」「格物院（六頁）」「船政院（二頁）」「武学院（論略　兵制　営規郵務）（九・五頁）」が、そして（三）には、「通商院（一・五頁）」が紹介されていた。

□下冊の内容構成

引き続き「農政院（六頁）」「丹青院（一・五頁）」「律楽院（四頁）」「師道院（四・五頁）」「宣道院（二頁）」の紹介。さらに（四）には「女学（五頁）」が、（五）には「訓瞽目院（三・五頁）」「訓聾瘖院（一・五頁）」「訓孤子院（一・五頁）」「廃疾院（二頁）」「訓罪童院（一頁）」が、（六）には「文会（二頁）」「夜学（一頁）「礼拝堂（五頁）」「印書会（一頁）」が、最後の（七）には各種の統計的資料―「各国太学院総数（〇・五頁）」「徳国書院総数（掌教総数　生徒総数　花旗書院総数）（二・五頁）」「新聞紙（三頁）」「書籍源流（二・五頁）」「徳国新撰書籍数（三頁）」「徳国書籍出口入口表（〇・五頁）」「英京新刻書籍表（〇・五頁）」などが一覧表にまとめられて収録されていた。

以上が、『徳国学校論略』の内容を構成する項目の全体である。次に、上下各冊に収録された各項目の具体的な記述内容と、そこに認められる特徴などについてみていくこととする。

1　翻刻『徳国学校論略』「上冊」の内容と特徴

まず、（一）で取り上げられている教育機関（学校）の説明内容についてみると、最初の「郷塾」とは、国民皆学の基本方針の下で基礎的な初等教育を実施する小学校のことである。特に本書において同校は、国家が民間童蒙の初等教育を重視しており、特別に「貧家子弟」のための教育機関として民間に設置した教育施設であることが強調されている。その学校では、教師一名が百名以内の生徒を担任して、男女の別なく、初めに「幼学問答」「聖経章節撮要」「聖経来歴撮要」「本国地理説略」「数学要略」「神詩要略」の六科目を教え授けている(45)。

この学校の最大の特徴は、徹底した能力主義と競争主義の原理で貫かれている点にある。年一回の学年末試験（歳考）では、学科と道徳の両面にわたる厳格な試験が実施され、その合否によって進級か落第かが決定される。最上級（首班）に進級するには、およそ二年を要する。したがって、同校を卒業することは、「諸生学満の年に至り、未だ首班に升上する能わざる者は、院を出でて芸に就くを得ず。罰として仍《なお》院内に留まり、再び多年学ぶ(46)（原漢文、筆者の読み下し文、以下も同様―筆者注）。」と、容赦のない留年制度を基本とする実に厳格な進級制度である。

なお、教師を統括するのは最上級（首班）を担当する教師であり、学校には教師の他に牧師一名が配置されていて、教師と生徒の全体を監督している。また、学校の規則も、次に述べるように実に厳しい。すなわち、学校は毎日、全生徒を集めて朝礼をする。教師が教室に入室したときには、生徒は全員、起立して敬礼し、そのとき教室にいない生徒は処罰される（「先生入館するに迨《およ》び、生徒未だ至らざる者有るをみれば之れを罰す。先生館に到れば、各起立し敬を示すを要す」(47)）。生徒は、授業中に喧嘩をして騒いだり、自分の席を離れたりしてはいけない。もし質問があれば、手を高くあげて教師に知らせる。起立と着席は礼儀正しく行う。帽子や衣服が不潔で、また動作が不作法である生徒は、他の生徒に不快感を与える故に、教室から外に出す。さらに放課後、帰宅したら、夜は必ず学校で昼間勉強したことを全部復習すること。また生徒は、道で先生に出会ったときには、必ず前に行って挨拶をすること。

以上のように、まさしく軍隊生活を彷彿させるほどに、生徒は学校教師の厳格な管理統率の下で厳しく教育されている様子が具体的に詳述されている。なお、教師は生徒を罰するときに、生命の危険があるから頭を打ってはいけないとされた。また、この「郷塾」において特徴的なことは、毎週、水曜日と土曜日の二日は、昼に帰宅して、午後の半日は家の仕事の手伝いをするとしていることである。

ただし、その場合、出来ない生徒は居残り勉強一時間を課してから帰宅させる。また、地域社会の責任者の審査を経て、貧困家庭であることが確認されれば、授業料免除の措置が執られる。特に貧困の甚だしい家庭の場合は、十四歳以上の生徒に限って、「其の半日家に在りて以て父母を助くるを許す」という、後に明治日本に導入される「半日学校制度」も実施されていた(48)。

次の「郡学院」は、「郷塾」の上に位置する上級の学校(日本の昭和戦前における高等小学校)と考えられる教育機関である。なお、この学校の授業料は非常に高額で、その収入は教師の給与に充当される。各クラスとも専任の担任がおり、その他に絵画、唱音、幾何、格物、重学、歴史、理学などの各専門科目を教える教師がいる。卒業試験に合格した生徒の多くは就職するが、さらに上級の「実学院」あるいは「技芸院」に進学する者もいる。

以上の諸学校は、義務教育の初等教育機関である。これらの学校階梯を経て進学するのが中等教育機関で、その一つに「実学院」がある。この学校は、さらに「上院」と「下院」の二種に分かれており、共に「実学」(実業に就くための教育)を主とする学校であるという点では、次の「仕学院」と同様であった。

「下院」の方は、ラテン語がない点では「上院」と異なり、さらに「上院」にはギリシャ語がないという点では次の「仕学院」と異なっている。「下院」の卒業生は、最高学府である「太学院」には進めず、「技芸院」など(二)の実業系の学校にしか入学できない。そのような「下院」とは異なって、「上院」の卒業生は、国家の最高学府である「太学院」に進学することができる。しかもその場合には、兵役期間も「下院」の出身者が三年間であるのに対して一年間という優遇措置が講じられていたのである。

実例として、ある「上実学院」の学校案内書をみると、四四〇名の生徒は能力別に初級(末班)から最上級(首班)までの一三班にクラス分けされている。生徒は試験によって一年一回、進級することができ、したがって卒業までは最短でも一三年を要する。中には、一四、五年かかって卒業する生徒もいる。授業は最低でも週二四時間、上級に進むにつれて授業時間は増え、最長三三時間に及ぶ。また、生徒には帰宅後に週四〇時間の家庭学習が義務付けられている。教師は二〇名で、各教師は週に二〇時間を越えて授業を担当してはならない。何故ならば、教師は授業の予習(準備)をしなければならず、また、生徒の作文を家に持ち帰って添削するなどの仕事があるからである。教師は優秀で、中国の科挙試験の合格者である「進士」に相当するほどに学力のある人がほとんどである。

「実学院」を卒業しても直接には官吏になれない。だが、次の「仕学院」は、官吏養成を目的とした学校であり、ラテン語とギリシャ語の語学を最重視した教育を施す学校である。この学校には、十八歳以上の者が入学し、一人の教師は二、三科目しか教えない。生徒は、試験の成績によって「上中下」の三級に分けられる。試験は、中国の市や県で行われているような試験(考県府試)とは異なり、上級役人の臨席の下で厳格に実施されるので、決して不正はみられない。試験に落第した生徒は、もう一年、原級に留まって勉強し、再度その試験に臨むことになる。だが、これにも落第すれば、放学という厳しい処分を受ける。この学校は、希望によっては「中級」からでも卒業できる。いわゆる飛び級の制度である。最終の卒業試験の合格者は、卒業証書を得て最高学府の「太学院」に進学することができる。しかし、そうでない生徒は、後に述べる「師道院」「格物院」「武学院」などの専門学校に進むことになる。以上のような「実学院」は、各県に数校しかない。その理由は、多額の学費を要する学校だからである。

(二)の最後の「太学院」は、「国中の才識を備え兼て優れる」者を集めた、まさに国家の最高学府である。ここに入学できるのは、「実学院」の「上院」と「仕学院」の二つの学校の成績優秀な生徒に限られる。「太学院」には、各種の専門書籍を初め、学問に必要な一切の「器具」が完備されており、専門とする学問分野によって四つの分野(経学・法学・智学・医学)に分かれている。

第一に「経学」。ここは新旧聖書を中心としたキリスト教学の研究が中心であり、卒業後は牧師になることができる。第二は「法学」。これは、皇帝や教皇、教会の関係史を専門とする「教事」と古今の政治や法律を探求する「政事」からなっている。そして第三が「智学」である。この学校は、「学話」(言語学)「性理学」「霊魂説」「格物学」

「上帝妙話」「行為」「如何入妙之法」「智学名家」の八学科で構成されており、卒業後は「仕学院」あるいは「太学院」の教師になることができる。最後が医師養成の「医学」である。以上のような四つの専門分野からなる「太学院」は、それぞれの専門分野における国家最高の人材を育成する国家的な研究教育機関といえる学校である。

次に(二)の各学校についてみると、まず初めの理工学関係の各種専門の教育を施す「技芸院」は、先の「実学院」を卒業して商店(坊肆)や各種の職人(諸工)になることを目指すものが、技芸の理論(「其理蘊」)を窮めるために入学して学ぶ学校である。まず、説明の冒頭に「泰西の技芸は中国と同じからず[49]」と述べ、学校の名称は等しく「技芸院」とはいっても、西洋におけるそれと中国のそれとでは、本質的に学校の内容や性格が全く異なる。すなわち西洋の「技芸院」は、中国のように実社会の中での徒弟教育によって体得されるような「技芸」の教育とは異なって、「技芸の理と為す甚だ深き[50]」が故に、学問を基盤とする学校でなければ習得できない体系的な教育内容である。例えば「火船電報」は単なる技術使用に関する方法学ではなく、それを支えている学問(幾何学、重学、化学、等々)の理解を重視した教育内容となっている。そのように西洋の近代諸科学に裏付けらた技芸教育を実施するドイツの「技芸院」の教育内容については、金類課、陶煉課、石作課、営造課など、学校を構成する一二の学科(課程)を挙げて詳細に紹介している[51]。

西洋の「技芸」は日進月歩であり、それは各人の「神技」のような「技芸」の探求の結果である。それ故に西洋社会では、中国とは違って、物の質が良く値段は安い。ここにおいて、西洋(ドイツ)の優れた「技芸」を生み出した「西洋技芸」の内容と、それを模倣し導入しようとする中国の「東洋技芸」との決定的な相違が端的に指摘されている。

次の「格物院」は、上記のような内容と性格の「技芸院」と密接に関係する学校である。同校は、その校名のごとくに「格物」、即ち「物質の分析・実験・観察」を専門的に教育する学校である。それ故、同校では化学・力学を中心とする理工学、そして数学、それも特に幾何学を重視した内容の教育が施されるという。各種の石類、草木や昆虫類などの生物、さらには天文などの分析や観察実験という教育内容が、極めて具体的に説明されている。

また、商船や軍艦の航海士を育成する「船政院」は、語学、数学、天文学、地理学などを重視した教育の内容である。さらに、近代の集団戦争を勝ち抜ける優秀な軍人（「勝を制するの道、将謀を貴び兵勇を貴ぶ」(52)）を育成する「武学院」の教育に関しては、これまた中国のそれとの対比において、「兵制」「営規」「郵務」の三点から多くの紙幅を割いて詳述されている。特に、将官にまで出世するには、中国では一兵卒からでも軍功によってなれるが、ドイツでは早くから士官学校に入って軍人としての専門教育を受けなければなれない制度であることが強調されている。

次に(三)の初めの「通商院」は、貿易を含めた商業教育の学校である。中国社会では店に奉公して習練を積めば立派な商人になれる。だが、西洋社会では、学校を出なければなれず、中国の前近代的な商人教育と対比して、熾烈な植民地獲得競争の時代に世界的規模での商業経済活動に従事していくために、専門的な知識や技術を授ける商業学校の教育が必要とされている。以上が、上冊に収録された各学校の内容と特徴についての記述である。

2　翻刻『徳国学校論略』「下冊」の内容と特徴

「下冊」の最初は、「上冊」の(三)の続きの「農政院」に関する記述である。農業後継者の育成を目的とした農学校については、「農は国の本為《た》り」あるいは「農を富国裕民の一助と為《な》す」という観点から(53)、多くの紙数が割かれて詳述されている。特に後段では、食肉や乳牛に関する各種の動物の飼育と、それに必要な牧草や飼料、養蚕やブドウ酒、穀物、野菜、花木の栽培、植林、農具、農士など、実に広範囲なドイツ農業の領域全体を支えている農業教育について具体的に紹介されている。ドイツ人である原著者が、中国における経験主義との対比を意識して叙述したが故と考えられる。この農業教育においても、「化学」や「格物」に代表される基礎科学が必須学科として重視されていることを強調している点に大きな特徴が認められる。

次の「丹青院」という学校は美術学校を意味し、また「律楽院」は音楽学校を指し、美術や音楽がドイツ社会の精神文化に大きく貢献していることを叙述している。続く「師道院」とは、「郷塾」「郡学院」「実学院」の教師を養成する師範学校のことである。特に教師養成を目的とする「師道院」については、その教育内容が具体的かつ詳細に紹介されている。また、「宣道院」とは、外国に出てキリスト教を広める宣教師を養成する学校のことである。

続く(四)は「女学院」、すなわち女学校についてである。ここでは、「女学は之を宜しく講ずべき」であること、すなわち女性が就学して学問を修めることの必要性が、学問能力において男女は平等であるとの大原則(「婦女は霊魂を具有し、才能は男子と異なる無し」(54))に立って、次の三点から論述されている。

(1) 女性は、母として子女の家庭教育を担う上で学問が必要であること(「丈夫は在家に在る時少なく、婦人は家に在る時多く、子女を訓《おし》えるは、女は母の功多し」(55))。

(2) 婦女の生き甲斐は酒食のみにあるのではなく、限りない道理があることを知ることが大切であること(「婦女書を知らずして、只酒食是を為すことのみを是れ議すれば、則ち酒食の外に、豈尚《あになお》無窮の道理有るを知らんや」(56))。それ故に女性は天賦の才能(「天人に賦したる霊明の性」(57))に目覚めるべきであること。

(3) たとえ夫が博学で立派な人物であっても、婦人が無学であれば、家事万端を整理することはできないこと(「丈夫《じょうぶ》博学なる文儒たるも、婦人学ばずして粗鄙《そひ》なれば、何の趣《おもむき》か之れ有らん。家中の諸事、惟《ただ》婦これを幹《な》すのみなれば、学ばずして何ぞ能く操置するに宜しきを得ん」(58))。

以上の三点から、女子教育の重要かつ不可欠であることが説き示されている。ドイツ人宣教師である原著者が、男女平等を基本とする女子教育観に立脚して中国の女子教育の現状をみたとき、男女が教育上において厳しく差別されている中国社会の現実こそが問題と映ったのである。

しかしながら、そのような中国でも、古代社会においては決して男尊女卑ではなかったと説く。すなわち原著者は、周代官制を記録した『周礼』を引きながら、古代中国の教育世界では「蓋《けだし》古は女学、男学と並び挙ぐ」(59)という男女平等の社会であったことを指摘しているのである。

だが、その後の中国社会は、「女学は聖人の言う所を経《ふ》るに非ず[60]」と説く儒教思想、あるいは「古来才女多く淫《いん》を蹈《ふ》む[61]」とみる差別的因習の影響によって、今日では「今の人女を養うに、書を読み字を認《したた》むるを教えざる多し[62]」という由々しき教育差別の状況にあると分析する。

原著者は、中国社会における女子教育の歴史と現状を鋭く分析した後、自国のドイツでは女子教育が男子と全く平等であること、それ故に女学校が整備されていて、本人が望めば能力次第では国家の最高学府「太学院」にまでも進学できる開かれた教育社会であることを紹介している。

次の「訓瞽院《くんこいん》」は盲学校、そして「訓聾瘖院《くんろういんいん》」は聾唖《ろうあ》学校、また「訓孤子院《くんこじいん》」は孤児に義務教育を保障する学校である。ドイツでは、社会の中で各種のハンディキャップを背負って生きている弱者の教育にも意を用い、そのための学校教育が整っていることが紹介されている。そして「廃疾院」とは、「凡そ生まれて痴呆なる者は、送りて院中に入れ、医生細く其の病を致すの由を察し、法を設けて之れを治す[63]」という教育的な医療機関のことである。このようなドイツにおける虚弱児や障害児のために整備された教育施設を支えている思想は、人間は「一日の生有りて、亦人一日の分を尽す[64]」というキリスト教の教えが根本にあるからであると述べている。

続く「訓罪童院」とは、十八歳未満の犯罪少年を収容して、矯正教育を行う教育施設である。その施設の教育内容は、国民の基礎教育を担う機関である「郷塾」と同じで、自立に必要な「技芸貿易」などに関する教育も行われる。このような矯正教育によって、「百人院に入り、約九十、異日良民と為るべし[65]」と述べられており、如何に「訓罪童院」の役割が重要であるかが説かれている。それ故、原著者が所属する教会もまた、「今、香港天主教に在りても、亦此の挙有り、特に華民の為に立つ[66]」と記されている通り、同様な矯正教育の施設を中国香港にも設けて実践しいるという。

次の「文会」とは、いわば文学会または文芸協会とでも称すべきもので、西洋社会には学問の専門分野に応じて「理学会」や「格致会」など、各種の学術交流団体(学会)が存在することを紹介している。さらに「夜学」とは、国民の初等教育機関である「郷塾」を卒業した後、家が貧しいために「実学院」などの上級学校に進学できない子弟が、昼間は働きながら夜間に学べる夜間学校を意味する。続く「礼拝堂」とはキリスト教会のことである。原著者を初めとする多くの宣教師が、今、西洋の異国から中国に渡来して教会を設立し、伝道活動に励むのは、何故なのか。それは、私利私欲からではなく、中国にキリスト教が普及し中国人が教会に通うようになること、その結果、キリストの子としての中国人が、旧弊を打破して魂が救済され、一郷一村が隆盛すること、を願ってのことであるとして次のように述べている。

今西士中土に来りて、礼拝堂を建立し、亦斯の民を陶淑し、上帝に昭事《しょうじ》し、身を保ち霊を救うの道を知らしめんと欲す。吾《われ》願わくば華人早日信奉して、其の積習を去り、同じく上帝の民、大君の子となり、将に風俗の隆んなることを見んとす。一郷一邑《いちごういちゆう》に成り、教化の隆んなること、溥海《ふかい》の内外に達するを。余《われ》将に目を拭《ぬぐ》いて之を俟《ま》たん。(67)

次の「印書会」とは、書籍を印刷出版する団体の協会であり、これによて西洋諸国では善書を廉価で読者に供給できるシステムを実現していると説明している。

以上が、『徳国学校論略』の「下冊」に収められた、西洋のドイツ社会における教育文化と教育機関に関する紹介内容である。

なお、「下冊」の巻末には、欧米先進諸国における教育文化関係の施設に関する様々な統計資料が収録されている。第一に「各国太学院総数」、これはイギリス、フランス、イタリア、ロシア、ベルギー、ハンガリーにおける大学数・教員数・学生数の紹介である。第二が「徳国書院数　掌教総数　生徒総数」で、これは先にみたドイツの諸学校（「郷塾」「郡学院」「実学院」「技芸院」「大仕学院」「小仕学院」「太学院」「格物院」）の現状を、アメリカ（美国）の場合と共に統計的に紹介したものであり、当時のドイツやアメリカでは、如何に学校教育が発達し国内にネットワーク化されているかを物語る統計数値が具体的に示されている。そして第三には新聞の種類と発行部数(「新聞紙」)が、第四には書籍の蔵書数と発行数(「書籍源流」「徳国新撰書籍数」「徳国書籍出口入口表」「英京新刻書籍表」)等々の統計表が紹介されている。

第五節　日本近代化と虎三郎翻刻『徳国学校論略』の歴史的意義

以上、虎三郎翻刻の漢書『徳国学校論略』の内容とその特徴をみてきた。その結果、日本近代化に関わる同書の歴史的な意義について、次の諸点を指摘することができるであろう。

まず第一にいえることは、原著者が自序において執筆の動機と意図を明記している通り、同書は単にドイツ人が自国の教育文化について記述し紹介した書物ではない、ということである。欧米先進諸国が植民地獲得競争に鎬を削る十九世紀後半の、弱肉強食が罷り通る時代状況の中で、病める東洋の大国とも評すべき悲惨な状況にあった中国が、近代化、西洋化をはたす上での問題点は何か、を指摘すべく執筆されたのが同書であった。すなわち、中国社会へのキリスト教伝道に生涯を賭したドイツ人宣教師が、東洋の後進国である中国社会に長く身を置き、そこでの直接的な生活体験を通じて中国社会の現実を観察し分析して、アヘン戦争後の西洋化を内実とする近代化推進の過程に様々な問題を発見し、それを中国人自身に認識させ克服させたいとの博愛精神をもって執筆した書物であった。

総じてみれば、同書の内容は、教育立国思想という教育的視座からみたドイツと中国との比較近代化論であった。そこにはドイツ人宣教師の、中国人民に対する救済的な祈りが込められていた。それ故に同書は、西洋教育文化の単なる紹介書ではなく、ましてや、偏狭な西洋認識に基づいて中国における西洋化の問題性を剔抉することを目的とするような皮相的な次元の書でもなかった。原著者は、アヘン戦争後における中国社会が、依然として偏狭固陋な中華意識を墨守したままで「中体西用」の洋務運動を展開するという、儒教の説く「体用」の理論を基盤とする矛盾に満ちた中国近代化の現実を問題としたのである。すなわち、「西洋芸術」(西洋科学技術)を西洋近代社会の単なる果実としてのみ受容しうると考えた、安易で性急な近代化を推進する中国の現状をみた上で、ドイツに象徴される西洋文明社会の実像を知らしめるべく、学校教育の制度と実態を主とした教育文化の全体像を紹介しているのである。

そのような原著者の意図が、本書を構成している各項目の叙述内容には一貫してみてとることができる。「西洋芸術」はそれを生み支えている「西洋文化」の成果(果実)であって、それ故に両者は一体不可分の関係にあるという原著者の主張が展開されている。この点にこそ、同書の第一の特徴を認めることができる。

以上のことと関連するが、第二に指摘できることは、原著名が『大徳国学校論略』となってはいるが、実際の内容は、副題に「一名西国学校」とあるごとく、単にドイツの学校制度に限定されたものでなく、原著者の母国ドイツは西洋先進諸国の代表的事例として扱われており、しかも学校のみを取り上げて紹介しているものでもない。すでにみてきた通り、同書では、学校の制度と実態の他にも、キリスト教をベースとした様々な教育文化的な機関や施設が、文明開化あるいは富国強兵・殖産興業を可能にした西洋近代社会を生み支えている秘密として描写されている。その意味において同書は、教育学者の手になる教育書という偏狭な枠組や内容を超えた広がりと深さをもった「教育文化書」と評することができる。このことは、原著者が博士の学位を有する教養豊かな学者的宣教師であったこと、しかも東洋の異国である中国に長く在住して生活と言語に精通していたこと、等々と決して無関係ではありえない。そこには、ドイツと中国という二国間における単なる学校教育の比較というパラダイムを超えて、東洋と西洋という異質な世界観の下での比較文化史的な視坐と洞察とを窺い知ることができる。この点を、本書のもつ第二の特徴として挙げることができる。

以上のような原著者の執筆の意図と内容とを、はたして中国人である校訂者と推薦者、そして日本へ翻刊した虎三郎は、如何に理解し受け止めて、西洋をモデルとした近代化の推進過程にある自国に紹介しようとしたのか。この点に関しては、同書の冒頭に掲げられた各人の序文を比較分析することによって明らかにすることができる。そこに共通に認知されることとは、中国でも日本でも、共に原著者の意図とは異なった理解や認識の下に本書を受け止めて共感し、近代化の後発国である自国の社会に紹介しようとした事実である。具体的に指摘するならば、ドイツ国家が、英仏両国に比べて遥かに遅れて近代国家の建設に着手したにもかかわらず、先進諸国の経験と成果を効率的に摂取し、極めて短期間の内に近代化を達成したこと、しかも今や先発の英仏両国を凌駕するほどに富国強兵・殖産興業を実現した強力な近代国家となっていること、等々に関する成功事例としてのドイツ近代化の厳粛な事実への刮目である。

しかも、重要なことは、近代化成功の秘密が学校教育を中心とした教育文化の普及と発達にあるという基本認識。これらは、日中双方のドイツ理解に認められる共通点である。新興国ドイツからみれば、英仏両国は追い着き追い越す目標の先進国であり、近代化のモデルであった。だが、翻って中国や日本にとってみれば、西洋の後進国であるドイツ自体が近代化のモデルとすべき理想国家と映ったわけである。近代化モデルという場合、特にドイツの事例は、後発型近代化の成功モデルとしてであった。それ故、「自然成長的近代化」の英仏両国をモデルとするよりも、同じ後進国として「目的意識的近代化」を成し遂げたドイツの方が、遥かに適切有効な近代化モデルであると認識された、ということである。

だが、そのような中国人の校訂者や推薦者、あるいは日本の虎三郎に認められる近代化モデルの理解は、ドイツ人である原著者の主張、すなわち「西洋芸術」はそれを生み支えている「西洋文化」に裏打ちされたものであり、両者は一体不可分の関係にあるという基本認識を、原著者の側に立って理解しようとするものではなかった。

そのような見方を、従来の日本の歴史学は、後進国における後進的な近代化論の特徴として否定的に捉えてきた。だが、そのような理解や認識の事実をもって、単純に東洋人（日中両国人）を劣等視することはできない。従来の歴史学には、近代化を西洋化に一元化して捉えようとする西洋メルクマール一辺倒の危険性があり、異文化を理解し受容する側の条件、すなわち何をどのように理解し受容するかという、受容する側の主体性が捨象されてしまうという歴史認識の誤謬に陥る危険性があった。このことは厳しく指摘しておかなければならない。以上のことが、結論の第三である。

以上のような歴史的意味を持つ『大徳国学校論略』を、東洋と西洋という二分的な世界観の図式で捉えれば、日中共に西洋を西洋のままでは理解しえなかったこと、特に西洋文明を生み出すキリスト教の源流にまで溯って把捉できなかったこと、これらのことは確かである。しかしながら、日中とはいっても、中国人の校訂者や推薦者と、日本の虎三郎の場合とでは、認識の相違が認められる。すなわち虎三郎の場合は、西洋人であるドイツ人宣教師が観察し分析したアヘン戦争後の中国近代化のはらむ問題性を、あたかも我が日本の現状であるかのごとくに、まさに「他山の石」として受け止めていた、ということである。それ故に虎三郎は、日本の近代化に関連づけて成功事例(ドイツ)と失敗事例(中国)との両方を同時に示唆してくれる書物として『大徳国学校論略』を捉え、「我が意を得たり」との共感的理解をもって近代化途上の日本に翻刊し紹介することができたといえるであろう。

しかしながら、明治初期の日本で国策として推進されていた近代化は、虎三郎の目指す方向や内容のものでは決してなかった。彼にとってみれば、日本近代化に、中国の場合と全く同質の問題点がみてとれた、とみてよい。少なくとも虎三郎自身には、そう認識されていた。それ故にこそ、彼は、死期迫る病身に鞭打って、同書を日本社会に急ぎ翻刊し紹介しようとしたわけである。

虎三郎が、『徳国学校論略』を翻刊した明治初期の日本における近代化モデルは、フランスでありアメリカであった。だが、彼の目には、そのような日本の近代化推進の姿は、国情の相違を全く無視した、極めて非現実的なものと映った。日本社会の置かれた内外共に厳しい現実的諸条件を冷静に認識するとき、ドイツ型の近代化モデルこそが適切妥当な日本近代化の在り方と考えられたのである。ドイツの近代化においては、近代化の具体的な政策の実施において、近代化の基礎的条件である国民教育が何よりも重視されていたこと、そして、役人、教師、牧師、宣教師、軍人、商人、職人など全ての職業人が、それぞれに整備された学校教育を享受して、基礎的あるいは専門的な知識技術を習得して職務に精励していたこと、つまりドイツ社会は学校教育の普及徹底を基礎として国家の近代化を達成していることを、彼に痛感させてくれたのは、他ならぬ漢書の『大徳国学校論略』という一冊の書物であった。それ故に、同書を日本に翻刻紹介することは、国家的な意義があり、国家的レベルでの学問的な大成を期した虎三郎にとっては、是非ともなし遂げなければならない己自身の責務として認識されたと考えられる。

日本の近代化と共に生きてきた彼の学究的半生は、当時の日本社会の現実からは注目も評価もされず、既存の近代化路線に押し流されて徒労に帰した一期であった。無念であったにちがいない。しかしながら、彼自身にとってみれば、期せずして晩年に『大徳国学校論略』と巡り会えたこと、そして同書を日本に『徳国学校論略』として翻刊して生涯を全うしえたことは、青年期に江戸の象山塾に学び、恩師象山が提唱した「東洋道徳・西洋芸術」という学問思想を継承し、郷里長岡という地域的パラダイムを超えて、日本という国家社会の近代化過程に関与できたことは、実に幸運な人生であったといえる。虎三郎の『徳国学校論略』の翻刊という業績は、恩師象山の「東洋道徳・西洋芸術」という思想世界を、明治初期の日本近代化過程に具体化した功績の一つとみてよいのではないか。このことが、結論として指摘できる第四の特徴である。

以上にみてきたように虎三郎の『徳国学校論略』の翻刊は、明治初期の日本近代化過程におけるドイツ型の学校教育モデルの最初の本格的な紹介であった。同書によって、先行するフランスやアメリカをモデルとした日本教育の近代化が内在する様々な問題を指摘することができたのである。虎三郎の『徳国学校論略』は、日本に紹介された体系的なドイツ教育書の嚆矢である。結果的にみれば、ドイツに着目した彼の先駆的な業績は、明治二十年前後における近代化モデルのドイツ型への転換を先取りする契機になった、と評することができるであろう。(68)

第六章　明治初期の教育界を啓蒙した欧米翻訳教育書の校訂活動

第一節　近代教育制度の発足と教育現実の問題状況

虎三郎にとって、郷里長岡を離れた後の東京在住の時代は、一〇年にも満たない短期間でありながら、病魔との壮絶な格闘の中で、渾身の力を振り絞って学究的活動を展開した全盛期であった。この明治初期の東京時代には、日本の近代化――とりわけ教育近代化に関わる幾つもの画期的な業績を遺した。実は、その功績の一つが、文部省が刊行した欧米翻訳教育書の校訂活動である。それは、わが国に近代学校教育が発足する時期に、彼が、文部省の嘱託を受けて行った活動であった。その重要な歴史的意味をもつ校訂活動は、これまでの先行研究では全く解明されず、看過されてきた(1)。

明治四年(一八七一)に、中央教育行政機関として文部省を新設した維新政府は、その翌年には、教育近代化の根幹をなす、欧米モデルの学校教育制度を明文化した学校教育法「学制」を発布した。この法律によって日本の近代学校の基本的なスケッチはできたのであるが、教師、教科書、指導法など、肝心の教育内容や教育方法などの具体的な実践レベルでは、幕末以来の旧態依然とした実態にあった。目指すべき理想と眼前の現実との間の乖離は、あまりにも大きかったのである。

特に、国是である富国強兵・殖産興業の成否を左右する人的基礎として、維新政府が標榜した国民皆学を旨とする新制小学校の教育は、教師も教材も教授法も、いまだ従前の寺子屋教育の延長上にあった。それ故に文部省は、欧米先進諸国の学校教育に関する最新の知識技術を、急ぎ日本の教育界に普及浸透させるべく、御雇外国人教師たちに欧米先進諸国の教育関係書を翻訳させて刊行したのである。

だが、その際の問題は、例え在日期間が長く、如何に日本語に精通していたとしても、所詮、彼等外国人の翻訳した日本語をそのまま出版するわけにはいかない、ということであった。当時の日本人が読んで理解できる日本文にするには、漢学に造詣が深く日本語に秀でた日本人の学者文化人による、日本語訳文の校訂が不可欠だったのである。そのような文部省の意向を受けて、校訂を委嘱された最初の人物が、虎三郎だったのである。

虎三郎は、管見の限りでは、明治初期に、文部省刊行の三冊の翻訳欧米教育書の日本語校訂を担当している。この校訂活動に先立つ、明治四年(一八七一)の八月に越後長岡から上京した虎三郎は、早くも同六年四月には、全一二巻という大部の歴史教科書『小学国史』を独力で編纂刊行して、健在ぶりと実力のほどを内外に印象づけた。さらに翌七年には、中国在留のドイツ人宣教師が執筆した漢書『大徳国学校論略』(上下二冊)に訓点を施して翻刻し、ドイツを中心とする西洋先進諸国の学校教育文化を、西洋モデルの近代化を急ぐ明治初期の日本社会に広く紹介したのである。

実は、虎三郎は、明治四年に上京すると間もなく、江戸遊学時代の学友で立身出世していた維新政府の関係者たちから、文部省の博士職への任官を要請された。だが、「朝廷其の能を知り、将に之を擢用《てきよう》せんとすれども、病を移へて出でず(2)」とする維新政府に出仕していた象門後輩の北沢正誠の証言、あるいは虎三郎の遺稿集『求志洞遺稿』を編纂刊行した甥の小金井権三郎の「朝廷、翁を徴《め》して、文部省の博士に挙ぐ。翁、病を以てこれを辞す。蓋《けだ》し朝臣《あそん》中翁を知る者ありて、之を薦挙《せんきょ》すればなり。(3)」との記述にみられるごとく、彼は病気療養を理由に、維新政府への出仕を辞退していたのである。

当時の維新政府には、実弟の雄七郎（工部省工学寮権助）が在任しており、他にも象山塾の学友である勝安芳（海舟、正院参議兼海軍卿）、津田真道（陸軍省、四等出仕）、北沢正誠（左院五等議官）、武田成章（陸軍大佐、大教授）、大島貞恭（正院、陸軍少佐、少教授）、子安峻（外務省、少丞）、蟻川直方（賢之助、兵部省、権大丞）、渡辺驥《すすむ》（司法省、大丞）など、同門旧知の錚錚たる学友たちが幾人も任官していたのである。

特に文部省には、象山塾での後輩で昵懇の西村茂樹（文部省、五等出仕、文部大丞、文部大書記官などを歴任）、加藤弘之（弘蔵、宮内省、四等出仕、明治初期に大学大丞、文部大丞を歴任、後に東京大学総理）、小松彰（文部省、大学大丞、大訳官、文書権正）などが要職を占めていた(4)。

彼等にとっては、恩師象山の「東洋道徳・西洋芸術」思想に基づく東西両洋の学問を、最も誠実に学びとった虎三郎の学識が、如何に深く広いものであるかは異論のない共通認識であり、それ故に虎三郎の存在は畏敬の対象ですらあったのである。

ペリー来航時に処罰を受けて長岡に帰郷して以来、十数年ぶりに再度、江戸改め東京と改称された首都に上った虎三郎が、難病に苛まれ病躯に鞭打って精力的に展開した国家的レベルでの教育近代化に関わる学術的活動が、象山塾同門の文部省関係者に注目されたことは間違いないことであった。上京後の虎三郎が、矢継ぎ早に展開した一連の顕著な学究活動を評価していた文部省は、省内旧知の人物を介して、彼に外国人が翻訳した欧米教育書の日本語訳文の校訂を依頼したものと思われる。その結果、明治九年には、彼が校訂した大部な欧米の翻訳教育書が三種四冊、一挙に文部省から刊行されるに至ったのである。

ところで、虎三郎が最初に校訂した翻訳教育書は、明治九年（一八七六）の六月、文部省から刊行された『学室要論』（*In The School Room,* または *Chapters in the Philosophy of Education,* 1872）というアメリカの教師用指導書であった(5)。次いで同年の七月には、同じくアメリカの教育書『教師必読』（*The Teacher's Assistant,* 1873）と、イギリスの女児教育書『童女筌《どうじょせん》』（全二巻、*Girls Own Book of Amusement,* 1873）の二冊が、虎三郎の校訂を経て相次いで刊行された。それら分厚い三種の英文原書を日本語に翻訳したのは、在日オランダ人のファン・カステール(Abraham Thierry Van Casteel, 1843–1878)という維新政府の御雇外国人教師であった。(6)

第二節　翻訳者ファン・カステールの履歴と業績

はたして、オランダ人のファン・カステールとは、どのような人物なのか、いつ来日したのか。彼は、明治二年(一八六九)には、すでに来日して商業活動を展開していたことは間違いない。間もなくして彼は、商売上のトラブルで破産宣告を受ける身となった。(7)だが、明治三年には、維新政府の兵部省に御雇外国人教師として雇用され、英語を教える語学教師に転身していたのである。

さらに廃藩置県の直前の明治四年(一八七一)五月には、九州豊津藩(小倉藩)の藩立洋学校に語学教師として迎えられ、英語、仏語、独語などを教えた。そして廃藩置県の後の明治六年十一月には、再度、上京して都内の私立学校の語学教師となり、その後、何校かを歴任した。だが、明治十一年(一八七八)十一月には病没してしまった。彼は、来日後、母国のオランダには一度も帰国することなく、東洋の異国日本で、三五年の短い生涯を閉じたのである。

ファン・カステールが、文部省の委嘱を受けて欧米教育書の日本語訳を行ったのは、死期迫る最晩年の東京時代で、私立学校の語学教師を遍歴していた時期に当たる。何故に彼が、文部省から欧米教育書の翻訳者に抜擢されたのか。

彼は、母国語であるオランダ語の他に、英語、仏語、独語、そして日本語を修得していた。はたして彼の日本語リテラシー(読み書き能力)が、どの程度のものであったかは不明である。だが、欧米文化の翻訳移入を急ぐ明治初期の日本において、英語と日本語の両方に精通していた彼は、極めて希少価値のある存在であった。その語学力を文部省の関係者に見込まれ、欧米教育書の日本語訳を委嘱されたものと思われる。

彼が日本語に翻訳したアメリカの教育書（『学室要論』及び『教師必読』）の巻頭に掲げられた文部省の刊行挨拶文には、「和蘭人ファン・カステール氏、来リテ我邦ニ寓スル、茲《ここ》二年アリ。其和英両語ニ通スルヲ以テ、嘱シテ此書ヲ訳セシム」[8]と記されていた。

かくして英文のアメリカ教育書が、オランダ人のファン・カステールによって日本語に翻訳されるに至った。さらに、その日本語訳の校訂を、文部省は、教育のわかる日本の知識人に依頼したのである。その人物こそが、小林虎三郎だった。

明治前期の教育界、特に国民皆学の実現を担う小学教育の世界には、従前の寺子屋教育を脱皮して、欧米日新の近代的な教授法や教材の導入が求められた。そのためには、近代学校に相応しい近代教育学の実践的な知識や技術が、学校で児童の教育に当たる教師たちには、是非とも必要であった。それ故に文部省は、欧米教育書を日本語に翻訳して刊行し、教育界に広く普及させようとしたわけである。

欧米先進諸国の教育書とはいっても、明治の半ば頃までは、日本に翻訳紹介されるべきものは圧倒的にアメリカの教育書であった。その戦陣を切って翻訳紹介されたのが、ファン・カステール訳の『学室要論』（明治九年六月）、『教師必読』（明治九年七月）、そして『彼日氏教授論』（明治九年七月）であった。これら三冊の内、前の二冊は、虎三郎の校訂になるものであった。すなわち、ファン・カステールと虎三郎とのコンビでもって、いまだ教育近代化の端緒にあった明治初期の教育界に、アメリカ教育書が矢継ぎ早に提供され、最新の教育情報がもたらされたのである。この厳粛な事実のもつ歴史的な意義を看過することはできない。

後述するように、決して教育の専門家ではなかった彼等の手がけた翻訳や校訂の仕方、あるいは翻訳・校訂した日本文には、幾つもの問題点が認められる。しかしながら、結果的には、欧米の教育新知識を導入し、それを契機として日本教育の近代化を推進する上で、彼等が担った翻訳・校訂という活動は、実に先駆的な役割をはたすことになった。しかも、ファン・カステールと虎三郎という翻訳・校訂のコンビは、アメリカ物ばかりでなく、同時期

にイギリスの教育書『童女筌』(明治九年七月)も翻訳・校訂し、文部省より刊行していたのである。(9)

これまでの教育史研究においては、翻訳者である御雇外国人教師としてのファン・カステールは、それなりに注目され評価されてはきた。が、それを校訂した虎三郎の方は、全く看過されてきたのである。(10) それでは、その欧米教育書とは、一体、どのような内容と性格を有する書物であったのか。

第三節　虎三郎校訂、アメリカ教育書『学室要論』の内容と特徴

日本で『学室要論』という表題で翻訳刊行された本書は、アメリカ人のジョハン・エス・ハート(John S. Hart)の執筆した教育書(*In the School Room,* または *Chapters in the Philosophy of Education*)であった。英文原書は、一八七二年にアメリカのフィラデルフィアで出版されたものであるが、早くも、その四年後の明治九年(一八七六)六月には、同書の翻訳書が日本で刊行されたのである。日本語への翻訳作業は、すでに刊行の前年には終了していたようで、同書の見開きには出版元である文部省による次のような発刊文が記載されていた。(11)

学室要論

コノ書、原名ヲ英語ニテ「イン、スクール、ルーム」又「チャプタース、イン、フィロソフィー、オフ、エヅケーション」ト云ヒ、米国ジョハン、エス、ハート氏ノ著述ニシテ、西暦一千八百七十二年間フィラデルフィアニ於テ刊行セシ所ナリ。和蘭人《おらんだじん》ファン・カステール氏、来テ都下に寓シ、和英両語ニ通ズルヲ以テ、嘱シテ此書ヲ訳セシム。今ココニ訳成ニ及デ、刻シテ以テ教育ノ職ニ任ズルモノ、閲覧ニ供ス。

明治八年十二月八日　　大井鎌吉　識

日本に翻訳紹介された『学室要論』には、上記のような文部省の刊行挨拶に続いて、原著者であるアメリカ人ハートの次のような序文が収載されていた。(12) そこには、彼が同書を執筆するに至った動機や意図、あるいは彼自身の経歴などが記されている。

学室要論原序

コノ書ニ記スル所ハ、コレヲ他ノ学業ニ比レバ遅緩ニシテ、少シク異ナル意見ヲ実地経験ヨリ得タル者ナリ。此ノ経験ハ、コレヲ五千余人ノ男子ト一千人ノ女子トニ就キテ、其ノ多ク教師トナルべキ者ノ教育ヨリ生シタル所ニシテ、皆学校、寄宿学校、坊間中学、国立師範学校ニ於キテ施行セシ者ナリ。余、親ク生徒ノ地位ニ居ヲ、此学業ノ遅緩ニシテ異ナル意見ヲ実際ニ試ミタルコト久シ。

今、コノ書ヲ著スノ主意ハ、余ガ自ラ学ビタル者ヲ以テ、子弟ニ授クルニ、勉メテ簡明ニスルニ在リ。故ニ端ヲ教ハ何ゾヤノ問題ニ発キ、更ニ教育ハ何ゾヤト云フ広キ問題ヲ以テ巻ヲ終リ、学業ノ師タル者ノ真ニ講究スベキ諸件ヲ条陳セルコト、書中ノ意見ハ、余ガ曾テ教授シ監督シ、及他人ヨリ受クル教ヲ訓導スルコト等ニ従事セシ。其間ニ得タル者ヲ、今極メテ多クハ短ク章ヲ別チテコレヲ述ブ。毎章固《もとより》首尾ノ完キコトヲ主トセリ。カクノ如キ著作ハ、浮華《ふか》ヲ以テ人ヲ悦バシムルコト能ハズト雖、益ヲ実際ニ得タルコトヲ貴フ者、苟《いやしくも》此ニ取ル所アラバ、自《おのずと》其ノ利無キニ非サルヘシ。観ル者、若《もし》本書一部ヲ通覧スルノ暇ナキコトヲ苦マバ、唯五六葉ニシテ意義周全《しゅうぜん》ナル章ヲ撰ヒ、コレヲ読ムモ亦可ナリ。コノ書題目、各異ナルト雖、文義支離セズ、終篇皆教育ノ理ニ根拠シテ貫クニ、一線ヲ以テセザル所無ケレバ、人々宜ク殊ニ意ヲ注スベキナリ。

原著者のハートは、アメリカの教員養成系の諸学校で、長らく教師教育に従事した人物であった。その豊かな教育実践の経験を踏まえて、「実際ニ試ミタルコト」をまとめたのが本書『学室要論』であった。英文原書の見開き

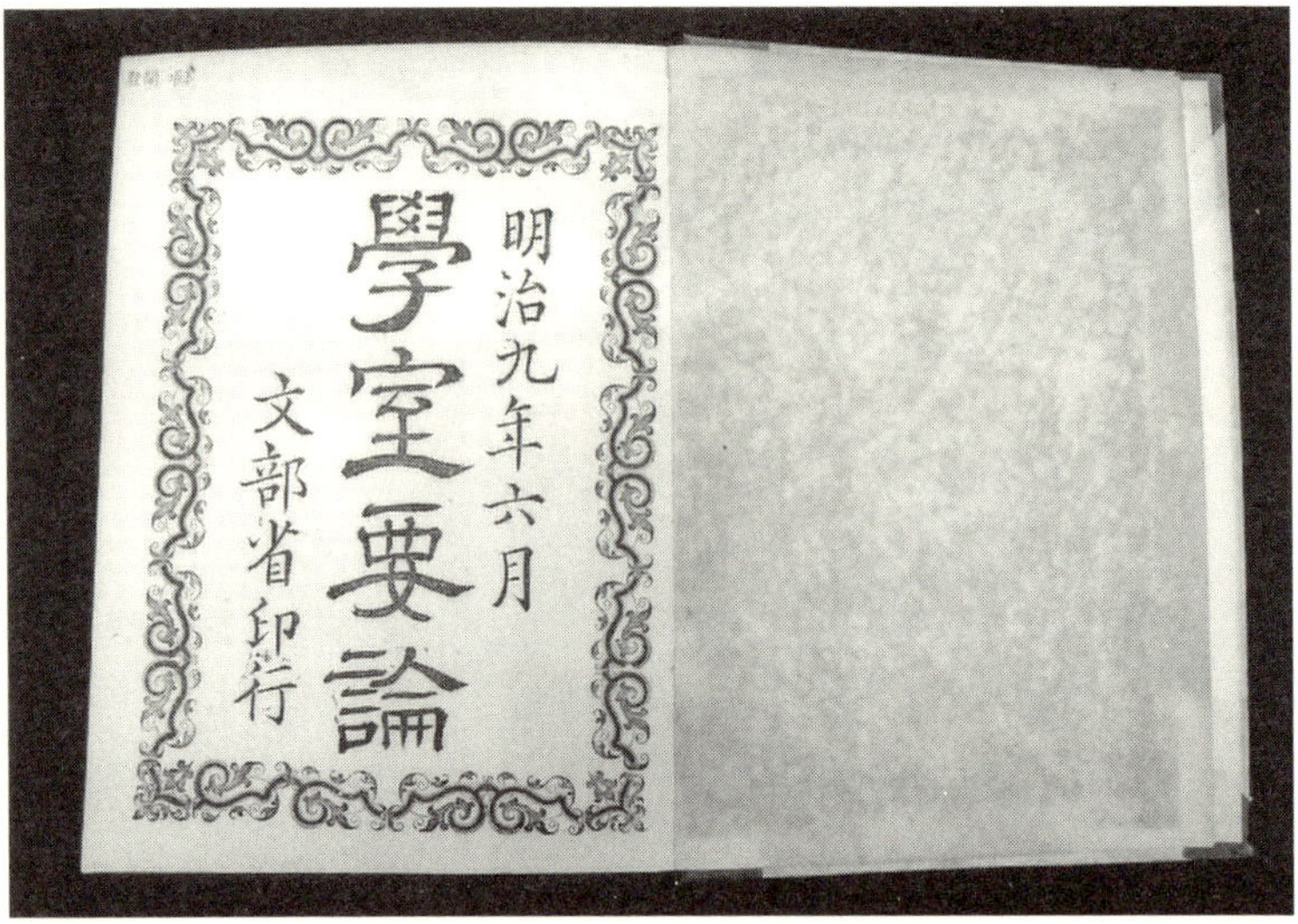

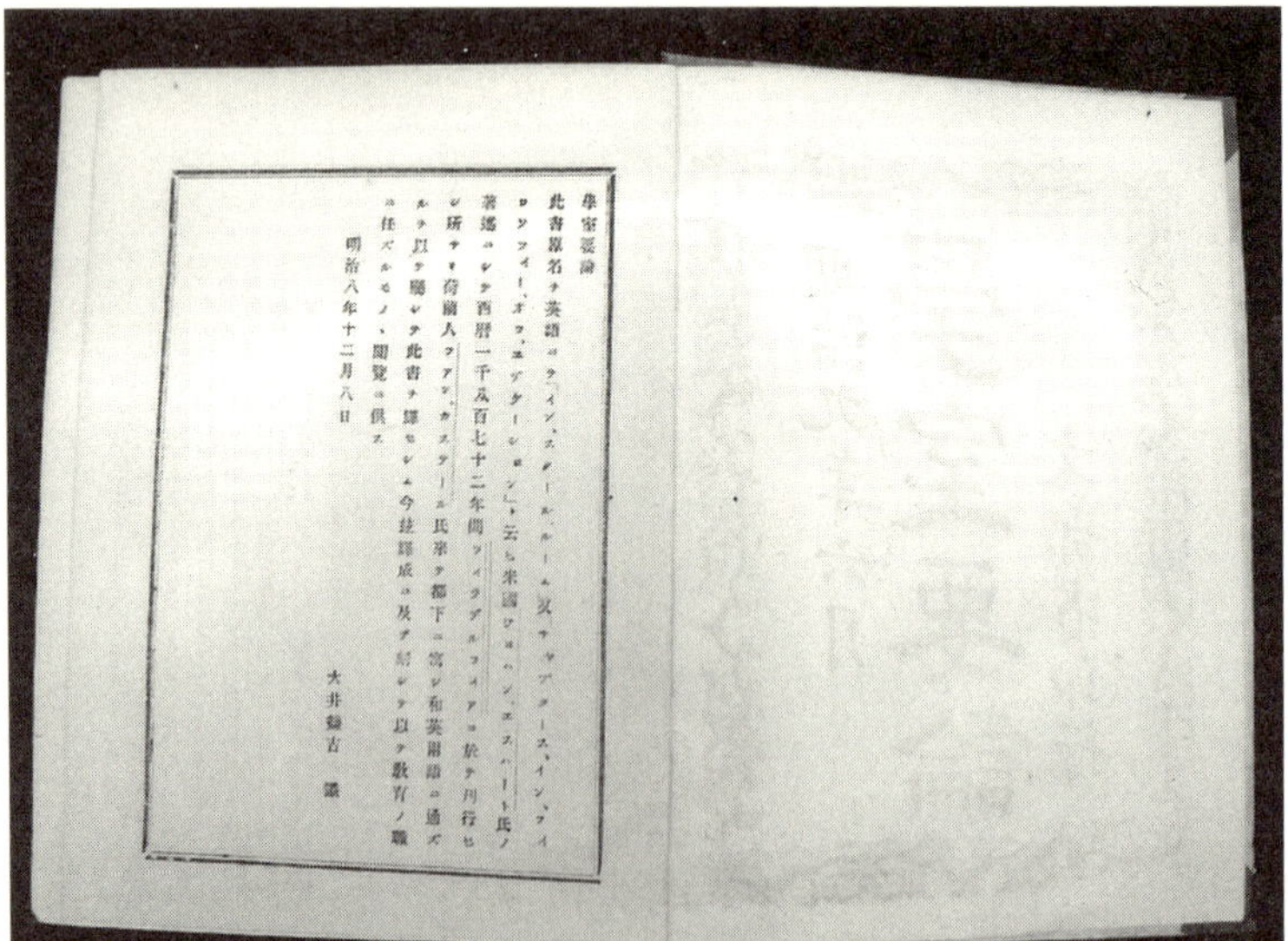

小林虎三郎校訂、ファン・カステール翻訳『学室要論』(筆者所蔵)

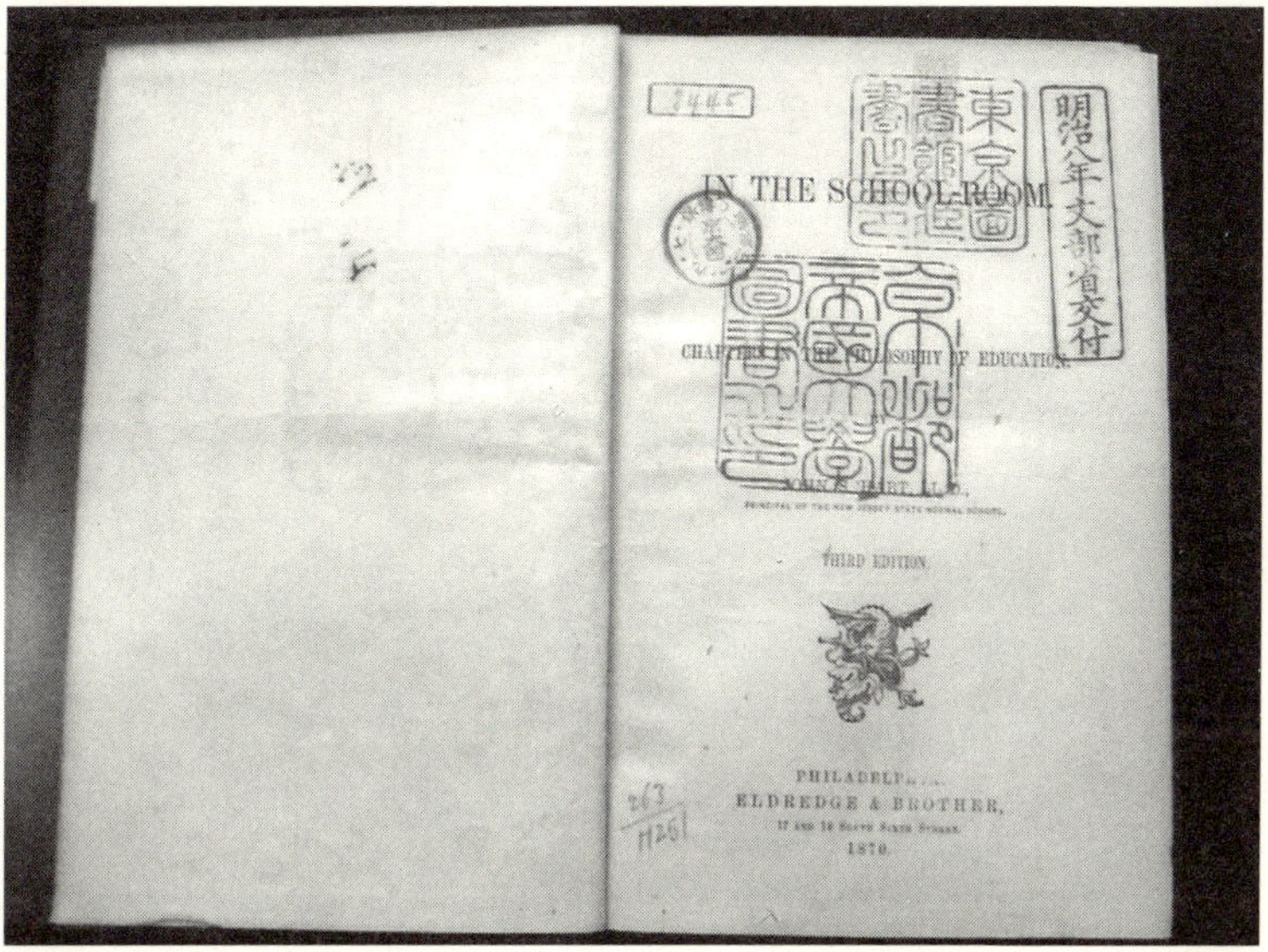

IN THE SCHOOL-ROOM

THIRD EDITION

ELDREDGE & BROTHER,

1870.

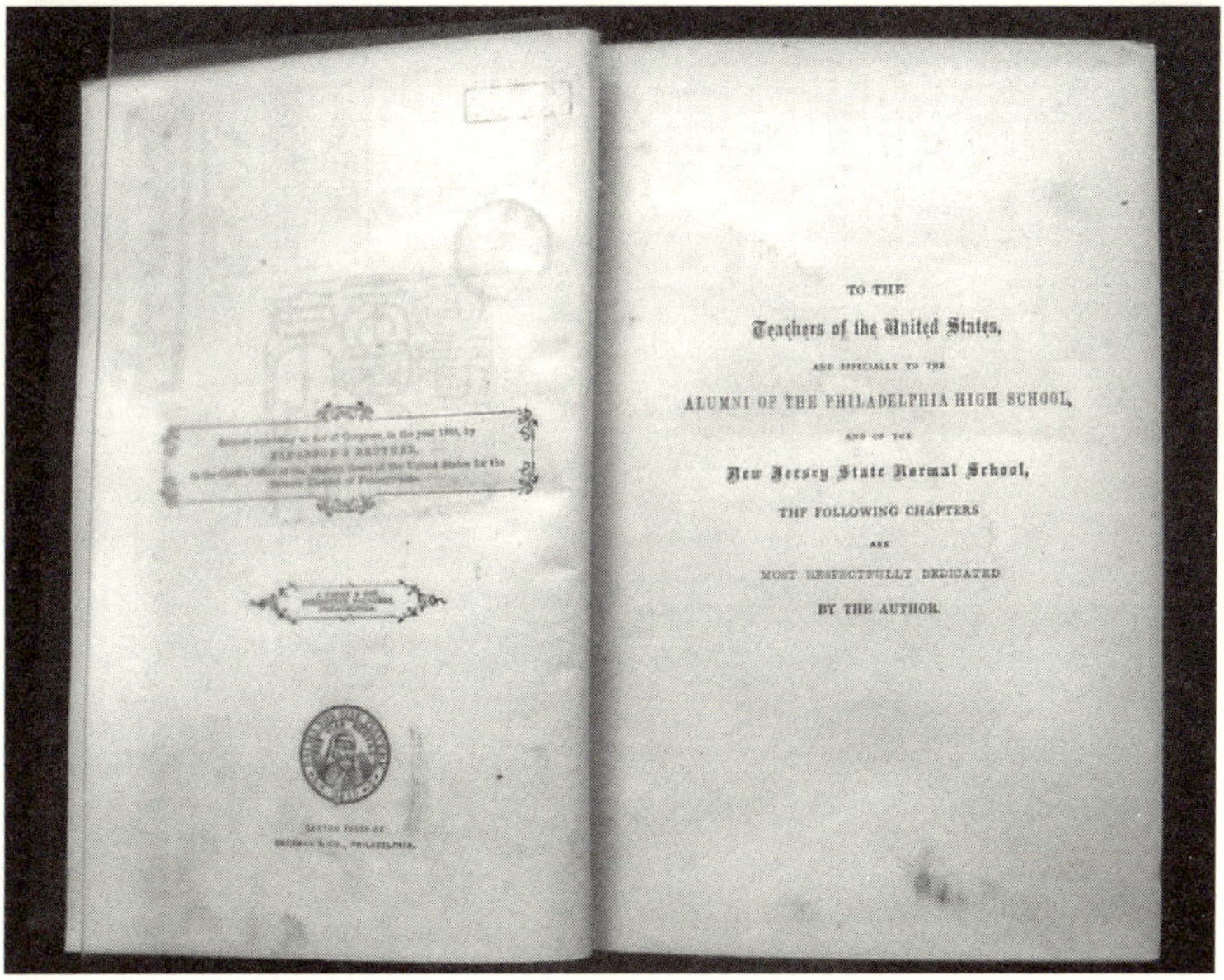

TO THE

Teachers of the United States,

AND ESPECIALLY TO THE

ALUMNI OF THE PHILADELPHIA HIGH SCHOOL,

AND OF THE

New Jersey State Normal School,

THE FOLLOWING CHAPTERS

ARE

MOST RESPECTFULLY DEDICATED

BY THE AUTHOR.

小林虎三郎校訂、ファン・カステール翻訳『学室要論』の原書

（*IN THE SCHOOL ROOM-CHAPTERS IN THE PHILOSOPHY OF EDUCATION*, 1872）

には'TO THE TEACHERS OF THE UNITED STATES, AND ESPECIALLY TO THE ALUMNI OF THE PHILADELPHIA HIGH SCHOOL'（本書を合衆国の教師たちと、特にフィラデルフィア・ハイスクールの卒業生たちに捧げる—筆者訳）と記されていたのである。

英文で五〇〇頁を超える大著である原著の内容は、「極メテ多クハ短ク章ヲ別チテコレヲ述ブ」と原著者が弁明しているごとく、次のような三〇編もの詳細な目次の構成となっている。なお、下記の日本語に翻訳された目次の項目が、一体、どのような英文の訳文であるのかを知る参考資料として、英文原書からの英文目次を併記しておくこととする。

学室要論　目次

第一編　教授トハ何等ノ事ヲ謂フカヲ論ズ
（I. WHAT IS TEACHING?）
第二編　設問術ヲ論ズ
（II. THE ART OF QUESTIONING）
第三編　教授ト練習ト自ラ別アルヲ論ズ
（III. THE DIFFERENCE BETWEEN TEACHING AND TRAINING）
第四編　背誦ヲ聴ク方法ヲ論ズ
（IV. MODES OF HEARING RECITATIONS）
第五編　オヲ開キ能ヲ達スル主トシテ次序ニ注意スベキヲ論ズ
（V. ON OBSERVING A PROPER ORDER IN THE DEVELOPMENT OF THE MENTAL FACULTIES）
第六編　児童ノ理会シ難キモノヲ教授スルコトヲ論ズ
（VI. TEACHING CHILDREN WHAT THEY DO NOT UNDERSTAND）

第七編　少年輩ノ記憶力ヲ養成スルコトヲ論ズ
（VII. CULTIVATING THE MEMORY IN YOUTH）

第八編　事ヲ記憶スルニハ先ツ其理ヲ了解スベキコトヲ論ズ
（VIII. KNOWLEDGE BEFORE MEMORY）

第九編　語辞ノ勢力ヲ論ズ
（IX. POWER OF WORDS）

第十編　邦語ノ学習ヲ論ズ
（X. THE STUDY OF LANGUAGE）

第十一編　音声ヲ調整スルコトヲ論ズ
（XI. CULTIVATING THE VOICE）

第十二編　視力ヲ論ズ
（XII. EYES）

第十三編　石窟ノ誤見ヲ論ズ
（XIII. ERRORS OF THE CAVE）

第十四編　唯一思想ヲ有スルニ止マル人ヲ論ズ
（XIV. MEN OF ONE IDEA）

第十五編　教授ヲ巧ニスル才幹ヲ論ズ
（XV. A TALENT FOR TEACHING）

第十六編　教授力ヲ論ズ
（XVI. TEACHING POWER）

第十七編　成長ヲ論ズ
（XVII. GROWING）

第十八編　児童ヲ親愛スルヲ論ズ
（XVIII. LOVING THE CHILDREN）

第十九編　教師生徒ノ景慕ヲ得ルヲ論ズ
（XIX. GAINING THE AFFECTIONS OF THE SCHOLARS）

第二十編　児童ノ従順ヲ論ズ
（XX. THE OBEDIENCE OF CHILDREN）

第二十一編　馴養者「レーリー」氏ノ事ヲ記ス
（XXI. RAREY AS AN EDUCATOR）

第二十二編　寄宿学校ニ実験セルノ事ヲ記ス
（XXII. A BOARDING-SCHOOL EXPERIENCE）

第二十三編　骨相学
（XXIII. PHRENOLOGY）

第二十四編　師範学校ヲ論ズ
（XXIV. NORMAL SCHOOLS）

第二十五編　実験教授法ヲ論ズ
（XXV. PRACTICE-TEACHING）

第二十六編　性理ノ勢力ニ留意シ性理ヲ修養スル方法ヲ論ズ
（XXVI. ATTENTION AS A MENTAL FACULTY,AND AS A MEANS OF MENTAL CULTURE）

第二十七編　生徒ノ注意ヲ得ルノ論
（XXVII. GAINING THE ATTENTION）

第二十八編　勧誡
（XXVIII. COUSELS）

第一　少年教師ヲ勧誡スルノ説
（1. TO A YOUNG TEACHER）

第二　新生徒ニ授与スル勧誡
（2. TO A NEW PUPIL）

第三　寄宿学校ヨリ退去スル幼少婦女ニ授与スル勧誡
（3. TO A YOUNG LADY ON LEAVING SCHOOL）
第四　将ニ師範学校ニ入ラントスル一学生ニ授与スル勧誡
（4. TO A PUPIL ON ENTERING A NORMAL SCHOOL）
第二十九編　普通科小学設立ノ大意ヲ論ズ
（XXIX. AN ARGUMENT FOR COMMON SCHOOLS）
第三十　編　教育トハ果シテ何事ナルヤヲ論ズ
（XXX. WHAT IS EDUCATION?）

以上のような内容構成の中で、例えば最初の「第一編　教授トハ何等ノ事ヲ謂フカヲ論ズ」の冒頭で、筆者は「教授」という教育用語の概念を次のように規定している。

凡《およ》ソ教授トハ固ヨリ唯単一ノ談話ヲ云フニ非ス。夫レ一事ヲ以テ一級生徒ニ口授《こうじゅ》スルコト二十回ニ至ルモ、尚其事ヲ領会《りょうかい》シ得ザル者アリ。是ニ由テ之レハ、其生徒ニ対シ独リ之ヲ口授スルヲ以テ必ズシモ教授ト称スルヲ得べカラザルナリ。世ノ教師ノ十全ノ知識ヲ善クスル者、其教授ヲ為スノ時ニ方《あた》リテ、多クハ皆始ヨリ終ニ至ル迄、一ニ快捷《かいしょう》ノ弁ヲ以テ其生徒ノ為メニ談論スルヤ。余之ヲ知レリ。然レドモ其生徒ノ学業ヲ試査スルニ及テハ、其知識ヲ開達セル所、実ニ僅々ニ過キザラントス。(13)

また、最終編の「教育トハ果シテ何事ナルヤヲ論ズ」では、「教育」の概念を次のように規定している。

夫レ教育ハ第一人ノ知覚ヲ開通スルニ在リ。其次ハ才能ヲ導起《どうき》シ、且堅個ヲ得セシムルニ在リ。又、其次ハ其才能ヲシテ方向ヲ誤ラス暢発《ちょうはつ》セシムルニ在リ。是故ニ教育ハ只人ヲシテ知識ヲ増殖セシムルノミノ謂ニ非ス。元来知識ノ児童ノ意志ニ於ケルハ猶食物ノ其体ニ於ケルカ如ク、彼ハ以テ心智ヲ養フ所、此ハ以テ身支ヲ育フ所、共ニ一ノ目途トスル所ヲ成就スル手段ナリ(14)。

教育トハ適宜ノ次序ト適宜ノ秤量《しょうりょう》トヲ度《はかり》テ、人性中、良善ニシテ希望ス可キ才能ヲ開達スルニ在リ(15)。

上記のような内容のアメリカ教育書『学室要論』を、日本の教育史学界で本格的に取り上げて論評した最初は、吉田熊次『本邦教育史概説』である。同書の刊行は、ファン・カステールや虎三郎が没して半世紀以上が過ぎた大正十一年(一九二二)四月であった。吉田熊次(一八七四〜一九六四)は、当時は東京帝国大学教授の教育学者で、国定教科書の編纂や文部省関係の各種委員を歴任し、日本の教育界に大きな影響力を有していた。それ故に同書は、出版と同時に大きな反響を呼び、版を重ねて全国に広まった。

同書の「後篇　明治以後の教育発達」の中で、吉田は、『学室要論』を取り上げ、四頁にもわたって内容と特徴を詳細に紹介している。同書が、生徒の調和的発達や個性教育、さらには身体の健康の保全など、従来の日本の教育にはみられなかった教育の新知見を示している点を高く評価している。

しかしながら、日本語の訳文に関しては、「此の訳文を読んだだけでも如何に当時の思想の生硬であったかと云ふことが分る。思ふに教育に関する理論を細かく考えると云ふやうなことは、まだ極めて幼稚であったと思ふ。(16)」と、厳しく論評しているが、誠に要を得た指摘といえる。

次に本書に着目し、内容に立ち入って詳細に検討を加えたのは、稲富栄次郎『明治初期教育思想の研究』であった(17)。同書は、明治初期に紹介された欧米教育書を教育思想史的な観点から分析した研究書である。その中で稲富は、吉田の場合を超える多くの紙幅を費やして、『学室要論』を取り上げ吟味している。

彼は、まず『学室要論』の概要を紹介し、原著者ハートの教育思想を、「児童の自発活動にもとずく自己発展を教育の本質と考えるものであって、古くはソクラテスの産婆法、近くはペスタロッチの開発主義が、明らかにハートの教育思想の根底をなしている」と捉え、「エジュカーレといふ事の本来の意味に立脚した心性開発の教育方法が、要するにハートの説こうとする所」であり、「西洋教育学上の定石的な思想を、実際教授や教師の問題に具体化して説いた所に本書の価値があると共に、また当時の我が教育界に対する存在意義でもあった」と、同書の歴史的な意義を論評した。

だが、稲富が問題点として鋭く指摘したのは、前述した吉田の場合と同様、ファン・カステールの翻訳であった。稲富は、『学室要論』の英文原書に即して翻訳書の日本語訳文を詳細に比較校合し、次のように具体的事例を挙げて誤訳や脱漏を酷評したのである。

> 第一篇「教授トハ何等ノコトヲイウカヲ論ズ」の冒頭の第一節は可なりとしても、次節冒頭の原文 "There are several time-honored metaphors on this subject, which need to be received with some grains of allowance, if we would get an exact idea of what teaching is" を、カステールは「ソモソモコノ一篇ノ主意ニ就テ相類似セル者ヲ引テ数多《あまた》ノ比喩ヲ設ケタリトイエトモ、然レトモ人若シ所謂《いわゆる》教授トハ果シテ何ラノコトヲカイフト顧思シ、ソノ精密ノ趣旨ヲ会得スルニ至テハ、ソノ比喩ニ於テ必ス将ニ多少相違スル所アルヲ知ラントス」と訳しているが、これは明らかに正しき訳文とは言い難いばかりでなく、日本文としても極めて拙劣《せつれつ》不完全であり、いわんやこれを読む者が原書の真義を了解することは全然不可能であると言わねばならない。(18)

明治九年（一八七六）という早い時期に出版された英文教育書の翻訳書である『学室要論』は、稲富が指摘するように、明治の後半以降、欧米諸国への留学経験のある日本人によって日本語に翻訳された教育書の場合とは、比較にならないほどに生硬で稚拙な訳文であった。確かに、このことは否めない。翻訳したオランダ人のファン・カステールは、英語ができるとはいっても日本での語学教師として数年の教育経験を有するのみで、一通り英語と日本語の両方がわかるというだけで翻訳を委嘱されたわけである。彼は、決して教育の専門家でも英文の翻訳家でもなかった。残念ながら明治初期の日本においては、他に適当な人物がいなかったのである。

校訂した虎三郎の方もまた、同様であった。彼は、洋儒兼学を旨とする象山門下の秀才であり、幕末蘭学にも精通してオランダ語の翻訳書を幾冊も手がけていた。だが、彼は、基本的には江戸時代の漢学教育を受けた正統派の漢学者であり、中国漢書に訓点を施して翻刻したり、漢詩文を自由に草することなどは容易であった。しかしながら、明治維新を迎えて、時代は蘭学から英学へと一変し、オランダ語は英語に取って代わられてしまった。虎三郎と同時代を生きた福沢諭吉は、蘭語から英語に切り替える際の苦心談を、自叙伝に次のように記している。

その時の蘭学者全体の考えは、私を始めとして皆、数年の間、刻苦勉励した蘭学が役に立たないから、丸でこれを捨ててしまって英学に移ろうとすれば、新たに元の通りの苦しみをもう一度しなければならなぬ。誠に情けないつらい話しである。(19)

刻苦勉励してオランダ語の原書を翻訳できるまでに蘭学を修得していた虎三郎にとっても、時代の移ろいに対する無念の思いは、福沢と同じであったに違いない。彼にとって、新時代を象徴する英語は、全く未知の外国語であった。しかし、江戸を遠く離れた越後長岡で、長い謹慎生活を送らなければならなかった彼にとっては、福沢のように蘭学から英学に切り替え、新たに英語を習い直すことは不可能なことであった。明治の戊辰戦争後、不惑を過ぎた彼は、謹慎を解かれて自由の身とはなった。だが、今度は長岡藩政の執政に選挙され、廃墟からの郷土復興を委ねられた。しかしながら彼は、復興事業の半ばに郷里長岡を去って上京し、再び学究的生活に戻ろうとしたわけである。だが、不惑を過ぎて病躯を抱えた身にとって、明治の文明開化を象徴するアメリカの言語である英語を、新たに習得する余力は全くなかったのである。

そんな彼が、偶然の必然というべきか、外国人の手になる英文原書の日本語訳の校正を、文部省から委嘱されたのである。英語を学び直すことのできなかった彼には、ファン・カステールが訳した日本文を、英語の原文と比較校合して校訂することは全く不可能なことであった。あくまでも彼は、その日本語訳を、漢学教育を受けた寺子屋教師などを中心とする明治初期の小学校教師たちが理解できる日本文になっているか否かを念頭において、校訂作業を進めざるをえなかった。したがって、彼が校正した日本文は、明治初期とはいえ、いまだ漢学を主体とする日本語の文体であり語彙であった。

それ故に、後世の日本人からみれば、漢学者の虎三郎が校訂した翻訳書の日本文が生硬かつ難解と受け止められるのは、時代状況を考えれば、無い物ねだりといわざるをえない。もし我々が、英語が普及した現代社会において、いまだ鎖国から開国に転じたばかりの明治初期になされた同書の翻訳の稚拙さを、とやかく酷評するとすれば、それは歴史的時間の流れを無視した見方であり、是非とも避けたいところである。

欧米先進国の教育文化に接する機会の全くなかった明治初期の学校教師たちの側から、翻訳教育書の嚆矢である『学室要論』の歴史的意義を考えたとき、同書は、従前の漢学を中心とした近世儒教社会の延長上にある日本の伝統的な教育界には全くみられなかった斬新な教育の理論や知識を提供してくれる、教育新知識の源泉となったであろうことは想像に難くない。

吉田熊次と稲富栄次郎の見解は、昭和期戦前における教育史研究の水準での『学室要論』の理解と評価を示したものである。次に、昭和戦後期の研究成果として注目すべきは、昭和五十年（一九七五）に刊行された平松秋夫『明治時代における小学校教授法の研究』である。明治以降における近代日本の小学教育界に翻訳紹介された欧米諸国の教授法に関する膨大な数の論文や著作を、受容された時系列に沿って詳細に整理分析した労作である。そこには、『学室要論』の概要が簡潔に紹介され、同書の教育学上における特徴が次のように述べられている。

その立場は自然主義であり、全篇を通じて、客観的自然主義と主観的自然主義の教育観を、随処にうかがうことができる。教授論をみても、「教授トハ何等ノ事ヲ謂フカヲ論ズ」(第一篇)において、教授上凡百の方法中、「唯一方法ノ最モ有益且ツ必要ナル者ハ即チ生徒自己ノ勉励ヲ助導スル是ノミ」と断定している。この書は、主として小学校の教授法を論じたものであるといわれるごとく、第二篇以下において、教授上の実際問題を多く取り扱っているが、中でも「設問術ヲ論ズ」(第二篇)は、開発主義の方法を具体的に説いたものである。(20)

第四節　虎三郎校訂、アメリカ教育書『教師必読』の内容と特徴

ファン・カステールと虎三郎とがコンビを組んで翻訳・校訂し、文部省から刊行されたアメリカ教育書の第二弾が、『教師必読』であった。刊行されたのは、何と『学室要論』の翌月、すなわち明治九年(一八七六)七月のことであった。

同書は、明治初期の日本の教育界において、先の『学室要論』とは比較にならないほどに大きな反響を呼び、現職の学校教員たちの間で広く読まれ、さらには全国各地の師範学校においても教科書として採用されるなど、明治前期における教職教育上の不可欠な教育書として全国に普及した。文部省から出版された同書の扉には、次のような刊行の辞が掲載されていた。

此書原名ヲ「チーチャルス、アシスタント」ト云フ。米人チャーレス、ノルゼント氏ノ著ス所ニシテ、西暦一千八百七十三年、同国ノ発行ニ係レリ。和蘭人ファン、カステール氏来リテ我邦ニ寓スル、茲ニ年アリ。其和英両語ニ通スルヲ以テ、嘱シテ此書ヲ訳セシム。訳成ルニ及ヒ刊シテ以テ教育ニ従事スル者ノ一覧ニ供ス。

明治九年七月[21]

上記の文部省による紹介文には、『学室要論』の場合とは異なり、執筆者が記されてはいなかった。だが、内容の形式は、『学室要論』の場合と全く同じである。

原著者は、アメリカ人の「チャールス、ノルゼント」(A. M. Charles Northend, 1824-1895)という人物であった。彼は、マサチューセッツ州に生まれ、初等・中等学校の教師を経て、師範学校長やアメリカ各地の郡や州の教育委員を務め、やがてアメリカ教育会(American Institute of Instruction)の会長を歴任した。公職を引退してからは執筆活動に専念し、豊かな教育経験を生かして数多くの教育書を遺した。[22] 彼の代表的な著作の一つが『教師必読』の原著となった「チーチャルス、アシスタント」(*The Teacher's Assistant*, 1873)であったのである。

日本に翻訳紹介されたノルゼントの教育書は、『教師必読』の他にも、日本人の小泉信吉・四屋純三郎の共訳で刊行された『那然氏小学教育論』(*The Teacher and the Parent; Treatise upon Common School Education*, 1853)があり、同書もまた明治初期の日本教育界に多くの読者を得て版を重ね、大変に好評を博した教師用教育書であった。

ところで『教師必読』には、原著者であるノルゼント自身の、次のような日本語に訳された序文が収められていた。

教師必読《チーチャルス、アシスタント》原序

此書ハ、作者其朋友ヨリ教授ノ方法ニ関渉スル一二ノ件款《けんかん》ニ於テ箴言《しんげん》訓語ヲ請求セラレシニ因テ著述セルモノニシテ、記者ハ其請求ニ応スルニ、学校ニ在リテ行フベキ義務ト学校中演習ノ方法トニ就テ、多少解シ易キ書籍ヲ作ルハ、衆人ノ為ニ最モ有益ナルベキヲ想起シ、是ニ於テ此書ヲ編輯シテ、其意ヲ達スルコトヲ得タリ。

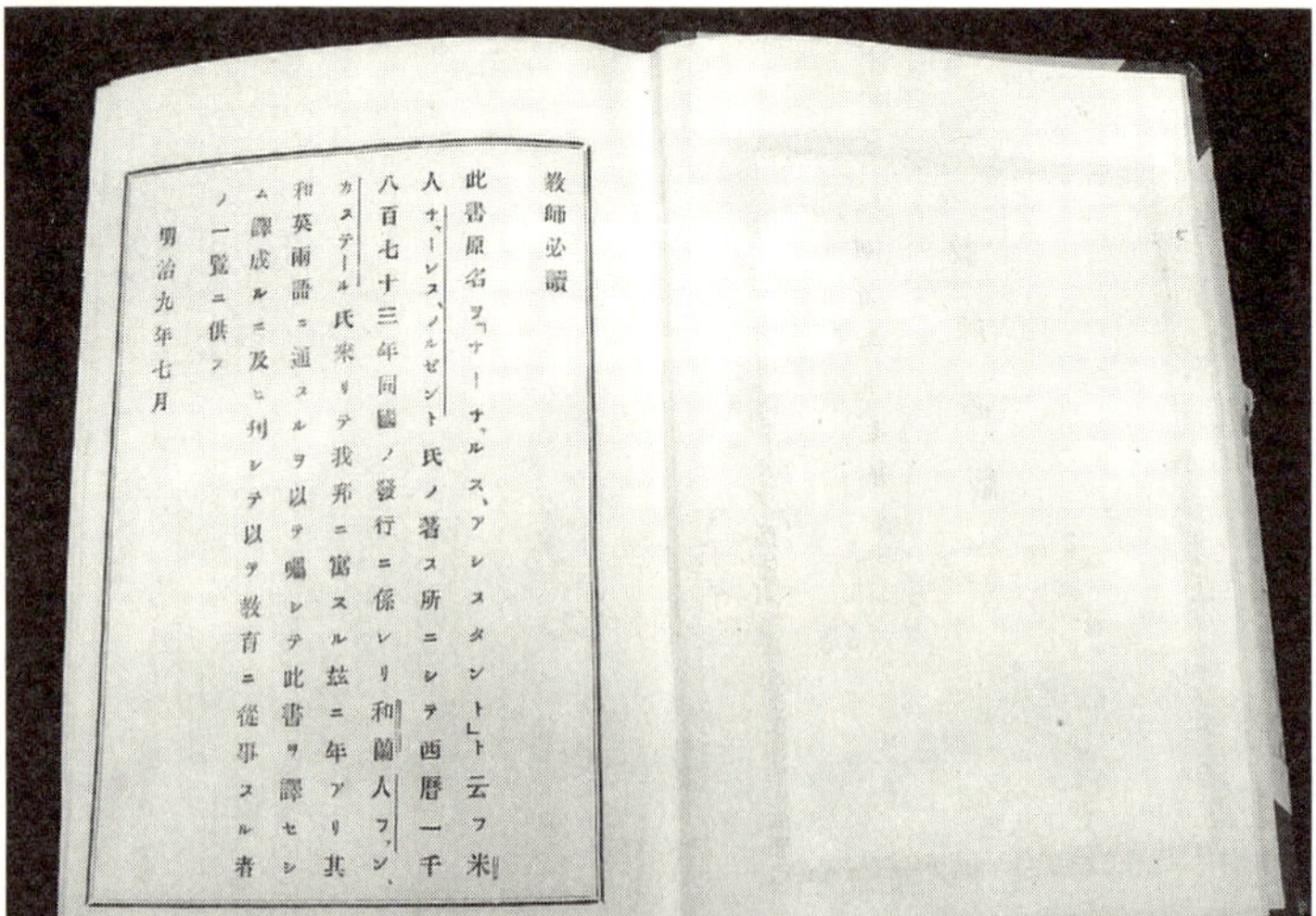
教師必讀

此書原名ヲ「ナーナルス、アレスタント」ト云フ米人ナーレス、ノルゼント氏ノ著ス所ニシテ西暦一千八百七十三年同國ノ發行ニ係レリ和蘭人ファン、カステール氏來リテ我邦ニ寓スル茲ニ年アリ其和英兩語ニ通スルヲ以テ囑シテ此書ヲ譯セシム譯成ルニ及ヒ刊シテ以テ教育ニ從事スル者ノ一覽ニ供ス

明治九年七月

小林虎三郎校訂、ファン・カステール翻訳『教師必読』(筆者所蔵)

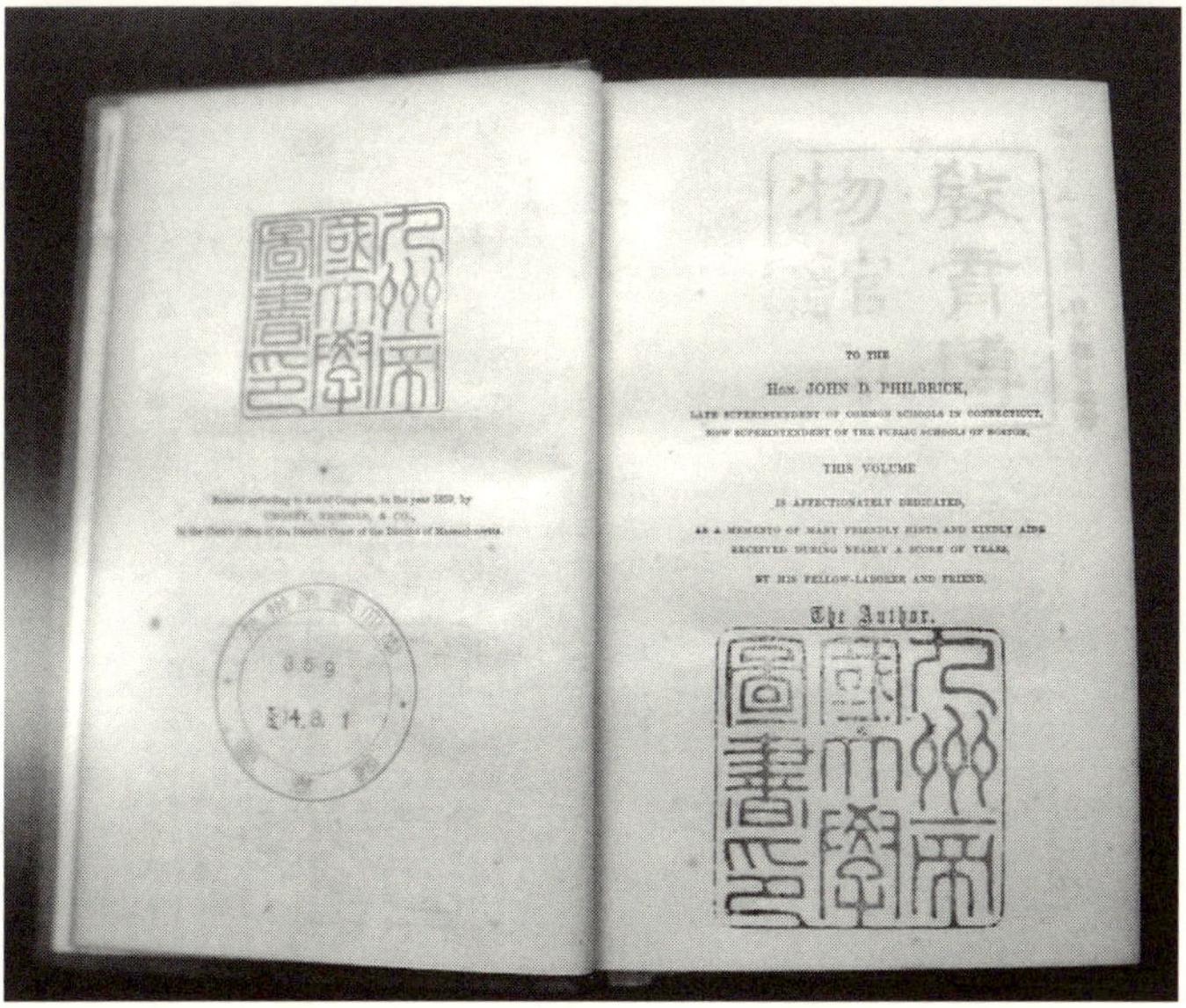

小林虎三郎校訂、ファン・カステール訳『教師必読』の原書

（*The TEACHERS'S ASSISTANT*, 1873）

而シテ此書ハ、其適宜ニシテ簡要ナルヲ証セント欲シ、之ヲ世ニ公ニシ、殊ニ教師輩ノ為ニ做《な》スナリ。又、巻中数種ノ書簡ハ、実際ニ経験スル所浅クシテ、其智識限リアル人ノ急需希望スル所ヲ察シテ、特別ニ之ヲ書記シ、且ツ其中ニハ作者ノ教授事務ノ上ニ就テ、種々ノ経験ニ由テ自得セシ所ノ貴ブベキ意見ヲ包括シ、又其貴ブベキ忠告ヲモ含有セリ。

然レドモ、是固ヨリ教授ノ方法ヲ完全ニ指示セリト云フニ非ス。又、此書ノ論説方法ハ、必ス採用スベシト云フニ非ズ。何トナレバ、教師タルモノハ決シテ徒ニ諂媚《とうび》シテ人ノ為ス所ニ模倣スベキモノニ非ス。又、全ク他人ノ轍《てつ》ヲ踏テ其業ヲ固執スベキモノニ非ザルガ故ナリ。然レドモ、此書ノ編輯ヲ請求セシ人ノ為ニハ、少シク忠告ト做《な》ルベキコトヲ望メルナリ。若シ是ニ由テ一個ノ教師ヲシテ其職業ヲ務ムルニ於テ更ニ精良ナル意見ヲ起サシメ、或ハ学校ノ管理法及ヒ教授法ニ関シテ、更ニ端正ナル思慮ヲ発セシメバ、即チ此書ハ無益ニ著作スルモノニ非サルコトヲ悟ルベシ。

蓋《けだ》シ此書ハ、作者ノ心中深ク他ノ教師輩ノ当ニ担当シテ成育スベキ所ノ少年生ヲ練習教訓センコトヲ努力スル者ト、感覚ヲ固ウスルノ情実ヲ吐露シ、以テ教師輩ニ真個ニ此書ヲ熟思センコトヲ慫慂《しょうよう》セシモノナリ。而シテ教師輩ハ、皆貴重ナル職業ニ労作スルモノナレバ、汲々乎トシテ其任ニ適スベキ材能《さいのう》ノ更ニ高尚ニシテ且ツ善良ナルヲ得ンコトヲ勉励シ、而シテ此緊要ナル職業ニ従事スルモノヽ中ニ在リテ、貴重ナル徳行ヲ有シテ、他人ニ尊崇セラルヽ人タランコトヲ希望スベキナリ。

此書ノ題号、教師ノ助力人ト訳ス。即チ教師タルモノ、此書ヲ以テ助力人ト做《な》スノ義ニシテ、凡ソ学校ノ義務規律及ヒ一切教育ニ関係スル所ノ告知、并ニ方法ヲ記載セリ。

紀元一千八百五十九年六月　　チャールス、ノルゼント　識(23)

上記の序文に明らかなごとく、本書は、原著者が朋友から教授の方法に関する箴言訓辞を求められて執筆した教師用の教育書であった。その内容は、序文にみられる通り、「学校ノ義務規律及ビ一切教育ニ関係スル所ノ告知並ニ方法ヲ記載」して、「教師ヲシテ其職業ヲ務ムルニ於テ更ニ精良ナル意見ヲ起サシメ、或ハ学校ノ管理法及ヒ教授法ニ関シテ更ニ端正ナル思慮ヲ発セシメ」ることを目的に書かれたものであった。

同書は、日本語の翻訳版で五三〇頁を超える大著であるが、その内容は本編二二章と附録九章からなる次のような構成であった。以下に原書からの英文を付した「教師必読目録」を示しておく。

教師必読目録

第一書　教師当然ノ職掌　一丁
（LETTER I THE TEACHER'S VOCATION）
第二書　忍耐　模範ト做《な》スヘキ品行及ヒ容儀　九丁
（LETTER II PATIENCE-EXEMPLARY CHARACTER AND DEPORTMENT）
第三書　愉快　労作ヲ好ム事等　二十丁
（LETTER III CHEERFULNESS-LOVE FOR THE WORK, ETC.）
第四書　職務ヲ改正スベキ方法　三十六丁
（LETTER IV MEANS OF PROFESSIONAL IMPROVEMENT）
第五書　学校ノ規律及ヒ其管理法　五十三丁
（LETTER V SCHOOL DISCIPLINE AND SCHOOL MANAGEMENT）
第六書　父母ノ助成　九十三丁
（LETTER VI PARENTAL CO-OPERATION）
第七書　修身ノ教誨　九十九丁
（LETTER VII MORAL INSTRUCTION）

第八書　口授教法　百二十四丁
（LETTER VIII ORAL TEACHING）
第九書　諳誦　百三十四丁
（LETTER IX RECITATIONS）
第十書　物課　百五十六丁
（LETTER X OBJECT LESSONS）
第十一書　読書　百九十丁
（LETTER XI READING）
第十二書　綴字　百二十三丁
（LETTER XII SPELLING）
第十三書　習字　二百四十九丁
（LETTER XIII PENMANSHIP）
第十四書　文法　二百六十六丁
（LETTER XIV GRAMMAR）
第十五書　作文　二百九十二丁
（LETTER XV COMPOSITION）
第十六書　地理学　三百十九丁
（LETTER XVI GEOGRAPHY）
第十七書　数学　三百五十九丁
（LETTER XVII ARITHMETIC）
第十八書　記簿法　生理学　図書学　歴史学　歌学　三百八十五丁
（LETTER XVIII BOOK-KEEPING.-PHYSIOLOGY.-DRAWING.-HISTORY, ETC.）
第十九書　講義　治国ノ法　自然ノ学習　言語ノ学習　雑事ノ了解　四百十七丁
（LETTER XIX DECLAMATION.-STUDY OF NATURE AND OF WORDS, ETC.）

第二十書　小学校　四百四十一丁
（LETTER XX PRIMARY SCHOOLS）
第廿一書　習慣　四百六十丁
（LETTER XXI HABITS）
第廿二書　学校ノ試験及ヒ褒賞　四百六十八丁
（LETTER XXII SCHOOL EXAMINATION AND EXHIBITIONS）
附録（APPENDIX）
附録　第一　学校事務ノ手簿　四百八十丁
（MANUAL OF SCHOOL DUTIES）
同　第二　教師ノ守ルヘキ規則　四百八十八丁
（RULES FOR TEACHERS）
同　第三　教師ノ己ヲ省察スル疑問　四百九十二丁
（QUESTIONS FOR SELF-EXAMINATION）
同　第四　書生ノ守ルヘキ規則　四百九十五丁
（RULES FOR SCHOLARS）
同　第五　教師生徒ノ共ニ遵守スベキ規則并ニ條例　四百九十九丁
（RULES AND REGULATIONS APPLYING TO TEACHERS AND PUPILS）
同　第六　教師ノ為ニ有益ナル書籍　五百二丁
（BOOKS FOR TEACHERS）
同　第七　学校書庫ニ備フヘキ書籍　五百二十二丁
（BOOKS FOR SCHOOL LIBRARIES）
同　第八　学校書庫ノ規則及ヒ條例　五百三十九丁
（RULES AND REGULATIONS FOR SCHOOL LIBRARIES）
同　第九　学校器具、学校格言及ヒ記録等　五百四十三丁

（APPARATUS, SCHOOL MOTTOES, RECORDS, ETC.）
教師必読目録　畢[24]

以上のようなファン・カステール訳、虎三郎校訂になるアメリカ人ノルゼント著の教育書『教師必読』は、「小学校教員たること殆ど二十年の経験を積んで、『小学教育論』を著した。（中略）小学校の教育の実際に直接関係する事柄を記録したものであって、教育学説というような抽象的のことを述べたものではない[25]」と評される内容であった。学校現場における教師の教育実践に有益たらんとして執筆された同書の内容は、「教師たらんとする者に対しては、書簡の形を以てその心構・修養の心得・教授の態度等を教示[26]」している。

同書が日本で翻訳出版されると、前述のハート著『学室要論』などと共に、明治初期の教育界において、「最も広く愛読せられ、師範学校の教科書としてさえ使用」される教育書となり、「その我が国に及ぼせる影響も大きく、われわれは当然これを無視することが許されない[27]」と評価される。同書が、如何に大きな歴史的意義を有する翻訳教育書であったかを窺い知ることができる。そのような同書の教育学上の特徴としては、当時のアメリカ教育界に普及していた「コメニウス流の自然主義に立って、天然の教法を力説しているが、ペスタロッチ流の開発主義の思想も、処々に発見される[28]」という点にあるとされた。

第五節　虎三郎校訂、イギリス教育書『童女筌』の内容と特徴

これまでオランダ人ファン・カステールの日本語訳で、それを日本人の虎三郎が校訂した二冊のアメリカ教育書、すなわち『学室要論』『教師必読』の内容と特徴とをみてきた。だが、ファン・カステールと虎三郎のコンビによる教育書の翻訳出版には、アメリカ物だけでなく、イギリス物も手がけられていたのである。

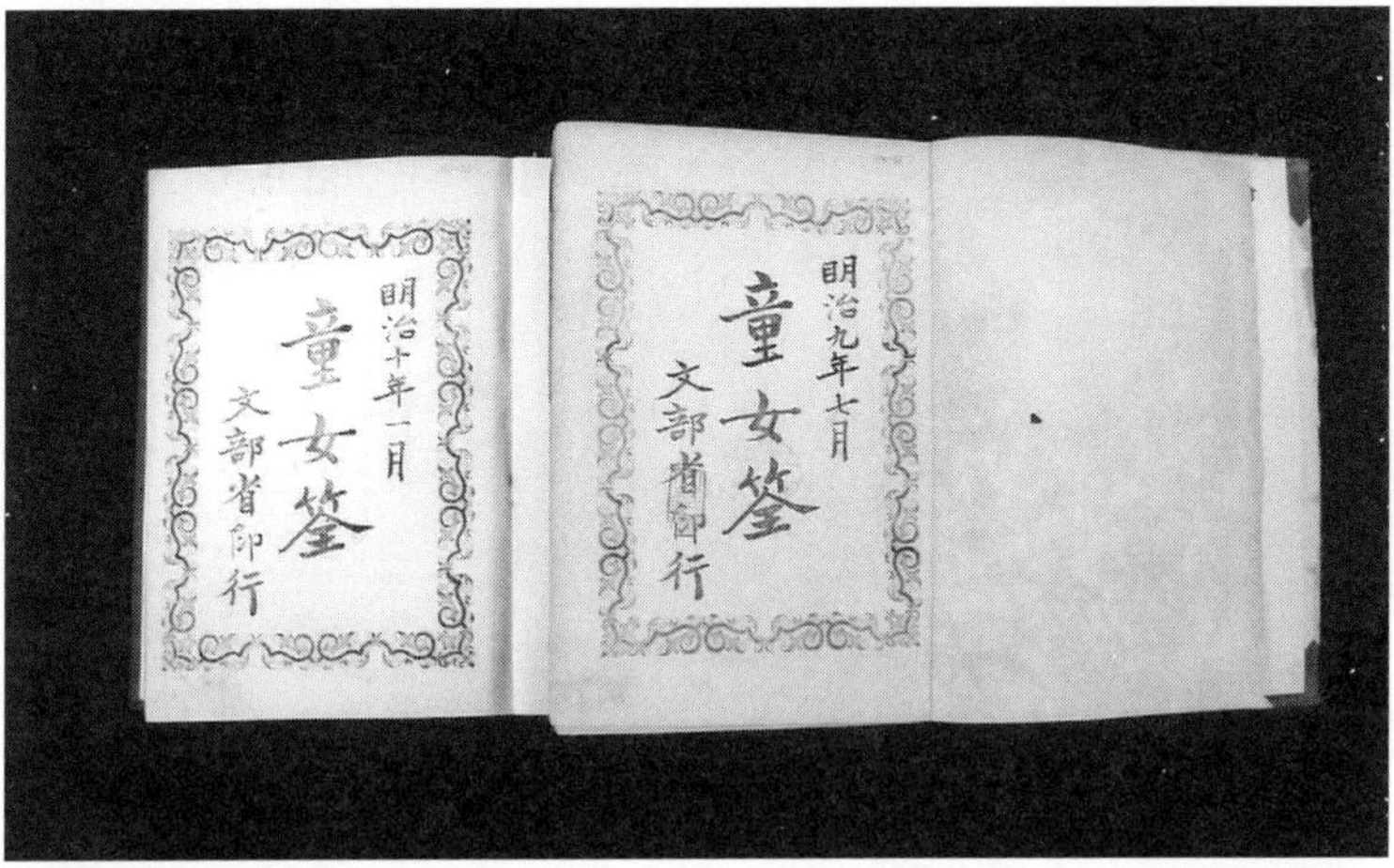

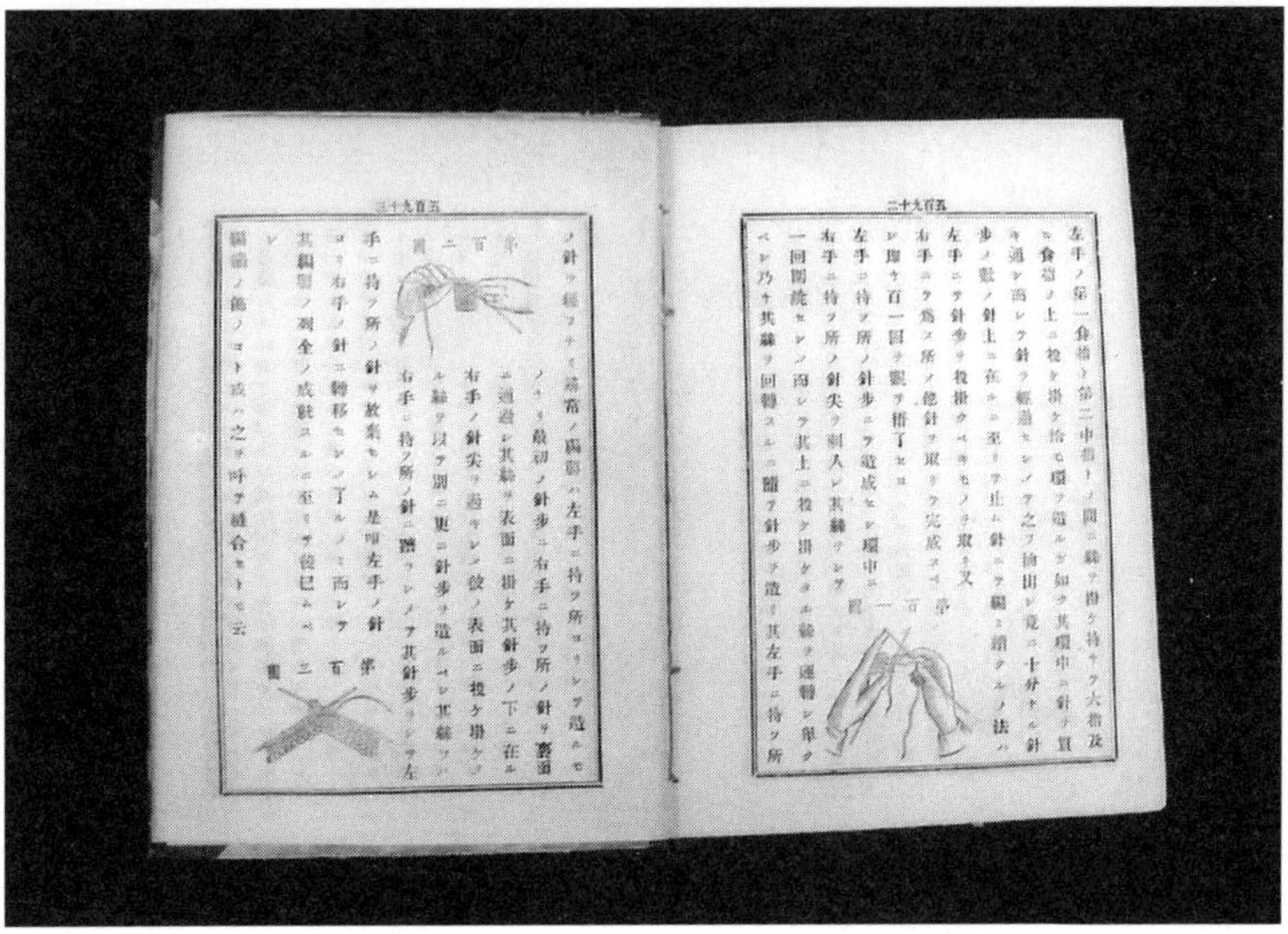

小林虎三郎校訂、ファン・カステール翻訳『童女荃』

すなわち、原著者がイギリス人のヴァレンタイン（Valentine）という女性の教育書（*Girls Own Book of Amusement*, 1873）である。『童女筌《どうじょせん》』（少女のための遊戯書）という標題で日本語に翻訳された同書は、実に大部な書物であったので、二巻に分冊され、第一巻（五九七頁）が先の『教師必読』と同じ明治九年（一八七六）七月に、第二巻（五八九頁）がその半年後の明治十年一月に、相次いで文部省から出版された。いずれも英文から日本語への翻訳はファン・カステール（和蘭漢加斯底爾訳《オランダカステールヤク》）であった。が、校訂の方は、第一巻が虎三郎と村山徳淳の二人でなされ、第二巻の方は虎三郎の単独での校訂であった。

明治初期の日本におけるファン・カステールの翻訳業績の一つであるイギリス教育書『童女筌』については、今日までほとんど知られていなかった。管見の限りでは、同書の概要を初めて紹介したのは、唐澤富太郎（一九一一～二〇〇四）であった。彼は、『図説教育人物事典』（上巻）の中で、同書の翻訳書の写真を掲載して、次のように概要を紹介している。

> 本書の内容は、人の父母たる者に示すもので、色々の遊戯、例えば闘牌戯、独楽戯、教育遊具をはじめ、「裁縫匠の針通」のような手工的なもの、また知らなければならない本草物産、鳳仙花の説話、蜜蜂の説話、狼および牧羊者、小童女輩修身の訓話など極めて多くの項目を掲げ、図も相当入れて書いているもので、巻一は五九七ページ、巻二は五八九ページに及ぶものである。(29)

さて『童女筌』であるが、同書の上巻である「巻之一」の扉には、先にみたファン・カステール翻訳の『学室要論』や『教師必読』に付されていた推薦文（刊行の辞）と同じ形式と内容の文章が、しかも『学室要論』の場合と同じ「大井鎌吉」という文部省関係者による、次のような紹介文が掲げられていた。

此書原本英文ヲ以テ記セルモノニシテ、其名ヲ「ゲァルス、アウン、ブック」ト云フ。英人「エル、ファレンタイン」女氏ノ編修ニ係リ、西暦一千八百七十三年龍動ニ於テ発兌《はつだ》セシ所ナリ。荷蘭人《おらんだじん》「ファン・カステール」氏、来テ我国ニ寓スルコト久シ、其英語ヲ解シ兼テ国語ニ通ズル故ヲ以テ、嘱シテ此書ヲ訳セシム。訳成ニ及デ刻シテ以テ児女ノ為ニス。

明治八年十一月　　大井鎌吉　識(30)

上記の推薦文で不思議なのは、日付である。この『童女筌』の刊行の日付けは「明治八年十一月」となっており、先に刊行された『学室要論』の場合の「明治八年十二月八日」よりも早い。すなわち出版された二つの翻訳書の刊行の順序は、時間的には逆の日付になっている。このことは、『学室要論』が刊行される時点で、すでに『童女筌』の翻訳もでき上がっていたことを物語っていると推察される。

この『童女筌』にも、日本語に訳された原著者の長文の「童女筌原序」が付されていた。その最初には、同書は、原著者が「一己ノ意見ト経験」に基づいて、女児教育に必要な「遊戯ノ説」「縫綴編ノ方法」「快話ナル運動」「威儀礼貌ノ事」などについて、「余カ所思ヲ陳述」した教育書である、と述べられている。そして女児教育が如何に大切であるか、その意義が次のように記されていた。

童女輩ハ、先ツ如何シテ人間ニ利益スル所アルベキヤヲ学知セザルベカラズ。且ツ浩漠タル芸林中ニ生立スル人ハ、必ス悉皆其身ヲ改良シテ、至高ノ地位ニ達センコトヲ求ムベシ。而シテ人民ノ自由ヲ得タル此国ニ於テハ、巧妙ナル技芸ト精良ナル意匠ト、及ヒ作法ニ威儀アルトヲ学習セント欲スルトキハ、他ノ貴重ニシテ簡要ナル義務ヲ行フノ間ニ在テ、勉励修成スヘキ許多《きょた》ノ時間無キニ非ズ。又、各国共ニ実ニ其娘子輩ヲシテ卑賤ナル職事ニ於テモ、能ク其義務ヲ完了スルコトヲ得セシメ、又高尚ナル地位ニ在テモ、之ヲシテ益々高貴盛大ニスルニ適セシメンガ為メ、能ク教育スルコトハ甚タ緊要ナリ(31)。

以上のような趣旨と内容をもって書かれた本書の特徴は、序文に「画工ノ練熟且良善ナル意匠」を取り入れて、図解するための沢山の精巧緻密な挿絵が収められていたことである。本書は、漢学者である虎三郎が日本語の訳文を校訂した故にか、前述の『学室要論』や『教師必読』の場合と同様に、今からみれば実に生硬で難解な漢文調の日本文であった。だが、随所に挿入された図解によって、視覚に訴えて文意を理解できるように創意工夫が凝らされていた。

思えば明治の近代に入っても、江戸時代の身分制社会における男尊女卑の風潮を反映してか、男女の教育格差は非常に大きかった。明治五年に学制が発布され、国民皆学を期して男女が等しく就学すべしと規定された小学校でも、女児の就学率は、男児に比してはるかに低かった。学制発布の翌六年における男女別の小学校就学率は、男児が三九・九%であるのに比して、女児はその半分以下の一五・一%であった。同八年に男児は五〇%を超えるが、女児は一八・七%に過ぎなかった(32)。

如何にして女児の就学率を高めるか。この問題は、小学教育を基盤とする近代日本の学校教育の重要な課題であった。そのような時期に、虎三郎校訂、ファン・カステール訳で、文部省からイギリスの女児教育書『童女筌』が刊行されたことの歴史的意義は大きい。実務的な女児教育の実際を説く同書こそは、近代日本に紹介された欧米女児教育書の嚆矢であったといえる。

第六節　晩年に英語の習得を志した虎三郎の向学心

虎三郎が遺した史料の中に、「ピ子《ネ》オ氏英文典備忘」という英語に関するメモ帳(単語帳)があった(33)。山本有三は、その著『米百俵』の中で、虎三郎の甥の証言を基に、「小金井博士のお話しによると、病翁は、オランダ語はかなりこなせたそうですが、英語はずっとあとから始めたので、あまり読めなかったということです。[34]」と記している。

何故に虎三郎は、晩年になって英語に関心を示したのか。その契機は、彼が英文を翻訳した日本語の校訂を依頼されたことによる、とみて間違いない。彼は、ファン・カステールの訳した日本文を校訂する過程で、叶うことならば英文原書に当たって日本語の訳文を逐一吟味し、より適切な日本語に校訂したいとの学究的衝動に駆られたであろうことは想像に難くない。

だが彼は、残念ながら、全く英語ができず、原典と訳文とを比較校合できなかったのである。その無念さからか、探求心の旺盛な虎三郎は、晩年に一念発起して英語の学習に向かおうとした。しかしながら、英文を翻訳できるまでの英語力を獲得するには、福沢が回顧したごとく、幕末期にオランダ語の修得に要した難行苦行が再び求められることとなり、病躯に苛まれた晩年の虎三郎にとっては、叶わぬ夢で終わってしまったのである。

第七節　明治初期における欧米翻訳教育書の歴史的意義

以上、明治初期にオランダ人ファン・カステールが翻訳し、その日本文を虎三郎が校訂した欧米物の翻訳教育書について、その内容と特徴とをみてきた。彼等が翻訳、校訂して日本の教育界に紹介した欧米教育書は、豊富な教師経験に基づく欧米の原著者たちが、教員の養成・研修に有用な実践的な教育書として、教師論や教職論、あるいは教育内容論や教育方法論などをまとめたアメリカ最新の著作であった。

国民形成という日本近代化の重要な国家的課題の一翼を担った文部省は、明治五年（一八七二）の学制発布の後、欧米各国の教育書や教授書の翻訳刊行を積極的に推進した。しかし、翻訳に当たっては、どのような目的や基準で、如何なる書物や論文を翻訳すべきかという基準設定は定かでなく、決して主体的な選択が働いていたとは言い難い。

ただ「雑然と手当たり次第[35]」に進めていった、と評されてもやむを得ない現実があった。また、翻訳に当たる人物についても、「教育に興味を持つからというよりは、語学に長ずるとの理由」だけで選ばれた、と指摘される通りであった[36]。

『学室要論』や『教師必読』に象徴されるがごとく、「泰西の教育思想がわが国に入った嚆矢は、アメリカ刊行の教育書[37]」といわれるように、明治十年前後までの翻訳教育書のほとんどは、アメリカ人の教育書であった。

なぜ、アメリカ人の教育書が歓迎されたのか。その理由は何か。これらの疑問に答えるに、「内容が如何にも深切《ママ》にして爺から小言を聴き、坊主から御説法を承るやうな心持ちのする、いわば教員心得ないし教授必携とでも名付くべきもので、管理法とか教授法とかについての、直ちに教育の実際に役立つ卑近で且つ浅薄な事柄を、断片的に集めたにすぎなく、差し迫った当時の教育界の要求と合致していたから[38]」とは、実に要を得た指摘である。

昭和の戦後に教科書研究で大きな研究業績を残した唐澤富太郎は、明治初期における翻訳教科書の受容の歴史的な意義を次のように論述している。

> 明治初期欧米教育学の摂取は、先ずアメリカから始まった。文部省最初の翻訳書「彼日氏教授論」（明治九年）、「教師必読」（明治九年）などは、いずれもアメリカの教育書を、オランダ人に依嘱して日本語に訳して出版しているのである。その訳が生硬且つ不完全であることはいうまでもないが、このことから、いかに明治政府が急いで欧米先進諸国の教育を摂取して一日も早く日本を近代化しようと腐心していたか、その苦渋の跡をまざまざと感じさせるものがある。
>
> なお先ずアメリカの摂取から始まったということは、実用主義の国として極めて実際的な国において行われている教育の仕方を、いち早くとり入れて、日本の近代教育の実行に役立たせようとしたからに外ならない。したがって、それは教育の目的を論ずるというよりも、どのようにしたら従来の寺子屋式の教育方法を脱却し

て、近代学校の一斉教授法へと進められるかを学ぼうとしたものに外ならなかった(39)。

唐澤が指摘するごとく、ファン・カステール訳、虎三郎校訂で刊行された欧米翻訳教育書は、いまだ江戸時代の漢学的教養が主流を占めた明治初期の日本語であり、今からみれば稚拙な訳文で読みにくく、現代日本人の誰もが内容を十分に理解できるほどに簡明な日本文では決してなかった。とはいえ、ファン・カステールと虎三郎による欧米翻訳教育書の刊行は、歴史的にみれば、教育近代化に向かっての実に先駆的な事業であった。日本の教育近代化を緊要な国家的課題とする文部省は、ただ英語と日本語ができるというだけでオランダ人ファン・カステールに英文原書を日本語に翻訳させた。そして、その日本語の訳文の校訂を、当時、教育近代化に係る教科書その他の執筆活動を積極的に展開していた漢学者の虎三郎に委嘱したのである。

文部省による、このような人選は、これが最初で最後であった。彼等の後においては、欧米教育書の翻訳は、英語や教育のわかる欧米留学帰りの日本人に委ねるという方向に転換されていった。したがって、ファン・カステールと虎三郎のコンビによる翻訳教育書の刊行は、日本が本格的な欧米教育書の翻訳的な受容に向かう端緒を切り開いた開拓的な業績と理解されてもよいのではないか。この歴史的な事実は否定できない。

ともかくも、ファン・カステールと虎三郎とのコンビで、明治初期の教育界に送り出された翻訳教育書は、なおも江戸時代以来の寺子屋教育が続く、旧態依然とした明治初期の教育状況の中で、日本の学校教師たちに、翻訳教育書という小さな窓から欧米新教育の実際を垣間みる新たな機会を与えるところとなったのである。

はじめて欧米教育書に接した彼等は、一体、何を感じ、何を考えたであろうか。未知の新世界を知った彼等の心中には、驚嘆と不安、羨望と嫌悪、希望と絶望、賛同と拒絶、等々の複雑な思いが渦巻いていたにちがいない。欧米翻訳教育書に最新の教育知識を求めた明治初期の学校教師たちは、欧米社会の新教育に対する両面価値的《アンビバレント》な心情を乗り越えて、国民形成を目的とした日本の教育近代化の一翼を、学校現場で担わされていったのである。

第七章　幕末期におけるオランダ原書の翻訳活動

第一節　幕末期の軍事科学を媒介とした洋学の受容と普及

江戸時代には、早くから医学や本草学、あるいは天文学や暦学などの諸分野で、オランダ語を媒介とした西洋知識の受容と普及が進み、西洋科学に関する膨大な知識や技術が蓄積されていた(1)。そのような西洋異文化の受容基盤の上に、さらなる西洋近代の科学技術の摂取が急速に加速する契機となったのは、隣国の清朝中国に勃発したアヘン戦争(一八四〇～一八四二年)であった。政治や経済、学問や教育などの諸事万般にわたって、古代以来、日本という国家民族の目指すべき理想型《モデル》であり、いわば宗主国であった東洋の大国―清朝中国が、植民地獲得に邁進する大英帝国に、いとも簡単に屈服し蹂躙されてしまった。アヘン戦争の顛末は、如何に対岸の火事とはいえ、中国とは一衣帯水の日本にとっては、驚天動地の歴史的な大事件であった。これを境に、長い鎖国政策の下で惰眠を貪っていた幕府諸藩は、対外的な危機意識に目覚め、国家民族の防衛安全という国防的な観点から、軍事科学を中心とする西洋近代科学の摂取に乗り出すこととなった。

さらに、この流れに拍車をかけたのが、ペリー率いる米国艦隊の浦賀来航(一八五三年)であった。アヘン戦争後、予測されたこととはいえ、未曾有の巨艦の浦賀来航は、幕府大名はもちろん、日本人を震撼させるに足る歴史的な大事件となった。以来、幕末期の日本においては、幕府をはじめとする全国の諸藩が、国防という軍事的動機から急速にオランダ語を媒介とする西洋近代の科学文明を競って摂取するようになり、その結果、全国的な規模で洋学の学習者が急増するという前代未聞の教育現象が惹起されたのである(2)。

小林虎三郎もまた、ペリー来航当時の江戸に遊学し、佐久間象山の私塾に学び、儒学と共にオランダ語を媒介とした洋学教育を受けていた門人のひとりであった。彼は、「東洋道徳・西洋芸術」思想を教育方針とし洋儒兼学を旨とする象山の私塾で、儒学という伝統的な学問的基礎の上に、西洋日新の近代科学を学んでいたのである。

象山は、すでにペリー来航前から江戸に私塾を開き、東西両洋の学問を兼修統一した「東洋道徳・西洋芸術」思想の教育的な展開に傾注していた。彼は、偏狭な尊皇攘夷の思想や行動が、如何に非現実的で時代錯誤であるかを力説し、西洋日新の科学文明の摂取という進取究明こそが、国防の急務であることを門人たちに説諭していた。特に彼は、欧米列強のアジア侵攻による国家存亡のときに、学者とは何か、学問とは何か、とその現実的な存在理由を厳しく問いただした。門人たちにも、幕末日本が必要とする学問とは何かを、具体的な分野を挙げて、次のように説いている。

今の儒者(学者)は果して何為《なにす》る者ぞや。本朝の神聖の造国(建国)の道と、尭舜三代(夏・殷・周)帝王の治と兼ねて明かにして、黙してこれを識《しる》すか。礼楽刑政(礼節・音楽・刑罰・善政)、典章(規則)制度より、以て兵法・師律(軍律)・械器(科学利器)の利に至るまで、講論して皆その要を得たるか。土境の形勢、海陸道路の険夷(険阻と平坦)、外蕃(外国)の情状、防戍《ぼうじゅ》(防衛)の利害、城堡《じょうほ》(城壁)・堵堞《とちょう》(防塁)・控援《こうえん》(統率)の略、推算・重力・幾何・詳証(数学)の術、並べ究めてこれを悉《つく》すか。吾れ未だ之を知らざるなり。然らば則ち今の所謂《いわゆる》儒者は果して何為《す》る者ぞや(3)。

象山の「東洋道徳・西洋芸術」思想を内実とする進取究明の教育を受けた虎三郎は、幕末期に西洋近代の軍事科学（西洋兵学や西洋砲術）の摂取という国防的な契機から、幾冊ものオランダ原書を翻訳していた。この事実は、従来の洋学史研究や「米百俵」研究においては全く知られず、その後も日の目をみることはなかった。そのほとんどが、本邦初公開という先駆的な翻訳作品で、現在の洋学研究史上においても非常に重要な歴史的意味を有する作品であるといってよい。

第二節　オランダ語の修得と洋学の研究

1　江戸の象山塾における洋学の修得

ペリー艦隊の浦賀来航という未曾有の大事件が勃発した嘉永六年（一八五三）の六月、虎三郎は、数えで二十六歳を迎える青年学徒であった。前年に越後長岡藩から江戸への公費遊学を許され、「東洋道徳・西洋芸術」思想を標榜する佐久間象山の私塾で、洋儒兼学に励む真摯な学究の徒であった。ペリー艦隊の浦賀来航という大事件に遭遇したとき、虎三郎は、横浜開港を説く恩師象山の憂国の漢詩に感応して(4)、己の胸中を吐露した次のような漢詩を詠んでいる(5)。

癸丑の六月、弥利堅《メリケン》の使節彼理《ペリー》、兵艦四艘を率て、浦賀港に来り、
其の大統領の書を致して去る。象山先生詩あり、其の韻に次し奉る

忠憤鬱屈涙空流　　忠憤鬱屈《ちゅうふんうっくつ》して　涙空しく流る
正是黠夷侵海秋　　正に是れ黠夷《かつい》　海を侵す秋《とき》

講武十年足以用
折衝千里豈無人
草茅未見興奇傑
廊廟何縁建遠猷
生在神州同受沢
如今孰深不負憂

講武十年　以て用ふるに足る
千里に折衝する　豈人無からんや
草茅《そう》未だ見ず　奇傑の興るを
廊廟《ろうびょう》何に縁《よ》りてか　遠猷《えんゆう》を建てん
生れて神州に在り　同じく沢《たく》を受く
如今孰《じょこんたれ》か深く憂ひを負はざるや

【意訳】癸丑《みずのとうし》（嘉永六年）の六月、アメリカ合衆国の使節ペリーが、兵艦四艘を率て、浦賀港に来り、大統領の書状を幕府に渡して退去した。この時に象山先生は漢詩を詠まれた。先生の詩に呼応して、私は次のような漢詩を詠んだ。

忠義の心から込み上げてくる憤りは、鬱屈して涙が空しく流れる
野蛮なアメリカ人が日本の海を侵して来航してきた秋に
武を講じて十年になるが、はたして用ふるに足りるであろうか
押し寄せるアメリカとの折衝に当たれる人が、いないのではないか
在野にも、いまだ優れた人物が奮起するのを見ることはない
一体、幕府は、何によって外交戦略を建てようというのか
神州日本に生まれ、恩沢を受けて生きている身として
今、どうして深い憂いを抱かないでいられようか

ペリーが来航した当時の日本では、いまだ異国異人の排撃を叫ぶ狭隘な鎖国攘夷の排他論が大勢を占めていた。だが、すでにアヘン戦争を契機として開国進取に転じていた象山は、黒船来航のときには、いち早く攘夷の否なることを説き、進んで開国和親を主張した。しかも、開港すべきは幕府の主張する江戸から遠く離れた伊豆下田ではなく、将軍家お膝元の江戸に隣接する武州横浜であるべきだ、と主張したのである。象山こそは横浜開港の先駆者であった。象山は、門人たちに対しても横浜開港の実現を期すべく、各自の藩主に対して上書を促し、次のように説いていた。

今、已むを得ずして、敵人に地を仮《か》(貸)さんには、宜しく他日の計を為して、海陸に兵を進むるを得るの処を択ぶべし。竊《ひそか》に横浜の地勢を覧《み》るに、甚だ之に邇《ちか》し。則ち人人(ママ)の胆《きも》を嘗《な》め薪《たきぎ》に座するの念は、自ら已む能はず。警衛守禦《しゅぎょ》の方も亦自ら厳ならざるを得ず。又、親しく彼の長ずる所を観て、以て速に我の智巧を進むべし。これ、その利多しと為す所以なり。

もし下田に退かば、則ち人心必ず弛《ゆる》み、守衛必ず懈《おこた》らん。而して虜船(外国船)は迅速にして、以て繋縻《けいび》(警備)し難し。横浜に在ると、下田に在ると、其の江戸の腹心の患《うれい》を為すことは、則ち間髪を以てすること能はず。故に吾謂《おも》へらく、横浜を以て之に仮(貸)すの愈《まさ》れりとなすに如《し》かざるなり。是れ、天下の大計なり。君(望月主人、松代藩家老、象山の有力な理解者)、士卒を総《す》べて茲《ここ》に在り。以て黙すべからず。上書して公(松代藩主の真田幸教《ゆきのり》)に献策あらんことを乞ひて可なりと。望月曰く、然り。然も吾が上書するは、子《し》(象山)が上言するに如かずと。乃ち余に命じて江戸に還らしめ、之を公(松代藩主)に告げしむ。沮《はば》む者ありて果さず。公余に許して、自ら之を為さしむ。是に於て竊《ひそか》に建白する所あり。

又、門人長岡の小林虎をして、その主侯に上書して、大計を開陳せしめ、又、之をして阿部閣老(老中首座の阿部正弘)の親幸する所を見て、為にその利害を論じ、時に因りて規諫《きかん》することを得て挽回《ばんかい》する所あらんことを

欲す。並に行はれず。小林生は此を以て主侯の譴《せめ》を得て、遂に辞して国に帰れり。(6)

ペリー艦隊が浦賀に来航したとき、虎三郎の主君である長岡藩第十代藩主の牧野忠雅は、海防担当の幕府老中という重職にあり、老中首座の阿部正弘を補佐して日米和親条約の締結に腐心していた。虎三郎は、米艦が来航した翌年の安政元年（一八五四）一月、この藩主と老中阿部に対して、師説を奉じて横浜開港を上書するに及んだ。しかし、この無謀とも思える彼の非常な行動は、書生の分際で天下の御政道に物申したとの罪で処罰され、同年十二月、郷里長岡に帰藩の上、蟄居謹慎を命じられるに至ったのである。

2　長岡謹慎中における洋学の研究

虎三郎は、「甲寅（安政元年、一八五四）の春、余、罪を獲て帰り、閉居して書を読む」と自ら記すごとく、郷里の越後長岡に帰った後は、自宅を「求志洞」と称して蟄居謹慎の生活に入った。江戸での学問的大成の夢破れた彼は、以後、襲い来る不安と孤独を掻き消すかのごとくに、オランダ原書の翻訳や原稿の執筆という学究生活に没頭していく。

だが、挫けそうになる謹慎時代の彼の胸中には、常に敬慕してやまない恩師象山の姿が彷彿として甦るのであった。象山を偲んで自らを叱咤激励する漢詩を、彼は幾篇も詠んでいる。その内の一篇「象山先生を懐《おも》ひ奉る」を次に紹介する。(7)

先生今泰斗　　先生今泰斗
妙契夐出群　　妙契《みょうけい》夐《はる》（遙）かに群を出づ
心包宇宙理　　心は宇宙の理を包み

眼破東西文　眼は東西の文を破る
信中千里水　信中千里の水
越北百層雲　越北百層の雲
何日一筇枝　何《いず》れの日か一筇枝《いっきょうし》（一本の杖）
玄論得再聞　玄論再び聞くを得ん

【意訳】
我が師象山先生は、今、天下で最も敬仰される偉大な学者である
時代に適う希有の学者である点で、先生は群を抜いた存在である
先生の心は、宇宙の真理を包み
その眼は東西の書物を読破している
先生の住む信州を流れる千里の水
我が住む越後長岡にたなびく幾重もの雲
いずれの日にか、一つに結ばれて一本の杖となるであろう
先生の深遠なる御高説を、再び聞くことが出来るであろうか

蟄居時代の虎三郎は、処女論文「興学私議」（安政六年）をはじめとする詩文の執筆活動に励み、オランダ原書の翻訳活動に没頭するなど、恩師象山の説く「東洋道徳・西洋芸術」という思想世界の学問的探究を目指して、ひたすら東西両洋の学問研鑽に精励した。

特に「西洋芸術」、すなわち洋学の研究に関しては余念がなかった。彼は、江戸の象山塾時代に恩師から訳読す

べき貴重なオランダ原書を幾冊も贈られ、また自らも重要なオランダ文献を探し求めて購入し、あるいは借り受けて書写していたのである。幸か不幸か、謹慎中の彼には、原書を読むには十分な時間があった。それ故に彼は、江戸から持ち帰ったオランダ原書の解読を進め、西洋新知識の獲得に挑んでいった。次の漢詩「読洋書」は、洋学の研鑽に励む虎三郎の直向《ひたむ》きな向学心を見事に表現している。

洋儒窮物理　　洋儒物理を窮め
輓近滋精明　　輓近《ばんきん》滋々《ますます》精明なり
剖析入微眇　　剖析《ほうせき》微眇《びびょう》に入り
万象無遁情　　万象遁情《とんじょう》無し
創意製人血　　創意人血を製し
全然若天成　　全然天成の若し

洋人取燐酸鉄礦砂揮発華鶏子白、食塩四品而混合之、加以瓦爾華尼電気、経十二少時則化而為血、与天成之物無以異也。

洋人燐酸鉄、礦砂揮発華《ろしゃきはっか》、鶏子白、食塩の四品を取て之を混合し、加ふる瓦爾華尼《がるばに》電気を以てし、十二少時を経れば、則ち化して血と為る。天成の物以て異なる無きなり。

神会乃至斯　　神会《しんかい》乃ち斯に至る
造物豈無驚　　造物豈驚く無からんや

昧者郤娼嫉　昧者は郤(却)て娼嫉《ぼうしつ》し
謗議謾縦横　謗議謾りに縦横す
何人執箴石　何人か箴石《しんせき》を執りて
痛下破心盲　痛下《つうげ》して心盲を破せん(8)

【意訳】西洋の科学者は物質の真理を窮め、近年、益々精緻になってきている。物質の分析は微妙精緻に至り、万物の本質が明らかになってきた。人間の科学的な創意が人血を造れるまでになり、全く天然の物と変わりはないほどである。

西洋人は、燐酸鉄、硇砂揮発華《ろしゃきはつか》(塩化アンモンの昇華物)、鶏子白、食塩の四品を混合して、特に瓦爾華尼電気《がるばにでんき》(Galuvani、十八世紀中頃のイタリアの生理学者)の場合などは、十二時間を経れば則ち化合して人工の血液となる。本物の人血と何ら変わりない。

科学の神秘はここまできている。人間の創意工夫とは驚くべきものである。この恩恵を受ける者は、本質を知らない故に、却ってこれを嫉み、悪口中傷がみだりに広まっていく。一体、誰が、箴石《しんせき》(病気を治す石針)を以て痛みを与え、誤った考えを打ち破ることができるのか。

彼は、江戸の象山塾時代に、オランダ語の原書を解読するに十分な語学力を修得していたのである。それ故、長岡に謹慎中の彼は、いまだ日本には紹介されていない幾冊ものオランダ原書を読破し、特に有益と思われる原書については、これを抄訳して冊子にまとめ、関係者に配布していた。次に、彼の翻訳活動の具体的な成果の一端をみていくこととする。

第三節　オランダ原書の翻訳活動

1　西洋の海防学書「諳厄児氏籌海試説《アンゲルしちゅうかいしせつ》」の抄訳（安政二年）

本書は、オランダ原書の兵学書である。原著者は、オランダの砲将「諳厄児《アンゲル》」という軍人で、その彼が、中国でアヘン戦争が勃発する前年（一八三九）に著した海防学書である。このオランダ語の原書を、虎三郎は、江戸遊学中の象山塾時代に書写して所蔵していた。謹慎処分を受けて郷里長岡に帰省した後、彼は、本書を訳読して感動し、その抄訳草稿に「手写諳厄児氏籌海試説《しゅしゃアンゲルしちゅうかいしせつ》の後に書す」(9)という一文を付した。安政二年（一八五五）五月のことであった。

一体、二十代半ばの虎三郎は、何故に本書に注目し、書写までして私蔵し、これを訳読したのか。それは、前述した後序「手写諳厄児《アンゲル》氏籌海試説の後に書す」に詳しい。嘉永四年（一八五一）に、江戸の象山塾に入門した虎三郎は、漢学と洋学の兼学を教育方針とする恩師象山から「東洋道徳・西洋芸術」の学問を学び、とりわけ洋学を媒介に西洋兵学や西洋砲術を中心とする西洋新知識の教授を受けた。

その折りに、恩師象山から、海国日本の防衛上、如何に海防に関する学問が重要であるかを教えられた。それ故、特に海防学に優れた西洋オランダの原書については、進んで訳読して研究すべきことを諭されていたのである。彼は、その象山から本書を貸与され、これを書写して所蔵していた、というわけである。その間の事情を、彼は次のように述べている。

曩《さき》には象山先生掲げて焉《これ》を示して曰く、本邦は四面皆海。而して東西の諸蕃、舟楫《しゅうしゅう》（舟と舵）の術、日に以て滋《ますます》精しく、其の衝突剽掠《ひょうりゃく》（脅して掠めとる）の虞《おそれ》あること、何ぞ啻《ただ》に荷蘭《オランダ》のみならん。則ち此の書の若《ごと》き、凡そ心を辺事に留むる者、一通を取りて以て之を座右に置かざるべからずと。虎拜して之を受け、写して蔵せり(10)。

恩師象山の勧めで同書を書写した虎三郎は、遠く江戸を離れた越後長岡での謹慎中に、改めて本書を訳読したのである。西洋日新の兵学書を繙いたときの驚きを交えて、同書の概要と読後感を、彼は、次のように述べている。

今、之を読みて、其の論ずる所を観るに、砲台の築造、火器の主用、軍須《ぐんしゅ》（軍需）の儲蓄《ちょちく》（貯蓄）、点放（点火）の機宜より、以て夫の水兵の応接掎角《きかく》（前後相応じて敵に当たる）の法に及ぶまで、率《おおむ》ね皆本邦人、思慮未だ嘗て至らざる所なり。

始めは則ち愕然《がくぜん》として驚き、茫然として疑ひ、殆ど企及《ききゅう》すべからざる者の若し。徐《おもむ》ろにして之を思へば、則ち渙然《かんぜん》として釈《と》（解）け、沛然《はいぜん》として疏《とお》（通）る。乃ち信（真）に其の規画《きかく》（企画）する所、皆之を窮理に原《もとず》（基）き、之を実歴に参し、算数に密に、事情に切に然らざるを得ざるに止まる。

固より未だ始より驚きて疑ふべき者あらず。本邦の人と雖も、苟《いやしく》も学んで之を習ひ、久しくして熟せば、則ち亦得て能くすべきなり(11)。

本書を訳読した虎三郎は、その理路整然とした科学的な内容に感動し、圧倒された。本書に記載されている西洋軍事科学の内容は、数学や物理学など精緻な西洋近代科学の成果であり、とても日本人の及びえないところである。まさしく前代未聞の驚嘆すべき学問的な世界であったのである。

だが、日本人とて、西洋人と同じ人間である。今後、日本人も、西洋科学を学んでいけば、決して修得できないはずはない。必ずや我が物とすることができる。そう、彼は考えた。西洋の未知の学問的世界に触発された彼の衝撃的な感動が、素直に吐露されている。

このように、精緻で合理的な西洋近代科学の優秀性を冷静に認識し、これを我が物とすべく、臆することなく果敢に挑んでいくべきことは、「東洋道徳・西洋芸術」思想を説く象山が、私塾教育で常に門人たちに徹底して説諭し奨励していたところであった。謹慎中にオランダ原書を次々と訳読し、西洋科学の吸収に没頭する虎三郎の態度は、恩師象山の教えを誠実に実践躬行したものであった。

虎三郎は、「苟《いやしく》も以て敵を制すべくんば、則ち敵の為す所と雖も、亦必ず資《たすけ》として之を用ふ(12)」「其の長ずる所、資として以て自ら助くる能はず、以て醜虜(醜い外国人)の屈辱を受る。智と謂ふべけんや(13)」と述べ、今後は日本人も、本書のような洋書を基にした海防学の研鑽に向かうべきことを力説していたのである。安政二年(一八五四)五月、罪をえて謹慎生活に入ってから二年目のことであった。

虎三郎は、明かりを閉じて人とも会わずに、このオランダ原書を一心不乱に訳読した際、込み上げてくる非常な思いを、蟄居謹慎という絶望的な身の上に重ね合わせて、次のように記している。

戸を閉じ人を屏《しりぞ》け、閑《しず》かに此の書を繙けば、回顧の際、感慨無くんばあらず。遂に其の後に書す。
安政二年乙卯、蒲月《ほげつ》(五月)。雙松《そうしょう》樵人《しょうにん》(きこり)虎(14)

2 西洋の物理学書「重学訓蒙」の抄訳(慶応元年)

本書もまた、虎三郎の翻訳したオランダ原書の中の一冊で、標題の「重学」とは「力学」を意味する。彼は、同書の訳稿に「重学訓蒙序」という序文を付し、その冒頭に「ひとりの身を以て十人の事を作《な》し、百斤《きん》(斤は重量の単位、一斤は六〇〇グラム)の力を用ひて万斤の物を動かす。重学の利、亦大ならずや。」と述べている。したがって本書は、内容からみれば、「力学入門」とでも訳すべき蘭学書であった。

ところで、「重学」という書名を冠した西洋力学の日本への紹介書としては、すでに幕末期の安政六年（一八五九）に、中国駐在の英国人宣教師アレキサンダ・ワイリ（A. Wylie）原著の漢書『重学浅説』が日本で翻刻され、幕府によって刊行されていた[15]。これが、管見の限りでは「重学」という学問分野での西洋科学書の日本への紹介の最初と考えられる。残念ながら、その内容を知るよしはない。この九年後に、虎三郎は「重学訓蒙」を抄訳したのである。

虎三郎が訳読した『重学訓蒙』というオランダ原書が、はたして幕府翻刻の書物と同じ原書であったかどうかは、確認することができない。だが、虎三郎は、漢書の翻刻版で読んでいたのではなかった。『重学訓蒙』は、虎三郎がオランダ語の原書から直接、翻訳した書物であった。このことは、彼が同書に付した「重学訓蒙序」という次の一文からも確認することができる。

頃者《ちかごろ》偶々《たまたま》荷蘭人の著す所の重学訓蒙なる者を獲て、之を読むに、其の事鄙細《ひさい》に似たりと雖も、民生日用に於て実にし、殊に切要と為す。因りて自ら揣《はか》らずも、訳するに国語を以てし、以て夫の寒郷《かんきょう》（田舎）晩生《ばんせい》（後輩）の斯の学に志ありて、未だ洋文に習はざる者に示し、之をして其の端緒を窺ふを得せしむ。（中略）

今、余が訳述する所、拙陋《せつろう》と曰ふと雖も、上にしては政に従ひ官に服する人、下にしては豪農鉅商《きょしょう》（豪商）の徒、或は得て之を読まば、以て彼の国の重学の精備は、本邦漢土の未だ夢にも見ざる所なるを知ることに於て、家国民生に於ける裨益窮めて大ならん。遂に其の理を推尋し、其の器を購造（製造）して、これを諸の実事に施さば、則ち富強の本、乃ち其の一を得ん。豈小補と曰はんや[16]。

上記の引用文によって、彼はオランダ語の原書を翻訳したこと、しかも訳述するに際しては「国語」、すなわち漢字仮名交じりの日本語で表記し、オランダ語を解することのできない日本の田舎者や後学者にも読めるように工夫したこと、などが明らかとなる。

彼の抄訳において特に注目すべきは、オランダ語を日本語に翻訳する際の訳文の苦心である。すなわち彼は、誰でもが読める平易な日本語(漢字仮名交じり文)に執着していたのである。実は、このように平易な日本語の訳文にこだわる態度は、維新後の彼が、平民教育の実現を期して簡明な国文による歴史教科書『小学国史』(全一二巻、明治六年刊行)を編纂し刊行する伏線となっていたのである。

以上の内容は、「重学訓蒙序」に記されたところであるが、さらに虎三郎は、訳稿の最後に付すべき後序、すなわち「重学訓蒙後序」という一文も書いていたのである。「水碾車《すいてんしゃ》なる者は、西洋重学器の一つなり」との書き出しではじまる後序において、虎三郎は、要するに「重学」とは日本の村々で利用されている水車の挽き臼のことであり、そこに隠れている重いものを軽く動かす科学を意味するのだ、と平易に説明している。

日本人は、経験知によって生み出された文明の利器を当たり前のこととして利用している。だが、その一つひとつに普遍的な科学の原理が潜んでいること、しかも、その原理は様々な物を生み出す原動力となることを説き示し、そのような「西洋重学」に認められる「西洋芸術」の卓越性に刮目すべきこと、これを活用すれば国家民生にとって極めて有益であること、などを次のように具体的に論述している。

　夫れ、一器の偶々《たまたま》行はる、其の制の未だ備らず、其の施の未だ普からざを以て、猶且つ此くの如し。果して衆器をして悉く行はれ、其の制をして能く備はり、其の施をして能く普からしめば、則ち其の利又如何ぞや。西洋重学の家国民生に於て、一日として焉《これ》を緩《ゆる》やかにすべからざる者、これを此に観るに、其れ亦以て瞭然として疑ひ無かる可きかな。

　余重学訓蒙を訳すに方《あた》り、客の城東の諸村水碾車《すいてんしゃ》の事を以て余に語る者あり。因りて之を叙述して以て後序となす。(17)

3　西洋の軍事地理学書「察地小言」の抄訳（慶応二年）

抄訳に至る経緯

本書もオランダ原書の兵学書であった。虎三郎は、本書を江戸の象山塾時代に恩師象山から拝領し、この内容の重要性を教え諭されたとして、自らが草した「察地小言後序」の冒頭で、次のように記している。

虎、既に此の原本を象山先生に受く。先生、虎に謂ひて曰く、探候（偵察）の事は機敏なる者にあらずんば、以て之に任ずるに足らずと。蓋し虎、資性樸魯《ぼくろ》（樸愚《ぼくぐ》）、機敏は尤も其の足らざる所と為す。故に特に以て戒むるのみ。(18)

さらにまた、虎三郎が、恩師象山から本書のオランダ原書を贈与されるに至った経緯が、訳書の冒頭に付した序文「察地小言序」に、次のごとく詳述されている。

虎は是より先、既に研経（儒教経典の研究）の暇を以て、泰西の砲隊銃陣の法を先生（象山）に受くれば、則ち又益《ますます》力を此に用ひ、以て爪牙《そうが》（防衛）の用を致すを求む。乃ち窃《せつ》に以て謂へらく、用兵は地の利を得るを貴ぶ。故に孫子十三篇は、従前兵を談ずる者の要訣と為す。而して地理を論ずる者、三其の一に居る。泰西の兵術、近ごろに至って倍々進み、遠く本邦漢土の上に出づ。則ち察地の事、亦必ず其の精を極むる者有らん。既に之れ有り。而して未だ之を知らざるなり。砲隊銃陣、其の進退分合の法、平時に在っては、既に熟すと雖も、而も一旦敵に臨まば、滞碍《たいがい》必ず多からん。悪《いずく》んぞ敗を免かるを得んやと。(19)

ところで虎三郎は、嘉永四年（一八五一）三月、江戸の象山塾に入門、象山から儒学の教えを受ける傍ら西洋兵学をも学んでいた。そして、二年後の嘉永六年六月、ペリー米国艦隊の浦賀来航という事件に遭遇する。これを契機に虎三郎は、急速に西洋科学（西洋兵学・西洋砲術）の研鑽に向かい、象山の指導の下でオランダ原書の訳読に挑んでいくことになったのである。

特に兵学における砲隊銃陣の用兵においては、「地の利を得る」こと、すなわち恩師の象山が説く、「土境の形勢、海陸道路の険夷（険阻と平坦）、外蕃（外国）の情状、防戍《ぼうじゅ》（防衛）の利害、城堡《じょうほ》（城壁）・堵堞《とちょう》（防塁）・控援《こうえん》（統率）[20]」が大切なことなのである。それ故に、陣の配列において土地の形状を察知する「地理学」は、兵学上、極めて重要な学問である。西洋の兵学では、「砲隊銃陣の進退分合の法」として地理に関する学問が大いに発達しており、とても中国や日本の比ではない。恩師象山から西洋兵学の教授を受けた虎三郎は、そう痛感した。そこで彼は、兵学における土地の形状を探究する「察地」という学問について、恩師象山に質問をした。すると象山は、次のように教え諭したのである。

因ってこれを先生（象山）に質す。則ち曰く、子（虎三郎）の疑ひや善し。彼の国の兵家、固より所謂《いわゆる》察地学なる者ありて、自ら一科を為すと。遂に把氏（オランダ人原著者）の書中に工兵察地篇を出して、以て焉《これ》を示して曰く、是れ僅々数葉のみ。固より未だ備はれりとなさず。然れども之を孫子以下の地理を論ずる者に視《うかが》へば、其の詳略精粗の相距《へだた》ること亦已に天淵なり。今鈔《しょう》（抜粋）して小冊子と為し、夫の一隊に将たり、及び探候（偵察）に任ずる者をして、皆預め熟復し、而も行軍の際、又之を懐裡に寘《お》（置）き、臨時に検閲せしむれば、則ち其の地の利を得ること、思ひ半ばに過ぎん。子（虎三郎）盍《な》んぞ先鞭《せんべん》を着けざるやと。[21]

虎三郎の質問に対して、象山は兵学において、如何に地理に関する学問が重要であるか、西洋では「察地学」という独立した学問となっていることを説き、オランダ原書『工兵察地篇』を示し、この本の中の察地に関する「地理の部分」を抜き書きして訳読することを勧めたのである。

理路整然とした恩師象山の教えに感動して奮起した虎三郎は、「虎大いに喜び、一本を鈔して以て読む。[22]」と、直ちにオランダ原書を書写して冊子にまとめ、これを読み耽った。

ところが、不運にも虎三郎は、この直後に恩師象山の横浜開港説を奉じて藩主や老中に上書し、これが罪をえて帰藩謹慎を命じられてしまったのである。安政元年(一八五四)一月、数えで二十七歳のときであった。彼は、江戸の象山塾時代に入手した文献資料、とりわけオランダ原書の数々を長岡に持ち帰った。それから幾歳月《いくとせづき》が流れ、激動する幕末期の十余年が経過した慶応二年(一八六九)の初秋、幕府の第二次長州征伐に出征する長岡藩の兵士たちに対して、難病を患って出征できない虎三郎は、かつて抜き書きして訳読したオランダ原書『工兵察地篇』の中の「地理の部分」を、平易な漢字仮名交じりの国文をもって翻訳し、『察地小言』と題した小冊子にまとめて彼らに配布し、彼らの無事の帰還を祈った。虎三郎訳『察地小言』の誕生であった。以上の経過を、彼自身が、序文の中で次のように記している。

既に花旂《かき》(米国)再び来り、貿易の約成る。復、兵を用ふるに至らず。而して虎忽ち罪を獲て以て帰る。未だ幾ばくならざるに又沈痾《ちんあ》(長患い)に罹り、之を高閣(高楼)に束ぬること已に十余年なり。今茲《ここ》に長藩(長州藩)益々傲《おご》るを憂ひ、列藩命を奉じて討勦《とうそう》(討滅)す。而して我が公焉《これ》に与《くみ》す。虎乃《すなわ》ち深く其の疾《ながやみ》の益々痼にして、従て方剛《ほうごう》(正しく強い)の力を致す能はざるを慨《なげ》き、則ち遂に旧本を出し、訳すに国字を以てし、名づけて察地小言と曰ひ、以て平生同憂の士の軍に従ふ者に貽《おく》る。庶幾《こいねが》はくは其れを省察して、以て滞碍《たいがい》(滞礙《たいがい》)の患を免るる所あらん。而して区々敵愾《てきがい》(敵対)の志も亦少しく伸ぶるを得んか。[23]

江戸で恩師と別れてから十有余年、長岡の自宅「求志洞」に籠もって、翻訳書『察地小言』を仕上げようとする虎三郎。だが、不遇な身の上に追い打ちをかけるような難病の苦痛に、彼は耐えきれなくなるときがある。そんな彼の萎える心を奮い立たせたのは、恩師象山の姿であった。彼は、ままならない試練の逆境にあるとき、常に恩師の象山を想い起こした。そして江戸の私塾で賜った恩師の一言半句を反芻して奮起し、ひたすらに原書の翻訳に立ち向かったのである。そのような心境を、彼は『察地小言』の序文の最後に次のように記している。

癸丑(嘉永七年)より今(慶応二年)に至るまで、一紀《いっき》(十二年)に過ぎざるに、世局の変換、既に此くの如し。而して忠智国を憂ふる、象山先生の若き者《ごと》、示諭の言猶耳に在り。而して又殃《おう》(災禍)を其の間に免かるるを得ず。此れ則ち虎(虎三郎)が翻訳の間、俯仰《ふぎょう》回顧し、覚えず流涕《りゅうてい》して大息するところなり。因って既に其の鈔訳(抄訳)の由を叙し、又附するに此を以てし、これを巻首に寘《お》(置)く。慶応丙寅(二年)、孟秋下浣(七月下旬)。小林虎、炳文(虎三郎の号) 病を力めて求志楼上に書す。(24)

ところで、虎三郎が翻訳した『察地小言』(和綴一冊本)は、オランダ原書の兵学書『工兵察地篇』の抄訳であった。はたして原本が、如何なるオランダ語の訳語であるのか、原書名は判然としない。地理学的な観点から考究した西洋兵学書という斬新な同書は、管見の限りでは、従来の洋学関係の先行研究には登場せず、日本では全く未知の書物であった(25)。したがって、その抄訳本である『察地小言』は、虎三郎によってはじめて日本に翻訳・紹介されたものとみてよい。幕末期日本の洋学界に、未知のオランダ原書が虎三郎の翻訳によって付け加えられていた、ということである。

その虎三郎訳の直筆本『察地小言』が、今、長岡市立中央図書館の文書資料室に完全な形で収蔵されている(26)。同書には、虎三郎の象門畏友であった億二郎の蔵書印が押されている故、虎三郎が億二郎に進呈したものとみて間違いないであろう。

虎三郎訳「察地小言」の内容

同書の表紙に記された正式な標題は『察地小言　単』(以下、『察地小言』と略記)であり、裏表紙には訳者である虎三郎の筆になる漢文の一文、「書は言を尽さず。言は意を尽さず。神にして之を明《あきらか》にするは、其の人に存す。訳者、題す。(文字は言いたいことを充分に表せない。言語は思っていることを充分に表せない。神妙の働きを尽くしてその理法を明らかにするのは、これを利用する者の資質如何による—筆者訳、以下同様)」が記されている。(27)

次に、「山田尚政」という人物の推薦文「察地小言を読む(読察地小言)」が掲げられている。この序文を寄せた山田とは、長岡藩校崇徳館の恩師である山田愛之助(到処《とうしょ》)である。山田は、江戸に遊学し、幕府の昌平坂学問所の儒官である古賀侗庵(寛政の三博士のひとりである古賀精里の第三子)に師事して儒学(朱子学)を修め、さらに緒方洪庵と並び称される幕末西洋医学界の大御所である伊東玄朴に就いて蘭学を学んだ洋儒兼学の学者であった。

その山田が、郷里長岡に帰って藩校崇徳館の都講(校長職)を務めていた幕末期に、虎三郎は同校に入門して学問的な基礎を形成し、やがて藩校教官(助教)に抜擢されるわけである。(28) 地元長岡での恩師である山田こそは、江戸の象山塾に入門する前の虎三郎に、洋儒兼学の重要性を率先垂範してみせた理想の学者であった。伝統的な朱子儒学から洋学(蘭学)を学び取り、東西両洋の学問を統合した「東洋道徳・西洋芸術」という新たな学問や思想の世界を志向していた点において、山田と象山とは同じ学問的系譜にあったとみてよい。

生涯にわたって象山を恩師として敬仰した虎三郎にとって、象山亡き後、翻訳なった『察地小言』の推薦序文を、山田に依頼することは、敬慕してやまない旧師の学恩に報いることであり、最も喜びとするところであった。愛弟子である虎三郎の学問的成果に接した彼は、「今、この訳書を読んで、書いてあることは切実であり、訳文もわかりやすく読みやすい。」「この本は今現在まさに必要である。」との心温まる推薦文を寄せたのである。(29)

上記のような山田の推薦序文に続いて、本書の内容を構成する目次の全体を表す、次のような「察地小言目録」が掲げられている。

察地小言目録

山地	凹路　市集	
山	インオンダチー	陣地《ステルリング》
ベルグエングテ	筧《カナール》	攻戦陣地
山路	カステール	守戦陣地
樹園	海岸	城
林	田野	池沼　沮如　黒沆土
湧泉	陣　地《レーゲルプラーツ》	平地
橋梁	各地気候	渉処
村落	プロヒル	道路
福尔多《ホルト》	河	葡萄園
ケヒュクト	攻戦察河法	ウィンテルタウアルチール
ヘイデハーゲ	守戦察地法	

以上のような「内容目録」が付された虎三郎訳の『察地小言』は、原著者の序文に記されているごとく、軍隊の戦地への進退行動、野営陣地の選定などを、如何に安全かつ迅速に展開するかという軍事的な観点から、「地理ヲ

察スル法」を詳細に説き示した地理学書である。

具体的には、軍事目的の実現のために必要な地理学的な知見や心得の数々が、全五八章の構成で、虎三郎の墨書した翻訳の冊子では和紙五十八丁綴にわたって極めて実践的な内容で講述されている。

そのような虎三郎訳『察地小言』は、幕末維新期において他に類書をみず、現在まで全く知られることのなかった本邦初公開の洋学書—軍事地理学書であった。同書の洋学史上における資料的価値の大きさに鑑み、本章の最後部に長岡市立中央図書館文書資料室所蔵の原本から全文を解読して紹介しておくこととする。

4 西洋の軍事食糧学書「泰西兵餉一班」の抄訳（慶応三年）

抄訳の動機

虎三郎が翻訳した「泰西兵餉一班《たいせいへいしょういっぱん》」もまた、オランダ原書の兵学書を抄訳したものである。「兵餉」の「餉《しょう》」とは、「携える食糧」「干した食糧」「兵糧《ひょうろう》」の意味であり、したがって「兵餉《へいしょう》」とは「兵隊の食糧」ということである。虎三郎は、本書を後学の人々、特に軍関係者の教科書として公刊するという明確な意図を持って翻訳していた。彼は、このオランダの兵学原書を抄訳するに至った動機や経緯などを、「泰西兵餉一班序」という序文に記している。(30)

それによると、抄訳の原本は、オランダ原書の兵学書（「荷蘭礮隊《おらんだほうたい》毘丹薄魯印《カピタンバロイン》」著す所の『従軍必携』という著書）である。虎三郎は、その兵学書を購入して訳読した結果、兵隊の健康管理にとって、如何に食事が深い関わりを有しているかを思い知らされ、西洋日新の新知識に恐懼したのである。そこで彼は、日本では全く未知の新知識である兵隊の食事に関する「兵餉篇」の重要性に鑑みて、その部分を抄訳して「泰西兵餉一班」という標題《タイトル》をつけたわけである。

近今泰西の各国深く此に察することあり。乃ち其の兵卒をして甘飽して以て其の健康を保たしむる所以の者、其の詳悉を極む。洵《まこと》に和漢古今の未だ曾《かつ》てあらざる所なり。之を彼の国の兵志（兵書）に考ふるに歴々として見るべし。属者《このごろ》、余、荷蘭礮隊加毘丹《カピタン》薄魯印《バロイン》著す所の従軍必携を購ひ獲て之を読むに、内に兵餉篇あり。語簡なりと雖も、而も夫の兵卒をして、甘飽して以て、其の健康を保たしむる所以の者、亦以て其の概略を観るに足る。因て摘んで之を訳し、名づけて泰西兵餉一斑と曰ふ。以て子弟の兵を学ぶ者に授く。而して諸々の観んことを請ふ者にも、亦敢へて隠さず(31)。

幕末期の日本には西洋日新の兵学書が、数多く翻訳紹介されていた。だが、兵隊の食事に関する本書のような内容は、本邦においては、かつてみられなかった新知識である、と虎三郎は感嘆した。それ故に彼は、今後の日本でも兵隊を率いる将官は、本書を活用して兵食の重要性を認識し、食事の面から兵隊の健康管理に配慮すべきであるとして、次のように述べている。

泰西の兵術は既に宇内(日本の国内)に冠たれば、則ち、我が列藩の軍政を経理する、固より専ら彼の制に傚《なら》はざるを得ず。乃ち兵餉の一事も亦彼の為す所を取って以て参酌するにあらずんば、則ち必ず其の宜しきに適ふ能はず。然らば則ち此の書の載する所の若き、出でて兵に将たる者、固より知らざるべからず。入って供給を管する者、尤も知らざるべからず。此を知らずんば、兵卒をして、甘飽して以て其の健康を保ち、縻爛《びらん》(腐乱)の惨を免れて、禍をして其の国に及ばざらしめんと欲するも必ず得べからず。而して彼の不仁不智の責、又悪《いず》くんぞ得て而して之を逭《のが》れんや(32)。

山本有三『米百俵』に紹介された「泰西兵餉一班」

虎三郎の蘭書翻訳については、山本有三も『米百俵』を著す際には注目して調査し、次のように述べている。

蘭書から抄訳したものには、「重学訓兼」「察地小言」「野戦要務通則」「泰西兵餉一般」などがあります。最初のものは、物理学の初歩を説いたものと思われます。あとの三つは、いずれも兵書で、家中の若ざむらひたちに、その草稿を自由に読ませたもの、やようです。長岡藩での兵制の改革に取りかゝった時には、病翁は意見書といっしょに、これらの兵書を、藩の重役に提出しております。右の抄訳のうち、いま残っておるものは、「泰西兵餉一般」だけで、ほかのものは見あたりません。「泰西兵餉一般」―兵餉という字が、むずかしい字ですが、これは「ヘイショウ」と読みます。いくさの時の食料のことです。輜重《しちょう》(軍隊の荷物)の重要なることを説き、それに関する外国の模様を紹介したもので、慶応三年の夏に訳したものです。

この序文は「求志洞遺稿」のなかにも出ていますが、本文は載っておりません。それで珍しいと思いますから、こゝにちょっと持ちだしたのですが、珍しいと言えば、本文のまっさきに出てくる「蒸餅」ということばも、珍しい言葉だと思います。これは蒸餅と書いてあっても、決して蒸したもちのことではありません。横に「ブロード」と振りがながしてあるのでもわかるように、今日のパンのことです。オランダ語では、パンのことをブロードと言いますが、ブロードとか、パンとか言っても、そういう西洋のことばは、幕末の人にはわかりませんから、蒸餅という字をあてて、これは蒸したもちのようなものだということを示したものだろうと思われます。

この抄訳は、パンをはじめとして、西洋の軍隊で使うさまざまな食料のことを説明したもので、うしろのほうには、野菜の中に含まれている「衛養力《(マヽ)》」の分析表などもあげてあります。ついでながら、長岡藩では、ご一新の戦いの時に、パンを作っております。もっともそれは、この抄訳を手びきにして作ったものかどうか、そこまではわかりませんが、おそらくは、大事な参考書の一つであったろうと思われます。(33)

有三は、上述の資料的な根拠として、抄訳「泰西兵餉一般」の現物(手書き草稿の第一頁)を、『米百俵』の中に写真版で掲載している。それ故に彼は、抄訳本の全文を読んでいたものと推察される。写真に収められた草稿の現物は、有三が『米百俵』（一九四三年）を出版した当時は、「長岡市教育会保管」と記されているが[34]、その後の行方は全く不明である。有三の『米百俵』に掲載された写真の部分を解読すると次のようになる。

「　泰西兵餉一般

蒸餅《ブロード》第一

蒸餅ハ純粋不雑ノ赤小麦若クハ白小麦粉ノ節ハズンデ凝塊ナク悪臭ナキモノヲ以テ製ス。之ヲ製シテ二十四小時、即チ一昼夜小時ハ我ガ春秋ニ分ノ時ノ半晴レト知ヘシ、ヲ経ルノ後、其一枚ノ重サ一斤五両、其中経二掌《パルム》三拇《ドイム》ヨリ二掌《パルム》四拇ニ至リ、其厚サハ八拇トス。故ニ二百五十枚ノ蒸餅ノ容《カサ》一肘《エル》立方トス。按スルニコレ、ソノ各個ノ実際ヲ除テ算スルモノナルベシ、而シテ百六十枚ノ蒸餅[35]」

なお、虎三郎の甥（実妹の次男）で東京帝国大学医学部教授となった小金井良精の孫で作家の星新一（本名は星親一）は、敬慕して止まない祖父を追悼して伝記『祖父・小金井良精の記』（河出書房新社、一九七四年）を刊行した。その中で、祖父の叔父である虎三郎についても詳述しているが、オランダ原書の翻訳書である「泰西兵餉一班」についても、上記のような有三の『米百俵』の内容を踏まえて、次のように紹介している。

長岡の虎三郎は、依然として無役。藩どうしが戦う愚を知りながら、その防止について意見をのべられる立場にない。蘭書を何冊か翻訳した。その一つに『泰西兵餉一班』というのがある。戦時食料に関するもので、パンの製法、野菜の栄養成分などの内容である。ここは有数の米作地帯、パンの製法の紹介で、世の中は変るぞとの思いを表明したのかもしれない(36)。

虎三郎が抄訳した「泰西兵餉一班」のような兵隊の食事に関する兵学書は、急増する幕末期の西洋翻訳書の中にも全く見当たらない。それ故、本邦では未知のオランダ原書から抄訳した本書は、虎三郎の先見性を示す学究的な成果であったといえる。惜しむらくは翻訳原本が、有三が『米百俵』を執筆した昭和十八年(一九四三)には存在が確認されていたが、その後、第二次世界大戦時の長岡戦災で焼失したと推測され、内容を確認できないことである。この「泰西兵餉一班」の翻訳にも窺い知れる通り、虎三郎は、「西洋芸術」の優秀性や利便性を、西洋近代科学の単なる技術的な成果の次元で捉えるのではなく、新知識の裏側に潜む学問的な基礎にまで着目して理解しようとしていた。この点を看過してはならない。恩師の象山や門人の虎三郎とって、「西洋芸術」とは単なる知識や技術の世界ではなかったのである。

5　西洋の兵学書「野戦要務通則一班」の抄訳(慶応三年)

本書も、虎三郎がオランダ原書の兵学書を抄訳したものである。その原書とは、前述の「泰西兵餉一班」と同じオランダ砲隊長「毘丹薄魯印《カピタンバロイン》」の著書『従軍必携』であった。この抄訳を冊子にまとめた経緯を、虎三郎は序文「野戦要務通則一班序」の中で次のように述べている。

西洋の兵学、科を分ち門を設くること無慮若干。而して野戦要務を以て其の一に置くは、蓋し此の故を以てなり。其の科固《もと》より専書あり。事に洋兵に従ふ者、其の詳らかにして且つ備はる者を求めて、之を講ぜざるべからず。

余、荷蘭の薄氏の従軍必携を閲するに、其の内の野戦要務通則は、語簡に過ぐと雖も、事目頗る多し。亦以て其の大凡を観るに足る。因て抜いて之を訳し、一冊子と為す。之を一斑と謂ふ者は、其の専書に非ずして、未だ詳らかに備はれりと為さざるを明らかにするのみ。大方の君子、固より取るなからん。然れども初学の士、目未だ蟹文(蟹文字、欧文)を知らざる者、或いは受けて之を読まば、則ち其の全豹《ぜんぽう》を求むるに於て、未だ必ずしも助け無くんばあらずと云ふ。(37)

オランダ原書の中の「野戦要務」に関する部分を抄訳した本書もまた、当時の日本の軍隊では未知の西洋兵学の入門書であった。冊子にして配布したという本書の訳稿は、現在、その存在を確認することができず、序文が残されているだけである。その序文を虎三郎が執筆したのは、明治と改元される前年の慶応三年(一八六七)のことであり、長岡藩も加わった幕府軍による第二次長州征伐の開戦直後のことであった。

さらに、この翌年には、越後長岡を舞台とした北越戊辰戦争が勃発する。まさに嵐の前の静けさが残る時期の翻訳であった。前述の「泰西兵餉一班」といい、この「野戦要務通則一班」というも、征長軍に参戦できなかった虎三郎が、戦地に赴く長岡藩の同僚たちの身を慮って訳出した、極めて実学的な内容の兵学書であったといえる。

6　西洋の歴史書「馬基頓《マセドニー》二英主伝」の抄訳(翻訳年不詳)

この虎三郎の翻訳書には、「荷蘭維尼氏、万国小史抄訳」という副題が付されている。これによって、本書がオランダ人(維尼氏)原著の『万国小史』の抄訳であることがわかる。これを虎三郎が、いつ抄訳したかは不詳である。が、江戸から帰省し長岡に蟄居謹慎して間もない安政年間の翻訳と推察される。(38)

ところで、標題の「馬基頓《マセドニー》二英主伝」とは、古代ギリシャ時代のヘレニズム世界に誕生したマケドニア(Makedonia)王国の二人の英雄の伝記、という意味である。その英雄とは、マケドニア王国を建国した「非立《ヒリップス》第二」、すなわちフィリップ二世(Philip II. 在位 B.C. 359–336)と、その息子で後継者の「亜勒散得《アレキサンドル》」、すなわちアレキサンダー大王

(Alexander, 在位 B.C. 336－323)である。

虎三郎が『万国小史』から抄訳した本書の内容は、フィリップ二世とアレキサンダー大王という英明なる親子二人の大王が、幾多の戦争を勝ち抜いてマケドニア人の王国を建国し、やがてはペルシャ帝国をも滅ぼし、エジプトからインドにまで至る史上空前の世界帝国を建設していった武勇伝が叙述されている部分であった。

まず、虎三郎の抄訳の冒頭は、次のようなフィリップ二世によるマケドニア王国の建国物語からはじまる。

> 馬基頓《マセドニー》王非立《ヒリップス》第二なる者は、亜明大《アミンダス》の子なり。馬基頓《マセドニー》は希臘《ギリシヤ》十二国の一となす。始め王有りと雖も、微弱にして競はず。紀元五百十三年より四百七十九年に至るまで、波斯《ペルシヤ》の藩属(属国)たり。後も亦猶自主するを得ず。非立《ヒリップス》出るに及んで、国始めて興る。
> 非立《ヒリップス》人となり、深沈果敢にして権略あり。其の猶少なるや、国嗣定まらず、訌争《こうそう》紛然たり。地品彼罷比大《テベペロピダス》来って判決を為し、遂に非立《ヒリップス》を拉《りゅう》して帰り、以て質《しち》(人質)と為し、之を埃巴米嫩大《エバミノンダス》の家に養ふ。埃巴米嫩大《エバミノンダス》は兵に精しき者なり。非立《ヒリップス》因って焉《これ》に学ぶ。発憤鑽研し、其の蘊奥《うんおう》を窮む。才智大いに進む。異日能く本国の衰替を拯《すく》(救)ひ、一方に雄視し、嗣子の大業を開きし者、蓋し此に根ざすと云ふ。[39]

しかし、連戦連勝で領土拡大を遂げていったフィリップ二世ではあったが、最大の敵であるペルシア帝国への遠征を目前にして暗殺されてしまう。この悲劇に臨んで、いまだ数えで二十一歳の息子アレキサンダーが即位したこと、哲人アリストテレス(Aristoteles, BC. 384－322)の訓誡を受けて育った知勇兼備のアレキサンダー大王は、父親の悲願であったペルシャ遠征を決行してペルシア帝国を滅亡させたこと、等々が、虎三郎によって次のように翻訳されている。

非立《ヒリップス》事を挙ぐる、速成を欲せず。必ず始終の利否を審かにし、以て緩急疾舒《しつじょ》（緩急）の宜しきを制す。故に前後大小数十戦、彼爾摩都斯《ペルモチユス》、庇散多慕《ビサンチユム》二役を除くの外、未だ嘗って敗を取らず。業殆ど将《まさ》に成らんとして、一旦弑《しい》（暗殺）に遭ひ、其の志遂げられず。衆焉《これ》を惜しむ。子亜勒散得《アレキサンドル》立つ。
亜勒散得《アレキサンドル》なる者は、三百五十六年を以て、彼爾拉《ペルラ》に生る。天資卓犖《たくらく》（卓越）、幼より大志を負ふ。父非立《ヒリップス》嘗って敵と戦って勝つ。王聞いて泣く。人以て問ふことを為す。則ち曰く、大人我が功名の地を奪ふ。是を以て泣くのみと。非立《ヒリップス》因って其の非常の器たるを知る。亜理斯多的力斯《アリストテレス》を使し之が傅《ふ》（守役）と為す。亜理斯多的力斯《アリストテレス》なる者は、博物の君子なり。奨掖訓誨《しょうえきくんかい》、其の心力を尽す。王漸く長じ、才文武を兼ね、雄略人に絶す。非立弑《ヒリップスしい》に遭ひ、王乃ち位を継ぐ。時に年二十一歳なり。[40]

実は、恩師の象山には、「那波利翁《ナポレオン》像に題す」という漢詩がある。[41] 彼が、愛弟子である吉田松陰の密航事件に連座して幕府に捕縛され、地元の信州松代に蟄居謹慎という不遇の時期に詠んだ漢詩である。フランスの英雄ナポレオン（Napoleon Bonaparte, 1769–1821）は、幾度もの挫折に挫けず不死鳥のごとくに復活し、フランス皇帝となった英雄である。象山は、不撓不屈のナポレオンを敬慕しつつ、囹圄《れいぎょ》（獄舎）にある己自身を振起させていたのである。

その門人である虎三郎もまた、青春の蹉跌で学問への大志を挫かれ、越後長岡に蟄居謹慎の身にあるとき、オランダ原書の西洋偉人伝を訳読し、感銘深いフィリップ二世とアレキサンダー大王の部分を抄訳していたのである。虎三郎は、抄訳の最後を、国史を愛読して敬仰する織田信長が明智光秀の謀反で自刃した悲運を嘆いて感泣したという、自らの幼少時における読書体験を想起しつつ、次のように結んでいる。

論に曰く、「亜勒散得《アレキサンドル》、英才大略、固より千古に過絶す。然れども非立《ヒリップス》の之が前を為すあるに非ずんば、其の成功の速かなる、悪《いず》んぞ能く此くの如くならんや。」と。伝に曰く。創業統を垂るること、非立《ヒリップス》あり。

亜勒散得《アレキサンドル》をして獲て其の志を竟《お》へしめば、則ち三洲の地を嚢括《のうかつ》(総括)して、以て大統を一にするの勢を定めんこと、吾其の難く非ざるを見る。然り而して、天之に年を借さず、偉業中ばにして廃す。惜しむに勝《た》(堪)ふべけんや。余、幼時国史を読み、織田右府の削平《うふ》(平定)の功、成るに垂んとして、俄に逆豎《ぎゃくじゅ》(青二才、明智光秀)に斃《たお》れしを観る毎に、未だ嘗って巻を掩《おお》ふて泣かずんばあらず。今亜勒散得《アレキサンドル》の事に於ても亦然りと。(42)

虎三郎が抄訳したオランダ原書の『万国小史』は、少なくとも幕末期の日本には翻訳紹介されていなかったとみてよい。明治に入ると、作楽戸痴鴎訳『西洋英傑伝』(英国人著書、全六巻、明治二年)、河津孫四郎訳『西洋易知録』(英国人著書、全九巻、明治二年)、西村茂樹訳『泰西史鑑』(プロシア人著書の蘭訳書から重訳、明治二十四年、全二〇巻)などの西洋歴史書が、相次いで翻訳紹介されることとなる。

いまだ鎖国攘夷が大勢を占める幕末期に、やがて美談「米百俵」の主人公となる虎三郎が、オランダ原書の西洋歴史書を訳読して、マケドニア王国のフィリップ二世やアレキサンダー大王を敬仰していたこと、さらにはギリシャの哲人アリストテレスの存在を認識していたことなどは、これまで全く知られることのなかった新事実である。さすれば、虎三郎による『万国小史』の抄訳は、わが国における先駆的な西洋歴史書の翻訳紹介であったとみることができる。

第四節　その他の蘭書翻訳による西洋新知識の吸収と展開

以上の他にも、虎三郎は、オランダ原書を媒介とした「西洋芸術」の吸収とその普及を目指した啓蒙活動を展開していた。その一つとして、彼が戊辰戦後に長岡藩大参事に選挙された時期に、一般民間人に周知徹底すべく編纂した『民間禁令』(明治三年春正月)という刑法書がある。この著書や草稿の存在を確認することはできない。だが、虎三郎が、この本を、如何なる趣旨で編纂したかを物語る序文「民間禁令序」が残されている。

それによれば、彼は「刑なる者は、夫の民の教に従はずして悪に入る者を懲さんが為にして設くる也[43]」との考えから、新生長岡の復興に際して急ぎ本書をまとめたという。それは、ただに長岡の領民だけでなく、西洋の場合と同様、法治国家たるべき近代日本の国民に対しても周知徹底すべき法律書として編纂したということである。刑法の内容そのものは、「書経」や「春秋左氏伝」など、中国古典にみられる刑罰の記載を援用しつつ、既刊の西洋刑法書を概括したものである。

だが、同書を編纂するに至った動機は、彼が西洋近代の法治国家を知ったことにあった。その経緯を、彼は次のように記している。

余聞く。「西洋各国法律の書は、至って詳、至って悉、而して独り彫刻して頒布するのみにあらず、又以て斉民《せいみん》（一般人民）必学の科と為す。故に斉民皆法律の概を知らざるなく、訟獄《しょうごく》（訴訟）自ら寡《すく》なし。其の或いは之有らば、有司先づ審かに其の情を訊ね、然る後に判して曰く、汝が訟ふる所、律の某条に合せず。故に曲に属す。汝が犯す所、律の某条に当る。故に処するに某刑を以てすと。訟ふる者、犯す者、皆復辞を措く所なし。甘心して罪に服す。」と。（中略）

方今国家の務めは、宇内の至善を択んで、経邦の大典を定むるに在れば、則ち西洋法律の書の若きは、有志の士に於て、宜しく参覈《さんかく》すべき所と為すは、固より論を待たざるなり。但々余、疾益々痼に、神益々耗し、蟹文（洋書）の籍を繙かんと欲するも、得べからず。僅に一二邦人訳す所の者に就いて、其の一斑を窺ふのみ。悪《いずく》んぞ以て其の要を摘して、之を述ぶるに足らんや。天下の大、固より傑俊の士に乏しからず、必ず当に能く其の全豹を見、訳して之を出して、以て東方の未だ備らざる所を補ふ者有るべし。余則ち刮目して以て待つ[44]。

西洋の近代国家では、裁判制度を基本とする刑罰制度が整い、公平な刑罰がなされている。だが、西洋に比すれば東洋の日本には、そのような刑罰制度はなく、今こそ近代国家に相応しい法体系の整備が急がれる。できうれば自分が西洋の刑法書を訳読して刑法制度をまとめたい。だが、それは持病の悪化で不可能である。それ故、すでに翻訳刊行されている西洋の刑法関係文献を斟酌して、急ぎ刑法の概説書である「民間禁令」を物した。今後、これを契機に本格的な刑法書が出現することを待つのみである。法治国家としての近代日本の構築を希求する虎三郎の熱い思いが、本書の編纂には込められていたのである。

以上のような内容の序文は、虎三郎の心中を吐露したものである。彼は、日本近代化の発信源である東京から遠く離れた、越後長岡という地方の小さな窓から、明治の夜明けに法治国家としての近代日本の国家像を、西洋近代国家をモデルとして描こうとしていた。「万古の月」に照らされた「万古の心」を生き抜こうとする虎三郎の、まさに日本近代化を遠望する宏遠な眼差しであったといえるであろう(45)。

第五節　虎三郎訳のオランダ原書の特徴とその歴史的意義

ペリーが浦賀に来航した翌年の安政元年(一八五四)、罪をえて越後長岡に蟄居謹慎した虎三郎は、以来、戊辰戦争が勃発する前年の慶応三年(一八六七)までの間に、恩師象山に捧げた処女論文「興学私議」をはじめ、様々な詩文を執筆した。と同時にまた、江戸の象山塾で修得したオランダ語の読解力を活かして幾冊ものオランダ語の原書を訳読していた。

特に有益と思われる部分は抄訳して冊子にまとめ、これを関係者に頒布していたのである。本章で取り上げた翻訳(抄訳)以外にも、彼が取り組んだ翻訳の成果があったかも知れない。だが、資料的な裏付けがなく、確認することはできない。

次に、本章で取り上げた虎三郎の翻訳成果を通して認められる特徴を整理し、幾つか指摘しておきたい。

(1) 虎三郎が翻訳した「籌海《ちゅうかい》試説」「重学訓蒙」「察地小言」「泰西兵餉一班」「野戦要務通則一班」「馬基頓《マセドニー》二英主伝」は、いずれもオランダ原書の抄訳である。「重学訓蒙」は力学書、「馬基頓《マセドニー》二英主伝」は西洋の歴史書であり、その他の四冊は、いずれもがオランダ軍人の著した西洋兵学書の抄訳であった。

その中で唯一、抄訳して頒布した冊子が現存するのは『察地小言』のみである。同書の全文を知ることができる故、本章の最後に全文を解読し紹介しておくこととした。しかし、他の作品については、訳稿も冊子も所在を確認することができない。だが、いずれの場合も、虎三郎がオランダ原書から翻訳したことは間違いのない事実である。その証として、それぞれの抄訳には、虎三郎が執筆した「序文」または「後序」が残されている。

(2) 虎三郎が翻訳した西洋兵学を中心とするオランダ原書の抄訳内容は、いまだ幕末期の日本には紹介されていなかった、西洋日新の新知識であった。本章で取り上げた虎三郎の翻訳作品は、管見の限りでは、いずれもが現在の日本洋学史研究の成果の中に確認できるものは一つもない。したがって、本邦初訳の貴重な作品とみることができる。

(3) 虎三郎は、本章で取り上げた幾冊もの翻訳活動の直後、長岡藩大参事に選挙されて戊辰戦後の長岡復興に尽力し、美談「米百俵」の主人公となる。だが、その直後の明治四年(一八七一)八月に実施された廃藩置県によって、忠誠と奉公の対象であった長岡藩が消滅する。これを機に虎三郎は、いまだ復興途上にあった郷里長岡を去って東京に向かう。

上京後の虎三郎は、難病に蝕まれた病躯に鞭打って、積極果敢に学究的な文筆活動を展開する。その成果の一つが、中国在住ドイツ人宣教師の執筆した漢書『大徳国学校論略』(一八七三年)を、明治初期の日本に翻刻紹介した業績であった。この翻刻活動もまた、彼が幕末期に展開した西洋新知識の翻訳活動の延長上における業

績とみることができる。(4)

幕末期に展開された虎三郎のオランダ原書の翻訳活動において注目すべきは、彼が常に平易な国文(漢字仮名交じり文)の日本語訳を心掛けていたことである。多くの日本人が、身分や地域などの教育的差違を超えて、西洋日新の新知識を学ぶことができるようにという、平民教育の実現を願う彼の教育的な配慮からであった。

そのような虎三郎は、明治に入って間もなくに本格的な国字改革論を展開し、自ら率先して平易な漢字仮名交じり文の教科書作りを実践してみせた。歴史教科書『小学国史』(全一二巻)の編纂刊行である。彼が教科書編纂に具体化した国字改革の主張は、国民皆学を国是として維新政府が進める教育政策を実現するためには、不可避的な国家的問題であることを浮き彫りにしたのである。

わが国における本格的な国字改革の論議は、早くも明治維新の前後に沸騰した。幕臣の前島密をはじめ、西周や福沢諭吉、西村茂樹などが、国字改革論の先駆者であった。虎三郎もそのひとりであった。いな、虎三郎の主張こそは、彼ら著名人に先んじて平易な国字国文への改革を主張し実践した嚆矢であった。実は、そのような彼の国字改革の思想は、幕末安政期以降における彼の翻訳活動における平易な日本語訳の主張と実践とに看取することができるものであった。

【資料紹介】小林虎三郎訳『察地小言』の全文紹介

1　虎三郎訳『察地小言』の内容と特徴

虎三郎訳『察地小言』は、幕末維新期において他に類書をみず、現在まで全く知られることのなかった本邦初公開の洋学書（蘭学書）の抄訳書である。同書の洋学史上における資料的価値の大きさに鑑み、長岡市立中央図書館文書資料室所蔵の原本から全文を解読して紹介しておくこととする。

なお、虎三郎が抄訳して億二郎に献呈したと推察される長岡市立中央図書館蔵の冊子には、朱筆が加えられている。朱書きの中心は、表記上の問題であり、例えば「△」を「、」に、「○」を「。」に修正するなどである。その他にも、送り仮名の補充などの加筆が散見される。だが、オランダ語の訳文そのものに関しての朱書は全くみられない。

以下の全文紹介では、読みやすくするために、朱書に従って「△」は「、」に、「○」は「。」に統一し、また億二郎による送り仮名の補充部分に就いてはカッコ付で記載し、さらに旧漢字は新漢字に、旧略字記号の表記も片仮名（「コト」「トキ」「シテ」など）に改めて記載した。

なお、原文に付されたオランダ語の表記を表す片仮名のルビはそのままとし、それとの区別がつくように難解な漢字や熟語には、筆者が平仮名のルビを付け、その意味に相当する現代語をカッコ内に付した。

2　虎三郎訳『察地小言』の全文

「　察地小言

野軍営造工《ヘルドテンゲニウル》ノ職務、分テ七大分ト(為)ス。一ニハ敵ノ陣地ノ形勢ヲ察スルト道路ヲ詳ニスルコトナリ。二ニハ我兵ノ進行ヲ導クナリ。三ニハ導路ヲ修補シ、橋梁ヲ架スルナリ。四ニハ我カ陣地ヲ択テソノ荒蕪《こうぶ》(荒地)ヲ開拓スルナリ。五ニハ陣地ヲ強固ニスルナリ。按スルニ隍《こう》(空堀)ヲ掘リ、護胸壁ヲ築キ、柵ヲ結フノ類ヲイフ。六ニハ全国ノ地理ヲ熟察シテ、之ヲ図ニ著ハスナリ。七ニハ敵ノ陣地ヲ攻ルト我カ陣地ヲ守ルトノ二ツノ者ニ於テ提督ノ規画ニ従テ営為スルナリ。其地又攻城術ニテ渉セハ諸件ノ法則ニ合《カナヘ》ル者ヲ精究練ニ磨セサル可ラスシテ、而シテソノ地理ヲ察スルノ法ハ下ニ記スル所ノ如シ。」

「第一章　河ノ狭且小ナル者ハ大河ト同キ検察ヲ要スル而已《のみ》ナラス、尚特ニ水ノ浅深ヲ詳ニセサル可ラス。故ニ大河ニ比スレハ、精キ測験ヲ要スルナリ。河流ノ疾急毎《ツネ》ニソノ浅キヲ知ラシム。故ニ此ノ如キ処ニテハ橋梁ヲ架スルニ便ナルヤ否ヤヲ察スルハ省テ可ナリトス。細流《ベーキ》ハ常ニ我ガ陣地ノ前面若クハ両側ヲ遮蔽スル多シ。故ニソノ越渡スベキ処ハ悉ク熟知セルヲ要ス。

第二章　河流ノ方向、ソノ急慢、河底ノ質、水ノ景況、ソノ多寡、ソノ漲溢、ソノ涸落、河流ノ過ル所ノ牧地及ヒ沮如《ムーラス》、河岸ニアル水車、第三章ヲ考フヘシ、

「両岸ノ間ノ広挟、按スルニ水ナキ処マデヲ総テ云、河岸大小高低ノ丘陵、何レノ処ニ最高丘アルヤ、高峻ナル岸、細流ノ谷迄ニアル凹路《ホルレウェフ》及ヒ圻裂《きれつ》(亀裂)ノ処等、按スルニ谷トハソノ両側ノ□(昇《(カ)》)窪ニシテ水ナキ処ヲ云、右ノ数者《は》皆検察ヲ要ス、又コノ凹路及ヒ圻裂《きれつ》(亀裂)ノ処等ヲ以テ我兵ノ側面ヲ遮蔽スヘキヤヲ知ル為ニソノ相距ルノ遠近ヲ察スヘシ

第三章　水車ハ水ヲ取ルノ時アリ、又取ラサル時アルニ因テ、河水ヲシテ忽チ渉渡《カチワタリ》スベカラシメ、又忽チ渉渡スベカラシム。故ニ第一ニハソノ水ヲ畜《(ママ)》(蓄)止ス堰固密ナル時ノ水ノ高サヲ察スヘシ。第二ニハ堰ヲ除キタル時ノ水

「ノ高サヲ察スヘシ。第三ニハ堤ヲ除クニ因テ、水ノ涸落スル時限ヲ察スヘシ。如何トナレハ、水ヲ畜《(ママ)》(蓄)止スルト、涸落セシムルトニ因テ、陣地ノ攻守難易ノ勢、驟《にわ》カニ変スル故ナリ、按スルニ、右三章、宜ク下ノ察河橋杲《カ》(架)及ヒ渉処諸章ト参省スヘシ。

小林虎三郎訳『察知小言　単』
（1867年、長岡市立中央図書館所蔵）

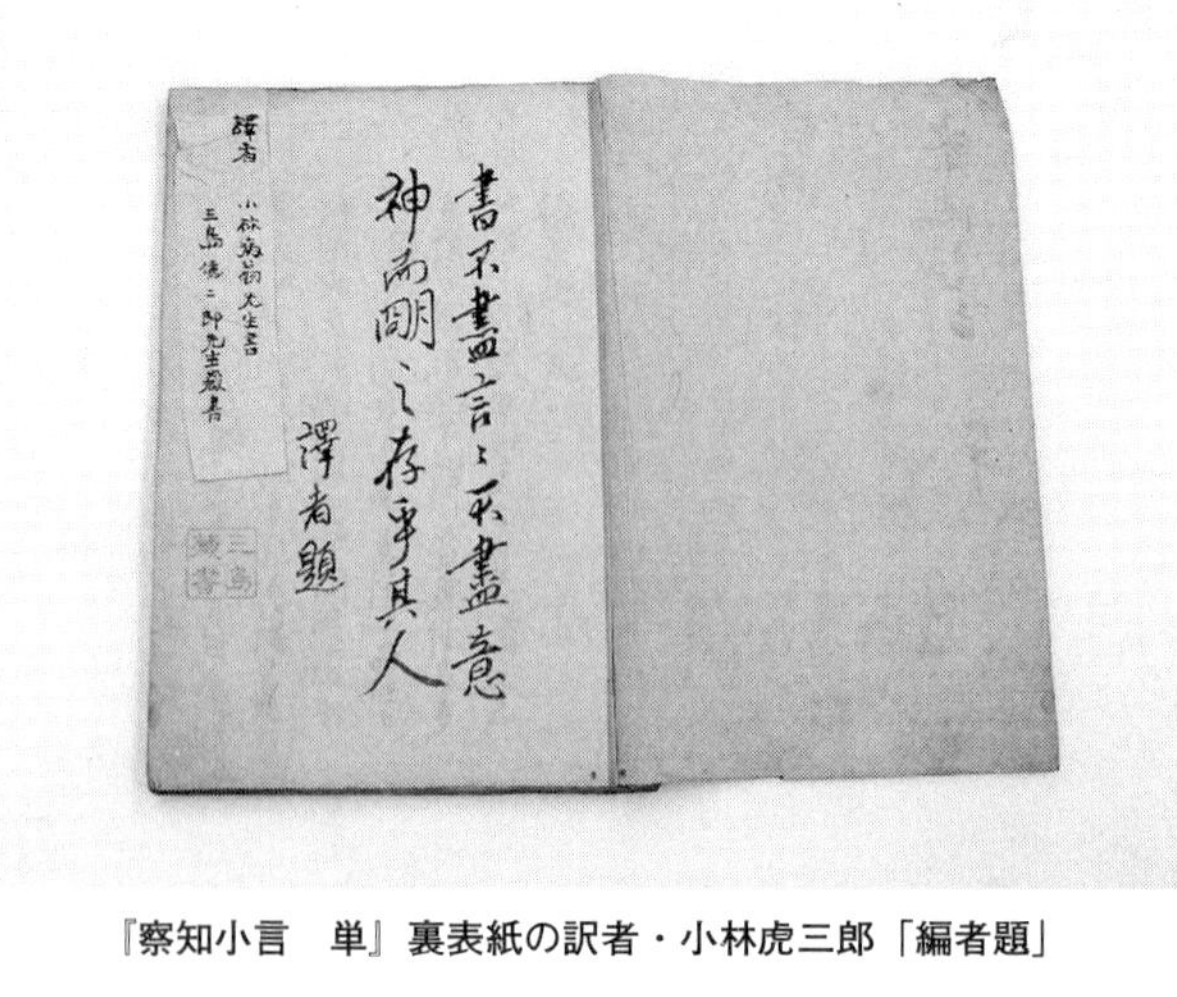

『察知小言　単』裏表紙の訳者・小林虎三郎「編者題」

山地

第四章　山地ノ高低参差トシテ、田畝樹林相イ錯雑スル者ハ、之ヲ察スル尤モ難シ。此ノ如キ地ニハ、必ス陣地ト為スヘキモノ多シ。此ノ地ハ、特ニ精察ヲ要ス。

此ノ如キ地ヲ察スルニハ、宜ク其最高部方ヨリ始ムヘシ。コノ最高部分ヨリ派出スル凹路、及ヒ泉水ノ源ヲハ、其他ノ諸部ヲ

「察スルニ先テ、詳ニ之ヲ知ルヲ要ス。許多ノ屈曲ト細流トニ因テ隔断セラレタル谷ハ兵衆ノ道路ニ供スベキアラス。若シ橋ヲ開キ用ユルトキハ、則チ以テ道路ト為スベシ。此種ノ道路ハ用ニ供スルコト少クシテ、人多クハ未タ之ヲ知ズト雖モ往々甚ダ用ニ切ナルコトアリトス。

(注)山地ニテ若シ両個ノ谷、即チ河、大抵ニ時行、一時ハ我ガ一里十二町十一間ヨ、或ハ三時行ノ距離ニテ、斉等ノ広サ《エーンウェーヂフ》ヲ以テ走ルトキニハ、両谷ノ間ハ必ス山ニシテ、ソノ両側坡陀《ひだ》ノ処ハ、凹路及ヒ「ホーレン」、按スルニ畔ノ如キ窪ミヲイフ、ニ由テ隔断セラル。然レトモ其背ハ首ヨク尾ニ至ル迄、皆道路ト為スヘシ。コノ山背ハ、両谷ト相併セテ精察スルヲ要シテ、而シテ両側ノ斜面ニアル道ヨリハ、好キモノヲ得ルコト多シ。

「爰《ここ》ニ一種ノ凹路アリ。ソノ出路《オイトガンク》甚ダ出ルニ易ク、ソノ地質軟柔肥沃ニシテ、夏日少時間乾燥セル牧地トナル。此ノ如キ凹面ハ、縦隊兵衆ノ道路ニ供スベシ。此ノ如キ凹路ニ遇ハヾ、宜ク之ヲ各種ノ兵衆ノ用ニ供スル為ニ切要ナル事務ヲ熟考シテ、而シテソノ前端ハ、何レノ道ニ接スルヤヲ究知スヘシ。前端出路ノ処ハ、必ズ兵衆ヲ備ヘ置ザル可ラザルナリ。

山

第五章　牙耳白《アルペン》及ビ比列納《ベイレフォン》ノ如キ高山ニ於テハ、道路ヲ得

「ルコト甚ダ稀ニシテ、独リソノ狭間ノ地住止スベク、行過スベキノミナリ。故ニ既ニ峡及ヒソノ出路入路《ツーガング》、ソノ最モ窄狭《さくきょう》ノ処、ソノ道路等ヲ知ルトキハ山上ニ於テハ、只ソノ道路ト細径《フートハット》、按スルニ只人ノミ歩行スベクシテ車馬ノ通ゼザル者ヲ云、トヲ検察シテ足レリトス。

山脉《みゃく》(脈)ノ最モ較著ニシテ一国地ヲ界限スル者、諸支山ノ此ノ如キ国地ノ出路ノ防守及ヒ進出ニ便ヲ為ス者、コノ支山ノ各部今ノ高低、山脈提出シテ其上ニ昇テ防守ノ地ノ縮図ヲ作ルニ足ルヤ、皆検察ヲ要ス、峡ノ入路、鹿角《フルハツキンク》ヲ設テ入路ヲ

截《た》ツノ方、列独烏多及《レトウト》、按スルニ、小方塁ノ名、ヲ置クニ宜キ地、道路ノ壊破シテ用ユ可ラサラシムヘキ者、其他一切此
「処ニテ敵ヲ拒《ふせ》クヘキ方法、皆宜ク検察スベシ。
第六章　山ノ偭背ノ位置、山嶺ニ達スル方法、山土ノ質、山樹茂密ナル、礁石被石シテ樹ヲ生ヒサルヤ、ソノ生スル所ノ雑穀果実蔬菜《そさい》（野菜）等、草料、獣ヲ飼フヘキ諸物、住民、市集、村落、カステール」按スルニ、市集等ヲ深護シ且ツ点検スル為ニ設ケタル小城ヲナス、「フーデレイ」、未タ詳ナラス、按スルニ、市集村落等ノ周囲ニアル墻《しょう》（垣根）或ハ柵ヲイフカ、道路、細径、陣地ト為スヘキ処、石ノ数者皆検察スヘシ。
第七章　山ノ只高平ナルノミナル者ハ、之ヲ検察スルコト頗ル難シ、其故如何ントナレハ、此ノ如キ地勢ニテハ、検察ノ標的トナスヘキ物少キヲ以テナリ。山ノ此ノ如キモノハ、亦特ニ注意シ
「テ検察スヘシ、第四章ヲ考フヘシ。

ベルクエングテ　按スルニ、峡ノ甚タ狭容ナル処ヲイフ

第八章　歩騎ニ兵及ヒ諸事ヲ通ズルヤ、ソノ入路、山嶺ト相通スルヤ、哨兵《しょうへい》ヲ置ク方法、現成ノ道路ニ由テ最高処ニ達スヘキ時限、新道ヲ開得ヘキヤ、皆宜ク察スヘシ。

山路

第九章　ソノ入路ノ広狭ムソノ長短、退軍ヲ護スル為ニ占拠スヘキ陣地、ソノ出路ノ地質、コノ処ニ於テ幾多ノ兵ヲ戦列ニ擺《はい》開《かい》シ得ヘキヤ、皆検察ヲ要ス。

「
樹園《ボームカールテ》

第十章　園ハ何レノ地ニ属スルヤ、樹ノ疎密、溝渠籬磚《こうきょりせん》（垣と瓦）土堤等ヲ以テ囲繞《いじょう》シタルヤ、皆察スヘシ。

林《ボス》

第十一章　林ノ位置、ソノ広狭、ソノ疎密、林中ニ高樹アルヤ、又截倒シタル木アルヤ、空間ノ地アルヤ、空間ノ地ノ広狭如何ン、空間ノ地ノ左右樹木茂密ナルヤ、空間ノ地ハ周行スヘキヤ、空間ノ地ハ何レ処カ尤モ広キヤ、林中ノ地ハ平夷《へいい》ナルヤ、

凹凸ナルヤ、林ヲ貫透セル道路ハ何レノ処ヨリ来リ何レノ処ニ達スルヤ、ソノ道路ノ地質ハ如
「何ン、コノ道路更ニ開拡《かいかく》ヲ要スルヤ、林ヲ貫透シテ新路ヲ開クコト緊要ナルヤ。其事ハ難キカ易キカ、敵ニ側面ヲ撃レザル為ニ道ノ方向ヲ如何取ルヘキヤ、如何ナル方法ヲ以テ林中ニ塁壁ヲ設ケ、鹿角ヲ置クヘキヤ、如何ナル方法ヲ以テ、ソノ樹木茂密ナル部分ヲ我カ利ト為スヘキヤ、鹿角ヲ作ル為ニ斬伐セラレタル部分ノ景況、林ノ前後ノ地理、ソノ地兵ヲ陣スルニ便ナルヤ、林中ニ田畝牧地凹路等アルヤ、ソノ凹路ノ深浅長短如何ン、林中ニ細流湧泉「カステール」前ニ見ユ村落等アリヤ、ソノ林ノ外端トノ距離幾許《いくばく》ゾヤ、右ノ数者《は》、皆検察ヲ要ス。

「第十二章　林ヲ精察セント欲セハ、宜クソノ周囲ヲ巡行シ、林ヨリ出ル所ノ道ヲ認識シ、ソノ道ノ由テ来ル所ト、達スル所ヲ詳ニシ、林中ヨリ出ル細流、及ヒ凹路ヲ検察シ、若シ此二ツノ者、我カ兵ノ利トナスベキトキハ、其由テ来ル所ノ源ヲ尋究シ、更ニソノ横截スル諸路ト、ソノ会合スル所ノ沮洳《そじょ》(湿地)トヲ検察スヘシ。

湧泉

第十三章　ソノ水ノ景況、之ヲ以テ用ト為スノ難易、騎兵ノ用ニ供スヘキヤ。ソノ多寡、ソノ在ル所ト陣地ト関繋《かんけい》(係)、悉クソノ水ヲ占テ我カ用ニ供スヘキヤ。皆宜ク
「スヘシ、

橋梁

第十四章　ソノ位置、ソノ諸材ノ尺度、木材カ、石材カ、ソノ強弱、砲ヲ渡スニ堪ユルヤ、如何シテ之ヲ破壊スヘキヤ、両岸ノ景況河流ノ急慢、河ノ広狭、両岸下ノ浅深渉処《ウアードベレアキーツ》、河ヲ浅クシテ渉渡スヘキ処ヲイフ、及ヒ橋ニ接スル道路等ノ関《かん》繋《けい》ヲ以テ、如何ナル良法ヲ以テ破壊セル橋ヲ復架スヘキヤ、如何ナル方法ヲ以テ橋頭堡ヲ防守スヘキヤ、何レノ岸カ尤モ高キヤ、右ノ数者《は》宜ク察スヘシ。

第十五章　市集及ヒ村落中ノ橋ハ橋ノ両辺ノ街衝《がいしょう》(街巷)ヲ合セ察スヘシ、街衝《がいしょう》ノ出路及ヒ入路、対岸ノ地理、亦皆察スヘシ。

村落

第十六章　ソノ位置、ソノ人家ノ数、土壌ノ質、収穫ノ景況、及ヒ多寡、市肆《しし》(市街店)ヘ物ヲ輸送スル村ノ周囲ノ地、駄獣・

家畜・牡牛・諸鳥、按スルニ鶏鶩ノ類ヲイフ、竈《そう》（かまど）、水ノ性、人家及ヒソノ倉庫羊圏等ノ製作、寺院ノ在ル所、ソノ園《えん》囿《ゆう》（畑）ノ在ル所、コノ園囿ハ磚《せん》（瓦）墻《しょう》（垣）樹籬《り》（垣）溝渠等ヲ以テ囲繞《いじょう》シタルヤ、水車及ヒ風車、全村溝渠樹籬磚墻《ミケガキ子リヘー》土堤等ヲ以テ囲繞シタルヤ、村落ニ拠テ自ラ固ウスルニ足ルヤ、右ノ数者《は》皆検察スヘシ。

「

第十七章　ソノ墻壁《しょうへき》（障壁）隍《こう》（壕）池等、久ク保持スヘキカ、速ニ□奪スヘキカ、高キカ低キカ、全「レヘメント」未タ詳カナラス或ハ半「レヘメント」ヲ以テ遮蔽《しゃへい》シタヤ、堅石或ハ磚《せん》石ヲ以テ築城シタルヤ、天然ノ険ニ依テ築キタルヤ、将タ専ラ人工ヲ以テ築キタルヤ、古昔ノ城制ニ依テ築キタルヤ、将タ近今ノ城制ニ依テ築キタルヤ、ソノ周囲ノ地理ノ利害如何ン、攻兵ノ福尓多《ホルト》ニ近ク為ニ取ル路ト福尓多《ホルト》トノ関繋《かんけい》、如何ナル防禦ノ法ヲ備ヘタルヤ、少許ノ費用ヲ以テ如何ナル防禦ノ備ヒヲ増スヘキ、右ノ数者《は》皆宜ク察スヘシ。

福尓多《ホルト》　按スルニ一種ノ小域

「

第十八章　「フーデレイ」前ニ見ユノ製作、「ゲヒュクー」ノ在ル所ノ地質、ソノ人家ノ製作、「ゲヒュクト」中ニ於テ如何ナル利益ヲ得ヘキヤ、皆察スヘシ。

「ゲヒュクト」福尓多《ホルト》　按スルニ小村ヲイフ

「

第十九章　何レノ種ノ兵衆モ之ヲ越過スヘキヤ、ソノ地ニ在ル断株《きりかぶ》（ストロイク）・凹路細流（注）、ソノ地ハ夾　沙　土《サンデヘツロンド》カ黒　土《ズワーレゴロンド》カ、紫草ノ景況、紫草ノ厚薄、紫草ハ大ナル要　害《ヒンデルバール》ヲ為スヤ、右ノ数者《は》皆察スヘシ、ソノ紫草茂密ナル者ハ陣地ト為シテ宜シ、如何ントナレハ、紫草ヲ以テ護胸壁ニ充ツヘキヲ以テナリ。

ヘーデハーゲ　按スルニ栄草叢生ノ地ヲイフ

（注）ソノ紫草ノ高キ処ハ毎《ツト》ニ用ニ中《あ》ツヘシ、低キ処ハ多ク沮洳《そじょ》（湿地）ノ地ナリ、ソノ砂色、常ニ異ナルコト無ケレハ、ソノ道ハ必ス佳ナリトス、若シソノ沙黒色ヲ帯テ更ニ細微白色ノ沙ヲ混シタル者ハソノ道路必ス冬時ニ於テ用ユヘカラサルノミナラス、夏時ニ於テモ亦用ニ中《あた》ラストス〈尤ソ冬夏相対シテイナケレハ冬ハ秋ノ末ヨリ、春ノ初マテヲ指テイヒ、夏ハ春ノ末ヨリ秋ノ初マテヲ指テ云ト知ルヘシ、春夏秋冬四時ノ内、独冬夏二時ヲ挙テ云ニ非ス、沕氏《ぶっし》語彙ニ詳ナリ。〉

「

第二十章　ソノ底ハ礁《ロッツ》カ沙カ、脱弱平扁ノ小石カ、ソノ両側峻急《しゅんきゅう》ノ崖ヲ削テ、平慢ナル傾斜面ト為スヘキカ、雪水暴源ノ時

凹　路《ホルレウエフ》

ニ当テ、土壊崩《かいほう》ノ懼レアルヤ、右ノ数者皆《は》察スヘシ。

「

「インオンダチー」 按スルニ敵ヲ防キ或ハ悩ス為ニ堰《えん》若シクハ閘《こう》(水門)ヲ以テ水ヲ流シ遣リ、一部分ノ地ニ充溢《じゅういつ》セシムル者ヲ云

第二十一章　ソノ在ル所ノ高ク、ソノ倚　点《エチェントピコント》ノ高サ、「スロイツ」 按スルニ堰《えん》或ハ閘《こう》ノアル塘《つつみ》ノ類ニテ、「エンユダチー」ノ用ニ供スル水ヲ蓄フルモノナリ、水ヲ送出スル捷速《しょうそく》ナルヲ、幾許時限ニテ「インオンダチー」ヲ設ケ得ヘキヤ、如何シテ「スロイス」ヲ奪フヘキヤ、又如何シテ「スロイス」を守ルヘキヤ、如何シテソノ水ヲ送ルヲ妨クヘキヤ、如何シテ「インオンダチー」ヲ決去《けっきょ》スヘキヤ、之ヲ保持スル為ニ何レ処ニ堤ヲ築クヘキヤ、右ノ数者皆《は》検察ヲ要ス。

筧《カナール》

第二十二章　筧中ニ湊合スル諸流ノ埋メテアル地質

「

筧《かけい》ノ水ヲ決去シテ、ソノ当ニ赴クヘキ所ニ赴カシメサルノ方法、筧ヲ破壊スルノ方法、及ヒ之ヲ防守スルノ方法、如何シテ筧上ノ舟行守ルヘキヤ、又如何シテ之ヲ妨クヘキヤ、皆検察ヲ要ス。

「カステール」

第二十三章　ソノ位置、ソノ広狭、ソノ市集ノ防護ヲ為スコト、ソノ建置ノ目的、此「カステール」ト彼「カステール」トノ関繫《かんけい》、ソノ建築ノ方法、ソノ容受シ得ヘキモノ、ソノ外辺及ヒ市集側傍ニ於テノ守禦ノ方法、ソノ中ニアル「カセマット」 按スルニ城ノ「ホーフドウァル」ノ下ニ穹隆形《きゅうりゅうけい》ニ城ヲ造リタルモノ、及ヒ窖《こう》(穴)、ソノ穹隆形《きゅりゅうけい》ノ景況、右ノ数者皆《は》検察ヲ要ス。

海岸

「

第二十二章(四)　海岸ノ形勢、砂堤ヲ備ヘタルヤ、平衍《へいえん》礁石ニテ船ヲ以テ近ク可ラサルヤ、峻崖囲繞《しゅんがいいじょう》シテ登路ヲ絶スルヤ、平夷《へいい》(平易)ニシテ障碍《しょうがい》ナリ、上陸ニ便ナル処、港ト為スヘキ海湾、上陸ニ便ナル地ヲ防キ妨ル為ニ福尓多《ホルト》或ハ砲台ヲ設クヘキ岬及ヒ斗出《とっしゅつ》(突出)ノ地、近海ニアル島嶼《とうしょ》ノ前　塁《ホールウェルキ》ヲ設ケテ、敵ノ攻術ヲ防クヘキモノ、洲、内海《インハム》、小内海、下碇処《レー》、港《ハーヘ》、出港ト入港トニ切要ナル風、入港ト出港トノ利害、下碇処及ヒ航路ヲ守ル為ニ設ケル諸砲台、上陸ニ便ナル地ニアル塁壁及ヒ「エパウレメント」、按スルニ「シカンスコルフ」及ヒ砂嚢《さのう》ヲ以テ作リタル胸壁、陣地、特

「

異ナル造作及ヒ内地ヲ保護スル為ニ塁壁ヲ設ケタル処、危害 按スルニ攻兵ニ就テ云守禦ニ便ナル地、海岸ヲ守ル福尓多《ホルト》、砲

台哨砦《しょうさい》及ヒソノ備ル所ノ諸種ノ砲、右ノ数者皆《は》検察ヲ要ス。其他現成ノ防備ヲ解散シテ之ヲ改正スヘシ、又不意ノ攻撃ニ遭ヘシ時、彼此ノ近地ニ備ヘタル兵衆ノ未タ援兵トシテ馳来ラサル間、砲手ニ期望（希望）スル所ノ作業ヲ量度スヘシ、又海岸ニテ海ニ往ク河アルトキハ退潮ニ由テ河ヲ渡ル方法変異ヲ生スコノ事ハ精察セサルヘカラス。

田野

「第二十五章　ソノ肥沃磽瘠《こうせき》（瘠せた土地）、ソノ生スル所ノ諸穀蔬菜《そさい》（野菜）、諸物ノ収穫ノ時、裸麦《らばく》（大麦）、燕麦《えんばく》（烏麦）等ソノ住民ノ食料、及ヒ種子ヲ除テ猶ホ幾何石ヲ余スヤ、一「ピュンテル」ノ地　按スルニ一双ノ牛ノ一日中ニ耕ス地、ヨリ幾多ノ枯草ヲ出スヤ、右ノ数者皆《は》検察ヲ要ス。

陣地《レーゲルプラーツ》

第二十六章　陣地ヲ占テ予メ我兵ヲ進メ、我規図（企図）ヲ達スルノ基址トナスアリ、コノ目的ニ於テハ、敵ヲ疑懼《ぎく》セシメテ、ソノ軍術ヲ誤ラシムル為ニ迫却スヘキ処ヲ弁知スヘシ、又一個ノ地方ヲ守ル為ニ陣地ヲ占ルモノアリ、コノ目的ニ於テハ、防

「護スヘキ要害ノ処ヲ検察スルヲ要ス。一個ノ地方ノ防守ニ於テ、我レ唯敵ノ行軍ノ際ニ画スル孤線ノ弦線ニ由テ走過スルコトヲ務ムヘシ、按スルニ、コレ敵集ノ処ヲ攻ント欲シテ、迂途ヲ取テ之ニ赴クニ、我ハ則チ直路ヲ取テ先ハ敵ノ攻ント欲スル処ニ至ルヲ云。陣地ノ前面及ヒ傍側ノ要害ヲ増益スル術ヲ講明スヘシ。敵ノ我カ陣地ヲ囲ムヲ如何シテ妨クヘキヤ、如何シテ安全ナル退軍ヲ行フヘキヤ、皆考索ヲ要ス。

各陣地ニ於テハ、ソノ景況ニ随テ食糧ヲ取ルノ方法、及ヒソノ輸送ヲ防護スルノ方法如何ンヲ究知スヘシ、陣地ノ前面ニハ細流ヲ取リ、ソノ両側ニハ沮洳《ムーラス》、若シクハ密林ノ透過スヘカサル者ヲ取ルヲ要ス。陣地ノ深サ、ソノ前ノ戦地《スラッヘルト》、

「我渉渡スヘキ河、ソノ状況、ソノ水涸渇スルコトアルヤ、是亦皆検察スヘシ。

各地気候

第二十七章　ソノ人身ノ健康ニ感ヲ為ス因故、コレ格物科ニ属スルモノナリ。大気ノ性、寒、暖、乾、湿、四時及ヒ多雨ノ時限、両湿ヲ防ク方法、住民ノ之ニ堪ユル方法、及ヒソノ習慣、右ノ数者皆《は》検察ヲ要ス。

「ブロヒル」按スルニ、凹凸隔断ノ所多キ地ヲイフ
第二十八章　地勢ノ隔断シタル者ニ於テハ、ソノ各部分皆検察セサル可ラスシテ、而シテソノ歩騎砲ノ三兵ヲ遮蔽《しゃへい》ス
「ルニ足ル者、尤モ注意検察ヲ要ス、行軍ニ臨デ避ク可ラサル登降ノ処ハ、悉ク(予メ)知ラ(サル)可ラス。

河

第二十九章　何レノ地方ヨリ流レ来ルヤ、何レノ地方ニ流レ去ルヤ、戦ノ前及ヒ戦ノ際ニ如何ナル助ケヲ為スヤ、両岸ノ形勢、水流ノ急慢、水流ノ方向(注一)、水底ノ質、滑土カ、砂石カ、沍寒《ごかん》ノ時、兵衆ヲ以テ氷上ヲ渡ルヘキヤ、河上ニアル水車ノ状如何ン、橋梁渡船ノ製作如何ン、渉処ノ景況如何ン、河水張流発(ス)ル何レノ時ニ在ルヤ、按スルニ、四時ニ就テイフ、(注二)ソノ
「張流逆行氾濫ノ
禍ヲ為ニ至ルヤ、ソノ過度ノ処ヨリ走ル道路、及ヒ細径ノ形状如何ン、ソノ過度ノ処ノ広狭浅深、及ヒ両岸ノ地質如何ン、右ノ数者皆《は》検察ヲ要ス。

(注一)河ノ分レテ数流ト為テ而シテ洲嶼《しょうしょ》ノ其間ニ生スル者ハ張流ノ時ニ於テ、毎ニソノ首道《ホーフドストレーン》ヲ変スルヲ免レス、故ニ今年ノ検察、明年ニ至テ悉ク無用ニ属ス。

(注二)凡ソ河ノ源、最高山ノ盛夏ト雖モ其積雪全ク消尽サル処ニ出ル者ハ、一歳中両度張流ヲ発シテ許多ノ積雪溶解スルニ因テ発ス、第二度ノ張流ハ、其
他ノ残雪、七八月上ニ同シノ間酷暑ノ為ニ溶解スルニ因テ発ス、其源平地若シクハ尋常丘陵ノ間ニ出ルモノハ冬時及ヒ其地霖雨ノ時ニ於テ異常ノ張流アルノミ。

「
第三十章　渡津《ワタリバ》ハ河ノ処ニアルヤ、渡船ノ大サ如何ン、通常用ル処ノ渡船ノ大サ如何ン、河畔ニ幾隻ノ船艇アルヤ、検察ヲ要ス。
第三十一章　河間ニ島嶼《とうしょ》アルヤ、島嶼ニ住民アルヤ、樹木アルヤ、田畝アルヤ、荒蕪ナルヤ、島嶼ノ大小、ソノ峻急ナル岸、島嶼ノ高サ、川岸ニ踰《こえ》ルヤ、皆察スヘシ。
第三十二章　河ノ左右ニアル湾曲、ソノ半島ノ形、橋梁ヲ
「架スヘキヤ、運辺ニアル山丘、ソノ山丘ニ備ヘタル砲火ノ達スル所、及ヒソノ傾斜、両岸ノ距離、河岸ニ向テ走リタル凹路、之ヲ践行シテ、ソノ我カ用ニ中ルヤヲ察スヘシ、ソノ支流及ヒ本河ノ橋梁ヲ架スヘキ地ニ近キ所ニ注ク小河、是皆察スヘシ。
第三十三章　河ノ両岸ニアル陣地ヲ察スヘシ、

附考　我カ兵衆、河ニ沿テ行ク時、河辺ニ於テ、予メ三四條ノ道ヲ認識セサル可ラス。

攻戦察河法

「第三十四章　橋梁ヲ架スルニハ必ス河ノ最モ狭窄ニシテ、湾曲ナル処ヲ択フヘシ、而シテ両岸ノ地質ノ果シテ橋梁ヲ架スルニ適当スルヤモ、亦検察セサルヘカラス。両岸下ノ水ノ深サ二肘《エル》五掌《パルム》ナル所ハ、橋梁ヲ架スルニ、甚タ適当セル者ト為サス。湾曲ノ処ノ側ニ砲隊ヲ置テ以テ我兵ノ越渡ヲ防護スヘシ。我カ砲隊ヲ前ニ進メ置クコトヲ得ルニ随テ、対岸ニ在ル敵、我カ越渡ノ処ヲ、遠ク避サルコトヲ得サルナリ。コノ砲隊ハ敵ノ砲火ヲ達セシム可ラス、又敵ヲシテソノ側面ヲ打射セシム可ラス。河流ニ湾曲ノ処ナキトキハ、此岸ノ彼岸ヨリ高キ処ヲ尋覧スヘシ、若シ両岸ノ高サ相斉《ひとし》キトキハ、両岸ノ間甚タ開カスシテ、我カ砲射ニ最モ便利ナル処ヲ択フヘシ。

「橋梁ヲ架スルニ適当シタル所ニ於テ、彼岸ニ榛蕪《しんぶ》(草木乱茂)ノ障碍《しょうがい》アリト雖モ此岸大ニ彼岸ヨリ高クシテ彼岸ノ榛蕪、我カ砲火ヲ妨ルコト能ハサルトキハ、則チ亦橋梁ヲ架シテ可ナリトス。コノ榛蕪ノ地ニ歩兵ヲ隠伏セシムヘシ。然レドモコノ隠伏ヲ行フ為ニ榛蕪ヲ過度ニ開拓スルハ不可ナリ。我カ兵ノ必ス来ルノ地ハ沮洳《ムーラス》樹林等ヲ以テ隔断セシム可ラス。此岸ノ渡場ニ近キ処ニテ、本河ニ注ク小河アルハ橋梁ヲ架スルニ便ナリトス。

守戦察河法

第三十五章　敵ノ河ヲ渡ル方法、ソノ渉処、及ヒソノ止

「ル所ノ河岸ノ利否、ソノ河ヲ渡リシ後行過スヘキ地ノ形勢、敵ノ止ル所ノ岸ニ対シテ哨兵ヲ置キ、其動静ヲ察スル方法、第三十六章ヲ参考スヘシ、右ノ数件、皆宜ク察スヘシ。

我カ兵ヲ置クノ地ハ、眼前開達ニシテ、遠ク河面ヲ望視スヘク、且ツ速ニ敵ノ渡ント欲ル処ニ赴クヘキモノヲ択フヘシ。

巡哨兵《パトロオイル》ノ各部哨兵ノ連綴ヲ保持スル為ニ巡行スル時ニ取ルヘキ道路ヲ造ルヘシ。コノ路ハ務メテ河岸ニ近キ所ニ造ルヲ要ス。

少許ノ方法ヲ以テ渉処ヲ用ユ可ラサルニ至ラシムヘシ。地勢険隘《けんあい》ニシテ橋ヲ架スヘキノ処、只一(唯一)ニアルノミナルトキハ、宜ク此処ニ列処ニ列独烏多《レトウト》及ヒ砲台ヲ築クヘシ。

「第三十六章　河辺ノ地若シ平夷《へいい》(平易)寛豁《かんかつ》ナルトキハ、岸ニ最モ近キ高地ノ歩兵銃ノ達スル所ニ騎哨兵ヲ置クヘシ。コノ歩兵ヲハ、村落ノ中樹林ノ間、及ヒ対岸ノ地ト河流ノ面トヲ望視スルニ障碍ナキ処ニ置クヘシ。保哨兵ノ甚タ岸ニ接近シテ置

レタル者ハ、榛蕪護胸壁等ヲ以テ自ラ蔽フニ非レハ、必ス敵ノ巡哨兵ノ銃火ニ困メラル丶モノナリ。故ニ歩哨兵ヲハ敵ノ銃火ノ達セサル所ニ置キ河辺ニハ只「シキルドウァクト」按スルニ、亦歩哨兵ノ一種、ヲ置クノミナリ。

市集

第三十七章　ソノ位置、ソノ各街衝《がいしょう》(街巷)、人口、ソノ売買《アキーヒ》、ソノ

「中ニ有ル食糧、ソノ中ニ有ル人馬ノ取テ助ケト為スヘキモノ、「ブレイン」按スルニ、市集中ノ浄潔ニシタル空地ヲイフ、コレハ餉リノ為ト商売ノ休息ノタメトニ設ケタルモノナリ、及ヒ較著ナル造作、市集防禦ノ方法、市集ヲ僚シタル磚牆《せんしょう》(瓦垣)外ノ人家、一市集ノ周囲ニ埒《(カ)》、及ヒ空塹湿塹水塹等アルヤ。市門ノ数、市集外ノ園圃、市集ヨリ出ル諸路、右ノ数者《は》、皆検察スルヲ要ス。

陣地《ステルリング》　按スルニ、原語「ステルリング」、之ヲ此書、及ヒ他ノ兵書ニ考フルニ、前ノ陣地ノ原語「レーゲルプラーツ」ト其実同キニ似タリ、故ニ共ニ陣地ト訳ス。宜ク陣地ノ章ヲ参看スヘシ。

第三十八章　凡陣地、既ニ之ヲ地理ノ便ヲ得タリト定ムルトキハ、必ス敵ノ砲火銃弾ヲシテ我カ兵営ノ前面ヲモ側面ヲモ打射セシ

「ムルコトアル可ラス。陣地ト隔絶シタル諸高地ハタトヒ陣地ト同シ高サナリトモ砲火ノ達スル所ニアルヲ忌ム。

陣地ノ検察ニ於テ注意ヲ要スル三件アリ。一ニハ地理ノ殊別、二ニハ陣地ノ出路、入路、三ニハ陣地の連綴、及ヒソノ背後是ナリ。

兵衆ヲ両層ニ排列(配列)セント欲スルトキハ、ソノ陣地ハ両層ノ重沓《カサナリアイ》ヲ免ルヘキモノヲ択フヘシ、コノ陣地ハ六百肘《エル》ノ深サ無ル可ラス。一千ノ兵衆ノ前面《フロント》ハ、ソノ隊間ノ間隙ヲ合セ等シテ、百二ヤ肘《エル》ト為ス。一個ノ陣地アランニ薪水欠乏ノ患アリテ、又他ノ一二ノ陣地ト相距ルコト甚タ遠キトキハ、ソノ有スル所ノ

「他ノ諸般ノ便利ハ悉ク無用ニ属ス、故ニ此ノ如キ陣地ハ敵ト相距ルコト猶ホ遠キトキ、少許ノ時間之ヲ占ムヘキノミ。陣地ノ前ニ小河若シクハ細流アリト雖モ決シテ此水ヲ以テ、兵衆ノ飲料ニ充ツルヲ容サス、コレ往ニ敵ノ為ニ妨ケラレテ、用ニ中《あた》ラサルニ至ルコト有レハナリ。陣地ノ両側ハ、市集・村落・凹路・細流・絶崖等ニ依テ遮蔽《しゃへい》セラル丶ヲ要ス。陣地ノ前面ハ小河・細流・凹路・峻坂ニ由テ隔絶セラル丶ヲ要シテ、而通常ソノ前面ノ地理ハ、険《けん》阨ニシテ敵兵戦列ヲ以テ、不意ニ我ニ近ツクコト能ハス、窄路《さくろ》ニ由テ進ミ来ラサルヲ得サ

「ルヲ要ス。

然レドモ陣地ノ前ニ越過ス可ラサルノ険アリテ、我兵ノ前進ヲ妨ルトキハ、則チ亦甚タ不可ナリトス。両側ノ要害ハ之ヲ前面ニ比スレハ、甚タ固カラサルモ可ナリトス。

敵ノ来リ近クコト(ヲ)得サル地ニ兵衆衆《(ママ)》ヲ備フルハ、其用甚タ少ナシ。此ノ如キ地ニ多数ノ兵ヲ屯集セシムルハ、徒ニ無用ノ費ヲ為スノミニシテ、而シテ恐ルヘキモノトス。

山地ニ於テハ、毎ニ陣地ノ前面ヲ遮蔽スル要害、及ヒソノ入路ヲ、陣地ノ前ニ備ヘタル加農《カノン》砲ヲ以テ打射ス可ラシムヲ要ス。若シ入路挟窄《きょうさく》ニシテ、我カ砲ヲ以テ、打射ス可「ラサルトキハ、敵兵困苦ナリ。之ヲ過来テ、戦列ニ擺開《はいかい》スルコトヲ得ルナリ。平原ノ陣地ニ於テ、罕《まれ》ニソノ前面ノ地ヲ遍ク砲火ヲ以テ達スルノ便ヲ得ルコトアルハ、陣地ノ遮蔽《しゃへい》セラル丶所ノ要害ノ利ニ因ルナリ。若シコノ要害ヲ貫透シタル路、甚タ長ク且ツ窄《せま》クシテ、之ヲ塞《フサ》キ易ク、又少衆ヲ以テ守ルヘキニ非スシテ、要害ノ前ノ地ヲ適宜ナル距離ニ備ヘタル砲火ヲ以テ、防護セント欲スルトキハ、要害ノ前ノ地ノ寛豁《かんかつ》(管轄)ニシテ障碍《しょうがい》ナキハ、コレ尤モ願望スル所ナリ。敵ノ我カ陣地ニ近キ来ルヲ妨ル要害ハ密林ノ其中ニ道路寡《すくな》キ者、細流ノ躍過ス者、沮洳《そじょ》・凹路・峻坂《しゅんぱん》・山ノ圻裂《きれつ》(亀裂)ノ処、榛蕪《しんぶ》、及ヒ隍池《こうち》等是ナリ。

「沮洳《そじょ》或ハ細流ノ泥質ナル者、及ヒ各種ノ遮蔽隔絶、其背後ニアル陣地ハ、退軍ノ時ニ臨テ、必ス之ヲ為ニ、困難緩滞ヲ致スモノナリ。故ニ此ノ如キ陣地ハ、恐ルヘキモノトス。此ノ如キ陣地ニ於テハ、宜クソノ遮蔽隔絶ノ間ニ幾條ノ出路アルヤヲ察スヘシ。此ノ如キ処ニ於テ少クモ、五條或ハ六條ノ出路ナカル可ラス。

各陣地ノ間ハ決シテ甚タシク榛蕪《しんぶ》若クハ凹路ノ為ニ隔絶セラレシム可ラス。如何トナレハ、是ニ由テ各兵隊ノ距離過度ニ至リ、ソノ相救援スルニ臨テ、許多ノ迂途ヲ取ラサルコト能「ハサレハナリ。

第三十九章　攻戦ニ便ナル地形ヲ占メ進ムニ易キ数條ノ出路ヲ有シ、ソノ出路ノ数ハ我カ猶要害ヲ以テ遮蔽シ、ソノ両側ハ市集等ニ倚着スルヲ要ス。

攻戦陣地

守戦陣地

第四十章　守戦陣地ノ尋覧、及ヒ検察ニ於テハ、独リ陣地ノ形勢ニ属スル諸件ノミナラス、更ニ尚ホコノ諸件ト、ソノ周囲ノ地形、及ヒ之ニ属スル諸件トノ関係ニ就テ、特異ノ注
「意ヲ要ス。

守戦陣地ノ前面及ヒ両側ハ務テ只一二ノ出路アルノミナルホドニ遮蔽セラルヽヲ要ス。然ノミナラス、両側ノ入路ヲハ、遠ク之ヲ挺出シテ、敵ヲシテ大孤路ヲ取ルニ非レハ、陣地ヲ圍繞スルコトヲ得サシムヘシ。守戦陣地ノ前面ヲ遮蔽スル要害ハ務メテ逐一ニ精察スヘシ。

若シ守戦陣地ノ前面ヲ遮蔽スルニ足ルノ険ナキトキハ、宜ク列独烏多《レトウト》及鹿角・塁壁「インオンダチー」等ヲ設クヘシ。而シテ又砲台ヲハソノ砲火ハ、敵ヲ害スルニ足レリ。敵ノ砲火ハ、我ヲ害スルコトヲ得ス、我カ火道ハ、ソノ入路上ニ交錯セルヤウニ築造セ
「サルヘカラス。

守戦陣地ノ前面、及ヒ両側背後ヨリ出ル諸路ノ方向景況、ソノ近地ニアル村落堡障《ヒュルク》・市集ノ名称距離、ソノ守備ノ強弱等、皆究知セサル可ラスシテ、而シテコノ数者ノ陣地ノ前面若クハ両側ニ在テ守備ヲ設クヘキモノハ殊に熟知ヲ要ス。

守戦陣地ノ背後、険岨《けんそ》ニ由テ遮蔽隔断セラルト雖モ、已ムヲ得サルノ時ニ及テ障碍《しょうがい》ナク我軍ヲ退クル為ニ取ヘキ多少ノ道路アルトキハ決シテ困難ヲ受クルコト無シトス。此ノ地形ハ殊ニ便利ナルモノナリ。

守戦陣地ノ善ナルモノハ独リ敵ソノ側面ヲ我ニ向テ露ハ
「サス、又ソノ彼此ノ連合ヲ失ハスシテ、ソノ全軍ヲ以テ之ヲ囲ムコトヲ得サルモノ是ナリ。陣地ノ背後ニ若シ只一部ノ兵ヲ分配シテ可ナルトキニハ、ソノ前面ノ守備ヲハ務テ之ヲ強固ニシ、総兵宮《(ママ)》(営《(カ)》)ヨリ更ニ一部ノ強兵ヲ増加スルヲ待タスシテ敵軍ニ抗拒スルニ足ルヲ要ス。此ノ如キトキハ敵ノ来リ触ルヽ処首ト為テ、敵ノ動静ニ随テ、我諸部ノ兵ヲシテ、ソノ居ル所ヲ変易セシムルノ患ヲ免ルヘシ。

兵食貯蓄ノ処ハ、本軍ノ陣地ト相連綴シテ、敵ノ侵掠《しんりゃく》ニ於テ一毫《いちごう》ノ恐レナキヲ要ス。若シ兵食貯蓄ノ処ト、本軍ト相距ルコト甚タ遠クシテ、ソノ間ニアル兵隊、ソノ敵ノ急襲ヲ救護
「スルコト能ハサルトキハ、本軍ノ陣地ハ決シテ保ツ可ラス。兵食貯蓄ノ処、本軍ノ陣地ヲ距ルコト四時行、一時行ハ、我一里十二町十一町余、或ハ五時行ニ過キサルヲ要ス。

陣地ニ近キ処ニアル諸乾穀、及ヒ蔬菜《そさい》ノ乾曝《かんばく》ヲ経タル者ト、諸穀蔬菜ノ猶ホ田畝ニアル者ト、皆探尋ヲ要シテ、而陣地ノ

背後、四時行、若クハ五時行、距離ノ処ニ於テ、幾多ノ食料ヲ取得ヘキヤヲ査検スヘシ。
陣地ノ背後、三時行或ハ四時行距離ノ処ニアル諸村落、及ヒ「ゲヒュクト」ノ大小遠近等ヲ究知スヘシ。如何トナレハ、
往々ソノ陣地ヲ離レテ、コノ村落及ヒ「ゲヒュクト」中ノ人家ニ宿
「シ、再ヒ四時或ハ五時ノ間ニ陣地ニ帰集スルヲ要スルコトアル故ナリ。

城

第四十一章　城ト、ソノ国内ニ於テ兵衆ノ行歩、按スルニ、救援ニ来ルモノヲイフカ、トノ関係ヲ察スヘシ。此條猶疑惑アリ、再考
ヲ俟ツ。

第四十二章　ソノ第一郭（城郭）、及ヒ第二郭ノ各部分ノ位置、ソノ各部分ノ連綴、彼此ノ城、相イ救援スルノ形勢、ソノ急襲、
及ヒ囲攻ニ遇フトキニ得ヘキ救援、攻撃ノ景況ニ随テ救援ヲ為ス方法、ソノ兵食ノ助ケ、兵食ヲ輸送スル方法、城ヲ以テ、
兵食ヲ貯蓄スルノ処トスヘキヤ。兵食
「ヲ悉ク城中ニ貯蓄スヘキヤ。右ノ数者、皆注意検察スヘシ。

第四十三章　「ヘレンニンク」、按スルニ、城ヲ攻ントスルニ、先ツ我兵ヲ城ノ四周放火ノ達セサル所ニ配置シテ、攻襲ノ時ヲ行フ準備《ヨウィ》ノ哨堡《ゲスト》、即チ
攻城全囲塁ノ一部ヲナス、哨堡ノ製作、地勢ニ随テ差異アリ、攻兵ノ陣地、及ヒ攻撃術、攻兵各部分ノ安固ナル連綴、ソノ連綴ヲ
破ル法、右ノ数者《は》皆考察ヲ要ス。

（※第四十四章ナシ、欠落か省略か不明）

第四十五章　「カラシス」、按スルニ城外ノ慢坡《まんぱ》ヲ云、ト攻兵ノ塁トノ間ノ地、ソノ攻撃術ヲ妨害スルノ利ヲ備フルヤヲ察スヘシ。

池沼《ヘナヘル》、沮洳《ムーラス》、黒泥土《ムール》

第四十六章　何物カソノ成ル所ノ原因ナルヤ。ソノ水源ヲ
「湧泉ニ取ルヤ、河水ノ陸地ニ汎濫（氾濫）セシニ由テ成ルヤ。ソノ利益如何ナル方法ヲ以テ、之ヲ越過スヘキヤ。ソノ中ニ
石ヲ以テ築キタル路アリヤ。コノ石路ヲ新ニ作ルヘキヤ、或ハ現成ノモノヲ修補シテ足ルヤ。如何シテ之ヲ守ルヘキヤ。
如何シテ我兵ノ越過ヲ護シ敵兵ノ越過を妨クヘキヤ。ソノ辺ニ小林アリヤ。ソノ縁辺ノ景況如何ン。ソノ後辺ノ地理如何ン。
ソノ蒸出ノ気、深霧ヲ為スヤ。何レノ処ヨリ越過スヘキヤ。

(注)泥炭ヲ出スヤ。右ノ数者皆検察ヲ要ス。

(注)多土ノ地、按スルニ、砂石甚タ少キ地ヲイフカ、及ヒ荒地ニハ必ス沮洳《そじょ》多シ。

「コノ沮洳冬時ニ在テハ、遍ク水ヲ被リ、夏時ニ及テハ、殆ド乾燥スルニ至ル。此ノ如キ沮洳ニハ往々旧路ノ蹤《あと》ヲ得ルコトアリ。ソノ泥ノ浅深ヲ測リ、コレニ由テ行クヲ要ス。黒泥土ノ地ハ、夏時ニ在テ往々乾燥シテ道路ト為スヘシト雖モ、一隊ノ騎兵ヲモ越過セシムルコトヲ得ス。故ニコノ地ハ、注意ノ検察ヲ要シテ、而シテソノ衆草茂密ナル者ト雖モ、粗率ニソノ越過スヘキヲ信スヘカラス。此ノ如キ地ハ、独リ騎兵ノ用ニ中ラサルノミナラス、雨時ニ在テハ歩兵ヲモ用ユ可ラス。

第四十七章　平地ノ肥沃ニシテ耕稼スヘキ者ハ、ソノ間

「ニ隔絶ノ処多シトス。樹籬《じゅり》、隍落、人家、溝渠《こうきょ》、沮洳《そじょ》、道路、河、橋梁、陣営ヲ布クヘキ豁ノ処、ソノ広狭、右ノ数者、皆検察ヲ要ス。按スルニ、此章宜ク下章ト参着スヘシ。

平地

第四十八章　広野、河、細流、市集、村落、大道《ホーフドウェフ》陣地、諸般ノ要害、樹林多クシテ、田畝交錯シタル処、コレ尤モ注意検察ヲ要ス、林ノ大小、ソノ綿亘及ヒ景況、コレ皆検察スヘシ。平地ノ高低ノ処アル者ハ第七章ニ記スル所ヲ考フヘシ。市集及ヒ村落ノ傍ニアル道路ハ、注

「意シテ検察スヘシ。コノ道路ハ、毎ニ□窪ナル者多シト為ス。

渉処《ウィードバーレフラーツ》

第四十九章　渉処ノ水ノ深サハ、騎兵ノ為ニ一肘二掌五拇ヨリ深カル可ラス。歩兵ノ為ニ一肘ヨリ深カル可ラス。此岸ノ何レノ処ヨリ下リ、彼岸ノ何レノ処ニ上ルヘキヤ。コノ両岸ノ形状地質、及ヒ両岸下ノ水ノ浅深、渉渡ニ関繋スル河ノ湾曲ノ出入、按スルニ、此辺出ナルトキハ彼辺入ナリ。彼辺出ナルトキハ此辺入ナリ。察河ヲ行フニ占ムヘキ処、詳ニ渉処ト為スヲ示シテ、敵ヲ疑惑セシムヘキ処、ソノ水底ノ質、第五十章ヲ考フヘシ。ソノ来路往路、水ノ高低、水流ノ急慢、ソノ流急ナルトキハ、歩兵ノ為ニ水ノ深

「サ八掌ニ踰《こ》ユヘカラス、渉処ノ広狭及ヒソノ方向、渉渡ヲ妨ル方法、第五十一章ヲ考フヘシ、右ノ数者、皆検察ヲ要ス。

第五十章　山国ノ河ハ必ス大石水中ニ錯互ス。故ニ騎兵ヲシテ渉渡セシムルモ既ニ難事ニ属シテ、而シテ諸事ハ決シテ渉渡セ

シム可ラス。水底ニ小石遍布セル者、尤モ渉渡ニ便ナリ。此ノ如キ者ハ、毎ニ平地ノ諸河ニ多シ。砂地、或ハ荒地ニアル河ハ、ソノ底必ス流砂、若シクハ細少石《ママ》ナリ。此ノ如キ者ハ、渉渡ニ危シト為ス。其故如何トナレハ、許多《あまた》ノ馬ヲシテ渉渡セシムルトキニ水底ノ砂馬脚ノ為ニ堀開セラレテ、流レ去リ、渉路之ニ由テ深クナリテ、後ニ来ル馬ヲシテ、ソノ脚ヲ着ルコトヲ得スシテ、水上ニ漂ヒ流ル、ニ至ラシムル故ナリ。

「第五十一章　敵ノ渉渡ヲ妨ルニハ、許多ノ「エッフェ」、按スルニ、此邦ノ松葉《まつば》掻《かき》(細杷、さでかき)ノ如キ耕具ナリト云、ヲ取テ之ヲ連合シテ、以テ水中ニ置キ、ソノ尖処ヲハ上ニ向ハシメ、大橛《だいけつ》(くい)ヲ以テ之ヲ固定シ大石ヲ以テ之ヲ鎮圧スヘシ。又許多ノ樹木ヲ抜取テ之ヲ全渉路ニ投シ、其梢ヲシテ彼岸ニ向ハシムヘシ。若シ水流急ナルトキハ、其梢ヲ斜ニ彼岸ニ向ハシムヘシ。又水中ニ於テ処々ヲ堀開シテ、之ヲ深クシテ、以テ渉路ヲ横截《おうせつ》(横断)スヘシ。コレ尤モ良法ト為ス。彼岸ノ下ル処ト、此岸

「ノ上ル処トヲ削テ壁立ト為スハ、未タ良法トスルニ足ラス。

第五十二章　渉処ノ数、及ヒソノ情状等ニ於テ、ソノ土人ノ言ヲ軽信スルコト無シ。退水ノ時ニ両個ノ沙洲ノ間ニ一個ノ急流アルハ此洲ニ至ルノ間遍クソノ浅深ヲ測ルヲ要ス。河ノ此ノ如キ処ハ、未タ嘗テ渉渡セラルコト有ラスシテ、ソノ土人モ亦未タソノ浅処ナルコトヲ知ラスト雖モ、必ス渉渡スヘキヲ得ヘキモノトス。

第五十三章　渉処ヲ弁識スルニ、一個ノ良法アリ。一小艇ニ測杖ヲ固定シ、之ヲシテ水中ニ没スルコト一肘《エル》ナラシメテ、流ニ随テ下ルニ、ソノ杖ノ水底ニ触ル、処、即チ渉処ト知ルへ

「シ。既ニ杖ノ触ル、処ヲ得ルトキハ、即チ更ニソノ長短広狭及ヒ景況等ヲ察スヘシ。

第五十四章　既ニ渉処ヲ覚得《ママ》(獲得)スルトキハ、即時ニ水ノ高低ヲ測験スル方法ヲ定ルヲ要ス。其法ハ一個ノ木橛《けつ》(くい)ノ掌拇等ヲ画シタルモノヲ地中ニ打定シ、コレニ因テ河水ノ渉処ヲ覚得シ時ヨリ増スヤ減スヤヲ知ルヘシ。如何トナレハ、河水ハ時ニ風雨等ノ変ニ因テ須臾《しゆゆ》ノ間ニ増減ヲ生シ渉処忽チ用ニ中ラサルコトアル故ナリ。河水ノ増減アリシ後ハ、又新ニソノ浅深ヲ測ラサル可ラス。如何ントナレハ、ソノ張流ノ勢ヨク水底ノ土石ヲ剔去《てつきょ》(撤去)シ、浅

「処忽チ深クナル故ナリ。

第五十五章　渉処ノ安全ニシテ、危害ナキヲ欲セハ、宜クソノ水中渉路ノ両側共ニ許多ノ木橛《けつ》ヲ排列《ママ》(配列)打定スルコト両層ノ柵ノ如クシテ、両層ノ空間ハ渉渡ニ障碍《しょうがい》無ラシメ、両層ノ木橛共綱《けつともづな》ヲ張リ、兵衆ヲシテ之ニ靠倚《こうき》(よりかかる)シテ渉ヲシラシムヘシ。コレ最モ良法ト為ス。

道路

第五十六章　ソノ利益、ソノ変革アル広サ及ヒ固定シタル広サ、ソノ地質、既ニ石ヲ布キタルヤ、又其事ヲ為シ始メタルヤ。ソノ登降ノ処、四時ノ内、何レノ時ニ於

「テ用ニ中ルヤ。樹ヲ植テアルヤ。ソノ両側ニ樹籬若クハ溝渠アルヤ。ソノ貫キ且ツ達スル所ノ平地市集及ヒ河、ソノ相連ナル諸路、何ノ処ニマテ達スルヤ。ソノ通スル所ノ丘陵、ソノ形状、道側峻急ノ処、ソノ行歩危険ナル処(注一)ソノ砲隊、諸車ノ為ニ切用ナル修補、ソノ長サ(注二)、郊野ノ人蹤、按スルニ道ニ非スシテ行歩ノ距アル者ヲ云。覚得(マヽ)(獲得)スル所ノ道路、ソノ数甚タ少キトキニシテ、按スルニ我兵衆ヲ行ルニ足ラサルヲ云。更ニ数條ノ新路ヲ開得ヘキヤ。コノ数條ノ道ニ由テ進行スルノ方法、皆宜ク検察スヘシ。

(注一)粗砂小石及ヒ砕石等ノ道ハ、四時共ニ佳ナリ。ソノ植土ナル者、両側峻高ナル者、両側榛蕪ナル者ハ、皆雨時必ス悪シ。丘陵上ニハ常ニ風ニ由テ乾キタル道アリ。甚タ佳ナル者ナリ。然レドモ人多クハ知ラスシテ、之ヲ用ユル者少シ。故ニ之ヲ尋覚スルヲ要シテ、而シテソノ細流モ亦用ニ中ラスト為シテ、之ヲ棄ルコト無シ。土人ハ多クコノ細径ヲ以テ、兵衆ノ用ニ中ラスト為ス。蓋シコノ細径ハ溝渠及ヒ其他ノ物ニ由テ、隔絶セラレテアル故ナリ。然レトモ、コレハ少許ノ工作ヲ用イテ、善路トナスヘシ。

(注一)道上ニ凹窪ノ処アルモノハ、行軍ノ時、砲車或ハ輪車、之ニ陥テ動カサルニ由テ、兵衆ノ進行ヲ妨止スルコトアリ。故ニコノ凹窪ノ処ハ塡メテ平ニスルヲ要ス。

葡萄園

第五十七章　ソノ地質、ソノ中ニ「クレツペル」按スルニ園圃中ニアル小渠ノ隴畝《ろうほ》(畑)限ヲ為スモノ。ソノ深サ、葡萄蔓《つる》ハ樹ニ靠《よ》リクルヤ。架ニ靠《よ》リタルヤ。圃ノ周囲ニ隍《こう》(空堀)或ハ樹籬《じゅり》(垣根)アルヤ。皆察スヘシ。「ウィンテルクウアルチール」ハ、按スルニ、「ウーンチル」ハ秋末ヨリ春ニ至ルマテノ寒冷ノ候ライフ「クウアルチール」ハ一居ルノ営ト、相反スルモノナリ。

第五十八章　諸「クウアルチール」ノ間ノ連綴ヲ固ウスル方法ヲ請究スヘシ。各「クウアルチール」ノ相距ルコト甚タ遠キヲ

「忌ム。如何ントナレハ、敵兵、我カ一「クウアルチール」ヲ攻ント欲スルトキ、各「クウアルチール」、皆敵ニ先テ一個ノ戦地ニ会集シテ、以テ之ヲ救フコトヲ要スル故ナリ。市集ノ以テ軍実ヲ貯蔵スヘキモノヲ撰ヒ、ソノ塁砦、ヨク少許時日ノ間、敵ノ猛烈ナル攻撃ニ耐ヘ得ルヤヲ察スヘシ。河辺及ヒ沮洳《そじょ》地方ニ置ク所ノ「クウアルチール」ニ於テ為スヘキ要路ヲ察スヘシ。又福尓多列独烏多《ホルトレトウト》等ヲ築造スルトキニ当テ或ハ之カ為ニ妨ケラレテ、各「クウアルチール」ノ連綴ヲ失フ

ニ至ル。宜ク注意シテ、コノ患ヲ防クヘシ。」

第八章　病翁小林虎三郎の病気と病状の分析

第一節　難病との格闘の中で日本近代化への活動を展開

小林虎三郎の生涯において、最大の難敵は病魔であった。彼の闘病生活は長く、幕末安政期の二十代後半から明治十年（一八七八）に享年五十で他界するまで、実に二十数年もの長い間、不治の難病と対峙し苦悩し続けた。だが彼は、過酷な闘病生活の後半生において、耐え難い苦痛に苛まれながら、なおも明治維新後の日本近代化に関わる様々な学究的活動を精力的に展開した。その姿は、彼の苛酷な病歴を知るとき、奇蹟的とさえ思える。

歴史に「もし」はない。だが、もしも彼が健全な身体に恵まれていたならば、恩師象山の期待に違わぬ学究活動を展開して、同門畏友の勝海舟や吉田松陰、あるいは加藤弘之や西村茂樹などに決して劣らぬ歴史的な役割を、幕末維新の激動期に担うことができたかもしれない。無念にも、それを病魔が妨げた。そのことを誰よりも悔やんだのは、虎三郎自身ではなかったか。無念の極みである。

二十代後半の安政期以降に執筆した彼の漢詩や書簡には、必ずといってよいほどに病気や病状についての記述がある。そこには、病苦に耐えかねた呻《うめ》きの声と共に、思うにままならない無念の思いが滲み出ている。まさに、彼の後半生は病魔との戦いであった。しかし彼は、幾重にも襲いくる難病に、決して挫けはしなかった。強靱な精神力と使命感とをもって踏ん張り、恩師象山の「東洋道徳・西洋芸術」思想を継承し具体化する様々な活動を展開して、日本近代化に関わる貴重な歴史的遺産を幾つも遺し、五〇年の一期を閉じたのである。

一体、虎三郎を苦しめた病気とは何であったのか、いつ発症したのか、どのような症状であったのか。彼の病気や病状についての疑問は尽きない。この点が、これまでの「米百俵」研究や虎三郎研究では、全くの盲点であった。彼が背負った長く苦しい病魔との戦いに照射したとき、虎三郎の活動や生涯は、一体、どのようにみえてくるのか。日本近代化を見据えて必死に生きた彼の生涯とその歴史的な功績が、さらに一歩深く追体験的に理解され再評価されるのではないか。過酷な闘病生活の中で、日本近代化に貢献する彼の学究的生涯は展開されたのである。この厳粛な事実を知らずして、美談「米百俵」を初めとする彼の思想と行動の軌跡を真に理解することはできないのではないか。

第二節　自らを「病翁」と改名して挑んだ後半生

1　幼児期における難病の洗礼とその後遺症

虎三郎は、百石取りの越後長岡藩の家臣小林又兵衛の家に、七男二女の三男として生まれた。長男と次男は相次いで天然痘にかかり、幼くして夭逝《ようせい》してしまった。それ故に、三男である虎三郎が、小林家の家督を継ぐ羽目となった。だが、実は虎三郎もまた、兄たちと同じく幼児期に天然痘を患い、生死を彷徨《さまよ》ったのである。

天然痘(痘瘡《とうそう》)とは、ウイルス性(天然痘ウイルス)の感染病である。(1) 感染力、罹患率《りかんりつ》、致命率の非常に高い疫病として恐れられていた。症状は、急激に四〇度前後の高熱を発し、悪寒、頭痛、四肢痛、腰痛などではじまり、吐き気、嘔吐、意識障害などを引き起こす。さらには、呼吸器や消化器などの内臓疾患を発症し、肺の損傷による呼吸不全を引き起こして、死に至る場合も決して稀ではなかった。たとえ治癒した場合でも、皮膚に瘢痕《はんこん》（ケロイド）を残す場合が多い。現代では、医学が進歩して天然痘の予防法や対症療法が確立し、WHO（世界保健機関）は一九八〇年に天然痘の世界根絶宣言を行った。しかし虎三郎の場合は、今から一八〇年も前の江戸時代のことで、なす術《すべ》のない生死に係わる難病であったのである。[2]

幸いにも虎三郎は、一命を取り留めた。だが、天然痘に特有の後遺症が残った。顔面の痘痕《とうこん》（あばた）と左眼の失明である。この重度の後遺症が、その後の彼の人生に重くのしかかった。その後の人生で、彼が被った精神的苦痛は如何ばかりであったか。彼は、多くの漢詩や書翰を遺している。だが、その中に色恋に関するものは一篇もなく、生涯、妻帯しなかった。彼にとっては、人並みの平凡な幸福を求める人生はありえず、幕末動乱の時代もまた、有能な彼にそれを許さなかったのである。

幼くして天然痘に罹患した虎三郎は、幼少時から過酷な後遺症を背負って生きなければならなかった。しかも成人後には、幼児期の天然痘が病因と思われる皮膚病や内臓疾患を次々と発症し、心身共に苛《さいな》まれ続けたのである。まさに虎三郎の人生は、「米百俵」の美談からはとても想像できない壮絶な生涯であった。彼の人生は難病と共にはじまり、挫折と闘病に明け暮れた、悲運の半世紀であった。

2　病躯に懊悩する晩年に「病翁」と改名

虎三郎は、不治の病に苦悩する自分自身を「病翁《へいおう》」（病気の老人）と号した。一体、それはいつからであったのか。彼が使用した号は、時代と共に幾度も変わっている。幕末期の嘉永安政年間には「雙松 樵人《そうしょうしょうじん》」（二本の松と木こり）、「雙松迂夫《そうしょううふ》」（二本の松と世間に疎い男）、「雙松外史」（二本の松と在野の歴史家）、「子文」（詩文の著述家）、慶応年間には「雙松」の他に「炳文《へいぶん》」（明るく光り輝く文）とも号した。

虎三郎は、自らの号に「松」や「樵人《きこり》」「迂夫《うふ》」などの文字を好んで用いた。このことは、剛毅木訥で清廉潔白という彼自身の性格と、権力や時流に迎合せず廉恥の心を貫いた彼の生き方を、見事に表現している。彼は、江戸遊学中に遭遇したペリー米国艦隊の浦賀来航に関わって青春の蹉跌を踏み、若くして学問的大成や立身出世への道を絶たれた。孤高の松や寡黙に生きる樵夫、あるいは沈思黙考する歴史家や文人に自らをなぞらえて自己を表現する虎三郎の心境は、はたして如何なるものであったのか。

だが、明治と改元される前年の慶応三年(一八六七)には、「寒翠《かんすい》」(寒々とした緑色)あるいは「病叟《へいそう》」(病気の老人)と変わり、初めて「病」という文字を号の中に取り入れる。その後の彼が、最期まで用いた号が「病翁《へいおう》」であった。「病翁」と「病叟」は同じ意味である。「病翁」という号は、不惑を過ぎてなお、不治の難病と対峙して病躯を生きなければならなかった彼自身の苦悩の後半生を、端的に表現している。

ところで、「病翁」という号の使用が、彼の遺稿集『求志洞遺稿』に収められた史料の中で最初に確認できるのは、彼が編纂刊行した歴史教科書『小学国史』(全一二冊)の第一冊(明治六年四月刊)に記された「病翁小林虎編輯」である。(3)彼の代表作のひとつである『小学国史』は、戊辰戦後の長岡復興に際して生まれた美談「米百俵」の後に上京し、それから二年後に東京で公刊された作品である。さらに彼は、その翌年の明治七年(一八七四)には、ドイツとの比較で中国近代化の問題点を論じた漢書を入手して翻刻し、明治初期の日本に紹介する『徳国学校論略』(上下二冊)という作品を出版する。彼は、同書の序文「翻刊徳国学校論略序」の末尾においても、「紀元二千五百三十四年、七月下澣。越後　病翁小林虎、東京居る所の求志楼に撰す。(4)」と記し、自らを「病翁小林虎」と表記している。これらの史料によって、すでに明治六年(一八七三)には、彼が「病翁」と号していたことが明らかとなる。

だが、山本有三『米百俵』の「そえがき」には、虎三郎が実弟の土佐行きに同行して高知に滞在していた明治五年(一八七二)当時の史料が引用され、そこには「文政十一　戊子《ぼし》　八月十八日　又兵衛三男　小林病翁　壬申《じんしん》　年四十五　高知県官舎寄留(5)」と記されている。これは、彼が、本籍地である越後長岡の役所に届け出た史料とのことである。ということは、明治四年(一八七一)に新たに戸籍法が制定され、翌五年(壬申)に作成された全国戸籍、いわゆる「壬申戸籍」に登録するために提出された、彼の正式な氏名が「小林病翁」であったのではないか、と推察される。有三が引用した史料は、前述の『小学国史』や「翻刊徳国学校論略序」に先行する明治五年(一八七二)のものである。さすれば、この史料が、「病翁」と号した最初の史料となる。しかも「病翁」とは、単なる私的な「号」ではなく、戸籍に登録する公的な「実名」であったということになる。このことは、別の史料(上京当時の明治四年七月付書簡)に、「小生近日病翁と改名致し候(6)」と記されていることからみても確かなことであるとみてよいであろう。そこには、不惑を過ぎた晩年に、病身にあえぐ命の残り火を燃焼させて天命を全うしたいと切願する覚悟の心境が読みとれる。

以上の諸史料を総合的に勘案すると、虎三郎は、廃藩置県の直後に長岡藩の公職を辞して上京する明治四年八月の時点で、すでに「病翁」と改名していたとみてよい。しかも、「病翁」が単なる号ではなく、戸籍に記載される正式な氏名であったとすれば、それは大変な驚きである。だが、「病翁小林虎三郎」を「小林病翁」と表記することは、歴史上において、別段、不思議なことではない。恩師の「象山佐久間修理」が「佐久間象山」と呼ばれ、同門畏友の「松陰吉田寅次郎」が「吉田松陰」と記されたのと同様である。それにしても、「病翁」とは、不治の難病を背負って病躯に苦悩しながら天命を覚知した上で、天寿を全うしようと必死に生きた、晩年の虎三郎を表現する名前としては、実に言いえて妙である。

第三節　著書等に記載された病気と病状

1　処女論文「興学私議」に記された病状

虎三郎が、恩師象山に提出した処女論文「興学私議」の末尾には、「安政六年己未《きび》孟春、疾を力めて草を求志洞に属す、雙松迂夫虎《そうしょううふ》」(7)と記載されていた。管見の限りでは、これが年月が記載された関係史料の中で最初に確認できる病状記録である。安政六年(一八五九)の春といえば、虎三郎が江戸の象山塾を辞し、郷里長岡に蟄居してから五年目の春で、数えで三十一歳を迎える年であった。これによって、彼が自らの教育立国思想を表明した論文「興学私議」は、病苦の中で書かれた最初の作品であったことが判明する。

2　歴史教科書『小学国史』に記された病状

史料①：虎三郎執筆「小学国史序」(明治六年)

明治五年に発足した西洋モデルの近代小学校の歴史教科書として編纂された虎三郎編『小学国史』(全一二冊)は、彼が高知から東京に戻った翌年、四十六歳を迎える明治六年(一八七三)に刊行が開始され、翌七年に完結した。それは、日本の教育近代化に関わる彼の代表作品の一つである。虎三郎が執筆した「小学国史序」(8)には、不治の難病で苦しみながら関係資料を閲読して編輯したことが、次のように記されていた。労作『小学国史』もまた、難病と対峙しながら執筆された作品であったことを物語っている。

養痾之余	痾《あ》を養ふの余り
閲諸史	諸史を閲して
採其要	其の要を採り
悉以国文綴輯	悉く国文を以て綴輯《てっしゅう》す

【意訳】難病を療養する傍ら、多くの歴史書を読み、その要点を採り、すべてを国文で綴り編集した。

史料②：中村正直の推薦序文「小学国史序」（明治六年）

虎三郎が編輯した『小学国史』の第一巻（明治六年四月刊）には、恩師象山の知己であった中村正直の序文が付されていた。中村は、福沢諭吉を凌駕するほど英学に精通した明治の啓蒙思想家であり、また明治の日本漢学界を代表する漢学者であった。その彼が虎三郎執筆の『小学国史』を推薦する序文は、明治六年（一八七三）五月に書かれたものであった。虎三郎が四十六歳のときである。それは、他人からみた虎三郎の病気や病状が明記されている数少ない貴重な史料である。

余始めて炳文《へいぶん》（虎三郎）に見《まみ》える。年四十なるべし。面貌は痩《やせ》て黒し。自ら言ふ、久しく風湿《ふうしつ》を患うと。悠忽《ゆうこつ》日を渡り、一として成す所無く、意《おも》わず今此編の出ずるを見るなり。斯くして炳文の病榻《びょうとう》（病床）にありて痛苦を忘れて著述を楽めるを知れり(9)。

この中村の序文には、彼が虎三郎に面会したときの病名が「風湿《ふうしつ》」と記されている。虎三郎の病名が記された最初の史料とみてよい。

ところで、「風湿」とは漢方医学の病名で、「風と湿によって起こる病のこと。リウマチ。」と説明されている(10)。西洋医学でいう「リウマチ」（rheumatism）とは、古代医学においては「悪い液が脳から身体各部に流れていき、痛みを起こす病(11)」とみられていた。現代でも、「関節、骨、筋肉、腱、靱帯などの運動器が痛んだり、強ばったりする病気」（リウマチ性疾患）と呼ばれ、原因不明で根本療法のない難病である。

症状は、自己免疫によって関節炎が惹起され、膝関節《しつかんせつ》や股関節《こかんせつ》、足首や手首、肘や肩など大きな四肢関節が次々に腫れて痛み、可動域の制限や変形が起きる。また、心臓の弁膜や筋肉も侵され、輪状紅斑や皮下結節などの皮膚症状も顕れ、鼻出血、胸痛、腹痛などの様々な症状を伴う病気である(12)。罹患すると食欲不振になり、全身の疲労感や倦怠感に襲われ、顔色も悪くなって体全体の抵抗力が弱まり、気候や環境変化にも対応できなくなるという実に厄介な病気である。

虎三郎は、このような耐え難い病状の数々を呈する難病と向き合いながら、幕末維新期の日本近代化に関わる学究的活動を展開し、歴史教科書『小学国史』をはじめとする数々の作品を遺したのである。

3　小金井権三郎著「小林寒翁略伝」に記された病状

虎三郎の没後に彼の生涯を綴った最初の伝記が出た。遺稿集『求志洞遺稿』に収録された「小林寒翁略伝」（明治二十六年八月、一八九三）である。著者は、遺稿集を編集した甥の小金井権三郎であった。彼は、東京大学医学部教授であった実弟の良精と共に、伯父虎三郎の関係史料を蒐集して編纂し、十七回忌を記念して公刊したのである。彼ら兄弟は、虎三郎が美談「米百俵」の後の明治四年（一八七一）に上京し、明治十年（一八七七）に他界する晩年まで、共に東京にあって身近で虎三郎に接し、進路その他の相談に親しく与っていた。その権三郎が著した伯父虎三郎についての略伝は、内容的にも信憑性が高く、特に病気や病状についての記述は、医学者となった実弟と共に遺稿集を編集しているので、当時としては最新の医学的知見に裏付けられた内容とみてよい。次に、略伝に記された虎三郎の病気や病状に関する記述を抜粋して分析し、吟味してみたい。

史料「小林寒翁略伝」①

翁の郷に帰るや、門を閉じて閉居す。幾ばくもなくして病を発し、頗る難治の症に罹《かか》る。(13)爾来百事を抛卻《ほうきゃく》（放却）し、唯薬炉と相親しむのみ。病間図書を左右にし、詩文を作為し、独り世態を慷慨するのみ。

虎三郎は、ペリー来航のときに師説を奉じて横浜開港説を藩主や幕府に上書して処罰された。数えで二十七歳を迎える安政元年(一八五四)の春のこと、夢破れて江戸の象山塾を去り、長岡に帰省して謹慎生活に入らなければならなかった。その直後に、虎三郎が難病を発症したこと、以来、自宅に籠もって服薬・療養の生活を続けたこと、そして幕末動乱期の政治状況を憂慮しながら文筆生活に終始せざるをえなかったこと、等々の事実が明らかとなる。これによって、彼が難病を発病したのは二十代後半、三十歳になる前のことであったとみてよい。

史料「小林寒翁略伝」②

長岡藩中、翁と名声を馳する者、鵜殿《うどの》団次郎・河井継之助・川島億二郎等あり。鵜殿は幕下《ばっか》(幕府)に徴されて目付役と為り、勝安房等と共に幕議に与《あずか》る。故を以て常は藩に在らず。河井、川島、翁と共に藩政を議し、迭《たがい》に其の論を上下す。然れども翁は多く病床に在るを以て、持論を施行すること能はず。川島も亦翁と意を同じうす。独り河井のみ之に反す。旦才弁《さいべん》(優れた弁舌)衆を服するを以て、遂に顕職に昇り、藩政を掌握す。官軍越に臨《あた》むに方り、藩師方針を誤る者は皆河井の意に出づ。多く壮士を亡ひ、其の身も亦戦没す。慨せざるべけんや。

是の時に方り翁屡々《しばしば》河井の失政を論ず。然れども病に臥して其の説を達する能はず。徒に天を仰いで浩嘆するのみ。蓋し河井の藩政を執るや、権力一時盛んなりと雖も、学力道徳に至っては、翁に及ばざること遠し。故を以て平素翁を忌避して其の説を用ひず。翁も亦其の論の容れられざるを知り、敢えて藩政に与らず、王政復古の日に至る。唯病を養ひて一室に閉居するのみ。(14)

上記の史料は、虎三郎が江戸遊学から帰藩した後、長岡の自宅に謹慎してから戊辰戦争の敗戦に至るまでの十数年間のこと、すなわち幕末維新期の長岡藩の動向を描写している。当時、長岡藩政を担いうる人材としては、鵜殿団次郎(一八三一〜一八六八)、河井継之助、川島億二郎、そして虎三郎の四名があげられている。

だが、鵜殿は虎三郎と入れ替わりで江戸に遊学し、洋学(数学、天文、航海、測量など)を修めて才能を発揮し、文久二年(一八六二)、幕府に徴され蕃書調所教授に抜擢された。さらに彼は中央で立身出世を遂げ、戊辰戦争が勃発する前年の慶応三年(一八六七)には幕府の目付役という重職に就く。したがって彼は、長岡藩からは離れていたのである。

残る人物はといえば、継之助と億二郎、それに虎三郎の三人で、彼らはいずれも象山門人であった。だが、虎三郎と億二郎は、常に継之助と意見を異にし、特に戊辰戦争を巡っては激しく対立した。病床に伏しがちな虎三郎は、継之助の施策を厳しく叱正するが、全く聞き入れられず、無念の思いを抱きながら自宅に籠もって療養生活を送るしかなかった。河井の方はといえば、慶応二年には家老に昇進し、同四年には藩の軍事総督に就任し、戊辰戦争の最高指揮官となる。しかし、結果は惨敗で無条件降伏。継之助は深傷《ふかで》を負って他界してしまった。

戊辰の戦後、焼土と化した長岡の復興を担わされたのは、病身の虎三郎と畏友の億二郎であった。だが、上記の史料によって、虎三郎は、江戸の象山塾から長岡に帰藩し、謹慎生活に入った二十代後半の安政時代には、すでに難病を発症しており、以後、病苦に懊悩して持てる才能を発揮できずに明治維新を迎えていた、という厳しい状況を理解することができる。

史料「小林寒翁略伝」③

明治二年、藩主牧野忠毅君、翁を起して政に与らしむ。川島及び同志の諸士、荐《しき》りに職に就かんことを勧む。翁已むを得ず、遂に疾を力めて之に応ず。以て藩の大参事に任ず。常に家に在りて文武の政務を統督す。尋《つ》いで朝廷翁を徴して文部省の博士に挙ぐ。翁病を以て之を辞す。蓋し朝臣中に翁を知る者ありて之を薦挙《せんきょ》すればなり[15]。

戊辰戦後の長岡復興に際して、難病に苦しむ虎三郎ではあったが、藩主や畏友の億二郎をはじめとする藩内諸氏の強い懇願を受け、ついに大参事（旧家老職）という要職に就任する。だが、病床に伏しがちな虎三郎は、億二郎のように東奔西走できず、専ら自宅にあって復興政策の計画立案などの職務を遂行するしかなかった。

また、時を同じくして、象山門下の友人知人の推挙があって、維新政府からも文教政策を担当する要職への就任を要請された。しかし、こちらの方は、病気を理由に辞退している。

彼は、戊辰戦後の長岡復興を要請されて藩の要職に就き、教育立国思想の実現を期して復興の基盤としての人材育成を重視し、藩立学校の新設に尽力する。だが、美談「米百俵」の史実が誕生する明治初年の頃は、すでに虎三郎の病状はかなりの重症で、外出もままならないほどに重篤な状態にあったことが窺い知れる。

史料「小林寒翁略伝」④

明治四年の秋、病少し緩むを以て、東京に到る。安政元年罪を得て国に退いてより、已に十八年を過ぐ。（中略）十年七月。伊香保に抵《いた》り温泉に浴す。居ること数旬。俄然として発熱。頗る劇症《げきしょう》なり。八月二十四日。舁《よ》されて寓に帰る。未だ一点鐘《てんしょう》（三十分毎に打つ時刻を知らせる鐘）。溘焉《こうえん》として逝《い》く。享年五十歳（ママ）。翁、多病なるを以て終身娶《めと》らず。故に子無し。翁、兄二人あり、夭《よう》す。翁三男を以て家を継ぐ。翁の次は貞四郎、則ち家を継ぐ[16]。

美談「米百俵」の翌年に実施された廃藩置県を契機に、病気療養を理由に藩の公職を辞した虎三郎は、病状も小康状態に向かったので、一八年ぶりに江戸、改まった東京に上り、実弟宅に寓居する。だが、それからの虎三郎は、病魔を振り払うかのごとく、矢継ぎ早に日本近代化に関わる様々な著作活動を展開していく。この最晩年の東京における数年間こそは、闘病生活に終始した彼の人生の中で、閃光のような光彩を放った輝きの一瞬であった。

だが、燃え尽きるときは容赦なく訪れた。明治十年（一八七七）七月、彼は群馬県の伊香保温泉に療養に出掛けるが、翌月、俄に発熱して病状は急変する。急ぎ東京の寓居に戻ったが、その直後に息途絶える。五〇年の一期をもって、彼は病魔との長い戦いの人生から解放されたのである。

思えば虎三郎の人生は、生死を彷徨う難病との遭遇からはじまった。幼児期に天然痘に罹り、一命は取り留めたものの左眼を失明し、顔面には醜い痘痕が残った。この身体的な後遺症が、彼に与えた精神的な苦痛は如何ばかりであったか、想像を絶するものがある。「翁、多病なるを以て終身娶らず」と記されているように、彼は、終生、独り身を通した。しかも、美談「米百俵」の後に上京して以来、再び郷里である越後長岡の山河にまみえることはなかった。覚悟の出郷だったのである。それ故に、長岡の小林家を相続したのは、虎三郎の次弟である四男の貞四郎であった。

第四節　漢詩に詠じられた病状の数々

1　幕末期三十代の漢詩に記された病状

漢詩史料①：「雲洞に答ふ」（幕末安政期）

虎三郎が、江戸遊学から郷里長岡に帰り、謹慎生活に入ったのは安政元年（一八五四）の春であった。次の漢詩には「久しく病んで」とあるが、自宅謹慎の後の安政年間に詠まれた作品と推定される。[17] 早くも二十代の後半には難病を発症して、何事にも熱中できず、地方に埋もれて無為の日々を送るしかない、我が身の孤独で切ない心境が吐露されている。

久病無聊興趣空　久しく病んで聊か興趣《きょうしゅ》無く空し
喜君千里寄詩筒　君が千里詩筒《しとう》を寄せるを喜ぶ
想得山村寒夜雨　想ひ得たり山村寒夜の雨
一樽芳酒話英雄　一樽の芳酒英雄に話をす

【意訳】長く病に冒され、退屈して何の興味も湧いてこない。遠方から貴方が手紙をくれ嬉しかった。山村の寒い夜の雨を想い、一樽の美酒を飲みながら英雄と語り合っている。

漢詩史料②：「柳士健に寄す」（幕末安政期）

この漢詩も、前作と同じ謹慎中の安政年間に詠まれた作品と推察される。「多年病に臥し」とあるが、すでにこの時点で虎三郎の病気は長期に及び、回復の見込みがないまま、世間と隔絶して暮らす孤独な心境が表現された、胸を打つ作品である。(18)

多年臥病鎖茅衡　多年病に臥《ふ》し茅衡《ぼうこう》を鎖《とざ》す
似与風光便隔生　風光の便と生を隔つに似たり
淡煙疎雨江村暮　淡煙疎雨《たんえんそう》江村の暮
羨汝酔吟忘世情　汝が酔吟《すいぎん》世情を忘るるを羨む

【意訳】長年、病気で床に伏し、門戸を鎖《とざ》して引き籠もっている。自然の風光とは隔絶したような人生である。薄靄烟《うすもやけむ》る中をそぼ降る雨に包まれ、川辺の村は暮れる。酔って詩を吟じ世情を忘れられる貴方が羨ましい。

漢詩史料③：「蓐に臥す」（幕末安政期）

次に紹介する「臥蓐《がじょく》」という漢詩は、虎三郎が三十歳前後の安政年間の作品と推定される。(19) この漢詩は、黒船来航の翌年（安政元年、一八五四）の春、恩師象山に別れを告げて越後長岡に帰り、自宅に謹慎して処女論文「興学私議」を執筆する前後の作品と思われる。作品の中に「慈父六十髪将《かみまさ》に雪ならんとす」と、還暦を迎える年老いた父親のことが詠まれている。虎三郎の父の誠斎は、安政六年（一八五九）二月に病没する。虎三郎が論文「興学私議」（安政六年春）を書き上げる頃のことであった。さすれば、この漢詩が読まれたのは、長岡に帰省した安政元年から父親が他界する同六年二月までの間で、彼が二十代の終りから三十代中頃の作品と推察される。

安政元年に郷里長岡に戻って謹慎した直後に発症した難病は癒えず、逆に病状は急速に悪化していった。「百病は皆気より生ず、病とは気をやむ也」（中国最古の医学書『黄帝内経《こうていだいけい》』）といわれるが、黒船来航に遭遇して青春の蹉跌を来し、生き甲斐であった学問的大成への夢が破れた精神的な衝撃は、天然痘の後遺症をもつ彼が、再び難病を発症する大きな誘因になったものと推察することができる。かかる病身の息子を、白髪の年老いた父親が家事をして養っている風景を想起するとき、言いようのない哀切の情にかられる。

臥蓐十年又値災
家貧一事最堪哀
慈親六十髪将雪
井臼倥偬病養児

臥蓐《がじょく》十年又災に値《あ》ふ
家貧の一事最も哀しむに堪へたり
慈父六十にして髪将に雪ならんとす
井臼《せいきゅう》倥偬《こうそう》の病児を養ふ

【意訳】病床に伏して一〇年が過ぎ、又新たな災難に会う。家が貧しいことは最も悲しく耐え難いことである。優しい父が六十歳を迎え、髪の毛も雪のように白くなった。その父が、井戸水を汲んで臼で米をつき、病気で苦しんでいる子どもを養っている。

漢詩史料④：「感を書す」（幕末安政期）

次の漢詩には「三十余の春、夢の裡《うち》に過ぐ」とある故、幕末安政期の、いまだ三十代前半の作品とみられる[20]。病状はかなりの重症であった。だが、長岡藩や日本国の将来を遠望する彼の胸中には、抑えがたい憂国の情が込み上げてくる。しかし、如何せん、病身の身では何事もなしえない無念の思いだけが。謹慎中の孤独な闘病生活の中で、苦悩の現実を超越して、虚無の心境に向かおうと努める切ない心情が素直に表現された作品である。

良辰殊覚憾情多
三十余春夢裡過
疇昔雄飛騁壮志
加今雌伏苦沈痾
憂存家国道無達
身歴災患心不磨
杯酒破愁非所願
梵香端坐味天和

良辰《りょうしん》殊に憾情の多きを覚ゆ
三十余の春夢の裡《うち》に過ぐ
疇昔《ちゅうせき》雄飛して壮志を騁《は》せ
加て今雌伏して沈痾《ちんあ》に苦む
憂ひ家国に存すれど道達する無し
身災患《さいかん》を歴《へ》て心磨《みが》かず
杯酒愁《しゅしゅう》を破るは願ふ所に非ず
香を梵《た》き端坐《たんざ》して天和を味ふ

【意訳】縁起の良い日には殊更に恨み辛みの感情が湧いてくることが多いことに気づく。三〇回余りの春を夢中で過ごしてきた。昔は雄鳥が舞い飛ぶように（勢い盛んに活躍するような）大志を抱いていた。だが、今は病床にあって活躍する機会をじっと待っているが、長く治らない重い病に苦しんでいる。長岡藩や日本国の行く末を憂慮せずにはいられないが、病身ではどうしようもない。この身は不幸を体験したが、それによって心は磨けてはいない。酒で憂いや悲しみを紛らわすのは本位ではない。香を焚いて正座し、静かに自然の穏やかさを味わうしかない。

漢詩史料⑤：「壬戌の春に作す」（文久二年）

次の作品は、詠まれた年月が明らかな作品である[21]。文久二年（一八六二）というと、処女論文「興学私議」（安政六年、一八五九）を執筆してから三年後のこと。この頃の虎三郎は、なおも謹慎の身にあり、日々、自宅に籠もって詩文の執筆やオランダ原書の翻訳など、病苦に耐えながら学究生活に救いを求めていた。しかし、執筆した詩文や翻訳した原稿などの具体的な成果を公表した形跡はみあたらない。

この漢詩は、彼が難病を発症してから七年が過ぎた、いまだ三十代半ばの壮年期の作品である。いつ癒えるとも知れない闘病生活の中で、身も心も疲労困憊の病状が吐露されている。

公私ともに将来への展望が全く描けないほどの絶望的な閉塞状況にあって、病臥する虎三郎は、なおも回復への一縷《いちる》の希望を抱き続ける。自分と同じく、三十代に重病に罹り七年間も病床にあった中国後漢の学者（趙岐《ちょうぎ》、台卿《だいけい》は字）が、快癒して社会復帰し、学者として活躍し大成したという古事（『後漢書本伝』）を想い起し、自分も本復して再起したいと願う哀切の情が吐露された漢詩である。

七年臥蓐起猶難　　七年蓐に臥して起きること猶ほ難し

有志無時徒苦神　　志有るも時無くして徒に神を苦しむ
誰料台卿当日事　　誰か台卿《だいけい》当日の事を料《はか》らん
如今乃復及吾身　　今乃ち復た吾が身に及ぶが如し
台卿趙岐初字　　台卿は趙岐《ちょうぎ》と初めは字《あざな》す
岐年三十余　　岐年三十余にして
有重病臥辱七年　　重病ありて臥辱すること七年
事詳干後漢書本伝　　事は後漢書本伝に詳らかなり

【意訳】七年間も病気で床に伏し、なお起きることは難しい。大志は消えないが、時間が無く、ただ精神を病んでいる。台卿（後漢の学者）のことを誰も予測できないように、今、同じように私の身に及んできたことを誰も予測はできない。台卿の最初の名前は趙岐と書き、彼が三十歳を過ぎて重病に罹り、七年間も病床に伏した。このことは後漢書本伝に詳しく記されている。

漢詩史料⑥：「人に答ふ」（文久二年）

この作品も、前の漢詩と同じ文久二年（一八六二）のものである。(22) この頃、虎三郎の病状はかなり悪化して心身の衰弱は激しく、病床に伏す日々を送っていた。もはや持てる才能を発揮することなどは全く望みえず、まるで無能者のような絶望的な状況にあった。病苦に沈んで何事もなすことができない無念な心情が汲みとれる作品である。

病衰殊覚鈍才鋒　　病衰し殊に才鋒《さいほう》の鈍るを覚ゆ
慷慨難追古哲蹤　　慷慨《こうがい》す古哲《こてつ》の蹤《あと》追ひ難しを

身是泥蛇分沈晦　　身は是れ泥蛇《でいだ》にして沈晦《ちんかい》を分《ふん》とす
興雲行雨付神龍　　雲を興し雨を行《おこな》うは神龍《しんりゅう》に付す

【意訳】 病気で衰弱して鋭い才気が鈍ってしまったことに気付く。いくら憤り嘆いてみても、昔の優れた先人の跡に追い付くことは難しい。体は泥中の蛇のように、ままならず闇に沈み、もはや雲をおこし雨を降らせることは龍神に任せるしかない。

漢詩史料⑦：「攘夷の詔の下るを聞き慨然として咏を為す」（文久二年）

この漢詩が詠まれた文久二年（一八六二）という年は、坂下門外の変（水戸浪士による幕府老中の磐城平藩主・安藤信正の襲撃事件、同年一月）で幕開けした。二月には、公武合体を象徴する皇女和宮と第十四代将軍徳川家茂との婚儀が挙行されたが、寺田屋騒動（四月）や生麦事件（八月）など、攘夷運動が高揚して物騒な事件が相次いだ。排外運動が激化する最中の九月には、孝明天皇を戴く朝廷は異国船排除の攘夷を決定し、この天皇詔勅を幕府が奉承したのが十一月のことであった。

このとき虎三郎は、いまだ長岡の自宅に謹慎中で、病苦に苛まれて何の希望も抱けず、病床にあってひたすら詩文の執筆やオランダ原書の翻訳などの学究生活で日々を送っていた。当時、長岡藩第十一代藩主の牧野忠恭（一八二四〜一八七八）は、幕府の寺社奉行を経て文久二年には京都所司代となり、翌三年には老中に就任する。藩主が幕閣の中枢にあったが故に、虎三郎は、藩の関係者を通じて天皇や将軍に関わる中央政界の最新情報を入手できる立場にあった。すでに黒船来航のときに、恩師象山の横浜開港説を奉じて決起していた虎三郎は、いまだ憂国の情やみがたく、朝廷の攘夷詔勅を時代錯誤の愚行と厳しく断じて批判し、憤慨して詠んだのがこの漢詩であった(23)。

このとき、虎三郎は三十五歳。難病に懊悩する彼の病状は勝れず、心身共に衰弱して、国家存亡の危機に際して何事もなしえない無為無力の自分自身を嘆き悲しむしかなかった。そんな彼の無念極まりない胸の中が、端的に吐露された作品である。

なお、この年の十二月には、門人吉田松陰の海外密航事件に連座して断罪された恩師の象山が、信州松代での九年に及ぶ蟄居謹慎を赦免され、幕命を拝して尊皇開国の自説を掲げて上洛、幕末動乱の混沌とした政治の渦中に身を投じていくこととなる。

勾践忍羞克興国　勾践《こうせん》羞《しゅう》を忍びて克く国を興す
魏罃好戦郤傷民　魏罃《ぎおう》戦を好みて郤《かえ》って民を傷つく
可憐久病衰残客　憐む可し久しく病む衰残《すいざん》の客
起望南天空嘅呻　起きて南天を望み空しく慨して呻す

【意訳】勾践《こうせん》（中国春秋時代の越国の王）は恥を忍んで国を興し、魏罃《ぎおう》（中国三国時代の魏国の恵王）は戦いを好んで民を傷つけた。長期にわたる病で、衰え弱りはてた客は、憐れなものだ。病床から起きて南の空を見上げ、空しく嘆き悲しんで詩を吟じる。

漢詩史料⑧：「癸亥の春に感を書す」（文久三年）

この漢詩は、前作（「攘夷の詔の下るを聞き慨然として咏を為す」）[24]の翌年に当たる「癸亥《きがい》」、すなわち文久三年（一八六三）に詠まれた作品である。内外共に風雲急を告げる徳川幕藩体制の最末期の危機的な時代状況の下で、何としても国家の役に立ちたいと庶幾《こいねが》う虎三郎。だが、病状は非常に重く、薬も針も届かない深部の苦痛に煩悶しながら、彼は、いつの日にか持病が癒えて、再び恩師象山から学んだ西洋砲術や西洋兵学の講義ができる日が到来することを念じて必死に生きている。そんな当時の彼の痛々しい心境が詠まれた作品である。

時危志士多憂慮　時危うくして志士憂慮多し
況我臥床殊苦情　況んや我は床に臥して殊に情を苦む
何当得脱膏肓厄　何んぞ当に膏肓《こうこう》の厄《やく》を脱して
復為邦家講砲兵　復た邦家の為に砲兵を講ずるを得べきか

【意訳】危機の時代には多くの志士が憂慮する。まして病床に伏している私の心情は苦しい。いつの日か膏肓（難病）の災難を脱して、再び国家のために象山先生から伝授された西洋砲術や西洋兵学を講ずることができるであろうか。

（注）膏肓《こうこう》：漢方医学では心臓と横隔膜の間の薬も針も届かない最も深いところという意味。中国の四字熟語で「病入膏肓」とは病気が非常に重く、治せる方法がないことを指す。また、事態が非常に重く、元に戻れないことを意味する。

漢詩史料⑨：「災後に新居偶成す」（文久三年）

謹慎中の文久三年（一八六三）、虎三郎の家は、火災に見舞われ全焼してしまった。これによって、彼が苦労して蒐集してきた和漢洋の膨大な蔵書は、一瞬にして灰燼に帰してしまったのである。間もなく新築なった小舎に病身を休める虎三郎ではあった。しかし、消失した蔵書は戻らず、もはや学問的大成や栄華栄達など望むべくもない。俗世間を離れ、一人静かに古典に親しむしかないという諦念の心情を詠んだ漢詩である。(25)

図書千巻委灰燼　図書千巻灰燼《かいじん》に委《き》す

小屋初成寄病身
学芸疇邦天或諒
窮通有命我何顰
時危切憶敬与智
母老唯嘆子路貧
迂介任他俗児笑
幽情毎与古人親

小屋初めて成り病身を寄す
学芸邦に疇《むく》ゆを天或いは諒せん
窮通《きゅうつう》命ありて我何ぞ顰《ひん》せん
時危うして切に敬与《けいよ》の智を憶ふ
母老ひて唯だ子路の貧を嘆くのみ
迂介任《うかいさもあらばあれ》他俗児の笑ふを
幽情《ゆうじょう》毎《つね》に古人と親しむ

【意訳】 沢山の蔵書が灰燼にきしてしまった。小屋のような小さな家ができて病身を寄せる。学問をもって国に報いることを、天が許してくれるかもしれない。だが、貧窮も栄達も命があってのことと、私は眉を顰《しか》める。危機の時代には心から敬与の智恵を想い、母が老いてただ子路(孔子の門人)の貧窮を嘆くばかりである。世事に迂遠な人は、世間一般の人に笑われても、それはそれでやむを得ないことである。静かな心情で常に古人と親しむしかない。

漢詩史料⑩:「偶作二首　丙寅」(慶応二年)

この漢詩は、徳川幕府が倒壊し明治の近代日本が到来する僅か二年前(一八六六)に詠まれた作品である。[26] すでに欧米各国と和親条約や通商条約を締結し、攘夷鎖国の旧論は破れ去ったかにみえた。だが、欧米列強に対する日本の対応方針を巡って、なおも佐幕(幕藩体制)か尊皇(天皇制)か、攘夷(外国排除)か開国(進取究明)か、諸説紛々の混沌とした物騒な時代状況は続いていたのである。

虎三郎は、植民地獲得を競いあう欧米列強諸国の本質を、恩師象山の西洋認識と同様に、「力は正義」の侵略主義と見抜いていた。それ故に彼は、欧米列強に対する日本の対応方針を統一し、新生日本の誕生に向かって確かな国是（国家の基本方針）の形成が最も緊要な課題であることを主張し、その実現を希求していたのである。

そんな彼は、幕藩体制の最末期における国家存亡の重大時局に憂国の情を募らせながらも、肝心の自分自身は病気に苦悩して無為無策の生活を送っている。明治の夜明けの直前、長岡の自宅に閉居して、古人を友とする読書で病躯の苦痛を耐えるしかないという孤独で無念な心境を吐露した作品といえる。

紛々異説盈朝夜　　紛々たる異説朝夜に盈《み》つ
国是何時見一新　　国是何れの時にか一新を見る
病身無復回天力　　病身は回天の力を復するなし
不若閑居友古人　　閑居して古人を友とするに若かず

【意訳】様々な主義主張が朝から晩まで飛び交い、入り乱れている。いつになったら国の方針が一つにまとまるのか。病気の身では時勢を一変させる力はない。世俗を離れて静かに古人を友として生きればよいではないか。

漢詩史料⑪：「十年」（慶応年間）

次の作品は、前作の「臥蓐」と符合する内容の漢詩である。虎三郎が四十一歳のとき、九月には明治と改元される慶応四年（一八六八）の作品で、戊辰戦争が勃発する直前と推定される。(27) 漢詩には、「十年臥病」とある。この時点で、彼は、すでに十年にも及ぶ長い闘病生活を送っていたのである。三十歳を迎える前の安政年間に発病したときから逆算すれば、闘病生活の年数は合致する。

長の患いにも拘わらず、依然として憂国の情は少しも衰えてはいない。回復の希望のない難病の故に、再び世間の表舞台に出て栄誉栄達や立身出世の人生は望むべくもない。そんな彼は、人間存在の本質を一万年単位でみれば、俗世間の毀誉褒貶などは、ほんの一時のもので取るに足らないものである、と諦念する。そう思えば、栄耀栄華を求めて右往左往する俗世間の才子どもは、全くもって哀れな存在である。そんな愚痴とも諦観とも取れる、彼の現実を超越し、万古の心をもって永遠に繋がろうとする複雑な心境を表現した作品といえる。

十年臥病僅支持
憂国丹心猶未衰
顕達立功匪無意
隠居求志且随時
一生毀誉我何管
万古是非天自知
卻愍世間才俊士
利名場裡酔如癡

十年病に臥して僅かに支持す
憂国の丹心猶未だ衰えず
顕達立功の意無きに匪《あら》ず
隠居して志を求め且《しばら》く時に随ふ
一生の毀誉我何ぞ管せん
万古の是非天自ら知る
卻《かえ》って愍《あわれ》む世間才俊の士
利名場《じょうり》裡酔うて癡《ち》の如き

【意訳】十年間も病床に伏し僅かに持ち堪えている。国の将来を憂い嘆く真心は、いまだに衰えてはいない。栄誉栄達や立身出世の意欲もないことはない。隠居して志を求め、しばらく時に任せている。毀誉褒貶(世間の評判)は気にする必要はない。天は、目先に囚われず、一万年の単位で是非をみる。憐れむべきは世間の才知に優れた人たちである。彼らは、利益と名誉の世界で酔っている愚か者のようだ。

漢詩史料⑫：「病に臥す」（慶応年間）

次に紹介する「病臥」と題する作品もまた、前掲の「臥蓐」や「十年」と同様、慶応四年、戊辰戦争が勃発する直前に詠んだ作品と推定できる[28]。幕末動乱の時代状況の中で、日本という国家の将来を展望し、国民の信頼を基盤とした富国強兵の実現を遠望するものである。

だが、病身の自分には何事もなしえない。終わりのみえない病魔との戦いの中で、希望と絶望の狭間に揺れながら、ままならない現実に対する無念の心境を吐露した作品といえる。

病臥高楼風雪時　　病に臥して高楼に風雪の時
熟観世事転堪悲　　熟《つらつら》世事を観て転《うた》た悲しみに堪へたり
財空兵弱国何立　　財空しく兵弱くして国何ぞ立たん
信失刑淫民漸離　　信を失ひ淫《みだら》に刑して民　漸《だんだん》離る
坐待敗亡誰又願　　坐して敗亡を待つ誰か又願はん
務謀興復未為遅　　務めて興復を謀る未だ遅しと為さず
閑憂欲訴無媒介　　閑憂を訴へんと欲して媒介無し
付与一篇艱渋詩　　付与す一篇の艱渋の詩に

【意訳】病床に伏し高楼に風雪が吹き荒れるとき、じっと世事をみつめ悲しみに堪えている。財無く兵弱くして、国はどのようにして立つのか。信用を失い、刑罰が乱れては、国民はだんだんと離れていく。座して戦いに敗れ滅亡するのを待つことを、誰も望んではいない。復興を謀ることはまだ遅くはない。閑暇の中で憂いを訴えたいが、媒介とするものがないので、一篇の難解な詩に託すしかない。

漢詩史料⑬：「冬の日に偶作」（慶応年間）

この作品も幕府が倒壊する直前のもので、国家の重大局面に際会して、何事もなしえない無為無力な自分自身を、亀が首を甲羅の中に縮め込んでいる姿に譬えて表現している。(29) 家人さえもが呼べども気づかず、一人、閑居の孤独な心境を詠んだ作品である。

病来殊怯寒　病来りて殊に寒さに怯《おじ》ける
矧斯風雪時　矧《いわん》や斯の風雪の時をや
擁被頻縮首　被を擁して頻りに首を縮む
恰如蔵大亀　恰《あたか》も蔵大の亀の如し
家人時相呼　家人時に相呼ぶも
往々不聞知　往々聞き知れず

【意訳】寒さが凍る病気を発病してからは、特に寒さにおじけてしまうようになった。風雪のときはなおさらである。布団にくるまって、いつも首を縮め、あたかも大きな亀のような姿である。用事があって家の者を呼んでみても、しばしば聞こえず知られないでいる。

漢詩史料⑭：「多病」（慶応年間）

この作品もまた、慶応四年（一八六八）に戊辰戦争が起きる直前の作品と推定できる。謹慎処分を受け、すでに一〇年以上も病躯を抱えて自宅に籠もり、本来ならば活躍の舞台であるべき長岡城に登城することさえもかなわない。幕末動乱の時代展開に翻弄される長岡藩に思いを馳せ、その行く末を憂慮する忠臣・虎三郎の心情が素直に吐露さ

れた作品といえる。(30)

多病久閉子　多病の久閉子《きゅうへいし》
幾歳不入城　幾歳も城に入らず
友朋咫尺在　友朋咫尺《しせき》に在れど
疎濶若参商　疎濶《そかつ》参商の若し
臥看時物変　臥して時物の変を看て
飽送月日行　飽くまで月日の行くを送る
世事易嗟嘆　世事嗟嘆《さたん》し易く
幽懐向誰傾　幽懐誰に向ひて傾けん

【意訳】幾つもの病気に罹って門戸を閉じ、ずっと引き籠もっている。何年も城に入らず、極めて近くに友人がいるのに、久しく会うこともできず、まるで隔絶されているようだ。病床にあって時節柄に変化をみ、歳月の流れを見送っている。世事を嘆きやすくなり、内に秘めた想いを誰に向かって伝えればよいのか。

2　戊辰戦後四十代の漢詩に記された病状

漢詩史料①：「戊辰の初春に偶作」（慶応四年）

この漢詩は、戊辰戦争が勃発した慶応四年（一八六八）に詠まれた作品である。(31)不惑を過ぎ、また春が巡ってきて一年が過ぎる。だが、病身の自分は、戊辰戦争に突入して官軍と交戦する長岡藩の行く末を憂いてみても、何もできない無力で孤独な存在であると、自らを嘆き悲しんでいる作品である。

不惑過来又一年
回頭往時夢茫然
病身憂国難為補
矮屋守愚好学禅
燈火暗明地爐畔
雪声淅瀝紙窓前
夜寒無客敲柴戸
一鼎芳茶手自煎

不惑を過ぎ来りて又一年
頭を回せば往時は夢と茫然たり
病身国を憂ふるも補ひ為し難し
矮屋《わいおく》に愚を守り好んで禅を学ぶ
燈火暗明にして地爐《ちろ》の畔
雪声淅瀝《せきれき》たり紙窓の前
夜寒くして客の柴戸を敲《たた》く無し
一鼎《いってい》の芳茶を手自《てずか》ら煎《に》る

【意訳】 四十歳を過ぎてまた一年が巡ってくる。昔を振り返ってみれば夢のようにぼんやりとしている。病気の身で国の将来を憂い嘆いてみても何の役にもたたない。粗末な家で愚を守り、好んで禅を学んでいる。囲炉裏のそばで燈火が暗くなったり明るくなったりし、障子の前では雪が音を立てて降っている。夜は寒く粗末な家の戸をたたく客もない。自ら一杯の香ばしいお茶を煎じて飲む。

漢詩史料②：「戊辰春作」（慶応四年）

次の「戊辰春作」と題する漢詩は、慶応四年（一八六八）、戊辰の年に勃発した戦争の最中に詠まれた作品と推定できる[(32)]。官軍の猛攻を受け、戦火が長岡の城下に迫りくるとき、母親を連れて避難する虎三郎。心身共に疲労困憊の彼は、長岡藩存亡の危機を目前にして何事もできない己自身を恨むしかない。そんな悔しさと虚しさに満ちた心境を吐露している。

余臥蓐十三年
一旦値宗社顛覆
奉北闈以遁
間関崎嶇
来匿戸口村
疲困益甚
無復能為也
痛恨之余
執筆書此

余臥蓐《がじょく》して十三年
一旦宗社《そうしゃ》の顛覆《てんぷく》に値《あ》ひ
北闈《ほくい》を奉じて以て遁《のが》る
間関《かんかん》崎嶇《きく》として
来りて戸口村に匿《かく》れる
疲困 益《ますます》甚しく
復た能くなす無きなり
痛恨の余り
筆を執りて此を書す

【意訳】 私は病床に伏して一三年になる。瞬時に長岡藩は落城し、母親を連れて逃げ延びた。険しい山道を通って、戸口村にまで逃れて隠れた。疲労困憊して、何事もなすことができない。痛恨の余り、筆を執りこの一文を書いている。

漢詩史料③：「病起」（明治五年頃）

次の「病起」という漢詩は、戊辰戦争の後に上京した虎三郎が、実弟の南国土佐行きに同行した高知から、東京に舞い戻った明治五年頃の作品と推定できる。[33] 難病を発症して二〇年もの歳月が流れた。それでもなお、何としても回復し再起したいと切願する微かな希望が詠み込まれた、哀切の情極まりない作品である。

吾正病時花正落　　吾正に病むとき花正に落つ
臥床忽已度兼旬　　臥床《がしょう》忽《たちまち》ち已《すで》に兼旬《けんじゅん》を度《わた》る
今朝試上高楼望　　今朝試みに高楼に上りて望めば
満目新林翠色匂　　満目《まんもく》の新林《しんりん》翠色《みどりいろ》に匂ふ

【意訳】私が病むとき、花はちょうど落ちる。病床に伏して、たちまち二〇年が過ぎた。今朝は試みに高楼に上って望みみれば、あたり一面の新林が澄んだ緑色に匂っている。

漢詩史料④：「感書」（明治五年頃）

次の「感書」という漢詩もまた、明治五年頃の作品と推定できる。[34] 病状は一向に快方に向かわず、内臓の奥深くから込み上げてくる痛みに懊悩し、すでに薬効もなく、ただ虚しく歳月が過ぎていく様子を詠んでいる。

奈何久苦膏肓厄　　久しく膏肓《こうこう》の厄に苦しむを奈何《いかに》せん
有若俊鷹折遠翮　　俊鷹遠翮《しゅんようえんかく》を折るが若きあり
薬石無験歳空逝　　薬石験無く歳空しく逝き
百事差違遅暮迫　　百事差違へて遅暮《ちぼ》迫る

【意訳】久しく難病を患って苦しんでいるが、どうしょうもない。まるで優れた鷹が遠くへ飛んでいく羽根を折ったようで、どんな治療も効果がなく、年月だけが空しく過ぎていく。色々なことが入れ替わって、だんだんと老境に近づいていく。

第五節　書簡に記された病状の数々

書簡史料①：明治五年五月二十五日付「三島億二郎宛」

次に紹介する書簡は、虎三郎が高知から東京に戻った直後に書いたもので、すでにこの時点で彼は、著名な西洋医の治療を受けていたことがわかる。(35)病状は、もはや翻訳書も読めないほどに悪化し、「懶慵《らんよう》」（疲れて怠く物憂い）という症状に苦しんでいた。

だが、これから他界するまでの五年間は、彼の天命とも思われる本格的な学究活動が東京で次々と展開される最盛期であった。歴史教科書『小学国史』（全一二冊）の編輯刊行、中国漢書『大徳国学校論略』（上下二冊）の翻刻刊行、英米翻訳教育書（『学室要論』『教師必読』『童女筌』の三冊）の校訂出版など、日本の教育近代化に関わる出色の業績が相次いで発表されたのである。生きるか死ぬかの瀬戸際で自己の全存在をかけ、病躯をおして国家のために何事かを成し遂げようとする虎三郎の悲壮な使命感、それを支える強靱な意志力、ただただ驚嘆するばかりである。

小生容体兎角不宜、時々外出ハ致候へ共、翻訳書すら読不得、飲酒不快酔、西医と薬方も更ニ効験を不見、意志粛索《しゅくさく》ノ無聊送光、慨嘆之至ニ御座候。何角懶慵《らんよう》不能多言。

書簡史料②：明治五年十月十日付「田中春回宛」

先の億二郎宛の書簡に続いて、これまた虎三郎が、長岡藩の後輩である田中春回（一八三三〜一九一一、美談「米百俵」に有縁の長岡学校〈現在の新潟県立長岡高校〉の教師）に宛てた書簡である。(36)

このとき虎三郎は、持病である「風湿」（リウマチ）を病んでからすでに二〇年という長い歳月が過ぎ、さらに四十半ばを過ぎて今また肝臓病や皮膚病を併発していた。それらの病気に特有な脱力感、掻痒感、食欲不振などの症状に苦悶して精神的にも深い沈鬱の状態にあったこと、東京の開業医や外国人医師など著名な医者の治療を受けてはいるが一向に回復の見込みがないこと、読書も飲酒もできずに部屋に閉じこもって仰臥の日々を送っていること、等々、心身共に耐え難い病状の数々が、詳細に記録されている書簡である。

ところで、書簡に記された虎三郎の診察と治療にあたっていた主治医であるが、まず西洋医の「日耳曼《ゼルマン》医、穵児尼韭《ウイルニヒ》氏」とは誰なのか。東京大学医学部の前身となる国立医学校に「大学東校」があった。その医学校の教官としてドイツから招聘された教授に「ヴェルニヒ（A.L. Agathon Wernich）」という内科医がいた。大学での担当科目は、「内科学諸科並びに内科学臨床講義及び外来内科臨床講義」であった。この教授が、虎三郎を診察し治療に当たった西洋医の「穵児尼韭《ウイルニヒ》」であったと推測される[37]。

次に「東洋佐々木氏」であるが、こちらは幕末明治の西洋医学界で著名な内科医であった「佐々木東洋」（師興、一八三九〜一九一八）に間違いない。佐々木は、佐倉順天堂で佐藤泰然（一八〇四〜一八七二）に西洋医学を学び、さらに長崎に遊学してオランダ軍医のポンペ（Pompe van Meerdervoot, Johannes Lidyus Catherines, 1829–1908）に直接師事して、本格的に西洋医学を修めた名医である。彼は、文久二年（一八六二）に幕府軍艦の軍医となり、明治二年には大学東校に転じ、少助教、中助教、権大助教、内科部長と昇進し、さらに御雇外国人教師のドイツ人医師ホフマン（Hoffmann, Theodor Eduard, 1837–1894）に就いて西洋医学（内科学）の蘊奥を極めた。その後、大学東校を辞して民間病院に転じたが、再び東京府立病院副院長を経て大学に戻り、東京大学医学部付属病院の院長を歴任した人物である[38]。

何と、虎三郎は、当時の日本医学界を代表する西洋医の治療を受けていたのである。なぜ、虎三郎は、そうのような一流の医者たちの診察や治療を受けることができたのか。確かに、東京大学の医学部教授となる甥の小金井良精がいた。だが彼が、虎三郎などの仲介で大学東校に入学したのは明治五年（一八七二）で、卒業したのが虎三郎没後の同十三年（一八八〇）であった。したがって、いまだ修業中の身にあった良精の人脈は考えられない。

しかし、明治初期の日本にあっては、虎三郎自身が歴史的に著名な人物であった。彼は、勝海舟や加藤弘之など、同じ象山門人で維新政府や学界関係に錚々たる人脈を有していた。さらに、慶應義塾で福沢諭吉の薫陶を受けた実弟の雄七郎も、維新政府に出仕し、政府関係に相当の人脈を持っていた。

以上のような人間関係の中で、虎三郎は、当時としては最高位の西洋医学者の診察や治療を受けることができたものと推察される。しかし、どのような治療や投薬を受けても、虎三郎の罹患した病気（風湿と呼ばれたリウマチ、肝臓病である肝硬変、皮膚病など）は、いずれも快癒の見込めない難病であった。それ故、彼は最期まで過酷な症状に苛まれながら後半生の日々を生きなければならなかったのである。

僕患風湿既二十年
昨春来更発一症
肝臓時時激痛
食機不振
精神沈鬱
皮膚発疹
奇癢殆不可忍
因至夏入下谷医院
受日耳曼医穵児尼韮氏治
及秋遊浴伊豆熱海温泉
入冬而還
更乞治東洋佐々木氏

僕風湿を患ひて既に二十年
昨春来更に一症を発し
肝臓時々激しく痛み
食機は振わず
精神は沈鬱し
皮膚は発疹し
奇癢殆ど忍ぶべからず
因りて夏に至りて下谷医院に入り
日耳曼《ゼルマン》医、穵児尼韮《ウイルニヒ》氏の治を受く
秋に及んで伊豆熱海の温泉に遊浴し
冬に入りて還る
更に治を東洋佐々木氏に乞ひ

前後調摂尽力
雖病患増進之勢似得遏止
而至於確然全癒之功
則茫不可期
不能読書
不能飲酒
探花吟月
訪友接客
皆不得如意
仰臥一室
苦悶之外
無復他事
惟自憫笑耳

前後調摂に力を尽くす
病患増進の勢を遏止《あっし》するを得たるに似たりと雖も
確然たる全癒の功に至りては
則ち茫として期すべからず
読を書む能わず
酒を飲む能わず
花を探し月を吟じ
友を訪ね客に接す
皆意の如くを得ず
一室に仰臥《ぎょうが》し
苦悶の外
復他事なし
惟だ自らを憫笑《びんしょう》するのみ

【意訳】私は、風湿（リウマチ）を患って、すでに二〇年。昨年の春、更にもう一つの病状があらわれた。肝臓が時々激しく痛み、食欲はなく、精神的に気分は沈み、鬱《ふさ》ぎ込でいる。皮膚に発疹し、その尋常でない痒みにはとても耐えきれない。夏に至って下谷医院に入院し、ドイツ人医師（日耳曼《ゼルマン》医、窔児尼韭《ウイルニヒ》氏）の治療を受けた。秋には伊豆熱海に温泉療養に出かけ、冬に入って東京に戻った。東京では名医の佐々木東洋氏に治療を頼み、体調の健康保持に心を配って頑張った。病状が悪化するのを食い止めることができたかにみえたが、はたして病気が全快するかどうかは、漠然としていて期待はできない。読を書むことができず、酒を飲むこともできない。花を探し求めて月を吟じ、友を訪ねたり来客に接したりしたいと思うが、何もかもが思い通りにならない。一室に仰向けに寝て、苦しみ悶《もだ》えること以外、他のことは何もできない。ただ自らを憐れんで笑うのみである。

書簡史料③：明治六年一月四日付「三島億二郎宛」

高知から東京に戻った虎三郎が、歴史教科書『小学国史』（全一二巻）を編輯し、その第一巻が明治六年（一八七三）四月に刊行される。この書簡は、その年の正月に出されたものである。文中に「例の胸患チト不宜候」とあるが、後述するように甥の東京大学医学部教授が晩年の虎三郎の病状に関して「軽症の結核」と記していることから、結核（結核菌感染による感染症疾患）の症状ではないかと推察される。[39]

此地発足迄の小生況状は定て御承知被成下候事と奉存候。其後少々感冒仕以来、例の胸患チト不宜候へ共、為差事にも無之候間、御過念被下間布候。[40]

書簡史料④：明治七年三月四日付「三島億二郎宛」

前述のごとくに虎三郎は、この書簡の前年に自ら編輯した『小学国史』の刊行を開始する。最終巻が出て完結するのは、この書簡を執筆した後の同年七月以後のことであった。さらに同じ七年に、虎三郎は、引き続き漢書『大徳国学校論略』に訓点を施し、その序文を同年七月に書き上げ、十月には『徳国学校論略』（上下二冊）と題して明治初期の日本に翻刻紹介している。

戊辰戦後に「米百俵」の美談が誕生した後、郷里長岡を離れて上京した明治四年以降、四十代後半の最晩年に当たる数年間は、虎三郎が最も活発に学究的活動を展開し、後世に残る作品の数々を創作した時期であった。

だが、そのような虎三郎のめざましい活動は、次の書簡中に「例の骨接痺痛、加ふに熱気之れ有り」と記されている通り、長年にわたる不治の病である「風湿」(リウマチ)と対峙して、心身を蝕む過酷な症状に耐えながら展開された必死の活動であったのである。

小生も新年来此地(東京)例外の雪寒の為に畏縮勝に過ぎ、去月下旬より稍温暖を催し候に付、出掛、屡々遠近の知音を訪などいたし候内、本月十日前の再返り審さに中《あて》られ、例の骨節痺痛、加ふに熱気有之、夫も苦悩の間も暫くにて、追々宜しく候に付、頃日試に酒を用見候処、又々中《あて》られ、発熱いたし、三四日臥養候へ共、未だ宜しき場合に至らず、困却罷在候。乍去多分不遠可宜と考候間、御過慮被下間布候。[41]

書簡史料⑤：明治九年十二月十九日付「三島億二郎宛」

次の書簡は、虎三郎が他界する前年の明治九年(一八七六)、四十九歳のときのものである。すでに病状は相当に悪化し、東京在住の外国人医師(御雇外国人のドイツ人医師や内科学の権威である佐々木東洋)などの名医から治療を受けながら、必死の療養生活を送っていた。

このときの彼は、長年の持病である「風湿」(リウマチ)の他に、肝臓病(肝硬変)を併発し、肝臓疾患に特有の症状と思われる「黄疸《おうだん》」(jaundice, 全身の皮膚・粘膜が黄色調に変化)に苦しんでいたのである。[42]

書簡の中に彼が併発した病名が「チルロース」と記されているが、それは、当時はまだ日本語の訳がなかった「肝硬変」(cirrhosis)のことと思われる。[43] その病気の自覚症状は、脱力感、掻痒感、筋肉痛、体重減少などである。病状が進行すると、さらなる合併症を誘発し様々な症状を呈することになる。腹水による腹部の膨満感やむくみ、消化管の静脈瘤の破綻による吐下血、脳症による意識障害・昏睡、食欲不振・悪心・嘔吐などである。

二〇年にわたる持病(リウマチ)の他に肝硬変など、幾つもの病気を併発して、苦痛に満ちた症状の数々は実に耐え難く、心身共に病んで疲労困憊、精神的にも深い沈鬱の状態に陥っていたことが、書簡中に切々と綴られている。

小生事春来図らずも一個の悪症を得候。最初尋常の黄疸《おうだん》の心得に候処、左に無之、肝臓の慢性激衝し、一種の「チルロース」と申疾《やまい》にて世間稀少の痍（ママ）故、此方には未だ訳名も無之位候。乍去幸に療治手後れに成不申候故、先は維持いたし居候。但、何分難症故ウイルニヒ氏の治療も久しく受け、その后熱海遊浴もいたし候へ共、爾今全快の目途不相立、佐々木東洋氏の治を受候に、斯人も請合て治するとも不申、大部永く相成、随分困却罷在候。併夏頃に比すれば精神沈鬱《ちんうつ》し病症稍薄く相成候間、御過念被下間布候。(44)

書簡史料⑥：明治十年七月付「北沢子進宛」

この書簡は、明治十年（一八七七）七月に執筆したもので、虎三郎が病没する二ヶ月前のものである。彼は、この月の中旬から群馬県の伊香保温泉に病気療養の湯治に出かけていた。療養先の伊香保で、象山塾の後輩で生涯の畏友であった信州松代藩出身の北沢正誠（子進）宛に書いた書簡である。

当時、虎三郎は、肝臓疾患（肝硬変）の症状である皮膚病が悪化して苦悩し、何事にも意欲が湧かずに絶望的な日々を送っていた。耐え難い苦痛に懊悩する心境が端的に述べられている。(45)

僕四月来
皮膚奇癢益甚
殆不可忍
抛棄百事
唯苦悶耳

僕四月来
皮膚奇癢益々甚しく
殆ど忍ぶべからず
百事を抛棄《ほうき》して
唯々苦悶するのみ

【意訳】私は、四月以来、皮膚の尋常でない痒みがますます甚だしくなり、殆ど耐えきれず、色々なことを投げ捨て、ただ苦しみ悶《もだ》えるのみです。

書簡史料⑦：明治十年八月十八日付「北沢子進宛」

この書簡は、死去する一週間前のもので、絶筆に近い(46)。彼は、前月（明治十年七月、一八七七）から病気療養で群馬県伊香保温泉に逗留していた。すでに東京の名医たちの治療も万策尽き、温泉療養で病状を和らげるしかない日々を送っていた。そして、この書簡から一週間後の同年八月二十四日、病状が急変し、急ぎ東京向島の実弟雄七郎宅に戻った。しかし病状は好転せず、その日の内に逝去した。享年五十の悲運な一期であった。

なお、虎三郎が服薬していた薬が、書簡中に「規尼《きにい》」と明記されている。「規尼」とはオランダ語「kinie」の漢字表記で、現代の薬名では「キニーネ」(quinine)といい、「キナ」(アカネ科の常緑高木)の樹皮から抽出した「アルカロイド」の解熱剤で、主としてマラリアの治療薬として用いられる薬であった(47)。

僕浴泉三週日
昨年来諸患大減退
頗以為喜
何料旧患風湿忽発
臥蓐《がじょく》十余日
猶不得起
無聊不可言
但頼医士診

僕浴泉三週の日
昨年来の諸患大いに減退す
頗る以て喜と為す
何ぞ料らん旧患の湿風忽ち発して
臥蓐《がじょく》十余日
猶起きるを得ず
無聊《ぶりょう》言ふべからず
但医士の診を頼み

服規尼此薬

規尼《きにい》を服するのみ

【意訳】私は、伊香保温泉にきて温泉療養をはじめて三週間が過ぎた。昨年来、幾つもの疾患の症状が和らいだので、非常に喜ばしく思っていた。ところが、あにはからんや、予期せぬ古い疾患の「風湿」（リゥマチ）が突然再発し発熱してしまった。寝込んでから十数日になるが、なお起きることができない。退屈などと言えるわけもない。ただ医師の診療に頼り、「規尼《きにい》」という解熱剤を服用するのみである。

第六節　星新一『祖父・小金井良精の記』に記された病状

虎三郎の実妹（幸）の次男は、東京大学医学部教授の小金井良精である。その彼の娘の長男、すなわち良精の孫が、掌編小説（ショートショート）の神様と呼ばれた人気作家の星新一（一九二六〜一九九七）であった（三三五頁参照）。幼少期を東京本郷の良精宅で過ごして育った星は、祖父を偲んで伝記『祖父・小金井良精の記』を出版した。そこには、祖父が最も敬慕してやまなかった虎三郎が他界する前後の病状について、次のように記されている。

病翁・小林虎三郎は伊香保温泉で療養していたが、高熱の症状があらわれた。ただちに東京向島の雄七郎の家に帰ったが、手当のかいなく八月二四日に死亡。五十歳だった。良精はその最後を看病できず、残念だったにちがいない。(48)

なお、『祖父・小金井良精の記』に引用された「小金井良精日記」には、良精が自ら書き記したという虎三郎の最期の様子が、次のように記されている。

明治十年（二十歳）

六月より、教授ランガルト氏が薬剤学を、ベルツ氏が内科各論を教授す。夏に帰郷す。家族はみな栃堀村（現、新潟県栃尾市栃堀）にあり。兄君（権三郎）は西南の役にて出京の際なり。在郷中に病翁様、死去さる。(49)

幼少時から愛育を受けた伯父の虎三郎が他界したとき、良精は、まだ東京大学医学部の学生であった。大学が夏季休暇中だったので、彼は郷里新潟の実家に帰省していた。それ故、彼は虎三郎の臨終に立ち合うことができなかったのである。伯父である虎三郎は、彼が、西洋医学の道に進む際にも、進路選択の相談相手となり、医学校入学に際しては関係筋に紹介の労を取ってくれた人生の大恩人であった。

特に上京後の経済的支援を含めた後見人に、象山塾の後輩で畏友の小松彰（信州松本藩出身）とその実弟（精一、良精の最初の妻の実父）を充ててくれたのである。虎三郎の庇護は、物心両面で実に大きかった。虎三郎なくして東京大学医学部教授の医学者・小金井良精の誕生はありえなかったといっても決して過言ではない。

虎三郎が二十代の半ばに発症して苦悩した病名は、「湿風」（リウマチ、風毒）であり、その後さらに肝臓疾患の「チルロース」（肝硬変）や皮膚病、ついには結核などの難病を次々と併発した。明治四年に上京した後の晩年の一時、病状は好転した。だが、回復することはなく、病状は徐々に悪化して死に至った。

作家の星新一は、東京大学医学部教授であった祖父の邸宅で生活を共にしながら成長したので、その間、折りに触れて医学者である祖父から虎三郎の病状についても聞かされていた。その星が、虎三郎の病状に関して次のように記している。

虎三郎は、じつは三男だった。しかし、幼時に天然痘にかかり、兄の二人はそれで死に、かろうじて彼だけが助かった。あばたが残り、片目を失明していた。そのうえ、病身でもあった。軽症の結核とリューマチであったらしい。越後は米作地帯、多湿は豊作をもたらすが、この種の病気にはよくない。このころから病翁という号を用いはじめた。(50)

虎三郎が、江戸遊学を中断して長岡に戻り、自宅に謹慎したのは、数えで二十七歳を迎える安政元年(一八五四)の春であった。この直後に「風湿」(リウマチ)を発症して以来、彼はリウマチに特有の様々な病状に苛まれ続ける。だが彼は、必死に病苦に耐えながら、長岡藩や日本の行く末を展望して憂慮し、何事かをなそうと最期まで懊悩し続けた。

病床に伏して難病と格闘していた彼が、戊辰戦争で廃墟となった郷土長岡の復興に際しては、病身を顧みず藩の要職に就き、教育立国思想をもって復興政策を計画立案した。その象徴的な出来事が「米百俵」の美談であった。しかし彼は、その後の廃藩置県による長岡藩の終焉を機に、病気療養を理由に長岡を去って上京する。東京で最先端の西洋医学の治療を受け、快癒し復活したいという思いは、彼の本音であったと思われる。それ故、病気療養は、郷里長岡を離れて上京するための方便などでは決してなかったということである。

だが、上京後の虎三郎は、明治十年(一八七七)に病没するまでの数年間に、傍目には病魔を撃退したかのように猛然と学究活動を展開し、日本近代化に関わる様々な著作を相次いで刊行した。しかし、病状は悪化の一途を辿っていったのである。

彼の病気と病状の実態を知るとき、彼が展開した活動とその具体的な成果は、奇跡の産物と思われるほどである。病魔と格闘しながら、生まれてきた証として何事かをなそうと最期まで苦悩した彼の人生は、常に永遠なる天と対峙して己の天命を問い、天に恥じなく己を全うせんとして生きた、実に壮絶な一期であった。

【注】

(1)佐久間象山が生涯を賭して探究し実践した学問思想は、「東洋道徳・西洋芸術」という象徴的な言辞に集約される。尊皇攘夷が叫ばれる幕末期にあって、東西両洋の学問文化は、長く矛盾し対立する関係で捉えられていた。だが、朱子学者をもって任じる彼は、人間界も自然界も、共に万物を貫く宇宙の真理によって貫徹されているという、真理の一元的な普遍性に対する学問的信念に立脚していた。それ故に彼は、「宇宙間に実理二無し」と喝破し、東西両洋の学問を止揚し統一した日本人の向かうべき新たな実利有用の学問思想の構築を目指した。すなわち「漢土聖賢の道徳仁義の教を以て是が経とし、西洋芸術諸科の学を以て是が緯」とする「東洋道徳・西洋芸術」という新たな学問観、思想観であった。

彼は、「東洋道徳」と「西洋芸術」との相互連関を、「泰西の学は芸術なり、孔子の教は道徳なり。道徳は譬えば則ち食なり、芸術は譬えば則ち菜肉なり。菜肉は以て食気を助くべし。孰れか菜肉を以てその味を損ふべしといふか。」(安政四年春「孔子夫の画像に題す」、信濃教育会編、増訂『象山全集』第二巻「文稿」、同巻七七－七八頁。以下、『象山全集』と略記)と表現した。人間の存在に不可欠な食事を構成する「食(東洋道徳)」と「菜肉(西洋芸術)」とは、偏りのない相互補完的な関係にあるという表現は、誠に要をえた比喩的説明である。

象山は徹底した現実主義者であった。現実を直視して分析し、考察した結果、そこに克服すべき課題があれば、それを従来の法制や学問の枠組を超えて解決しようと挑んだ。また、東洋の弁証法ともいうべき『易経』の深遠な理論に精通していた彼は、日本人の主体性を如何に担保するかという幕末期日本のおかれた現実的な視座から、東洋と西洋を相対化して比較考察し、現実問題の解決に資する実理有用性という学問探究の根本原理から東西両洋の学術文化を止揚し統合する、日本の新しい学問観を構想しようとしたのである。

象山は、人間存在の意味や価値に関わる「道徳」の理解や実践において、東洋社会は西洋社会に決して劣るものではない。いな、アヘン戦争に看取される西洋社会の弱肉強食を原理とする植民地獲得の姿は、倫理道徳なき悪魔の所業である、と西洋列強の本質を喝破していた(「道徳仁義を弁へぬ夷狄《いてき》の事にて唯利にのみ賢く候得ば、一旦兵を構へ候方己れの利潤と相成り申す可しと見込候はゞ聊か我に怨なくとも如何様の暴虐をも仕申すべく候」、『象山全集』第二巻に所収の「上書」、同巻二九頁)。

だが彼は、西洋を全否定し排除しようとしたわけではなかった。西洋列強の世界進出を可能ならしめている強大な軍事科学を生み出している「西洋芸術」、すなわち科学技術とそれを支えている数理科学を基本とする精緻な学問、この絶対的な西洋学問の優位性を冷静に認識し、これを積極的に受容しなければ、日本という国家民族の明日はない。そう、象山は考え門人たちに説いたのである。

だが、明治以降、西周（一八二九〜一八九七、明治期の官僚派啓蒙思想家）をはじめとする多くの洋学者たちは、西洋流の学問的な概念や範疇をもって、象山思想「東洋道徳・西洋芸術」の内在する論理的な不整合性を指摘し、人間界（心理）と自然界（物理）を貫く真理を弁別しえない接ぎ木の思想、すなわち折衷思想であると批判してきた。しかしながら、象山が生きたのは、内外共に危機的状況に覆われた幕末動乱の時代であった。そこでは、論理的な整合性よりも問題解決への現実的な有効性が求められたのである。

後に家永三郎（一九一三〜二〇〇二、東京教育大学名誉教授）は、欧米の外来文化を摂取する日本側の主体的条件を無視した近代化研究を批判をしたが、それは至極当然のことであった（家永三郎『外来文化摂取史論』、初版は一九四六年、一九七四年に青史社から復刻）。

象山研究を含めた日本の近代化研究は、欧米先進諸国の学問文化を受容する日本側の歴史的条件、すなわち主体性を捨象して、欧米側の近代化理論の尺度をもって計測し把捉しようとしてきた。今、改めて象山が提唱し実践した「東洋道徳・西洋芸術」という思想の、日本近代化にはたした歴史的意義の再吟味が求められる所以である。〈坂本保富「日本近代化と佐久間象山—『東洋道徳・西洋芸術』思想の教育的展開—」（アジア文化研究学会『アジア文化フォーラム』第一一号、二〇〇八年などを参照）。

（2）円城寺清著、京口元吉校註『明治史資料　大隈伯昔日譚』（富山房百科文庫版、一九二四年）、三三〇—三三一頁。

（3）国家存亡の危機的状況の中で象山の謦咳に接した青少年たちは、迷い悩める自己の存在を揺さぶられ、人生を左右するほどに衝撃的な感化を受けた。その具体的な事例として、門人ではないが、明治維新後の日本近代化過程で陸軍軍医総監や日本赤十字社社長などの国家的要職を歴任した石黒忠悳《ただのり》（一八四五〜一九四一）を挙げることができる。

彼は、幕末維新期の錚錚たる人物、例えば江川坦庵、佐藤一斎、三条実美、岩倉具視、西郷隆盛、木戸孝允、大久保利通、勝海舟など面識をもった、近代日本における西洋医学の先駆者であり重鎮であった。その彼が、幕末期に西洋嫌いの無知蒙昧な攘夷論者から覚醒して、西洋医学の研鑽に向かう転機となったのは、実に象山との出会いであった。彼は、文久元年（一八六一）、いまだ成人前の若き日に、信州松代に蟄居中の象山を訪ねて教えを請うた。この無名の青年に対して、象山は、己の獲得した西洋日新の学問文化を披瀝し、国事多難な日本の状況や外国の事情、経済問題や兵制改革など、幕末日本が直面する様々な難題につき夜を徹して個人教授し、「東洋道徳・西洋芸術」という己の思想世界を開陳した。それは、たった三日間のことであった。だが、石黒が象山から受けた衝撃は、彼の人生観が逆転するほどに大きかったのである。

象山が存命中に入門できなかった石黒は、平田篤胤（一七七六〜一八四三）が本居宣長（一七三〇〜一八〇一）に対して「死後の門人」と称した先例に倣い、「われまた先生に対して死後の門人たらんことを願う」（石黒忠悳『懐旧九十年』東京博文館、一九三六年。引用は岩波文庫版、一一五頁）とまで述べている。晩年の石黒は、幕末維新期に己が邂逅した偉人と称せられる人々を回顧し、改めて象山という人物の思想的な感化力の偉大さを再認識して、次のように述べている。

「私の見た限りにおいて、その見識の雄大さ明達にして、一言一句、私の脳中に沁み入んで永く忘れることの出来ないのは、佐久間先生であります。吉田松陰でも、橋本左内でも、象山先生によって大なる感化を受けたことと思います。」

（同上『懐旧九十年』、一一三頁）

（4）坂本保富「門人帳資料『訂正及門録』からみた象山塾の入門者」（日本歴史学会編『日本歴史』第五〇六号、一九九〇年七月）を参照。象山塾門人を窺い知る重要な門人帳資料として「訂正及門録」（『象山全集』第五巻に収録）がある。だが、同資料には問題点が多い。象山塾門人帳資料としての同資料の明治以降における理解と使用のされ方を中心とした象山研究史上の問題点については、坂本保富「象山研究史上の問題点（上）（下）」（信濃教育会編『信濃教育』第一二二九、一二三〇の各号）を参照されたい。

（5）坂本保富「象山における儒学理解への前提と特質―幕末期における儒学的洋学受容論成立への主体形成―」（筑波大学教育学研究集録』第二集、一九七九年）、同じく前掲の坂本保富「日本近代化と佐久間象山―『東洋道徳・西洋芸術』思想の教育的展開―」を参照されたい。

（6）象山門人たちが幕末維新期に描いた人生の軌跡は、実に様々であった。倒幕運動に挺身した人物としては吉田松陰（一八三〇～一八五九）や坂本龍馬（一八三五～一八六七）、宮部鼎蔵（一八二〇～一八六四）などがおり、また橋本左内（一八三四～一八五九）は明治維新前の安政大獄（一八五九年）で処刑された。主として洋学についての学力をかわれ、幕府や維新政府に登用され中央で活躍した人物としては、市川兼宮（兼恭、一八一八～一八九九、広島藩出身、幕府開成所教授、東京学士院会員）、武田斐三郎（成章《なりあき》、一八二七～一八八〇、伊予大州藩出身、幕府開成所教授、維新後は陸軍大佐兼兵学大教授）、木村軍太郎（一八二七～一八六二、佐倉藩出身、幕府の天文台訳員や蕃書調所教授手伝などを歴任）、村上代三郎（大三郎、一八二三～一八八二、姫路藩出身、幕府の講武所師範）、高畠五郎（一八二五～一八八四、徳島藩出身、幕府の蕃書調所教授手伝、維新後は元老院議官）、子安銕五郎（峻、一八三六～一八九八、大垣藩出身、幕府の蕃書調所教授手伝）、勝麟太郎（海舟、一八二三～一八九九、旗本、幕府の講武所教授方砲術頭取や蕃書調所頭取、海軍伝習生監督などを歴任、維新後は外務大丞、海軍大丞、兵部大丞、参議兼海軍卿など明治政府の高官を歴任）、蟻川直方（賢之助、一九三二～一八九一、松代藩出身、幕府の講武所教授や洋銃隊取調掛を歴任、維新後は兵部省権大丞）、加藤弘之（一八三六～一九一六、出石藩、幕府の蕃書調所教授手伝、維新後は大学大丞、文部大丞、外務大丞などを歴任して帝国大学総長に就任。貴族院議員）、津田真道（一八二九～一九〇三、津山藩出身、幕府の蕃書調所教授手伝、維新後は新政府の司法省に出仕。外務権大丞、元老院議官、初代衆議院副議長などを歴任）、西村茂樹（一八二八～一九〇二、佐倉藩出身、藩大参事、維新後は文部大丞、宮中顧問官、家族女学校長などを歴任。民間にあっては日本弘道会前身の東京修身社を創設。貴族院議員）、大島貞薫（万兵衛、一八〇六～一八八八、出石藩出身、東京兵学寮教授、兵学侍講）などがいた。

なお、前述の子安銕五郎（峻、大垣藩出身）は、「明治三年、子安峻柴田昌吉等の諸氏相謀り、上海より活字及器械等を買ひ、横浜元弁天町に日就社を設立し、続いて英和辞書を刊行せり。これ本邦に於いて英和辞書を印刷したる始めなり」（『読売新聞の沿革』）と記されるがごとく、日本における英和辞書刊行の先駆者となり、さらに「読売新聞社」の前身となる活版印刷の新聞社を創設して日本の新聞界における先駆者となった人物である（「内外新聞人列伝子安峻」、『新聞研究』一二〇号所収）、一九五二年を参照）。

さらに地味ではあるが、幕末維新期に地方で活躍した人物が多く、その代表的人物を挙げれば、長岡藩の三島億二郎（藩大参事）を筆頭に、松前藩の下国殿母（一八二六〜一八九三、藩大参事）、会津藩の山本覚馬（一八二八〜一八九二、同志社の創設、京都府議会議長）、大垣藩の小原鉄心（仁兵衛、一八一七〜一八七二、藩大参事、越前本保県知事）や佐竹五郎（一八二三〜一八六八、藩の軍制改革に西洋兵制を導入して尽力）、松本藩の小松彰（一八一九〜一八八八、維新後は岡山県判事、大学大丞、生野県知事、豊岡県令等を歴任。下野した後は、東京株式取引所を創設して初代頭取に就任し、さらに両毛鉄道会社や東京米商会社を創設して取締役を兼務するなど民間で活躍）や岡無理弥（一八一九〜一八八八、藩の軍事奉行）、上田藩の八木剛助（一八〇一〜一八七二、藩の学問所教授、砲術師範、維新後は宮内少丞、権大書記官、大書記官などを歴任）や山田貫兵衛（一八一三〜一八七二、藩に西洋兵制砲術を導入、維新後は政府の小参事及宣教師などを歴任）、紀州田辺藩の柏木兵衛（藩に西洋砲術を導入した軍事改革の先駆者）、越前大野藩の広田憲寛（一八一八〜一八八八、藩校明倫館教授、維新後は小学校教員）や内山隆左（一八一二〜一八六四、藩の富国強兵策を実施、蝦夷地総督として北海道開拓を担当）、長州藩の軍司覚之進（一八二九〜一九〇二、藩への西洋砲術導入の立役者）や白井小助（一八二六〜一九〇二、奇兵隊編成の参謀、明治元年には討幕軍参謀として北越に参戦）、高知藩の樋口真吉（一八一五〜一八七〇、土佐幡多郡郷士の出身で地元で家塾を開き多数の門人を育成。土佐西部勤王党首領、戊辰戦争時には政府軍の小監察・軍裁判役）など、全国名地で地域の近代化に活躍した門人は枚挙に暇がない。

なお、象山の門人帳資料に記載されてはいないが、地元の信州には象山門人が数多く存在した。彼ら信州の象山門人たちの日本近代化に関わる中央、地方での活動展開については、後日、別稿（仮題『日本近代化と信州の象山門人たちの軌跡』）にて紹介する予定である。(7)経世済民の才に長けた河井に比べて、同じ象山塾の門人であった小林虎三郎や三島億二郎は実に対照的であった。両者は、極めて地味で誠実一路の学究的な存在であり、著名な門人の多い象山塾にあっては隠れた存在であった。三島に関しては、昭和初期から地元研究者の努力によって、戦後長岡の復興と近代化に向けて彼が企画し推進した数々の復興事業の全容が解明された。三島に関する研究成果の代表は、何と言っても地元長岡の研究者であった今泉省三の『三島億二郎伝』（覚張書店、一九五七年）である。

虎三郎の人と思想あるいは行動に関しては、彼が没してから十余年の後に、甥の小金井権三郎と良精の兄弟が遺稿集を編み、同じ象山門下の勝海舟の「題詞」、畏友の北沢正誠の「序」をもって『求志洞遺稿』と名付けられ、明治二十六年（一八九三）に刊行された。これが、以後の虎三郎研究の原典史料となったものである。その後も、地元長岡で松下哲蔵『小林病翁伝』（越佐新報社、一九三〇年）をはじめ、幾冊かの論考が刊行された。

だが、現地調査を踏まえて虎三郎に関する本格的な資料の蒐集分析を試み、その全体像を初めて明らかにしたのは、作家の山本有三（一八八七〜一九七四）であった。

彼は、丹念な資料調査を踏まえた上で、戦時中の昭和十八年（一九四三）に戯曲『米百俵』（新潮社）を刊行した（原作の表題には、『米・百俵』と「中黒」が入っていたが、本書では、これを全て削除した）。同書は、単なる文学作品ではなく、山本が渾身の力を注いだ研究成果の結晶である。確かに同書には、戯曲「米百俵」が収められていた。だが、それだけではなかった。同書には学術的レベルでの詳細な「注」と論文「隠れたる先覚者　小林虎三郎」、および長文の「そえがき」が付されていた。すなわち山本の作品『米百俵』は、戯曲を含む数編の論攷で全体が構成されていたのである。したがって、有三の『米百俵』は、美談として単純化され美化された戯曲「米百俵」をみるだけでは不十分、というよりは誤解してしまうことになる。

文豪であり独文学の研究者でもあった山本有三の極めて研究的な業績『米百俵』によって、吉田松陰と共に幕末期の開明的な思想家であった象山門人の双璧と称された虎三郎は、歴史的な美談「米百俵」の主人公として、一躍、その存在が内外に知られるところとなった。この山本の作品は、昭和五十年(一九七五)に多くの関係資料を付して、地元の長岡市から新たに『米百俵　小林虎三郎の思想』として復刻された。また昭和の戦後には、地元研究者を中心とする論稿も散見されるようになった。だが、そのほとんどが、虎三郎の全生涯からみれば、単なる教育的軌跡の一断面に過ぎない救援米「米百俵」による学校建設という歴史的美談の穿鑿に終始し、彼の学問思想の全体像を解明しようとするものではなかった。

平成に入って間もなく、松本健一は、月刊雑誌『正論』(産経新聞社刊)に、虎三郎に関する評伝的作品「われに万古の心あり—小林虎三郎と近代日本」を連載した(平成元年十一月号から同三年四月号までの一八回)。この連載は、後に単行本にまとめられ、『われに万古の心あり—幕末藩士　小林虎三郎』(新潮社、一九九二年)として刊行された。同書は、山本有三の業績以来の本格的な研究成果として注目される。この評伝的研究において松本は、虎三郎に関する調査を踏まえた上で、極めて現代的な、しかも政治的な問題意識をもって、虎三郎を「明治のパトリオット(愛国者)」として把捉し、その視座から彼の生涯を主体的に読み解こうとした。だが、幕末維新期の日本近代化過程に、己自身の教育的な思想世界から関わろうとした虎三郎の生涯は、たとえ彼の思想的な基盤と思惟とが政治と教育を直結させる政教一致の儒学思想にあったとしても、それは単なる政治史的な視座からではとても解読し尽くせるものではない。それ故にか、松本の叙述や解釈には、事実の誤認や解釈の誤謬が幾つも散見される。筆者は、松本の果敢な挑戦の成果を高く評価する。だが、今後の虎三郎研究の進展のためにも、敬愛する同郷の山本有三『米百俵』の場合と同様に、本書の論述においては、必要に応じて松本の「米百俵」理解の問題点を指摘し検討していくこととする。

(8)林子平「父兄訓」の全文は『日本教育文庫』(日本図書センター復刻版、一九七七年)の「訓戒篇上」に収載。引用文は同書六七五—六七六頁。

(9)外甥、小金井権三郎編「小林寒翠翁略伝」(前掲『求志洞遺稿』所収)には、「幼より厳父の庭訓を受け(自幼受厳父庭訓)」と記されている。

なお、本書における『求志洞遺稿』所収の漢文史料の解読に関しては、虎三郎関係史料をはじめとする地元長岡の漢学史料の解読に尽力された漢学者の小林安治(一八九五〜一九九二、元新潟県立長岡高校教諭)の労作『国訳・略注　小林虎三郎の求志洞遺稿』(長岡市史双書第三四巻、一九九五年)の読み下し文を参照させていただいた。以下も同様である。先学の学恩に深謝する次第である。

(10)小金井権三郎編「小林寒翠翁略伝」(前掲『求志洞遺稿』、一丁表)には、虎三郎の父親である又兵衛に関して、次のように記されている。

「父は小林又兵衛と曰ふ。誠斎又は厳松と号す。禄百石を食む。騎馬の士なり。学を好んで該博。又詩文を善くす。人と為り英邁不群、衆の畏敬する所なり。天保年間、新潟奉行を勤む。偶々蒲原郡の村民暴挙に会ふ。又兵衛単身槍を提げ、馬を馳せて到り、直に魁首を説諭し、遂に之を鎮撫す。衆皆其の胆力に驚く。後に世子の伝となり、江戸の邸に移る。居ること歳余。職を罷めて帰国す。」

なお、上記の原漢文は次の通りである。

「父曰小林又兵衛。号誠斎又厳松。食禄百石。為騎馬士。好学該博。又善詩文。為人英邁不群。為衆所畏敬。天保年間。勤新潟奉行。偶会蒲原郡村民暴挙。又兵衛単身提槍。馳馬而到。直説諭魁首。遂鎮撫之。衆皆驚其胆力。後為世子之伝。移江戸邸。居歳余。罷職帰国。」

(11)虎三郎の家族に関しては、今泉省三『長岡の歴史』第六巻(野島出版、一九六二年)、一八三―一八四頁を参照。

(12)前掲「小林寒翠翁略伝」には、「幼より厳父の庭訓を受け、後、藩儒高野某に就いて学ぶ。又、山田某の教を受く。」(原漢文は「自幼受厳父庭訓。後就藩儒高野某学。又受山田某教。」)と記述されている。

(13)長岡藩儒の高野松陰(一八一一〜一八四九)、名は正則、通称は虎太、松陰は号。頭脳明晰につき藩より江戸遊学を命じられ、幕府儒官の佐藤一斎(一七七二〜一八五九、林家学頭、幕府儒官で昌平黌教授)に入門し、五年間、学問修行。帰藩後は、藩校崇徳館の教授となり、虎三郎や三島億二郎、河井継之助など、幕末維新期に活躍する長岡の人材を育成した。

また、同じく藩儒者の山田愛之助(一八一六〜一八九六)は、名は錫、号は到処、通称は政尚、あるいは愛之助。高野松陰と共に藩選抜の江戸遊学生となり、古賀洞庵(一七八八〜一八四七、幕府儒官で昌平黌教授)に儒学(朱子学)を、伊東玄朴(一八〇〇〜一八七一、幕府の西洋医学所取締)に洋学(蘭学)を学んで帰藩した。その後は、洋儒兼学の藩校教授として虎三郎や億二郎、継之助などを教えた。

以上は、今泉省三『長岡の歴史』第六巻(野島出版、一九六二年)、『長岡歴史事典』(長岡市、二〇〇四年)その他を参照。

(14)前掲「小林寒翠翁略伝」(前掲『求志洞遺稿』、一丁表)には、「刻励勉苦、嶄然《ざんぜん》として頭角を見《あら》はす。衆みな常人を以て対せず。時に年十七八。藩主命じて藩校崇徳館の助教と為す。館は長岡藩校なり。」(原漢文は「刻励勉苦。嶄然見頭角。衆僉不以常人対。時年十七八。藩主命為崇徳館助教。館長岡藩校也。」)とある。

(15)『長岡市史』の「資料編三」(一九九四年)、六四二頁。原漢文は「凡掌授初学句読。要義理分明音韻雅正。教育人才之本根。全在此職。」

(16)「十代忠雅が老中の要職について外交事務に参与した時、海外知識の必要を感じて有為の藩士を江戸、長崎に留学せしめ、儒学の外に洋学をも修めさせた。」(蒲原拓三『長岡藩史話』、歴史図書社、一九八〇年、一六九頁)。なお、牧野備前守忠雅の履歴、特に老中在任中の思想と行動については、同『長岡藩史話』(五七―五九頁)、および坂本辰之助『牧野家家史』(歴史図書社、一九八〇年、七五―八〇頁)を参照。

(17)伊東玄朴が江戸に開いた医学系洋学塾「象先堂」の「門人姓名録」(伊東栄『伊東玄朴伝』所収、玄文社、一九一六年)には、長岡藩からの入門者として山田愛之助(弘化二年九月)を筆頭に、菅沼幾太郎(嘉永四年二月、後に象山塾へ移動入門)、内藤信斎(嘉永七年閏月)、桑原誠斎(安政二年三月)、風間海斎(元治元年八月)の五名を確認することができる。

(18)前掲『長岡藩史話』、一九五―一九六頁。

(19)緒方洪庵が大阪に開いた医学系洋学塾「適塾」の門人録「姓名録」(緒方富雄『緒方洪庵伝』所収、岩波書店、一九六三年)には、長岡藩からの入門者として小山良長(嘉永五年)、小林準碩(同)、小林誠卿、(嘉永六年)、吉見雲台(同)、梛原鎌秀(文久四年)の五名を確認することができる。

(20)象山塾の門人帳資料『訂正及門録』(『象山全集』第五巻、一九三五年)の歴史資料としての妥当性については、前述のごとく筆者は、同資料が内在する種々の問題点について様々な角度から検討を加え、詳細に吟味した。その研究成果が前掲の拙稿「象山研究史上の問題点(上)(下)」であり、さらにその内容分析からみた入門者の実態を解明した論考が、日本歴史学会編『日本歴史』第五〇六号に所収の拙稿「門人帳資料『訂正及門録』からみた象山塾の入門者」である。

(21)渡邊慶一「佐久間象山と越後」(信濃史学会『信濃』第二一巻第一号に収載、一九六九年一月)では、資料的な根拠が全く示されずに、長岡藩における「象山の砲術の門人」として「小林虎三郎、河井継之助、道家良助、川島鋭次郎、生田彦次郎、稲垣与一、萩原柔進、菅原幾三郎」の八名を列挙している。だが、そこには明白な誤認ある。すなわち「道家良助」は長州藩士の「道家竜介」(一八〇〇～一八六九、三百石、砲術掛や御旗奉行を歴任し奥番頭格の重臣)で、象山塾の門人帳資料「訂正及門録」の嘉永五年の項に、長州藩の軍司覚之進と同時に入門したことが記されている。道家については、同郷同門の吉田松陰の書簡史料に「道家隆介宛」があり、そこには象山塾での様子が記されている(大和書房版『吉田松陰全集』第七巻、一九七二年、一六二頁)。さらに「訂正及門録」同資料では、「菅原幾三郎」は「菅沼幾三郎」とある。また、「生田彦次郎」の入門は、「訂正及門録」において確認することができない。

(22)前掲「訂正及門録」には、嘉永四年の項に「川島鋭次郎」、同六年の項に「河島永次郎」と記載されているが、これら両名は明らかに明治維新後に「川島」から「三島」に改姓した「三島億二郎」を指すものであり、「訂正及門録」における複数の記載は、同一人物の重記と考えられる。

なお、象山門人資料「訂正及門録」に関して、なぜ、幾人もの同一人物の重記が生じたのかという問題に関しても、前掲の拙稿「象山研究史上の問題点(上)」で詳細に検討している故、同論文を参照されたい。

(23)象山の越後行きの経緯、また、その折りの虎三郎の父親である小林誠斎との出会いについては、宮本仲『佐久間象山』(岩波書店、一九三二年)には、次のように記されている。

「天保九年閏四月、先生は藩の内用を帯びて越後国に遊んだ。此行、新潟、水原、新発田に至り、転じて弥彦、柏崎、今町、直江津を経て五月末日に松代へ帰った。北遊稿の詩は此時の作である。蓋し北遊の使命は、越後の豪商市島氏を説いて、藩の借款を起こそうとしたものらしい。(中略)此時、長岡七万四千石の城主牧野備前守忠雅の家臣小林誠斎(通称又兵衛、文武両道に達し殊に詩文を能くせりといふ)と懇意となった。」(同上書七七―七八頁)。

(24)象山の処女論文ともいうべき「学政意見書」(正式名称は「学政意見書並びに藩老矢沢監物に呈する書」)は、最初の江戸遊学から帰藩した翌年の天保八年(一八三七)五月、つまり象山二十六歳のときに書かれたものである。このとき彼は、松代藩の「御城付月次講釈助」という役職にあった。

朱子学をもって正学とする彼は、松代藩に朱子学を振興して政道を正すべく、「治道の根本」である学校を興し、もって人材を育成し登用する重要性を主張して、学政改革のための「学政策」および「学堂規則」を建言した。そこには、朱子学者としての大成を期そうとする新進気鋭の青年学徒としての象山の夢―朱子学による理想的な藩社会の実現という学問的課題が、現実的な政治課題と密接する問題として具体的に論究されていた。

(25)小金井権三郎(一八五五～一九二五)は、虎三郎の実妹の幸(ゆき、長岡藩士小金井良達の妻)の長男。その実弟が、東京帝国大学医学部教授の小金井良精(一八五八～一九四四)であった。権三郎は、草創期の慶應義塾に学んで福沢諭吉の薫陶を受けた。卒業後は、郷里の教育界に身を投じ、美談「米百俵」に淵源をもつ阪之上小学校の校長を務めた。だが、その後は、教職を辞して上京し、恩師の福沢諭吉が創刊した新聞社「時事新報」の記者となった。さらに明治二十七年(一八九四)には、叔父の雄七郎の後を次いで、郷里の長岡選挙区から衆議院議員選挙に立候補して当選、政界の人となった。

伯父である虎三郎の十七回忌に当たる同年、権三郎は実弟の良精と共に、父親のごとき深い愛育を受けた虎三郎の遺稿を蒐集して編集し、翌二十七年四月に『求志洞遺稿』と名付けて刊行した。

(26)前掲『求志洞遺稿』所収の「小林寒翠翁略伝」(同書、一丁裏)。原漢文は以下の通りである。

「父誠斎、奉職新潟之日。邂逅象山。一面如旧。交情甚厚。且服象山博識多通議論卓越。以為託児受教者。世独有斯人耳。因乞之象山。象山許之。是以随従象山也。」(同上)。

(27)前掲、象山門人帳資料「訂正及門録」(前掲『象山全集』第五巻、七六六頁)。

(28)前掲『求志洞遺稿』所収の「小林寒翠翁略伝」、同書、一丁裏。原漢文は「初入萩原某門。後就佐久間象山学」。

(29)『長岡市史』の「通史編」上巻(長岡市、一九九六年)、六二七頁。

(30)今泉省三『長岡の歴史』第六巻(野島出版、一九七二年)、一七五―一七六頁を参照。

(31)萩原緑野(一七九五～一八五四)、字は公寵、号は静軒、敬斎など。儒学者であった父親・萩原大麓の家学を継承して江戸日本橋に私塾を開き、蘭学の大家であった杉《すぎ》田《た》成卿《せいけい》(一八一七～一八五九、杉田玄白の孫)などの門人に漢学を教授した。前掲の今泉省三『長岡の歴史』第六巻、一七五―一七六頁を参照。

(32)拙稿「佐久間象山の洋学研究とその教育的展開」(信州大学全学教育機構・教職教育部『教職研究』第五号所収、二〇一一年)。

(33)江戸時代の私塾においては、同時に複数の私塾に在学すること、あるいは他の私塾に移動入塾することなどは、学習者の自由意志に任されていた。それ故、江戸の象山塾には、長岡藩の萱沼幾三郎が伊東玄朴の象先堂(嘉永四年二月入門)を経て移動入門(嘉永六年)している。西洋軍事科学系でも、高島秋帆の西洋砲術塾から木村軍太郎(佐倉藩)や斎藤碩五郎(同)が、江川坦庵の西洋砲術塾から金児忠兵衛(松代藩)や兼松繁蔵(佐倉藩)が、象山塾に移動入門した。また、西洋医学系でも、緒方洪庵の適塾から武田斐三郎(大洲藩)や村上代三郎(姫路藩)、橋本左内(福井藩)などが、伊東玄朴の象先堂からも長岡藩の萱沼幾三郎の他に高畠五郎(徳島藩)や小寺常之助(大垣藩)が、相次いで象山塾に移り、象山の「東洋道徳・西洋芸術」思想を教育指針とする洋儒兼学の学問と思想を学んだ。

(34)(35)(36)前掲、拙稿「門人帳資料『訂正及門録』からみた象山塾の入門者」を参照。

(37)多くの場合、象山塾入門の目的が西洋砲術(兵学)の修得にあったが、その典型的な事例である津田真道については、「東京学士会院会員津田真道の伝」(『東京学士会院雑誌』(「第十五編之六」、一八九三年)を参照。なお、同様な入門動機であった加藤弘之の場合は、自ら象山塾入門についての経緯を、「先考は西洋兵学の学習を急務とせられて、そこで又佐久間象山先生の門に入らしめられた」「中津藩の横山犀蔵といふ人は甲州流の外に佐久間先生の門人となって西洋兵学をも研究して居られたので其人の紹介で始めて佐久間先生の庭に入門した」と、証言している(「象山先生につきて」、信濃教育会雑誌『信濃教育』の「佐久間先生五十年祭記念号」に所収、一九一三年)。これと同じ内容の証言が、『弘之自伝』(一九一五年)にも記載されている。

(38)幕末期日本における洋学の普及拡大という歴史的現象を、国防的動機による西洋軍事科学の学習者の急増という教育史的観点から、幕末期土佐藩史料を中心に解読分析した実証的研究の成果としては、拙著『幕末洋学教育史研究』(高知市民図書館、二〇〇四年)がある。

(39)西村茂樹「往事録」(『西村茂樹全集』第三巻、四九一―四九二頁)。

(40)象山は、天保十年(一八三九)二月の再度の江戸遊学を契機に、江戸神田の阿玉池の畔に朱子学者象山の誕生を宣言する漢学塾(玉池書院、象山書院)を開いた。だが、翌年には、象山の運命を左右する一大事件となるアヘン戦争が、隣国の清朝中国で勃発する。このアヘン戦争を機に、象山は蘭学の学習に向かい、奮闘努力の末に蘭語原書を読解できるほどにオランダ語の語学力を修得した。

彼は、嘉永三年(一八五〇)から本格的な西洋砲術の教授活動をはじめたが、早くもその年に勝海舟や坂本龍馬などが入門した。さらに翌年の嘉永四年五月には、一般には西洋砲術・西洋兵学の私塾とみなされる独立した塾舎を構えた私塾を、江戸木挽町に開設する。なお、象山がアヘン戦争を挟んで江戸に開設した二つの私塾の関係性をめぐる問題については、前掲の拙稿「象山研究史上の問題点(上)」を参照されたい。

(41)前掲、拙稿「佐久間象山の洋学研究とその教育的展開」(信州大学全学教育機構・教職教育部『教職研究』第五号所収、二〇一一年)を参照。

(42)象山自身、「砲術門人二三百人に相成候は遠からずと存じ申候（中略）況や儒業並に西洋学の門人も有之候」（前掲『象山全集』第三巻、五八五頁）と記しており、象山塾には砲術門人、儒学門人、洋学門人の三種が存在していたことがわかる。この点に関する詳細な検討は、前掲の拙稿「門人帳資料『訂正及門録』からみた象山塾の入門者」を参照されたい。

(43)門人吉田松陰の証言は、「嘉永四年十月二十三日付、叔父玉木文之進宛書簡」（前掲『吉田松陰全集』第七巻、一〇三頁）。

(44)前掲『象山全集』第四巻所収の「小林又兵衛宛書簡」（二四二頁）。

(45)同上「小林又兵衛宛書簡」、二四二頁。

(46)吉田松陰「野山獄文稿」（前掲『吉田松陰全集』第二巻、三四三頁）。昭和戦前に評論家として活躍した横山健堂（一八七二〜一九四三）は、『旧藩と人物』（大文館書店、一九二六年）で、象山門下の吉田松陰と小林虎三郎を比較した人物評を次のように記している。

「佐久間の門に二秀才あり。吉田寅次郎と長岡の小林虎三郎と也。象山門下の二虎を以て目せられる。吉田は百代に著聞し、小林は未だ人に知られず。象山つねに、吉田の胆略、小林の学識を推して稀世の器とす。嘗ていふ、天下に大事を為すべきものは義卿なるべく、六尺の弧を託すべきは炳文也と。其の子を、炳文に託して教育せしむ。炳文は則ち小林也、小林は篤厚の人、内剛、外柔、君子儒也。」

（慶應義塾福沢研究センター復刻、横山健堂『薩長土肥』、二〇〇一年、一四四頁）

(47)前掲『象山全集』第四巻に所収の「嘉永六年七月六日付、山寺源大夫宛書簡」（同書一六一頁）。

(48)前掲『吉田松陰全集』第六巻に所収の「嘉永六年六月六日付、道家龍助宛書簡」、一六一頁。

(49)天保十三年（一八四二）十一月の象山「上書」。正式名称は「感応公に上りて天下当今の要務を陳ず」（前掲『象山全集』第二巻、二五―五三頁）。

欧米列強による植民地獲得の競争が、極東アジア世界にまで侵攻する危機的状況の中で、一体、海国日本が生き残るべき緊要な方策は何か。象山は、「独《ひと》り徳川家の御栄辱《ごえいじょく》にのみ係り候義に御座無く候へば、神州闔国《こうこく》（日本）の休戚《きゅうせき》（喜憂）を共に仕り候事にて、生を此の国に受け候ものは、貴賤尊卑を限らず、如何様とも憂念仕るべき義と存じ奉り候」（同上）と述べ、徳川支配の幕藩体制を超えた国家的次元で日本の独立自存の方途を思案し、そのために幕府が緊急に実施すべき下記のような八項目の具体策を主君に「上書」した。世に言う象山の「海防八策」である。

「一、諸国海岸要害《ようがい》の所に、厳重に砲台を築き、平常大砲を備置き、緩急の用に応ずべき事。
二、和蘭貿易の銅を暫《しばら》く差止め、右の銅にて西洋製に倣《なら》ひ、数百門の大砲を鋳《い》立て、諸方へ分配すべき事。
三、西洋式の大船を作り、江戸廻米に難破船《なんぱせん》なからしむる事。
四、人選を以て海運の取締を命じ、異国との通商は勿論、海路一切の奸猾《かんかつ》を取糺《とりただ》したき事。
五、洋式の軍艦を造り、水軍の駈引《かけひき》に習熟せしむべき事。

六、各地に学校を興し教化を盛んにし、愚夫愚婦迄忠孝節義を弁ぜしむべき事。
七、賞罰を明かにし恩威竝行《ならびおこな》ひ、民心を固結せしむべき事。
八、貢士《こうし》の法を起すべき事。　」

(50)象山は、嘉永六年(一八五三)六月のペリー来航に際してもまた、幕府老中職にあった藩主真田幸貫の名をもって老中首座の阿部正弘宛に、下記のような内容の「上書」(海防十策)を建白した。

「第一、堅艦《けんかん》を新造して水軍を調練すべき事。
第二、防堵《ぼうと》(防壁)を城東に新築し相房《そうぼう》(相模房総)近海のものを改築すべき事。
第三、気鋭力強の者を募りて義会《ぎかい》を設くべき事。
第四、慶安の兵制を釐革《りかく》(改革)すべき事。
第五、砲政《ほうせい》を定めて硝田《しょうでん》を開くべき事。
第六、将材を選び警急《けいきゅう》(急変)に備ふべき事。
第七、短所を捨て長所を採り、名を措《す》てて実を挙ぐべき事。
第八、四時大砲を演習すべき事。
第九、紀綱を粛《つつし》み士気を振起すべき事。
第十、聯軍《れんぐん》(連軍)の方を以て列藩の水軍を団結すべき事。　」

(前掲『象山全集』第二巻、一二五―一二七頁)

上記の内容の大部分は、黒船が来航する十数年前のアヘン戦争勃発のときに、彼が老中海防係であった主君の真田幸貫に提言した「海防政策」の具体化であり、門人の勝海舟や坂本龍馬たちの建白書の原型となった。

(51)松陰「幽囚録」(前掲『松陰全集』第二巻、四二頁)。なお、このときの象山の主張した横浜開港説の具体的な内容は、象山自身の獄中記『省諐録』に詳述されている(前掲『象山全集』第一巻、一六―一七頁)。

(52)若月赳夫『長岡の先賢』(互尊文庫、一九四一年)、一〇二頁。

(53)同上『長岡の先賢』、一〇二頁。なお、三島に関して最も信頼できる著書は、今泉省三の労作『三島億二郎伝』(覚張書店、一九五七年)である。同書には、三島が処罰されたことについて、「一書生の身をもつて藩政を論議するのは不埒《ふらち》至極とのことで安政元年正月十九日御目付格を免ぜられ、帰藩を命ぜられた」(同書二一頁)と記されている。

(54)前掲『求志洞遺稿』の「詩」の部、三丁表。

(55)象山『省諐録』(前掲『象山全集』第一巻、一七頁)。原文は漢文で、読み下し文は岩波文庫版『省諐録』(四三―四四頁)を参照。

(56)松陰「幽囚録」(前掲『吉田松陰全集』第二巻、四頁)。

(57)『ペルリ提督日本遠征記』(弘文堂、一九三六年)の「下巻」、七〇三―七〇四頁。

(58)虎三郎は、明治四年に郷里長岡を辞して東京に上った後、小学校の歴史教科書としての大著『小学国史』(全一二巻)を独力で編纂し、同六年から翌七年にかけて刊行した。この著作活動は、同じ七年に中国で刊行される漢書『大徳国学校論略』の日本への翻刊活動と共に、彼の晩年における主要な活動の成果であり、そこには彼がめざした教育的思想世界が具体化されている。それ故、筆者は、彼が漢書『大徳国学校論略』を翻刻した意図とその内容や特徴の分析を試み、その詳細な考察の結果は、別稿「明治初期日本近代化をめぐるドイツと中国の歴史的位置」(世界教育日本協会『教育新世界』第三〇号、一九九〇年十一月)に所収、並びに「漢書『大徳国学校論略』の明治日本への翻刻紹介」(信州大学、坂本保富研究室、平成十九年度『研究報告書』第六号に所収、二〇〇七年九月)として発表した。

(59)虎三郎編著『小学国史』(巻之十二「第百二十一代孝明天皇」の項)。

(60)前掲『象山全集』第一巻に所収の「象山浄稿」(同書五一頁)。

(61)筆者の提示する「儒学的洋学受容論」という概念に関しては、拙稿「象山における儒学理解への前提と特質―幕末期における儒学的洋学受容論成立への主体形成―」(筑波大学『教育学研究集』第二集、一九七九年)を参照されたい。

(62)前掲『象山全集』第四巻に所収の安政四年十二月二十六日付「山寺源大夫宛書簡」(同書六六三頁)。

(63)前掲『求志洞遺稿』の「詩」の部、八丁表。

(64)虎三郎の実験実証を重視する科学的な学問態度は、恩師である象山の塾教育における教育実践を貫く教育的信念であった。例えば、象山は、門人の松陰が同じ長州藩の友人を象山塾に案内した折り、その客人が象山に質問した。そのとき象山は、学問探究において如何に実験実証が重要であるかを、次のように理路整然と教え諭している。

「合金のこと西洋には銅へ錫を交るまでに御座候。銅の性はねばりあるものなり。故に迸炸《ほうさ》(炸裂)の患なし。然れども性矛なれば巣中あれ安し。故に錫を入るるは其の性を剛直してあれざる様にする為なり。然れども錫過ぐれば金もろくして又迸炸の患あり。トタンは入らぬものと承れり。是れ耳学なり。未だ深く金類分離術を学び申さず候間、硝石金合等の事を強ひて分弁せんと欲せば、分離術を学ばざれば事甚だ疎なり。是を以て佐久間が問難一として児玉答ふること能はず。徒らに切歯するのみ。」

(『吉田松陰全集』第七巻、嘉永六年九月書簡「叔父玉木文之進宛」、一九三―一九四頁)

(65)松陰「幽囚録」の「跋」(前掲『吉田松陰全集』第二巻、七〇頁)。

(66)松陰「幽囚録」は、前掲『松陰全集』第二巻に所収(三九―九一頁)。長州萩の野山獄に囚われの身となった松陰は、江戸伝馬町の牢獄で恩師象山と惜別してから三年近くの歳月が過ぎた安政三年九月、獄吏に紙筆を請い求めて、出獄の折りに恩師と約束した労作「幽囚録」を執筆した。松陰は、この草稿を直ちに信州松代で蟄居中の恩師象山に送り届けたのである。

(67)象山は、松陰の「幽囚録」を精読して、この文章に逐一、朱筆を入れ、詳細な添削を施した。そして、その出来栄えを讃えて、次のような論評を添書している。

「義卿(松陰)遠く此の録を寄す。其の見る所全然余と同じ。嗚呼、三千里外、期せずして余が賦の為に此の疏証を作る。はからざりき、神交の深き、終に此に至らんとは。」

(前掲『松陰全集』第二巻、六九頁)

(68)虎三郎の「興学私議」は、『求志洞遺稿』、二丁裏―八丁裏に収録。原文は漢文であるが、読み下し文で引用した。

なお、漢文の読み下し文は、前述のごとく「小林安治訳」(長岡市史発行の「長岡市史双書」第三四号、一九九五年)を参考の基本とし、さらに「尾形裕康訳」(尾形裕康『学制成立史の研究』校倉書房、一八七三年)と比較校合しながら解読した。

(69)前掲『求志洞遺稿』の「文」の部、二丁表。原漢文は次の通りである。

「中国受虜之侮久矣。昔嘗狃安憚労。不求所以禦之方。及有癸丑墨夷之事。然後知祖宗故事。無以済当時。而変通更革之不可以已也。於是一旦令発。水陸兵制。堡台之備。皇砲巨艦。以至凡百器械之細。皆取則於荷蘭。既而招致其人。受操舟揖練水兵之法。又置武学。建蕃書院。設之教師以育多士。凡彼諸学科。皆得随其力所及而治之。蓋其意全在於取彼長所。補我所短。以振我勢。而一毫固執之私。不雑於其間也。宜其兵制整。堡台厳。砲舶悉具。器械尽利。既足以禦虜之侮。而人材日長。国駸々乎趨於彊矣。然而其効未顕。虜見其若是如也。滋以驕肆。我唯惴々焉懼一物之不適其欲。而或激其怒。此其故何也。」

(70)同上『求志洞遺稿』の「文」の部、二丁表。原漢文は「取彼長所。補我所短。以振我勢。」

(71)同上『求志洞遺稿』の「文」の部、三丁表―三丁裏。原漢文は次の通りである。

「学政一付諸儒臣。不復措意。而其他文武之学。礼付諸礼家。楽付諸楽家。兵付諸兵家。至於射御書数刀鎗医方凡百之学。亦皆付諸射家御家書家数家之類。而任人々為之。故学者各張私見。不知求其要。是以天下之学。非固則虚其適於用者。盖無幾爾。然而授官任職。又唯以閥閲資序。而学与材則不問。故不達治道而任執政者有之。不習食貨而為司農者有之。不知兵而管三衛者有之。不学律而為理官者有之。不暁工而為大匠者有之。推是類也。指不勝僂。学之不明。人材之不振。文武百官之不得其人。豈有甚乎此者也耶。」

(72)同上『求志洞遺稿』の「文」の部、三丁裏。原漢文は次の通りである。

「東西諸蕃。其道浅陋。其俗貧鄙。雖遠不及中国之美。然至其所発明諸学。則探幽微。窮精緻。稗益家国民生。中国之所未嘗有。而其設学育材。分職考課。又莫不詳且悉。是以内焉修政事。理財用。課百工。外焉交外国通貿易。出師旅。莫有廃事。国以富。兵以強。横行四海。而無能禁者。」

(73)同上『求志洞遺稿』の「文」の部、三丁裏。原漢文は次の通りである。

「彼其自視太驕。而見中国之不己若也。以為是可愚矣。乃陸続而至。出不遜之語。示跳梁之態。而中国莫奈何。」

(74)同上『求志洞遺稿』の「文」の部、四丁表。原漢文は次の通りである。

「今以中国人材之不振。文武百官之不得其人。域内之政。猶且有所欲挙而不能。」

(75)同上『求志洞遺稿』の「文」の部、四丁表。原漢文は「一旦欲悉収彼学。以振国勢。其無所成者。亦莫惑爾。」
(76)『求志洞遺稿』の「文」の部、四丁裏。原漢文は「文武百官、率皆不学。其職皆為虚也。夫当今之患如此。」
(77)同上『求志洞遺稿』の「文」の部、四丁裏–五丁表。原漢文は「在広教養以育人材。修官制而専任使而巳矣。」
(78)同上『求志洞遺稿』の「文」の部、五丁表。原漢文は「何謂広教養以育人材。夫学之事二。道也爾、芸也爾。道以明体。芸以達用。不可相離也。」
(79)同上『求志洞遺稿』の「文」の部、五丁表。原漢文は次の通りである。
「今都府之学三。曰大学。曰武学。曰蕃書院。大学所教主道。而武学与蕃書院。則芸而巳矣。然而三者不相為謀。若胡越然。此固巳失矣。而況三者皆未得其宜。如前所言乎。今欲修挙之。三者集諸一所。皆拡大其堂廡屋舎垣墻之制。在大学。則増教師而厳其選。国史制度律令格式之学。国家礼学兵刑食貨之籍。皆属諸此。考之古法。斟之時勢。以設科分局。要在去華而得実。若夫武学与蕃書院。其所教之芸。率取諸彼。則其設科分局。固亦宜倣焉。而教導乏人、則遣生徒学於彼。与雇教師於彼。又皆不可不速行。所遣生徒拾歳以上。四拾以下。択俊爽彊敏者。五人為保。保有長。立総長。督其勤惰。所雇教師。毎科数人。分居各局。諸学科所用図書器械。又皆購諸彼。配置各局。莫不悉備焉。」
(80)同上『求志洞遺稿』の「文」、五丁裏。原漢文は次の通りである。
「然猶有宜挙者。小学是也。夫長而学。孰若小而習之易入。故先王殊重小学之教。而近聞外蕃導幼蒙之法。又極其詳。今於都府建小学数所。士大夫之子弟。年至七八歳。皆入諸此。而教以六書之学。四子六経之文。兼以外蕃所以導幼蒙者。及其長也。進之三学。則受教有地。而材可以達焉。夫如是。然後都府之学備矣。」
(81)すでに注(13)でみたように、象山の学問と思想は、当初から理想政治の実現を教育に求める学政一致・政教一致という儒学思想が根本とする学問的性格を特徴としていた。したがって、その後の彼の、松代藩や幕府当局に対する「上書」などに示された政治改革案においても、小学教育をはじめとする数々の教育的施策が提言されていた。
彼の基本的な発想は、学校教育の普及による人材の育成登用と人民の教化啓蒙をはかり、もって理想社会を実現するという儒学思想にあった。アヘン戦争直後の天保十三年に書かれた「上書」においても、彼は「急務八策」の一つとして「辺鄙の浦々里々に至り候迄、学校を興し教化を盛に仕」という全国規模での学校教育の制度的確立の必要性を主張していた。さらに文久二年(一八六二)の「幕府宛上書稿」でも、同様の考えを具体化して国民教育の急務であることを論じ、「学校の建方も教方も東西諸蕃の制宜しく被存候」と、西洋先進国をモデルとした学校教育制度の全国的規模での導入実施を提言し、私塾教育の実践を通して門人たちに徹底していた。

以上のような象山の学政改革案を踏襲して、虎三郎は自身の教育理想と教育改革案を「興学私議」という論文にまとめ上げたわけである。
(82)大島高任の学校教育構想は、彼が文久二年(一八六二)に南部藩庁に提出した「藩政改革上申書」(大島信蔵『大島高任行実』、一九三六年、四〇六頁以下に収録)に示されている。その内容は、富国強兵の実現を期した論策を中心としているが、その最も重要な基礎的前提として「人材」の養成を説き、そのための学制改革案を提示してる。その内容は、教育の目的、内容、方法に関して、虎三郎の「興学私議」における学校教育の主張と基本的に類似する内容であった。

(83)「興学私議」の末尾に付された象山評である。出典は前掲『求志洞遺稿』の「文」の部、八丁表。原漢文は「象山先生曰。小林子文。嘗従余遊。有志於明体達用之学。辞別数歳。録示此文。詞理明暢。皆有実用。可謂不負平静之志矣。」

(84)八木剛助(一八〇一~一八七二、上田藩士)については、佐藤堅司「佐久間象山の兵学と其の影響」(『信濃教育』第六二六号「佐久間先生七十五年祭記念」、一九三八年十二月)および『三百藩人物事典』(新人物往来社、第三巻)を参照。同じく上田藩の山田貫兵衛(一八一三~一八七二)に関しては、『三百藩人物事典』(新人物往来社、第三巻)を参照。また、大野藩の広田憲寛(一八一八~一八八八)については、『蘭学資料研究会会報』(第一八五号)をはじめ、『福井県大野郡誌(下)』『大野郡人物誌』『越前人物誌』、さらには笠井助治『近世藩校に於ける出版書の研究』などの諸書を参照した。同じく大野藩の内山隆左(一八一二~一八六四)に関しても、『蘭学資料研究会会報』(第一八三号)、『福井県大野都誌(下)』『大野郡人物誌』『越前人物誌』、そして笠井助治『近世藩校に於ける学統学派の研究』『近世藩校に於ける出版書の研究』、さらに『大学々生溯源』(明治四十三年、日報社)『福井県教育史』『内山降左翁略伝　付詩文抄』(石川三吾編、明治二十九年)、『維新海軍の人々』(田村栄太郎、昭和十八年、北海出版)などを参照した。さらに出石藩の大島貞薫(万兵衛、一八〇六~一八八八)については、前掲の佐藤論文「佐久間象山の兵学と其の影響」(『信濃教育』所収「象山先生七十五年祭記念」)その他を参照した。

(85)虎三郎の蘭書翻訳の作品は、前掲『求志洞遺稿』に収録された関係史料の中の「重学訓蒙序」「察地小言序」「野戦要務通則一斑序」「泰西兵餉一斑の序」などによって確認できる。なお、山本有三『米百俵』に収められた「そえがき」でも、虎三郎の蘭書翻訳について紹介されている(同書一九一―一九七頁)。

ところで虎三郎の翻訳活動の成果のほとんどは、戊辰戦争や太平洋戦争による長岡の戦災で消失してしまった。だが、虎三郎の手書きの翻訳草稿『察地小言』だけは、長岡市立中央図書館文書資料室に現存している。筆者は、それを写真版で入手して解読し、別の拙稿「幕末期におけるオランダ原書の翻訳活動―日本近代化と象山門人・小林虎三郎の軌跡―」で発表した(信州大学、坂本保富研究室『研究報告書』第一〇号、二〇一〇年十月)。

(86)前掲「小林寒翠翁略伝」には、「斯の種、和蘭の兵書を翻訳し、諸藩士に示す。当時、長岡の兵制改革、翁(虎三郎)の指示に由る。益を得たる者多しと云ふ。」と記されている。

(87)前掲『長岡藩史話』には、「慶応の初め、藩庁に於いては、その兵制の改革に先だって先ず藩の有識者にその意見を徴した。すなわち鵜殿団次郎(春風)、小林虎三郎(病翁)等の意見書がこれである」(同書、一九九頁)と叙述されている。

(88)藩老の牧野市右衛門宛に提出された虎三郎の意見書の概要が、同上『長岡藩史話』(二〇五―二〇七頁)に収められている。

(89)同上『長岡藩史話』、二〇六頁。
(90)同上『長岡藩史話』、二〇七頁。
(91)前掲『求志洞遺稿』の「略伝」、三丁表―三丁裏)。原漢文は次の通りである。
「長岡藩中。与翁馳名声者。有鵜殿団次郎。河井継之助。川島億二郎等。鵜殿被徴幕下。為目付役。与勝安房等。共与幕議。以故不常在藩。河井川島与翁共議藩政。迭上下其論。然以翁多在病床。不能施行持論。川島亦与翁同意。独河井反之。且以才弁衆服。遂昇顕職。掌握藩政。方官軍臨越。藩師誤方針者。皆出於河井之意。多亡壮士。其身亦戦没。可不慨哉。方是時。翁屡論河井失政。然臥病不能達其説。徒仰天歎耳。蓋河井執藩政也。雖権力盛於一時。至学力道徳。不及於翁遠矣。以故平素忌避翁。不用其説。翁亦知其論不容。不敢与藩政。至王政復古之日。唯養病閉居一室。」

第二章　美談「米百俵」の誕生とその歴史的真実

(1)今泉省三『三島億二郎伝』(覚張書店、一九五七年)、五五頁。
(2)同上『三島億二郎伝』、五八―五九頁。長岡藩大参事の任命を受けた億二郎の日記には、藩治職制の改革が維新政府の方針によって断行されたこと、それ故に辞令は維新政府より公布されたこと、等々の経緯が詳細に記述されている。
(3)虎三郎の処女論文「興学私議」の内容は、恩師象山の説く儒学の教育立国思想を、幕末期日本の危機的な時代状況の中で解釈し具体化した、国民皆学を基本とする近代的な学校教育論であった。
(4)今泉省三『長岡の歴史』第六巻(野島出版、一九七二年)、二二七頁。同書には、長岡藩校崇徳館の校名の出典に関する諸説の記述があり、これを参照した。
(5)笠井助治『近世藩校の総合的研究』(吉川弘文館、一九六〇年)、一一二頁。
(6)同上『近世藩校の総合的研究』、二頁。
(7)長岡藩校の設立経緯については、『長岡市史』(長岡市)の「通史編上巻」(一九九四年)、六〇九―六一〇頁を参照。
(8)文部省編『日本教育史資料　二』(臨川書店の複製版、一九六五年。初版は一八九〇―一八九二年にかけて冨山房から出版)所収の「旧長岡藩」(同書、三百六丁)より引用。
なお、引用文中に紹介された伊藤満蔵(東嶽《とうがく》、一八二〇～一八六九)は、長岡藩の家臣深津家の出身で藩儒の伊藤東岸の養子となり、京都の漢学塾古義堂に遊学して伊藤東峰に師事し、伊藤仁斎学派の儒学(古義学)を研鑽した。その後は、江戸の長岡藩校の教授、藩主嗣子の侍講などを経て、郷里の長岡藩校崇徳館の都講に就任し、藩士子弟に古義学派の儒学を教授した。

また、資料の中に伊藤と共に併記された秋山多門太(徂徠派)とは、秋山景山(一七五八～一八三九)のことである。彼は、六十石という軽輩の出身ながらも頭脳明晰、江戸勤番の折りに荻生徂徠の門人服部南郭《なんかく》の養子で後継者の服部真蔵(仲英)に師事し、徂徠学を学んだ。文化五年(一八〇八)の藩校崇徳館の創建時には教授に抜擢され、同十二年には都講に就任した。以来、二一年の長きにわたって都講を務め、藩校の基礎作りに尽力した。

以上は、今泉省三『長岡の歴史』第六巻(野島出版、一九七二年)、『長岡歴史事典』(長岡市、二〇〇四年)その他を参照。

(9)同上、文部省編『日本教育史資料　二』所収の「旧長岡藩」、三十六丁。

(10)同上、文部省編『日本教育史資料　二』所収の「旧長岡藩」、三十六丁。

(11)北越新報社編『長岡教育史料』(一九一七年)所収の「藩政時代の教育　槙真一氏談」(一一―一三頁)。

(12)前掲、文部省編『日本教育史資料　二』所収の「旧長岡藩」、三百六―三百七丁。

(13)前掲、今泉省三『長岡の歴史』第六巻、一二三九頁。

(14)前掲、北越新報社編『長岡教育史料』、一三頁。

(15)文部省内教育史編纂会編修『明治以降教育制度発達史』第一巻(龍吟社、一九三八年)、八七頁。

(16)同上『明治以降教育制度発達史』第一巻、二三二頁。

(17)明治維新政府は、旧幕府の領地と戊辰戦争で朝敵となった諸藩の領地を没収して政府直轄地とし、府あるいは県として直接統治した。他の全国諸藩は従来通り存続が許されたので、維新政府の「藩府県」という地方統治の制度は、明治四年(一八七一)七月の廃藩置県まで続いた(『日本近代思想大系』第六巻『教育の体系』、岩波書店、一九九〇年、一二頁の欄外注記を参照)。

(18)前掲『明治以降教育制度発達史』第一巻、二三〇頁。

(19)同上『明治以降教育制度発達史』第一巻、二三〇頁。

(20)同上『明治以降教育制度発達史』第一巻、二三二頁。

(21)前掲『長岡市史　資料編四　近代一』、二九八頁。

(22)稲川明雄『藩物語シリーズ　長岡藩』(現代書館、二〇〇四年)、一七七頁を参照。

(23)西郷葆「国漢学校と小学校」(北越新報社『長岡教育史料』所収、一九一七年)、同書一二一―一二三頁。

(24)『長岡市史　資料編三　近世二』(一九九四年)、八六二頁。

(25)同上『長岡市史　資料編三　近世二』、八六二頁。

(26)同上『長岡市史　資料編三　近世二』、八六七頁の資料解説。この基になったのは、今泉省三『忘却の残塁―明治維新の三傑―』(野島出版、一九七一年)における「当時、米一斗七、八升で金一両の相場である。四斗七升いれ百俵でおよそ二百七十両余になる」(同書一四二頁)という記述と思われる。なお、同氏の『長岡の歴史』第六巻(野島出版、一九七三年、二四〇頁)にも、「米百俵」の換金額に関する同様の記述が認められる。

(27)同上『長岡市史　資料編三　近世二』、八六二頁。

(28)同上『長岡市史　資料編三　近世二』、八六二頁。
(29)前掲『長岡市史　通史編　上巻』、七七四頁。
(30)前掲、今泉省三『長岡の歴史』第六巻、二四〇頁。
(31)前掲『長岡市史　資料編三　近世二』、八六二頁。
(32)三島億二郎日記「満んとこ路日ことの記」(今泉省三『三島億二郎伝』、八五頁)。
(33)前掲、今泉省三『忘却の残塁—明治維新の長岡の三傑—』、一四二—一四三頁。
(34)前掲『長岡教育史料』に収載の国漢学校教員、西郷葆の談話(同書一四頁)。この史料が前掲『長岡市史　資料編三　近世二』(八六二頁)に転載されている。
(35)藩校時代に入学して、戊辰戦後の新生国漢学校の創立式典にも生徒として列席した渡辺廉吉(一八五四—一九二五、初代総理大臣伊藤博文の書記官を経て、行政裁判所評定官などを歴任し貴族院議員)の証言(同上『長岡教育史料』、一一頁)。
(36)前掲『明治以降教育制度発達史』第一巻、八八頁。
(37)前掲『日本近代教育百年史』第三巻、四四八頁。
(38)前掲『明治以降教育制度発達史』第一巻、九五頁。
(39)同上『明治以降教育制度発達史』第一巻、九五頁。
(40)同上『明治以降教育制度発達史』第一巻、九九頁。
(41)前掲『日本近代教育百年史』第三巻、四四七—四四八頁を参照。同書には、幕末維新期には全国諸藩において国学関係の教育が急速に浸透拡大していく状況が次のように記されている。

「国学、皇学、和学は、早くは嘉永(金沢藩)・安政(福山藩)に国学校が設置され、あるいは独立学科がおかれて教授されたが、「維新後別ニ和学校設置ノ制」(前橋藩)がとられたとか「維新ノ後之ヲ設ク」(館林藩)とかのように、明治二年(旧暦)以後の藩制、学制の改革によって設けられるのが一般的であった。皇学所・国学校をおいたり、その科目をおいた藩校は、およそ三分の一であった。

学校、科目として皇学を採用することはなかったが、使用すべき教科書として日本書紀・神皇正統記などの書名を挙げる藩は多い。しかし皇学に対する理解は十分ではなく、「平田本居ノ著書ヲ授読シ且ツ講義セシム」(苗木藩)のような本格的な教授もあったが、「皇国普通ノ字ヲ以書スルモノヲ皇学トス、国学支那学翻訳洋書等ナリ」(米沢藩)などと解釈するものもあったのである。

旧藩校においては学神の祭儀は恒例の行事であったが、維新期になって釈典を廃止あるいは停止することがあった。」

(同書四四七—四四八頁)

(42)前掲の渡邊廉吉談話「崇徳館と国漢学校」(前掲、『長岡教育資料』所収、九—一〇頁)。

(43)松本健一『われに万古の心あり—幕末藩士　小林虎三郎』(新潮社、一九九二年)、二一四—二一五頁。
(44)伊藤博文「国是綱目」(岩波書店「日本近代思想大系」第六巻所収、同書一二頁)。
(45)宮内省編『岩倉具視実記』中巻、六〇二頁。
(46)木戸孝允「普通教育の振興につき建言書案」、前掲「日本近代思想大系」第六巻に所収、同書三頁。
(47)『長野県教育史』第七巻「資料編一」(一九七二年)、三一四頁。
(48)同上『長野県教育史』第七巻「資料編一」、三一七頁。
(49)前掲『日本近代教育百年史』第三巻、四四五頁。
(50)同上『日本近代教育百年史』第三巻、四四五頁。
(51)前掲『長岡市史　資料編三　近世二』、八六二頁。
(52)山本有三『米百俵』(新潮社、一九四三年)、一〇〇頁。

第三章　明治初期の教育近代化に関する問題認識

(1)佐久間象山『省諐録』(岩波文庫版、四九頁)。
(2)小金井権三郎、良精編『求志洞遺稿』(一八九三年)、二十三丁裏。長岡藩において幕末維新期を代表する典型的な人物は、何といっても戊辰戦争時の長岡藩総督であった河井継之助である。その彼と、同じ象山塾門人でありながら戦争を巡って意見の対立した虎三郎や億二郎は、戊辰戦後の長岡の近代史では、いわば隠れた存在であった。特に、廃藩置県の直後に郷里を離れ上京してしまった虎三郎の場合は、あたかも封印されたかのように、その感が強い。
虎三郎と共に戦後長岡の復興に後半生の全てを捧げた億二郎の貢献は絶大であり、地元研究者の地道な努力によって、長岡の復興と近代化に向けて彼が推進した様々な活動や事業が解明されてきた。その代表的な研究成果が、今泉省三『三島億二郎伝』(覚張書店、一九五七年)である。

他方、虎三郎の人と思想に関しては、虎三郎の外甥(妹の子息)に当たる小金井権三郎、良精の兄弟が、関係史料を蒐集して遺稿集を編み、象山塾同門の勝海舟「題詞」や北沢正誠「序」を付して『求志洞遺稿』と名づけ、明治二十六年(一八九三)、虎三郎十七回忌を記念して刊行した。その後、地元長岡では松下哲蔵『小林病翁伝』(越佐新報社)などが刊行されたが、全国的には無名の人物であった。

虎三郎に関する資料分析や現地調査を経て、彼の全体像を初めて明らかにしたのは、作家の山本有三であった。彼は、丹念な資料調査を踏まえた上で、戯曲『米百俵』をまとめて出版した。それは、虎三郎の没後六〇年余りが過ぎた昭和十八年(一九四三)のことであった。有三の同書には、詳細な「注」と論文「隠れたる先覚者　小林虎三郎」、および長文の「そえがき」とが付されていた。この有三の業績によって、虎三郎の存在は初めて全国的に知られるところとなったのである。

（3）虎三郎は、新潟町奉行などを勤めた長岡藩士小林又兵衛（家禄百石）の三男である。だが、長男と次男が夭折してしまったがために、家督を継ぐ嫡男となったのである。その虎三郎の末弟に、七男の雄七郎（一八四五～一八九一）がいた。彼は、虎三郎より十七才も年下である。彼もまた兄の虎三郎と同様、幕末維新期に江戸へ遊学して蘭学や英学をはじめとする西洋諸学を学び、維新後の明治三年には福沢諭吉の慶應義塾に入学して英学を深めた。すでに入学時には相当の英語の学力を有していた彼は、義塾入学の翌年には、早くも福沢の命を受けてアメリカの歴史教科書であるバーレー著『万国史』（*Parley's Universal History*）の翻訳に従事している。

福沢に語学力を認められた彼は、明治四年の春、福沢の推薦によって土佐藩の藩立学校へ英学教師として赴任する。一年の契約任期を終えて帰京した後は、文部・大蔵の両省を経て、明治七年頃には工学寮出仕（西村組商会刊『掌中官員録　全』の「明治七年」「明治八年」の項には、「工部省」の中の「工学寮」に「権助　従六位　小林雄七郎」との記載が確認できる）となる。だが、間もなく官を辞して野に下り、位記も返上した。だが、再び同十年には警視局御用掛を拝命し官職に復する。しかし、これもまた、すぐに辞して郷里長岡に帰郷する。もちろん、そのときには、すでに虎三郎は他界していた。

帰省後の彼は、郷里に私塾を開いて後進の教育に従事する一方で、著作や翻訳の活動を展開し、その成果として多数の著書や翻訳書を刊行した。特に注目すべきは、彼が政界へ転身したことである。彼は新潟県における自由民権運動の中心者として活動し、県下の自由主義者を糾合して自由党の拡大をはかった。その結果、明治二十三年（一八九〇）の帝国議会の開催に伴う第一回衆議院議員選挙に、彼は新潟県第五選挙区（古志郡三島郡）から立候補して当選、代議士となる。だが、不幸にも翌二十四年四月、肝臓炎に心臓病を併発し、政界での活動も道半ばにして病没してしまった。享年四十七。

以上は、大植四郎編『明治過去帳』（東京美術、一九七一年発行の新訂初版、二五八頁）、松下鉄蔵編『小林病翁先生伝』（一九三〇年）に収録の丸田亀太郎「小林雄七郎先生」、坂口五峰編『北越詩話』（下、一九一八年）に収載の「小林虎弟雄、附」などを参照。

（4）慶應義塾福沢研究センター「近代日本研究資料八」の復刻、小林雄七郎著『薩長土肥』に収められた内山秀夫「解題」（二〇〇一年）には、慶應義塾における雄七郎は、最上級の四等にいたこと、同級に馬場辰猪（一八五〇～一八八八、土佐藩。以下同様――筆者注）、浜野定四郎（一八四五～一九〇九、中津藩）がいたこと、塾長は、小幡篤次郎（一八四二～一九〇五、中津藩）、小幡仁三郎（一八四五～一八七三、中津藩、篤次郎の実弟）、小幡貞次郎（生年不詳～一八九五、中津藩）、阿部泰蔵（一八四九～一九二四、三河の医師の子息）、藤野善蔵（一八四七～一八八五、長岡藩）、小泉信吉（一八四九～一八九四、和歌山藩、小泉信三の父）の六人がローテーションを組んで、それぞれ二ヶ月交代で務めていたこと、等々が記されている（同書一七五頁）。

（5）同上の復刻『薩長土肥』の内山秀夫「解題」には、「明治四年、福沢の推薦で土佐藩海南学校に英学教授として赴任する」（同書一七五頁）とあり、雄七郎が教員として赴任した学校を「土佐藩海南学校」としている。これは、雄七郎の長男である魁一郎の手記「小林雄七郎略歴」の次のような記述を踏襲したものと推察される。

「同年（明治四年）五月ヨリ五年四月迄ノ一ケ年ノ期限ニテ、高知藩士民教官トシテ招聘セラル。海南校ニ教鞭ヲ執リツツ、授業開始前後ニ政治経済ノ講義ヲナセリ。此時、長兄虎三郎、塚原周造、梅浦精一、吉田五十穂等モ同行セリ。」(慶應義塾福沢研究センター「近代日本研究資料八」に収載、小林雄七郎『薩長土肥』の復刻版、二〇〇一年、同書一五九頁)。

だが、上記のように雄七郎の高知赴任校を「海南学校」とする記述は、実は事実誤認といわざるをえない。「海南学校」とは、「明治六年(一八七三)一月」に「谷重喜・山地元治・北村重頼等で兵学寮(後の陸士・海兵学校)への進学予備校として東京芝安養院(山内家菩提寺)に私学校を開設」した学校を前身としていた。同校は、同年八月、旧主家の山内家(当時は第十六代藩主で公爵の山内豊範、一八四六〜一八八六)に譲渡されるのを機に、校名が「海南私塾」と改称された。同校が、「正式に海南私塾と呼ばれるようになるのは、明治九年(一八七六)三月、土佐に分校が設置されてから」のことであり、さらに「海南学校」と改称されるのは、「明治十五年(一八八二)六月」のことである(高知県立小津高校『海南百年』、一九七三年)。

したがって、雄七郎が赴任した明治四年の時点では、「海南学校」という学校は高知県には存在しなかった。廃藩置県前の土佐藩には、藩校致道館があり、明治三年十月の学科目の改定で「洋学初級」が開設され、ここに「英学教師」が雇われた。さらに明治四年正月には「翻訳書教場を本館中に設け西洋各国の書を授く」ことになった。だが、廃藩置県後の明治五年七月には、同校は「全ク廃シテ県庁」となったのである。なお、土佐藩は、廃藩置県の直前の明治四年五月に「土佐兵学校」を創設するが、同年十二月には閉校となった。以上は、『高知藩教育沿革取調』及び『日本教育史資料』第二巻による。

以上の諸事実を踏まえて、「海南学校」の存在に関して考えるには、次のような『近代高知県教育史』(高知県教育史編集委員会編、一九六四年)の叙述が参考となる。

「海南学校の起源は明治六年(一八七三)九月山内豊範によって、東京に設立された海南私塾に端を発している。これよりさき、明治五年(一八七二)三月、それまで有力な藩の御親兵制が廃止されて、新しく朝廷の負担による近衛兵制度に切り替えられたため、高知藩では御親兵制に当てられていた金三万円の余剰が生ずることになった。そこで、元御親兵隊の首領株であった谷重喜、北村重頼、山地元治らは、秋山久作の意見をいれてあい図り、この金を資金として、東京に高知県出身者の教育機関を設けることとした。これが翌明治六年一月、東京芝の安養院に開設された私立学校であった。

ところが同年八、九月ごろ、この学校はあげて旧藩主山内豊範に献ぜられることになった。そこで、これまでにも藩邸内に漢洋の学校を開いたり(明治二年)、藩に兵学校を設けたりして(明治四年)、教育事業に深い関心を示してきた山内豊範、この建案をいれて、直ちに日本橋箱崎町の自邸内に一校舎を新築し、ここに安養院の私立学校の生徒を収容して、仏語・英語を主とする授業を開始した。こうして海南私塾(初めは学校・私学校・海南学校なども呼称されて一定せず)は、山内家の私立学校として設立せられたのである。

このようにして、東京における高知県人のための教育機関は設立されたが、その郷国である高知県そのものには、その学校へ進学するための予備教育機関がなかったので、郷土の子弟を東京に遊学させるのは事実上困難でもあり、不便でもあった。この点に着眼したのが旧藩士吉田数馬で、かれは明治九年(一八七六)上京して在京の先輩とも相談の上、この学校の土佐における分校設置を山内豊範に建案した。この建議が入れられて、同年二月海南私塾分校、すなわち後の海南学校の設立が決定され、同年七月高知市散田の山内邸内の一長屋をその校舎として発足した。

明治十二年(一八七九)五月、海南私塾分校はその制度を改革して発展期を迎え、生徒数の増加にともない、同年十二月帯屋町の旧陣営を借りてこれに移ったが、翌明治十三年にはさらに生徒数が増加したので、ついに同年九月、九反田の旧開成館を校舎としてこれに移転し、いよいよその基礎を固くした。このように、分校が比較的順調な発展を遂げつつある間にあって、東京の本校はしだいに不振となり、ついに明治十四年(一八八一)八月これを閉鎖せざるを得ない状態となったのである。」

(同上四二一―四二三頁)

以上の諸資料を総合的に勘案すると、雄七郎が明治四年に英学教師として赴任した高知の学校は、土佐藩が維新後に、学科改定を実施して洋学教育を導入した藩校「致道館」であったのではないかと推察される。海南学校でなかったことは間違いない。

(6)長岡藩が新政府軍(東山道先鋒隊総督府軍)と開戦する直接的契機となったのは「小千谷談判」の決裂であった。武装中立を主張していた長岡藩軍事総督の河井継之助は、会津藩の討伐に向かって会津藩領小千谷に本陣を構える新政府軍の軍監岩村清一郎(一八四五～一九〇六、土佐藩出身、貴族院議員、男爵。初代北海道庁長官や農商務大臣などを務めた岩村通俊、同郷の板垣退助と共に自由党を結成し農商務大臣や逓信大臣などを歴任した林有造は実兄で、いわゆる「岩村三兄弟」と呼ばれた)に面談を求め、平和的な事態の収拾を嘆願した。だが、岩村が、これを拒絶し会談は決裂、越後長岡を戦場とする北越戊辰戦争の火蓋が切られた。この河井と岩村の会談を、世に「小千谷談判」あるいは「小千谷会談」という。

以上は、今泉省三『長岡之歴史』第四巻(野島出版、一九六八年)四五一―五三頁、『長岡市史』(長岡市、一九九六年)の「通史編　上巻」七五一―七五二頁、今泉鐸次郎『河井継之助伝』(目黒書店、一九三一年)、三〇五―三三五頁などを参照。

(7)河井継之助を悲劇の英雄として活写した司馬遼太郎の作品『峠』(新潮社、一九六八年)では、長岡の悲劇は、新政府軍の岩村軍監の責任であるといわんばかりに、当時二十四歳の若輩であった土佐藩出身の岩村が、無知蒙昧な敵役として厳しく指弾されている。同書には、河井と面会したときの岩村の傍若無人振りが、次のように描かれている。

・土佐の田舎の宿毛《すくも》から出てきて郷党の先輩である坂本龍馬をさがすうち、龍馬が死に、鳥羽伏見ノ役がおこり、うろうろするうちに官軍軍監を命じられて越後にやってきたという、いかにも乱世らしい事情からうまれたにわか権力者である。

(新潮文庫版『峠』下巻、二六二―二六三頁)

・岩村精一郎は、まだ数えで二十四歳であり、しかも田舎書生ではじめて世の中に出て最初にやらされたことが軍監であった。その未熟さをうんぬんされてもどうにも仕方がなかった。

(同上二六五頁)

・岩村軍監は両ひざの上に置いた手をにぎりしめ、肩を怒らせた。「舐《な》めるな。」と叫びたそうな心情が、その表情にあらわれていた。

すぐに声を発した。「お取り次ぎはできぬ。」つづけさまにいった。「嘆願書をさしだすことすら無礼であろう。すでにこれまでのあいだ一度でも朝命を奉じたことがあるか。誠意はどこにある。しかも時日をかせ、嘆願書を取り次げ、などとはなにごとであるか。その必要いささかもなし。この上はただ兵馬の間に相見《あいまみ》えるだけだ。」岩村は物馴《ものな》れぬせいか、自分の言葉に昂奮《こうふん》し、すさまじい形《ぎょう》相《そう》になってしまっている。（同上二六七頁）

・本堂では、継之助は、さらに請願し続けている。が、岩村軍監は業《ごう》をにやした。「何度申せばわかるのか」。はねあがるように立ちあがり、他の三人にもあごでうながしてこの場を去ろうとした。継之助は座をすべり、去ろうとする岩村に接近し、その陣羽織のすそをとらえた。後年の岩村の回顧談では、「予はもはやこれ以上きく必要なしとして座を立ったが、河井はさらに予のすそをとらえて訴えた。しかし予は直ちに振り放って奥へ入った」。三方がころがった。藩主の請願書が、畳に落ちた。継之助が顔をあげたときには、すでに岩村はいなかった。（同上二七〇頁）

（9）虎三郎は、畏友の億二郎と共に、戊辰戦争の開戦時には、最後まで非戦論を主張して河井と対立した。この点に関しては、『長岡市史』（長岡市、一九九六年）の「通史編　上巻」、七四七―七四九頁、今泉省三『三島億二郎伝』（覚張書店、一九五七年）、二二三―二二四頁などを参照。

（8）『求志洞遺稿』所収「詩」の部、二十四丁表。

なお、虎三郎や億二郎が学んだ江戸の象山塾には、五十藩を超える全国各地から五百名近い入門者が殺到したが、とりわけ土佐藩からの入門者は、嘉永五年（一八五二）から安政元年（一八五四）の僅か三年の間に、筆者が解明しただけでも次の二二名を確認することができる（括弧内は入門年、坂本保富『幕末洋学教育史研究』、高知市民図書館、二〇〇四年、一二八頁を参照）。

樋口真吉（嘉永五年）、溝淵広之丞（同）、桑原助馬（同）、山崎文三郎（同）、坂本龍馬（嘉永六年）、弘田善助（同）、森沢録馬（同）、横田競三郎（同、横田源作正甫――筆者注）、井上佐市郎（同）、寺田小善（同）、山田太平（同、山田大助カ――筆者注）、安部喜藤次（同）、衣斐小平（同）、谷村才八（同）、野沢和泉（同）、大庭毅平（同）、野中太内（同）、若沢弥太郎（同）、平尾喜内（同）、高村直蔵（同）、和田潭《ママ》蔵（安政元年、和田弾蔵――筆者注）、大庭義兵衛（同）

（10）土佐藩出身の参議・斎藤利行の経歴に関しては、高知市民図書館『高知県人名事典』、吉川弘文館『日本近現代人名辞典』その他を参照。

（11）前掲『求志洞遺稿』所収「詩」の部、二十六丁表。

（12）同上『求志洞遺稿』所収「詩」の部、二十六丁表の欄外に収録。

（13）虎三郎が編集刊行した歴史教科書『小学国史』（全十二巻）の詳細に関しては、拙稿「明治初期の歴史教科書『小学国史』の内容と特徴―日本近代化と「米百俵」の主人公・小林虎三郎の軌跡―」（信州大学全学教育機構『信州大学人文社会科学研究』第三号に所収、二〇〇九年三月）を参照。

(14)江戸時代の日本社会には文字教育が広範に普及拡大し、各種の学校が全国ネットワークで張り巡らされていた。例えば、明治維新政府が威信をかけて編集し刊行した『日本教育史資料』(文部省刊行、一八九〇年刊)のデータを基にして、江戸時代に設置されていた各種の学校の概数を示せば、次の通りである。

　まず幕府直轄の官立学校が、昌平坂学問所(湯島聖堂)をはじめとして二十数校。さらに全国の諸藩が設立した藩立学校が約三百校。そして民間にあって各種の中高等専門教育を担った私立学校の私塾が約千五百校。さらに、幕府諸藩や地域共同体が設立した公営寺子屋的な手習い学校である郷校が百校以上。そして民間の個人が開設した初等教育機関としての寺子屋が一万一千校以上。だが、その後の研究成果によって、民間の教育機関であった寺子屋や郷校などは、『日本教育史資料』に記載された数字をはるかに超える数の学校が設置されていたことが判明している。

　いずれにしても、近代を迎える前の江戸時代には、膨大な学校教育のネットワークが全国的な規模で張り巡らされていたのである。この歴史的な事実は、同時代の世界レベルで比較しても驚異的な数字であり、まさに近世日本は世界に冠たる教育大国であったことを物語っている。

　そのような近世社会が築き上げた学校教育の遺産の上に、明治五年(一八七二)に開始される西洋モデルの近代日本の学校教育は成立が可能であった。明治の近代日本における西洋型近代学校教育の創出は、決して新規巻き直しの零からの出発ではなかったのである。

(15)明治五年八月の太政官布告第二十八号「学事奨励に関する被仰出書」(前掲『明治以降教育制度発達史』第一巻、二七七頁)。

(16)小林虎三郎翻刻『徳国学校論略』(上下二冊、明治七年十月、求志楼蔵梓)の「上巻」に所収の虎三郎の「序文」。原漢文は次の通りである。

「地生民。民聚為一大団。是謂国。民乃国之体也。故民強則国強。民弱国弱。国之強弱。係乎民強弱。何謂民之強。何謂民之弱。其能励学勉業。有勇知方者。謂之強。」

(17)前掲『求志洞遺稿』所収「文」の部、五丁裏。原漢文とその読み下し文は次の通りである。

「夫長而学。孰若小而習之易入。故先王殊重小学之教。而近聞外蕃導幼蒙之法。又極其詳。今於都府建小学数所。士大夫之子弟。年至七八歳。皆入諸此。而教以六書之学。四子六経之文。兼以外蕃所以導幼蒙者。及其長也。進之三学。則受教有地。而材以達焉。」

「夫れ長じて学ぶと、若小にして習うと、習の入り易きは孰《いず》れぞや。故に先王は殊に小学の教を重んず。而して近ごろ、外蕃(西洋)の幼蒙を導くの法を聞くに、又その詳を極む。今、都府(江戸)に於いて小学数所を建て、士大夫の子弟、年七、八歳に至れば、皆諸《これ》を此に入れ、而して教ふるに六書(漢字の字形構成と漢字用法に関する六種―象形・指事・会意・形声・転注・仮借―の別)の学、四子六経(儒教の基本経典たる四書「大学・中庸・論語・孟子」と六芸「易経・書経・詩経・春秋・礼経・楽経」)の文を以てし、兼ねて外蕃の幼蒙を導く所以の者を以てす。その長ずるに及んで、之を三学(昌平坂学問所、講武所、蕃書院)に進む。則ち教を受くる地あり。而して材は以て達すべし。」

(18)前掲、復刻版『米百俵　小林虎三郎の思想』所収の「関係資料」に収められた明治五年五月二十五日付書簡「三島億二郎宛」(同書二二三―二二四頁)。

(19)倉沢剛『小学校の歴史』第一巻(ジャパンライブラリービューロー刊、一九六三年)、七七―七九頁を参照。倉沢は、「ひろく府県に小学校を設け、選ばれた少数者ではなく、あまねく人民大衆の教育」を目指そうとする小学校観念は、「行政官や民部省や大蔵省、そして大多数の地方官」の抱く観念であり、そこからは「地方分権的な学校構想」が描かれたとする。この観念に対立したのが、「昌平坂学校から大学校・大学の側」のもつ「選ばれた少数者(エリート)のための小学校観念」で、ここからは「中央集権的な学校構想」が企図されたという。「学制」は、そのような矛盾し対立する二つの小学校観念を内包していたが故に、その展開過程において「小学校政策の矛盾と混乱」は解消されなかったとされる。

しかしながら、虎三郎の小学校についての観念と構想とは、上記のような倉沢の見解には妥当しない。彼の主張する「平民教育」とは、近世社会で学校教育(文字教育)から疎外されてきた国民の圧倒的多数を占める百姓子弟を含めた「国民皆学のための小学校」の実現を意味した。この実現こそが、富国強兵・殖産興業の近代国家建設を目指す維新政府の政治的責務であるとする中央集権的な学校構想であった。

したがって、虎三郎の小学校観念からすれば、倉沢が指摘した「地方分権的な学校構想」も「中央集権的な学校構想」も共に批判されなければならないものであったといえる。

(20)前掲、復刻版『米百俵　小林虎三郎の思想』所収の「関係資料」に収められた明治五年一月付書簡「三島億二郎宛」(同書二二二頁)。

(21)同上、復刻版『米百俵　小林虎三郎の思想』所収の「関係資料」に収められた明治六年一月四日付書簡「三島億二郎宛」(同書二三〇頁)。

(22)明治五年発布の「学制」には、小学校教員の資格が、「男女ヲ論セス年齢二十歳以上ニシテ師範学校卒業免状或ハ中学免状ヲ得シモノニ非サレハ其任ニアタルコトヲ許サス」(第四十章)と規定されていた。だが、肝心の教員免状を授与する最初の国立師範学校が東京に設置されたのは、「学制」発布直前の明治五年八月であった。したがって、「学制」が発布された当時、教員資格を満たす者は皆無であった。それ故、全国に膨大な数の小学校を開設するに当たっては、教員の確保が緊要課題であり、実際には士族や寺子屋師匠など学力や人格を問わずに寄せ集めて急場を凌ぐという粗末な有り様であった。

このような明治初期の小学校教員不足の実態については、『新潟県教育百年史明治編』(新潟県教育庁、一九七〇年、一二〇―一二二頁)、『長野県教育史』第一巻総説編(一)(長野県教育史刊行会、一九七八年、五三七頁)など、全国の都道府県あるいは市町村の教育史関係史料でも確かな資料的裏付けをもって確認することができ、他の地域においても同様の実態であった。

(23)山路愛山の回顧録は、前掲『明治以降教育制度発達史』第一巻(四六〇頁)より引用。

(24)前掲、復刻版『米百俵　小林虎三郎の思想』所収の「関係資料」に収められた明治五年十月十日付書簡「田中春回宛」(同書二二六頁)。

(25)明治五年九月布達の文部省布達番外「小学教則」の詳細については、前掲『明治以降教育制度発達史』第一巻、三九七―四一七頁を参照。
(26)明治五年九月発布の「小学教則」には、下等小学用の暫定教科書が例示されていたが、そのほとんどは福沢諭吉『学問のすゝめ』をはじめとする外国文献の翻訳書や西洋事情の紹介書であった(同上『明治以降教育制度発達史』第一巻(四一五―四一七頁)には例示された教科書が列記)。〈唐澤富太郎『教科書の歴史』(創文社、一九五六年、四九―五五頁)、倉沢剛『学制の研究』(講談社、一九七三年、七一九―七二〇頁)なども参照〉。
(27)明治新政府は、維新直後から新国家建設のための民政の一環として小学校の設置政策を具体化した(明治二年二月公布「府県施政順序」)。維新政府が構想した西洋モデルの新しい小学校とは、従来の寺子屋教育の否定を大前提するものであった。
(28)文部省は「学制」の立案・実施を進める過程において、教員養成と教科書編集を最も緊急な課題として認識していた。それ故、教科書編集の問題に関しては、明治四年九月、文部省内に「編輯寮」を設けて洋学者を中心に七〇名を超える陣容を配置した(須原屋版『明治四年十一月　袖珍官員録』には、「編輯寮」に配置された官員名が、内田雅雄や木村正辞などが明記されている。前掲、倉沢剛『小学校の歴史』第一巻、八一〇―八一四頁を参照)。
だが、教科書を新たに編集することは容易なことではなく、作業は思うように進展しなかった。そこで文部省は、「学制」の実施に際しては既刊の欧米物の翻訳紹介書を暫定的な教科書として指定するという応急的処置を講じたわけである(倉沢剛『小学校の歴史』第一巻、七七三―八一〇頁、および『学制の研究』、七〇七―七一九頁を参照)。
(29)前掲、復刻版『米百俵　小林虎三郎の思想』所収の「関係資料」に収められた明治六年一月四日付書簡「三島億二郎宛」(同書二三〇―二三一頁)。
(30)同上、明治六年一月四日付書簡「三島億二郎宛」(復刻版『米百俵　小林虎三郎の思想』、二三〇頁)。
(31)前島密(一八三五～一九一九、幕臣)の建言書「漢字御廃止之議」は、「国家の大本は民の教育にして、其教育は士民を論せす国民に普からしめ、之を普かしめんには成る可く簡易なる文字文章を用ひさる可らす」という、国民皆学を実現する上で必須の教育方法的な建議として主張された(東京法令出版『国語教育史資料』第三巻「運動・論争史」編に所収)。このような前島の漢字廃止論の趣旨は、虎三郎の場合と全く同じである。
だが、具体的な実施方策となると、前島の場合は、「御国に於ても西洋諸国のごとく音符字(仮名字)を用ひて教育を布かれ、漢字は用ひられす、終には日常公私の文に漢字の用を御廃止相成候様にと奉存候」と漢字全廃論を主張し、「言文一致のカタカナ表記」を提唱する画期的なものであった。

これに対して虎三郎は、究極的には漢字全廃を目指しつつも、当面は「漢字平仮名交じり文の国文表記」から実施すべきことを主張した。この点において、現実的な漢字廃止論者であった虎三郎の見解は、前島の理想論とは異なるものであった。

(32)『教育の体系』(岩波書店「日本近代思想大系」第六巻、一九九〇年)、一三頁の欄外注記。
(33)同上『教育の体系』所収の前島密の建言書「国文教育の儀に付建議」(明治二年)、同書一四頁。
(34)(35)(36)前島の建言書「漢字御廃止之議」に関しては、東京法令出版『国語教育史資料』第三巻「運動・論争史」編に所収から引用。
(37)同上、前島密建言書「国文教育の儀に付建議」、同書一四頁。
(38)明治元年から同四年の廃藩置県までは、旧幕府領・朝敵藩の没収領が維新政府直轄とし、これを「府」と「県」に分け、その他は従来通り「藩」として存続していたので、「府藩県」という表現になっている(前掲、岩波書店「日本近代思想大系」第六巻の『教育の体系』、一二頁の欄外注を参照)。
(39)前掲、前島密の建言書「国文教育の儀に付建議」、同書一五—一七頁。
(40)同上、前島密建言書「国文教育の儀に付建議」、同書一七頁。
(41)虎三郎「重学訓蒙序」、前掲『求志洞遺稿』所収「文」の部、十丁表。原漢文は次の通りである。
「頃者偶獲荷蘭人所著重学訓蒙者読之。其事雖似鄙細。而実於民生日用。殊為切要。因不自揣。訳以国語。以示夫寒郷晩生。有志斯学。而未習洋文者。俾之得窺其端緒矣。」
(42)福沢諭吉『第一文字之教』(明治六年十一月刊行)の冒頭「文字之教　端書」(岩波書店『福沢諭吉全集』第三巻、五五五頁)。
(43)同上、福沢諭吉『第一文字之教』(岩波書店『福沢諭吉全集』第三巻、五五五頁)。
(44)三島億二郎の日記は幾冊もあるが、そのほとんどが解読され、「長岡市史双書」として公刊されている。「長岡市史双書」第一七巻『三島億二郎日記』(長岡市、一九九一年)、同三六巻『三島億二郎日記(2)』(同、一九九七年)、同三九巻『三島億二郎日記(3)』(同、二〇〇〇年)、同四〇巻『三島億二郎日記(4)』(同、二〇〇一年)。
特に戊辰戦後の長岡復興期に東奔西走する億二郎の行動を記録した『三島億二郎日記(2)』には、廃藩置県前後に彼が上京した折りの詳細な行動記録が記述されている。そこには、維新政府への嘆願などの仲介を依頼すべく、面会して相談事をした人物名が記録されている。同じ象山門下の勝海舟や小松彰をはじめ、維新政府の前島密や大久保利通、そして福沢諭吉にも面会し相談していた。

明治二年五月二十五日の日記には、後に慶應義塾に入学する長男の徳蔵を伴って、すでに長岡藩から慶應義塾に入学していた藤野善蔵を、まだ新銭座にあった福沢塾に訪ねたことが、「午時、福沢の塾に遊ふ(新銭座塾生百二十余人と云)。藤野(善蔵)を訪ふ也。」(同書二一頁)と記されている。

さらに同年十月七日の日記には、いまだ幼少であった第十三代藩主の牧野忠毅の慶應義塾入学を請願するために福沢を訪ね、入学の段取りを福沢と相談していた様子が、「午後、福沢諭吉を訪て、御遊学の事を請願ス。即、被託、云々説話あり。(中略)御遊学の事并藤野脊族の事をも談ス。」(同書二八頁)と記されている。いずれの記述もが、億二郎が福沢と極めて昵懇の間柄であったことを窺わせる資料である。

(45)慶應義塾が、明治四年(一八七一)一月に、現在地の三田に校舎を新築移転する前の草創期の数年間に、長岡藩から次の一〇名が入学していた。①稲垣銀治(慶応三年六月入学、卒業後は義塾教員、東京郵便電信学校教員)、②藤野善蔵(明治二年五月入学、卒業後は義塾教員、明治五年の長岡洋学校創立時の教員、三菱商業学校長)、③秋山恒太郎(明治二年六月入学、証人は藤野善蔵、卒業後は義塾教員、文部省出版免許課長、東京高等師範学校長)、④蘆野巻蔵(明治二年七月入学、証人は藤野善蔵、卒業後は義塾教員、塾長、石川県啓明学校教員)、⑤三島徳蔵(明治二年八月入学、証人は藤野善蔵。億二郎の長男)、⑥名児耶六郎(明治二年九月入学、証人は藤野善蔵。家老牧野頼母の子息、卒業後は義塾教員を経て文部省に入り、高等師範学校、東京帝国大学の事務官を歴任)、⑦外山修造(明治三年一月入学、証人は藤野善蔵。長岡藩領民、卒業後は秋田県教員を経て大蔵省に入省、日銀大阪支店長、衆議院議員などを歴任)、⑧小林雄七郎(明治三年五月入学、証人は藤野善蔵。卒業後は文部、大蔵、陸軍の各省勤務を経て、衆議院議員、虎三郎の実弟)、⑨城泉太郎(明治三年六月入学、証人は藤野善蔵。卒業後は義塾教員を経て長岡洋学校教員)、⑩牧野忠毅(明治三年十月入学、長岡藩第十三代藩主、藩知事を辞職後、十二歳で入学。卒業後は病を得て長岡に帰郷)。

なお、長岡藩から慶應義塾への入学者数が全国トップクラスであったこと、長岡藩と慶應義塾とが深い関係にあったこと、等々に関しては、多田健次『日本近代学校成立史の研究』(玉川大学出版部、一九八八年)の第六章「長岡洋学校」(同書二二三―二七四頁)を参照。

さらに付言すべきは、虎三郎や億二郎の恩師である佐久間象山の嗣子・恪二郎(一八四八~一八七七)もまた、明治四年六月、二十四歳で慶應義塾に入学していたことである。入学の証人は、福沢を補佐して慶應義塾の創設と発展に尽力した小幡篤次郎(一八四二~一九〇五、豊前中津藩出身、貴族院議員)であった。小幡の出身藩である奥平家中津藩は、象山との因縁が深く、藩主が率先して象山を高く評価し、ペリー来航前後に多くの藩士を象山の私塾に送り込み、西洋砲術・西洋兵学を学ばせていた。小幡と同じ中津藩出身である福沢自身が、象山と中津藩との親密な関係を承知していたものと思われるが、象山の義弟で恪二郎の伯父にあたる勝海舟などが、恪二郎の慶應義塾への入学を仲介したとも推察される。

なお、慶應義塾を卒業した後の恪二郎は、維新政府の司法省に出仕し、松山裁判所判事に任官する。これまた、維新政府の高官となっていた海舟をはじめとする象山門人たちの配慮があったものと思われる。だが、明治十年二月、食中毒で急死し佐久間家は断絶となる。享年二十九という短命であった。

以上の慶應義塾への入学関係の記載に関しては、丸山誠編『福沢諭吉とその門下書誌』(慶応通信、一九七〇年)と『福沢諭吉門下』(日外アソシエーツ「人物書誌体系三〇」、一九九五年)を参照。

(46)西周(一八二九~一八九七)は、明治七年三月発行の『明六雑誌』創刊号の巻頭に「洋字ヲ以テ国語ヲ書スルノ論」を発表した(大久保利謙編『西周全集』第二巻、五六九―五七九頁)。『西周全集』の文章は、漢字片仮名交じり文で読みにくい故、本書では、漢字平仮名交じり文に読み下した岩波文庫版『明六雑誌』(全三巻)から引用した。

(47)岩波文庫版『明六雑誌』上巻、三六―三九頁。
(48)岩波文庫版『明六雑誌』上巻、三七―三九頁。
(49)岩波文庫版『明六雑誌』上巻、四一頁。
(50)岩波文庫版『明六雑誌』上巻、五二―五三頁。
(51)岩波文庫版『明六雑誌』上巻、五三―五五頁。
(52)岩波文庫版『明六雑誌』上巻、五五頁。
(53)岩波文庫版『明六雑誌』上巻、五六頁。
(54)岩波文庫版『明六雑誌』中巻、四〇七―四〇八頁。
(55)岩波文庫版『明六雑誌』上巻、二六三頁。
(56)岩波文庫版『明六雑誌』上巻、二六三―二六四頁。
(57)岩波文庫版『明六雑誌』上巻、二五四―二六五頁。
(58)岩波文庫版『明六雑誌』上巻、二六五頁。
(59)岩波文庫版『明六雑誌』上巻、二六五―二六六頁。
(60)岩波文庫版『明六雑誌』上巻、二六六―二六七頁。
(61)『小学国史』の最終巻(「巻之十二」)には、「青柳剛撰」(長岡領内の庄屋で幕府学問所昌平黌出身の儒学者である青柳剛斎)の「跋」が付されていた。そこに彼は、虎三郎が編集した本書を「為童児師、平生自顧、負知己興起之意多矣、君経術淵深、学該体用」「刊行此書者、以其便初学童蒙也、予窃謂君此挙、補有於教育」と高く評価し、跋文を叙述した年月を「明治七年甲戌七月辱知後学青柳剛撰」と記している。これによって、青柳の跋文が明治七年(一八七四)七月に書かれたことは間違いない。それ故に『小学国史』は、明治六年四月に第一巻が刊行され、最終巻の第一二巻が出て完結したのは翌七年の七月以降、ということが判明する。
したがって、松本健一『われに万古の心あり―幕末藩士　小林虎三郎』の「明治六年四月には、はやくもこれを完成させている。」(同書二四二頁)という指摘は、事実誤認といわざるをえない。
(62)筆者が作成した「明治初期歴史教科書刊行状況一覧」は、海後宗臣・仲新編『近代日本教科書総説(目録篇)』(昭和四十四年、講談社)に基づいている。同書の序文に、「明治初年には教科書の出版も、各学校における採択も全く自由であったので、厳密に小学校教科書としての書目を記すことは困難」「地方出版の教科書があり、印刷部数が限られ、一地方の学校だけで用いられたものはこれを完全に収録することは不可能」と記されている通り、同書に掲載されたものは刊行された小学校歴史教科書の全てではない。
(63)「学制」の掲げる国民皆学の精神に基づいて全国に設置奨励された小学校は、西洋近代の義務教育制度が基本原理の第一とする無償教育(Free Education)ではなく、授業料を徴収する有償教育であった。したがって、学制に規定された「小学校ニアリテハ一月五十銭ヲ相当トス」(学制第九十四章)という高額の授業料はもちろん、教科書その他で就学児童が必要とする教育費の総額は、当時の一般家庭にとっては多大な経済的負担となり、これが就学率低下の要因のひとつであった。

(64)仲新『近代教科書の成立』(日本図書センターの復刻版、一九六一年)、九四頁。

(65)箕作麟祥(一八四六～一八九七)が編集した『万国新史』(全一八冊、明治四年)は、英国人チャンブル著の『モデルン・ヒストリ』と『ヒストリ・オフ・イングランド』の二書、それに仏国人のチュルイ著『イストワール・ド・フランス』および同チュクードレイ著『イストワール・コンタンポレーン』の二書、の合計四種の英仏歴史書を原典としてフランス革命以後の西洋近代史を叙述した内容であった(前掲『近代日本教科書総説(目録篇)』(同書三八九―三九〇頁を参照)。

(66)前掲の海後宗臣・仲新『近代日本教科書総説(解説篇)』、四四二頁。倉沢剛『小学校の歴史』、七九三―七九六頁を参照。

(67)「学制」が発布された翌月の明治五年九月に文部省が布達した「小学教則」には、教科目毎に小学校の授業で教授すべき内容と使用する教科書が例示されていた。前述のごとく、多くは福沢諭吉の『学問のすゝめ』『西洋事情』『童蒙教草』『窮理図解』など西洋知識を内容とする書物であった。だが、それだけではなく、従来の寺子屋で使用されてきた伝統的な往来物、例えば菱潭著の『地方往来』や『農業往来』などの往来物も列挙されており、前近代と近代、すなわち漢籍物と西洋翻訳物とが混在していたのである(前掲『明治以降教育制度発達史』第一巻、三九九―四一七頁を参照)。

(68)明治十年代においても、欧米翻訳教科書と共に近世寺子屋の教科書であった各種の往来物が、全国各地の小学校で引き続き教科書として使用されていた。この具体的な事実については、仲新『近代教科書の成立』(二〇五―二〇八頁)を参照。

なお、前掲の『新潟県教育百年史　明治編』(一〇〇七―一〇二二頁)や『長野県教育史』「第六巻「教育課程編三」(二三八―二四五頁)、さらには『埼玉県教育史』第三巻(埼玉県教育委員会、一九七〇年、三九二―三八七頁)などには、「学制」の実施後における県内各地の小学校現場における歴史教育が、実際にはどのような状況にあったかを物語る各種資料が、学校に所蔵され使用されていた教科書全体を含めて明示されている。

(69)当時の大部な歴史教科書は非常に高価で、一般児童が所持するのはとても困難であった。そこで、例えば信州の筑摩県では、権令だった永山盛輝(一八二六～一九〇二、薩摩藩出身の貴族院議員、男爵)が、明治七年(一八七四)八月、文部省刊行『官版　史略』を二百部購入し、県下の各学区に配布した(前掲『長野県教育史』第六巻「教育課程編二」、二三九頁)。

また、明治元年(一八六八)生まれで、「学制」発布当時の小学校に就学した作家の徳富健次郎(蘆花)は、晩年の自伝的作品『思出の記』(明治三十三年九月から朝日新聞に連載され、完結した翌三十四年、民友社から単行本として出版、後、岩波文庫で再版)に当時の教科書事情を、「貧乏人は到底本が買えぬというて退学した」(岩波文庫版の上巻、二二頁)と記している。

福沢諭吉も、高価な教科書の経済的負担の問題を取りあげ、教科書を作る側も教科書購入者の経済的負担を軽減する努力を積極的に払うべきであると主張して、次のように述べ、その具体的な実践を自ら試みている。

「紙の数を増すときは本の値を増して小学の読本に用ひ難し。故に細字の文章を少なくして紙数を省きたるは、敢て著者の骨折を愛《おし》むに非ず。本を買う者のために銭を愛みたるなり。」

（前掲『第一文字之教』の「端書」、『福沢諭吉全集』第三巻、五五六頁）

以上のごとくに教科書は高価な代物であった。それ故に、貧家児童はこれを購入所持できないという状況はその後も変わらず、「一冊ノ値僅ニ数銭ノ書籍ト雖トモ之ヲ購求スルニ尚難クスルモノ往々之アリ」（明治十七年、「山梨県年報」）とか、「小学生徒ノ父兄ハ子弟ノ為ニ図書ヲ購求スルノ資力ニ乏キモノ少ナカラズ」（同十八年、「徳島県年報」）という厳しい教育状況が続いたのである（前掲、仲新『近代教科書の成立』、一六四―一六五頁）。

(70)今日、日本人が教育を考える際に、「教科書」という歴史的な教育用語は重要なキーワードのひとつとなっている。はたして、日本の教育史上において「教科書」という語彙（vocabulary）が、いつ頃から使用されたのか、そして法制上ではいつから正式名称として採用されたのか。これらの点については、従来の教育史研究では全く問題とされてはおらず、不問のまま、自明の教育用語として使用されてきた。それ故に、現代の日本人にとって「教科書」という用語は公的にも私的にもアプリオリに定着し、極めて一般的な教育用語となっている。

それは、明治以降の近代に入って後の「textbook」の訳語を連想させる。管見の限りでは、日本の近世社会において「教科書」の用例は発見できず、明治の近代学校教育の成立時においても、「学制」はもちろん「小学教則」にも「教科書」という用語は見当たらない。明治十三年に、文部省が小学校教科書として不適当な書物を発表した「通牒」の中に「小学校教科書トシテ不妥当之條項」と、初めて「教科書」という表現を確認することができる。だが、明治十六年に、文部省が、全国的規模で近世教育資料の蒐集・編集を企画し、各府県に指示した「取調要目」においても「教科用書」という表現はなかった。

しかしながら、同十九年の「小学校令」においては、「小学校ノ教科書ハ文部大臣ノ検定シタルモノニ限ル」（第十三条）と明記されており、ここに初めて「教科書」という表現が公的な教育用語として用いられている事実を確認することができる。したがって、「教科書」という教育用語の歴史は、近代、それも明治中期以降に使用され一般化したものと推察される。

同様に、「教育」という用語もまた、日本人にとっては歴史が浅く、十九世紀に入ってからのことであった。明治五年の「学制」および「学事奨励ニ関スル仰被出書」においても、「教育」という用語は、一切、使用されてはいない。福沢諭吉の『学問のすゝめ』は、内容的には「教育のすゝめ」である。同書の初編が刊行されたのは明治五年。当時は、いまだ「教育」という用語が一般的ではなかったが故に、江戸時代以来の伝統的な「学問（学文）」という表現が理解されやすいとの判断で使用されたのではなかと推察される。

日本で「教育」という用語が本格的に使用され一般化するのは、明治以降のことと考えられる（中内敏夫『近代教育思想史』、国土社、一九七三年、六三―七〇頁を参照）。管見の限りでは、「教育」という用語が公的な法律用語として最初に使用されたのは、明治十二年（一八七九）九月に「学制」を廃して新たに発布された「教育令」が最初と考えられる。

だが、実は、それに先だって、御雇外国人教師ファン・カステールが翻訳した日本語を、虎三郎が校訂して文部省が明治九年（一八七六）六月に出版した、アメリカ教育書『学室要論』（John S. Hart, *In The School Room* または *Chapters in The Philosophy of Education*, 1872）では、すでに"EDUCATION"を「教育」という日本語に訳していたのである（坂本保富「明治初期における欧米翻訳教育書の校訂活動」、信州大学全学教育機構、坂本保富研究室、平成十九年度後期「研究報告書」通巻第七号に所収を参照）。これは、伊沢修二（一八五一～一九一七）が第一回国費留学生（師範学科取調留学生）としてアメリカで学んだ教育学の成果をまとめた日本最初の教育学書『教育学』を、明治十五年（一八八二）に出版する六年も前のことであり、実に先駆的な訳語であった。

第四章　国文による歴史教科書『小学国史』の編纂刊行

（1）海後宗臣・仲新編『近代日本教科書総説　目録篇』（講談社、昭和四十四年）では、小林虎三郎編『小学国史』の出版元を「京都」（同書三九二頁）と記しているが、これは明らかに「東京」の事実誤認である。

（2）明治六年四月二十九日、文部省は同省布達第五八号をもって小学校の「教科用書目録」を示した。「歴史之部」には、文部省編『官版　史略』をはじめとして、南摩綱紀編『内国史略』、土屋政朝・高見澤茂編『條約国史略』が挙げられていた（教育史編纂会編修『明治以降教育制度発達史』第一巻、八五五―八五七頁を参照）。

（3）小林虎三郎編『小学国史』の「巻之一」に収められた虎三郎自身の「序文」。以下に漢文体の原文を挙げておく。なお、筆者が本稿を執筆するに際して使用した小林虎三郎編『小学国史』の原本は、旧東京教育大学図書館の所蔵（現在は筑波大学体育芸術系棟図書館に収蔵）。なお、虎三郎の郷里である長岡市立中央図書館及び長岡市立阪之上小学校にも全巻が収蔵されている。

「我邦之史。挙上下二千余年之事。約之僅々数巻内。可以為初学階梯者。世固多有之。然率係漢文。在童蒙。猶憂難解。其或係国文者。又不過於略。則失於蕪。有志於教育者。常以為憾焉。余因不自揣。養痾之余。閲諸史。採其要。悉以国文綴輯。上起神代。下迄近世。総若干巻。名曰小学国史。鋟梓以公于世。初学之徒。得而読之。庶幾其稍免難解之憂。而於古今之隆替沿革。亦足以領其概略乎。但余学識浅薄。又乏鄴架。所考弗博。謬誤応多。大方君子。若賜是正。則幸甚。

明治六年。一月一日。越後小林虎炳文識于東京神田之僑居通編。叙事中。往往挿議論。多述前輩成説。間又附一二憶見。不一々標別従簡省爾。虎又識。」

（4）佐久間象山は、安政元年（一八五四）四月、門人吉田松陰の海外密航事件に連座して捕縛され、江戸伝馬町に入獄。同年九月に幕府の処罰が決定し、郷里の信州松代に蟄居謹慎となった。以来九年間という長い蟄居生活の後、文久二年（一九六二）十二月に赦免となった象山は、元治元年（一八六四）三月、幕府の徴命「海陸御用備向手付」を拝して上洛した。京都での中村正直との出会いは、このときのことであった。

（5）中村が、象山に注目して面会を求めるに至った経緯については、『自助的人物典型　中村正直』（大空社復刻の伝記叢書第七巻『自叙

千字文／中村正直伝』所収、一九八七年、三二一―三七頁）を参照。

（6）同上『自助的人物典型　中村正直伝』（同書三四頁）には、象山が中村に自分の書いた「跋文」の漢文添削を依頼したという記述がある。だが、これを象山側の資料から確認することはできない。

（7）同上『自助的人物典型　中村正直伝』、同書三四頁。

（8）同上『自助的人物典型　中村正直伝』。原文は次のような漢文である。「象山鉅儒、識量超卓、旅亭訪尋、継燭更僕」「惜哉被刺、斃乎道側踵吾蒙譏、殆災罹厄」（同書三六頁）。

（9）討幕後の明治元年、幕命による英国留学から帰朝した中村正直は、将軍慶喜に随って駿河（静岡）に赴き、徳川家学問所の漢学教授となった。明治四年には、四十歳にして『西国立志編』『自由之理』を相次いで翻訳刊行し、福沢諭吉と並ぶ啓蒙思想家として令名を馳せた。翌五年六月には静岡より上京し、八月には大蔵省翻訳御用に就任した。さらに翌年の明治六年二月には英学私塾「同人社」を設立、そして同年七月には、森有礼や福沢諭吉、それに象山門下の西村茂樹、加藤弘之、津田真道などと共に、日本最初の学術団体「明六社」を結成した。虎三郎が、『小学国史』の序文を依頼した時期の中村は、公私共に精力的な活動を展開して多忙を極めていた四十代初めの壮年期であった。

（10）明治維新の後も、虎三郎をはじめとする象山門人たちは、塾頭格の勝海舟を中心として相互に連絡協力して、恩師象山に関する資料の蒐集保存や顕彰活動を展開した。同門の中で、虎三郎は、編集局長や事務局長の役割を担っていた。門人たちの顕彰活動の具体的な一環として、『象山先生詩鈔』（上下二巻、北沢正誠編、小林虎炳文・子安峻士徳校訂、明治十一年四月、日就社刊）の編集刊行がなされた。

編者である象山門人の北沢は、同書の「序文」で、同書刊行の頃には、恩師象山が存命中に親交のあった人物が少なくなってしまったことを述懐し、その数少ない存命者の中で、象山理解の第一人者が中村正直であったことを指摘して、「先師交游今存者不過数人、而其旧且親無若大槻磐渓、中村正直二先生、故請其序及批評掲之」（『象山先生詩鈔』（上巻、北沢正誠「序」）と述べている。

（11）小林虎三郎編『小学国史』の巻頭に掲げられた中村の推薦序文。原文は次のような漢文である。「炳文越後人。甞学於佐久間象山翁。蓋有所淵源云。」

（12）小林虎三郎の実弟である雄七郎の長男が執筆した「小林雄七郎略歴」の中には、「（雄七郎の）英学ハ維新前カラデ、十八歳ノ時、出京セル筈ニテ、漢学ノ方ハ長兄（虎三郎）ノ指導デ在郷中ニ大略修了セルナラン。何時ノ頃ハ不明ナレド中村敬宇先生ノ門ニ在リシコトハ確実ナリ」（『復刻　薩長土肥』、慶應義塾福沢研究センター「近代日本資料（八）」所収、二〇〇一年、同書一五九頁）と記されており、虎三郎の実弟と中村正直とが英学の師弟関係にあったことを裏付ける記述を残している。

（13）同じ幕臣であった勝海舟と中村正直は昵懇の間柄で、徳川家の静岡学問所教授であった中村を維新政府の大蔵省に招くに当たって仲介の労をとったのは勝海舟であったといわれる（高橋昌郎『中村敬宇』、吉川公文官、一九六六年、一一五頁）。

なお、勝海舟の象山塾入門は、象山側の資料「訂正及門録」(『象山全集』第五巻所収)によれば、嘉永三年(一八五〇)、二十八歳のときの門人記載の中に確認できる。しかし海舟側の資料によれば、彼は、そのときより六年も前の弘化元年(一八四四)に、象山を訪問していた(石井孝『勝海舟』、吉川弘文館人物叢書、一九七四年)。したがって、実際の入門は弘化元年から嘉永三年の間と推定される。

海舟の入門後に、彼の妹(順)が象山に嫁ぎ、師弟関係にあった両者は、義兄弟の姻戚関係となった。象山亡き維新後は、海舟が旧門人たちの代表格として象山門下をとりまとめ、象山関係史料の蒐集刊行や顕彰碑の建立などに尽力して学恩に報いた。

(14)福沢や中村と共に「明六社」の同人であった西村茂樹、津田真道、加藤弘之は、いずれも象山門人であった。彼らは、幕末動乱期の多感な青年期に象山塾に入門し、象山の説く「東洋道徳・西洋芸術」思想の影響を受けて、洋学の学習に向かった人たちである。彼らは、維新後も象山塾門人との交友を深め合いながら、旧師象山の顕彰事業などに参画し、それぞれに恩師象山を回顧した記録を残している。

(15)北沢正誠(一八四〇～一九〇一)は、象山晩年の門人で松代藩士。維新後は、明治二年、松代藩権少参事兼学校軍事掛。明治四年には上京して維新政府左院の中議生、同八年には左院の廃止に伴い、地理寮七等出仕となり、全国地誌の編修を担当した。同十年には外務省に移り外務権少書記官となり記録局編纂課長に補され、『蘭学者伝記資料』(青史社、一九八〇年)などを編輯した。同十八年には、東京本郷区長に就任した。さらにその後は、華族女学校幹事、小笠原島々司、新潟の中頸城中学校講師等を歴任した。明治三十四年二月二日歿、享年六十二。

以上は、『明治過去帳』(東京美術、昭和四十六年発行の新訂初版、六一九頁)、『佐久間象山』(宮本仲、六一七―六一八頁)、蘭学資料叢書『蘭学者伝記資料』所収の「北沢略歴」などを参照。

(16)子安峻(鉄五郎、一八三六～一八九八)は大垣藩士。象山塾を経て文久二年(一八六二)に幕府の蕃書調所教授手伝に抜擢された。維新後は、わが国における最初の英和辞書を刊行し先駆者となった(「明治三年、子安峻、柴田昌吉等の諸氏相謀り上海より活字及器械等を買ひ、横浜元弁天町に日就社を設立し、続いて英和辞書を刊行せり。これ本邦に於いて英和辞書を印刷したる始めなり。」(『読売新聞の沿革』)。さらに彼は、「読売新聞社」の前身となる新聞社を創設して、日本新聞界の先駆者となった。明治三十一年一月に病没。享年六十三(田村栄太郎編『日本電気技術者伝』、科学振興社、一九四三年。「内外新聞人列伝　子安峻」、『新聞研究』第二〇号所収、一九五二年。『読売新聞百年史』、読売新聞社、一九七六年。)などを参照)。

なお、大植四郎編『明治過去帳』(東京美術、昭和四六年発行の新訂初版)には、「元外務権大丞正六位。岐阜県士族にして姓は橘、旧名宗峻。天保七年生る。明治二年立嘉度等と外務大訳官たり。三年従七位に、文書権正に任ず。五年頃、外務少丞に昇り正六位に。秘露奴隷放還事件に功あり。六年、英和字彙を編す。同種辞典界の権威とし嘖々たり。九年頃、外務権大丞に進む。後、本野盛亨と読売新聞を創刊、日就社長となり、三十一年一月十五日胃病を以て没す。年六十三」(同書五三〇頁)とある。

(17)小松彰(一八一九～一八八八)は、松本藩医小松維貫の長男で、象山晩年の門人である。彼は、元治元年(一八六四)に蟄居赦免となった象山に随行して上洛、象山の最期を見届けた人物。維新後は、岡山県判事（明治二年）、明治三年には弱冠二十九歳で文部省の大学大丞に就任し、近代学校教育制度の準備に尽力した。その後、生野県知事、豊岡県令を歴任。やがて官を辞して下野し、東京株式取引所を創設して初代頭取に就任した。前掲『明治過去帳』には、次のように記されている。

「両毛鉄道会社取締役兼東京米商会社取締、正五位。長野県士族、旧信州筑摩郡松本六九街藩士小松維貫の男にして妣は藤原、字は常郷、霊巌と号し、天保十三年三月九日生る。幼より江戸に遊び、業を塩谷宕陰に受け、文久三年佐久間象山に就き時務を講究し陽明学に通ず。遂に従ひて京師に至る。幾何もなく征長の挙あり。藩侯戸田光則之に従ふ。乃ち軍議に参し明治中興の初め、功を以て別に禄五十石を給ひ貢士と為る。二年倉敷県判事に任じ大学少丞に転じ従六位に叙し、三年二月大学大丞に進み、従五位に。七月本官を免ず。十二月大史に遷り、久美浜県権知事兼生野県知事を歴、四年豊岡県権令に任じ、五年県令に進み、十月累遷正院大外史と為る。六年権内史に転じ法制課長に補し、七年左院二等議官に任ず。更に文部四等出仕を経、八年頃文部大丞に任じ。九年辞官。十一年五月十五日兜町六番地に東京株式取引所を創立、初代頭取に推され、二十年現職に選ばる。後、肺疾に罹り二十一年三月二十三日、特旨を以て正五位に進めらる。二十四日飯田町の邸に病没す。年四七。配原氏子無し、妾常岡氏一男一女あり。男健夭折し義弟小松維直の次男春三を養ひ其女に配す。」（同書二五八頁）

(18)象山の代表的著作である『省諐録』は、象山が、松陰の海外密航事件に連座して安政元年（一八五四）に捕縛されたとき、江戸伝馬町の獄中で筆録した自省録である。彼の死後、縁戚関係にあった門人勝海舟の序文、小林虎三郎の跋文を付して、明治四年に公刊された著作。同書は、象山の代表的著作のひとつである。前掲『象山全集』の第一巻に収録されている。なお、飯島忠夫訳注『省諐録』（初版は一九四四年）が岩波文庫に収められている。

(19)『象山先生詩鈔』（上巻）を飾る中村正直の序文（「象山先生詩鈔序」）は、通り一遍の内容ではなく、和紙四丁（八頁相当）という長文で、象山に対する敬愛の情の溢れる内容となっている。『象山先生詩鈔』に収録された象山漢詩の一遍ごとに、生前の象山と親交の深かった中村の詳細な詩評を交えた脚注が欄外に付されている。中村は、学問識見共に傑出した象山を、幕末期日本の「豪傑之士」として高く評価して追慕し、象山漢詩に畏敬の念を込めた論評を加え、象山を賛えて弔った。その中村が、象山の漢詩の性格と特徴を次のように記している。

「先生非詩人也。然先生志尚之高遠。気度之俊邁。学術之宏深。識見之超卓。以至遊学交友。君臣遇合。禍福出処。罔不流露于詠之間。故読其詩而先生之為人。可得而知也。（中略）読先生詩匪独可其人。并可以知其世也。」

(20)同上『象山先生詩鈔』に収録された象山漢詩に中村が施した詩評は、後に信濃教育会から編集刊行される最初の『象山全集』（上下二巻、一九一三年）に、さらに『増訂象山全集』（全五巻、一九二〇－一九二一年）に、そのまま継承されて収められた。

(21)『象山先生詩鈔』（下巻）の巻末に収められた虎三郎の「象山先生詩鈔跋」は、次のような内容である。

「　象山先生詩鈔跋

客曰。象翁雖文武之英。詩則非其所長。余笑曰。然翁既不屑屑於文章。況詩乎。然詩者君子所以言其志也。故翁之於詩也。根據経術。採材羣籍。篇章字句。必不敢苟。是以其作。託意幽遠。規律森厳。絶無淫靡浮華之習。要不失風雅之遺意。視之当世尋常詩人所為。孰得孰失。明眼之士。必能弁之矣。余嘗聞。宋胡澹菴薦詩人於朝。朱文公居其一。向者嘉安之間。我邦亦或有薦詩人者。悪知翁之不中其選哉。然是可与知者言。難与不知者言也。客無言而去。適詩鈔刻成。書此後。

紀元二千五百三十七年八月十八日　門人越後小林虎　敬題　」

なお、上記のごとく、「象山先生詩鈔跋」が書かれたのは「紀元二千五百三十七年」と正直が記していることから、明治八年（一八七五）の執筆であることが判明する。しかし、『象山先生詩鈔』が刊行されるのは、虎三郎が病没した翌年の明治十一年（一八七八）四月であった。それ故、下巻に収録された「象山先生詩鈔跋」の末尾には、「小林雄七郎謹書是家兄在上野伊香保日所草也。二十四日舁病帰家未一点鐘没故代書焉」と添書されているように、生前、群馬県伊香保温泉に湯治療養していたときに虎三郎が執筆しておいた「象山先生詩鈔跋」の草稿を、『象山先生詩鈔』の刊行に際して、実弟の雄七郎が代書して掲載したものであるという経緯が明らかとなる。

(22)前掲、小林虎三郎編『小学国史』「巻之一」の巻頭に掲げられた中村正直の「序文」。

(23)幕末期はもちろん、明治維新後の近代日本においても、異質な西洋近代の学問思想を、近世日本に伝統的な学問思想として普及定着していた東洋の儒学の立場から理解し位置づけようとする意識や努力が看取された。そのような先駆的人物として、佐久間象山を捉え、彼の提唱実践した「東洋道徳・西洋芸術」思想の歴史的な意味や役割を理解することができる。

さらには、日本近代化を推進する際の思想的な主体性の保持という観点から「東洋道徳・西洋芸術」思想をみれば、それは、単なる東西折衷の思想ではなく、儒学的基盤から異質な外来文化である西洋の学問文化−洋学を主体的に受容し位置づけようとした儒学的洋学受容論として把捉することができる。

そのような思想史的な視座から、「東洋道徳・西洋芸術」思想の教育的な展開過程として、西村茂樹・加藤弘之・津田真道などの象山門人たち、あるいは中村正直など明治期啓蒙思想家たのたちの思想と行動を分析することは、極めて妥当性のある有意な研究とみることができる。

中村正直は、象山門人ではなかった。だが、象山と同様、儒学者から洋学者へと学問展開を遂げた典型的人物であった。中村は、福沢諭吉と共に明治の欧化日本を代表する啓蒙思想家と評されるが、学問的な基盤は福沢とは全く異なる。象山の場合と同様に、中村の思想と行動を儒学的洋学受容論という観点から吟味することが可能である。

上述のような幕末維新期における日本人の儒学を基礎とした西洋理解の仕方と、東西両洋の学問思想の関連付け方とを特徴的に表現する概念として、筆者は、「儒学的洋学受容論」という用語を適用し、幕末維新期における日本人の思想と行動の展開を、「儒学的洋学受容論の成立展開過程における日本人の主体形成」という視座から分析し把握することの妥当性を探究してきた。その代表的な論文としては「象山における儒学理解への前提と特質」（筑波大学『教育学研究集録』第一号所収、一九七六年）などがある。

(24)洋学者あるいは啓蒙思想家としての中村の卓絶した英語力はもちろんのこと、英学を通しての西洋学問に関する学識は相当に深いものであった。しかしながら中村は、洋学者である以上に、優れた漢学者であったのである。彼が、幕末維新期を通じて日本漢学界の重鎮であったという事実を看過してはならない。このことは、彼が、明治十四年に漢学担当の東京大学教授に迎えられたという公的な学問的地位(社会的評価)はもちろん、彼の残した『敬宇文集』や『敬宇文稿』に収められた一連の著作の漢学的な出来栄えからも窺い知ることができる。

なお、筆者と同様な観点から中村における儒学思想に注目し、彼の思想理解にアプローチしようとした先行研究としては、源了圓「幕末・維新期における中村敬宇の儒教思想」(季刊『日本思想史』第二六号、一九八六年に所収)が注目される。

(25)坂口五峰『北越詩話』(下)(復刻版、歴史図書社、昭和四十九年)の「青柳剛」の項(四六〇―四六二頁)、前掲の『長岡市史 通史編』上巻(六三七頁)を参照。なお、青柳剛齋の私塾に関して、中野城水『新潟県教育史』(新潟県教育会発行、一九四六年)では、「希顔堂 河根川村 青柳剛齋、漢学 安政二年」(同書七六頁)とあり、塾名が異なっている。

なお、小林虎三郎編『小学国史』第一二巻の巻末に収録されている青柳剛の跋文(原漢文)は、次の通りである。

「小林君炳文所纂小学国史成。遠郵寄一部。且為之跋。予辱君之交誼久矣。安得以不文而拒其請也。因憶君之在越也。予時往訪焉。君在病榻。与商椎《しょうかく》経史。評隲文詩。娓々弗倦。間或呼杯微醺。歌吟烏々。以為歓焉。及君之徒東京。予亦出仕于某県。塵務鞅掌。不通音問。殆二歳余。問有自東京来者問焉。皆云病翁善病如蒨《せん》。而今見有如許挙。編輯之勤可想也。而予之慰浣。云如何哉。嗚呼早也。齢既踰強仕。而一无所成。碌々為童児師。平生自顧知己之意多矣。観君之此著。其能不感憤而興起也。君経術淵深。学該体用。嘗参藩政。有治績焉。至于文章。尤称精詣。其編集行将大顕于世。而今先特刊行此書者。以其便初学童蒙也已。予窃謂君之此挙。有補於教育。盖匪浅尠也。因寘《おく》一言簡尾。又以自攄《のべる》感懐云。若夫此書。事実之確。行文之雅。前序既言之。予不復敢贅。

明治七年甲戌七月　辱知後学　青柳剛　撰」

(26)前掲の『近代日本教科書総説(解説篇)』、七二二頁を参照。『官版 史略』は「近代小学校用歴史教科書の先駆」(仲新『近代教科書の成立』、二八二頁)と近代教科書史上に位置づけられている。確かに『官版 史略』は、後に同書を再編分離した師範学校編『万国史略』(明治七年)と同『日本略史』(同八年)が刊行されるまでは、歴史教科書としての代表的な地位を占めた。だが、『日本略史』の刊行後は、同書に取って代わられ、歴史的役割を終えたのである(同上、『近代教科書の成立』、一四八―一四九頁を参照)。

(27)前掲『日本教科書体系』(近代編第一八巻「歴史(一)」)所収の『官版 史略』の「史略例言」(同書九頁)。なお、編者の木村正辞(きむらまさこと、一八二七~一九一三)は、文久三年(一八六三)に幕府の和学講談所会頭助役、明治二年には大学大助教となった。特に明治四年の文部省設置に際しては、文部少教授として編纂寮の編輯権助に任ぜられた。彼は、在任中、専ら近代教科書の編修に従事し、文部省刊行『官版 史略』(「皇国」の巻)の編修、同書を分離独立させた師範学校編『日本史略』(二冊)の編修など、歴史教科書の編修に多大な貢献をなした。その後、神祇官、司法省、太政官、文部省などの各省を歴任して学士院会員となり、東京大学文科大学教授兼高等師範学校教授となった。

だが、明治二十六年（一八九三）には、官を辞して国文学の研究に専心し、晩年は「万葉集」の訓釈に傾注した（以上、吉川弘文館『国史大辞典』第四巻、河出書房新社『日本歴史大辞典』第三巻の「木村正辞」の項などを参照）。

（28）前掲、小林虎三郎編『小学国史』の「巻之一」。

（29）前掲『日本教科書体系』（近代編第一八巻「歴史（一）」）所収の『官版　史略』の「史略例言」（同書一六頁）。

（30）前掲、小林虎三郎編『小学国史』の「巻之十二」の最終項目。

（31）小林虎三郎編『小学国史』が編輯刊行される前後の、学制実施過程における歴史教育では、国民皆学とされた「下等小学」には歴史関係の科目はなく、その上の「上等小学」の第七級（第五学年の後期）以上に歴史的分野の科目として「史学大意」が設けられていた。歴史教育の内容や方法に関する具体的な規定は「小学教則」に記されており、そこでは第七級から第一級（第八学年の後期）の四ヶ年にわたって「史学輪講」という名称で定められていた（例えば「第七級六ヶ月、史学輪講、一週四字、王代一覧等ヲ独見輪講セシム」（前掲『明治以降教育制度発達史』第一巻、四〇七頁）と規定されていた。

なお、「輪講」とは「教科書を独見、つまり自習してきて、輪講すなわち生徒各自に順番に講読させるか、解説させる」（奥田真丈監修『教科教育百年史』、二八〇頁）という教育方法であった。そのような教授法は、全ての児童が銘々に自分用の「教科書」を所持して授業に望むことを前提とするものではなかった。

（32）明治十四年（一八八一）五月に公布された「小学教則綱領」は、それまでの欧化啓蒙の教育を、尊皇愛国の教育に方向転換させる画期的な法令であった。それによって、修身と共に重視された歴史の教育は、「日本歴史」に限定されたのである。

しかも、その内容は「歴史ハ中等科ニ至テ之ヲ課シ、日本歴史ニ就テ建国ノ体制、神武天皇ノ即位、仁徳天皇ニ勤倹、延喜天暦ノ政績、源平ノ盛衰、南北朝ノ両立、徳川氏ノ治績、王政復古等緊要ノ事実、其他古今人物ノ賢否、風俗ノ変更等ノ大要ヲ授クヘシ」（第十五条）と定められ、皇道主義の歴史教育を通じて「尊皇愛国ノ士気ヲ養成」（同条）する国民教育の徹底が求められたのである。

第五章　漢書『大徳国学校論略』を明治初期の日本に翻刻紹介

（1）丸山真男『「文明論之概略」を読む（上）』（岩波新書、一九八〇年）を参照。

（2）例えば、虎三郎が翻刻した『徳国学校論略』の存在について指摘している先行研究としては、尾形裕康『西洋教育移入の方途』（野間教育研究所紀要第一九集、一九六一年、講談社。同書は、後に『学制成立史の研究』、校倉書房、一九七三年に収録）がある。同書には「翻訳教育書部門別一覧表」（四四四頁）が付されており、箕作麟祥訳『百科全書　教導説』が最初で、その第三番目に『徳国学校論略』が記録されている。

なお、同書には、明治二年（一八六九）刊行の内田政雄訳『和蘭学制』を端緒とする「翻訳教育書原著国別刊行状況」の一覧表（一六九頁)が掲げられているが、その「ドイツ」の項の最初は明治七年(一八七四)となっている。具体的な書名はあげられてはいないが、これは虎三郎翻刻の『徳国学校論略』をさすものと推察される。この他の先行研究、例えば平松秋夫『明治時代における小学教授法の研究』(理想社、一九七五年)には、「わが国がドイツに学ばんとするの風は、特に医学関係において、早くからみられた傾向であるが、教育に関しても、明治七、八年頃に、ドイツの教育制度が相次いで紹介されるに至っている。小林病翁訓点の『徳国学校論略』、柴田承桂の『普魯士学校規則』」、などが其の代表的なものである」(同書一二四頁)と記されている。筆者の管見の限りでは、日本に紹介された体系的なドイツ教育書は、小林虎三郎の『徳国学校論略』が嚆矢であったとみられる。

(3)『求志洞遺稿』に寄せられた象山塾後輩の北沢正誠による「序」。

(4)『求志洞遺稿』所収の「小林寒翠翁略伝」(同書三頁)には、「尋《つ》いで朝廷、翁を徴《め》して、文部省の博士に挙ぐ。翁、病を以てこれを辞す。」(原文「尋朝廷徴翁。挙文部省博士。翁以病辞之。」)と記されている。

(5)筆者は、一九九七年に、中国で出版された漢文の原著書『大徳国学校論略』の所在の確認と同書の複写を、中国上海の復旦大学に依頼した。その結果、同大学から「上海市歴史文献図書館蔵」の原著書の複写版が恵送されてきた。これによって筆者は、漢文原書の中国版と虎三郎翻刻の日本版の両方の内容を、比較検討することができた。

(6)虎三郎が翻刊した漢書『徳国学校論略』は、上下二冊本として明治七年十月に「求志楼蔵梓」で刊行された。以下の叙述における『徳国学校論略』の引用は、全てこの「求志楼蔵梓」の版によるものとし、その場合、単に「上冊」あるいは「下冊」と略記する。

(7)『徳国学校論略』の原著者である「花之安」に関する経歴は、主として『岩波　西洋人名辞典』(増補版、岩波書店、一九八一年)を典拠としたが、併せて平凡社『アジア歴史辞典』やマイヤー『歴史辞典』なども参照した。

なお、上記の『岩波　西洋人名辞典』によれば、彼の著作には、『大徳国学校論略』(一八七三年)の他に、『馬可講義』(一八七九年)、*Introduction to the Science of Chinese Religion*, 1879, *The Mind of Mencius*, 1879, など数冊があげられている。

(8)ドイツ人宣教師「花之安」、すなわち「Ernst Faber」(本書に引用した他の文献では、「Faber《ファベル》」との記載、また「Fa'ber Ernst」との記載もみられるが、本書では「Ernst Faber」で統一した)が赴任した中国香港の教会「中国基督教礼賢会香港区会」は、ドイツのキリスト教会「徳国礼賢差会」が一八四七年に設立したもので、そこに本国から宣教師として派遣されたのが『大徳国学校論略』の原著者であった(「中華基督教礼賢会社由徳国礼賢差会於一八四七年在中国建立、徳国礼賢差会属信義宗礼系」)。なお、この教会は現存し、幼稚園から中学校までの学校を運営し、今なお中国社会の教育文化の普及に貢献している(以上の資料は、同教会のホームページに掲載された資料より引用)。

なお、比屋根安定『支那基督教史』(生活社、一九三五年)には、礼賢会(Rheinische Missionsgesellschaft)は、道光二七年に中国の香港に開教されたドイツ系の伝道教会であること(同書二七三頁)、またドイツ人の中国伝道の先駆者(カアル・フリイドリッヒ・ギュッツラフ、Karl Friedrich Gützlaff　郭実獵)が、アヘン戦争の勃発時に「ドイツの各教会が一致して支那伝道に当たるべしと唱えたとき、これに礼賢会は賛同せず、独立して宣教師を支那に派遣」したこと（同書二七五頁）、ギュッツラフは「支那人牧師を養成して外国宣教師の監督の下に布教に従事させる案を考えたので、先ず彼等宣教師に支那語の研究を始めさせた」（同書二七七頁）ことなど、貴重な情報が記述されている。

(9)中国上海の教会「同善会」（Allgemeiner Evangelisch Protestantischer）に関して、前掲『支那基督教史』には、光緒十一年（明治十八年、一八八五）に中国上海に開教された伝道教会であったこと（二七三頁、二七七―二七八頁）、その開教に際しては『大徳国学校論略』の原著者であるファーベル「花之安」を招聘したこと（同書二七七―二七八頁）などが記述されている。

(10)中国へのキリスト教の新教各派の伝道では、一八〇七年のイギリス「倫敦会（馬礼遜）」が最も早く、次いで一八二七年のオランダ「和蘭教会（郭実獵）」、一八三〇年のアメリカ「米国公理会（裨治文）」と続き、出遅れた独逸は一八三二年の「独逸賢礼会（レテリガー）」が最初であった（佐伯好郎『清朝基督教の研究』、春秋社、一九四九年、四七九―四八三頁を参照）。

『大徳国学校論略』の著者である花之安（Ernst Faber）が、最初に赴任した「独逸礼賢会」の中国進出は、アヘン戦争後の一八四七年であった。彼が「独逸礼賢会」を脱会して独立し、個人的な布教活動を経て新たに入会した「独逸同善会」の中国進出は一八八四年と、さらに遅かった。ドイツは、中国への基督教伝道においても後進国であったのである（以上は、同上四七九―四八三頁を参照）。

(11)前掲『支那基督教史』、二七七―二七八頁。

(12)前掲『清朝基督教の研究』、四五八頁。

(13)同上四二四頁。

(14)『大徳国学校論略』の著者であるドイツ人宣教師「花之安」のごとく、中国に在留した欧米のキリスト教宣教師たちが、如何に中国語に精通していたかについては、「明末から清初、就中、順治以後三百年間に亘り中国で出版された天主教宣教師等の漢文を以てせる著書に至っては、汗牛充棟《かんぎゅうじゅうとう》も啻《ただ》ならざるものがあった」（同上一七九頁）といわれるごとく、宣教師たちによって漢文で書かれた著作物が膨大な数に上ったという事実からも理解できる。

(15)虎三郎は、明治四年（一八七一）に長岡から上京した後は、実弟の雄七郎の住む東京向島の邸宅に身を寄せていた。翻刻した『徳国学校論略』の自序に、虎三郎が「越後病翁小林虎、東京居る所の求志楼に撰す」と記されているように、東京での寓居（実弟宅）を版元とし、これを「求志楼」と称して同書の表紙に刻印したのである。

(16)山本有三『米百俵』、新潮社、一九四三年。

(17)松本健一『われに万古の心あり―幕末藩士　小林虎三郎』、新潮社、一九九二年。

(18)同上二一七頁。

(19)星新一『祖父・小金井良精の記』、河出書房新社、一九七四年。

(20)虎三郎の甥である小金井良精の最初の妻は、虎三郎の象山塾の後輩で親交の深い信州松本藩出身の小松彰の姪（妹の娘、八千代）であった。良精は、明治三年（一八七〇）の夏、十三歳で越後長岡から上京して大学南校（東京大学の前進）に入学する。が、同校を退学し、明治五年（一八七二）には大学東校（東京大学医学部の前身）に入学しなおした。やがて、同校を首席で卒業した良精は、ドイツへの官費留学が叶い、医学者の道を歩むことになった。

その良精が、越後長岡から上京して以来、全面的に経済支援を仰いだのが、象門後輩の小松彰をはじめとする信州松本出身の小松一族であった。物心両面で深い縁で小松家と結ばれていた良精は、ドイツ留学から帰朝後、小松彰の姪（義弟で文部省や内務省の官職を歴任した小松維直の娘・八千代）と結婚する。明治十八年十一月、良精二十八歳のときであった。

だが、不幸にも結婚して半年後の翌年六月の初め、新妻は病没してしまった。その後、東京帝国大学医科大学の解剖学教授に出世した良精は、独身で学究生活に没頭していたが、明治二十一年三月、医学部同級生の仲介で後輩の森林太郎（鴎外）の妹・喜美子と再婚する。そのときの森は、陸軍軍医としてドイツ留学中であり、鴎外と名乗って作家活動を開始する前のことであった（以上は前掲『祖父・小金井良精の記』、山崎正和『鴎外闘う家長』その他を参照）。

(21)同上『祖父・小金井良精の記』、六三頁。

(22)前掲『われに万古の心あり—幕末藩士　小林虎三郎』、二二七頁。

(23)稲富栄次郎『明治初期教育思想の研究』、福村書店、一九五六年。実は、同書の初版は、戦時中の昭和十九年（一九四四）に創元社から『明治初期教育思想の研究（教育史研究第一）』として刊行されていた。後に、改訂版として再刊されたのが同書である。本稿の中での引用は、全て改訂版によった。

(24)同上一四四—一四五頁。なお、同書の引用文の中では、『徳国学校論略』の刊行を「明治十年十月翻刊」と記しているが、それは明らかに「明治七年十月」の誤りである。

(25)前掲『清朝基督教の研究』、四六二—四六五頁を参照。

(26)同上四六五頁。

(27)漢書『大徳国学校論略』の「上冊」に収録された原著者「花之安」の「序」。中国版は漢文、いわゆる「白文」であるが、虎三郎が訓点を施した翻刻版の原文は次の通りである（以下の原文引用は、全て虎三郎校訂の『徳国学校論略』によるものとする）。

「毎見乙華士徒体二泰西之器芸一、而棄二其聖道一、不甲レ知下器芸葉也、聖道根也、器芸流也、聖道源也、無レ根則木必隕、無レ源則川不レ流、掇二其糟粕一、而遺中其精華上、甚為惜レ之、伝レ道之余、嘗輯二徳国学校一書一、略言二書院之規模、為レ学之次第一、使丙海内人士、知乙泰西非二僅以下器芸上見レ長、器芸不甲レ過二蹄涔之一勺一耳。」

(28)同上「上巻」収録の校訂者「王炳堃」の「序」。翻刻版の原文は次の通りである。

「余少游二西士之門一、粗聞二西士之学一、但書院之規模、為レ学之則例、未二之前聞一、比与二牧師花先生一同レ事数年、暇校二徳国学校一書一、見二其制度之贍詳、読書之次第一、於二学術一大有レ裨焉、近来徳国蒸蒸日上、文徳武功、麟麟炳炳、知三棫樸菁莪之盛、有二自由一矣。学校繫レ乎二一国之盛衰一。」

(29)同上「上冊」収録の推薦者「李善蘭」の「序」。翻刻版の原文は、「美国衞公使二問序於レ余一」。

(30)同上、推薦者「李善蘭」の「序」。翻刻版の原文は次の通りである。

「徳与二諸鄰国一戦、必大勝レ之、夫徳之鄰、皆強国也、而徳之兵、必出レ於二学校一、人人向レ義、故能勝レ之、竊歎徳之用レ兵、何以甚合二我中土聖人之教一也、以二不レ教民一戦、是謂レ棄レ之、徳人其知レ之矣。」

(31)同上、推薦者「李善蘭」の「序」。翻刻版の原文は、「無二地無一レ学、無二事非一レ学、無二人不一レ学。」

(32)同上、推薦者「李善蘭」の「序」。翻刻版の原文は、「其国之公令、八歳以上、不レ入レ学者、罪二其父母一、故食二徳之毛一、践二徳之土一、必入二徳之学一矣。」

(33)同上、推薦者「李善蘭」の「序」。翻刻版の原文は、「将レ見三人才輩出、其国必日盛二一日一。」

(34)同上、推薦者「李善蘭」の「序」。翻刻版の原文は次の通りである。

「雖レ有二良材一、不レ学則廃、国無二不レ墾之地一、則米粟不レ勝レ食、国無二不レ学之人一、則賢才不レ勝レ用、国之盛衰繫レ乎レ人、徳国学校之盛如レ此。」

(35)『小林虎三郎の求志洞遺稿』(長岡市史双書第三四巻、一九九五年)、二一九頁。

(36)虎三郎が翻刻した『徳国学校論略』の「上冊」に所収、虎三郎自身の「翻刊徳国学校論略序」(以下「序」と略記)。翻刻版の原文は次の通りである。

「地生レ民。民聚為二一大団一。是謂レ国。民乃国之体也。故民強則国強。民弱則国弱。国之強弱。係レ乎二民之強弱一。何謂二民之強一、何謂二民之弱一。其能励レ学勉レ業。有レ勇知レ方者。謂二之強一。其弗レ能レ然者。則弱也耳。民而果能励レ学勉レ業。有レ勇知レ方矣。其数雖レ寡。国得二以為一レ強。若弗レ能レ然也。則其数雖レ多。国弗レ免レ乎レ弱。」

(37)「興学私議」は、象山塾時代に罪を得て郷里長岡の自宅(求志洞)に謹慎して六年目の安政六年(一八五九)の春、信州松代に蟄居する恩師の象山宛に書かれた全文四千字を超える漢文体の処女論文であった。

(38)虎三郎翻刻『徳国学校論略』の「上冊」に所収の虎三郎の序文。筆者訳で引用した翻刻版の原文は、「威を八溟に展ぶ」は「展二威八一溟)」、「萎爾して振るわず、毎に外侮に苦しむ」は「萎爾弗振。毎苦二外侮一」。

(39)同上、虎三郎の序文。翻刻版の原文は次の通りである。

「惟由レ於二欧米各国之民。率皆能励レ学勉レ業。有レ勇知レ方。而支那之民。則弗レ能レ然焉爾。(中略)亦惟由レ於下欧米各国。教レ民之。具与二其法一。莫レ不二備且悉一。而支那則上弗レ能レ然焉爾。」

(40)同上、虎三郎の序文。翻刻版の原文は、「欲下啓二迪其民一。変レ弱為レ強。以強中其国上者。不レ倣二欧米各国之所一レ為。而又何所レ求。」

(41)注(3)を参照。なお、明治五年に発布された「学制」の前後における欧米先進諸国の学校制度等に関する翻訳紹介状況については、前掲の尾形裕康『西洋教育移入の方途』に収められた「翻訳教育書部門別一覧表」(一七八―一八七頁)を参照。また、フランス学制を中心とした欧米学校教育制度が、日本の「学制」に及ぼした影響に関しては、同氏の『学制実施経緯の研究』(校倉書房、昭和三十八年)の「学制と西洋教育制度との比較一覧表」(九八―一三〇頁)および「学制と西洋教育制度との類似点摘出表」(一三一―一三四頁)などを参照した。

(42)同上九三頁を参照。

(43)虎三郎翻刻『徳国学校論略』所収、小林虎三郎「序」。翻刻版の原文は次の通りである。

「徳国即独乙。而今之独乙則普国也。普国。旧独乙之一部耳。迫二輓近一。其民益励レ学勉レ業。有レ勇知レ方。国由レ是而駸駸日昌。蓄レ力レ養レ威。見レ機而動。勢如レ決レ河。東挫レ墺。南破レ仏。遂統二轄独乙諸部一。以二英魯之雄一。猶且畏レ之。蓋其国。学校最盛。教育最行。為二欧米各国所一レ推。日已久矣。故其民愈強国愈強之効如レ此。」

(44)同上、小林虎三郎「序」。翻刻版の原文は、「欲下於レ定二強レ民強レ国之基礎一。有中万一之補上云爾。」

(45)虎三郎翻刻『徳国学校論略』の「上冊」、一頁。翻刻版の原文は、次の通りである。

「初訓以二幼学問答、聖経章節撮要、聖経来歴撮要、本国地理説略、数学要略、神詩要略一」。

(46)同上「上冊」、一頁。翻刻版の原文は、「諸生至二学満之年一、未レ能三升上二首班一者、不レ得二出レ院就一レ芸、罰仍《ナホ》留二院内一、再学多年」。

(47)同上「上冊」、一頁。翻刻版の原文は、「迫二先生入一レ館、見三生徒有二未レ至者一罰レ之、先生到レ館、各要二起立示一レ敬」。

(48)同上「上冊」、二頁。翻刻版の原文は、「許三其半日在レ家以助二父母一」。なお、明治五年に発布された日本の学制では、「小学校ハ教育ノ初級ニシテ人民一般必ス学ハスンハアルヘカラサルモノトス」(第二一章)と規定されてはいたが、貧困家庭では貴重な労働力であった児童を就学させることはできなかった。それ故、就学率の低下に悩む文部省は、これを打開すべく、明治十八年(一八八五)の改正教育令では、「土地ノ景況ニ依リ午前若シクハ午後ノ半日又ハ夜間ニ教授スルコトヲ得ベシ」(第一二条の但書)と付記して、就学児童が半日のみ登校して授業を受けること、すなわち「半日学校」を初めて公認したのである。吉田熊次は、「此の半日学校制度は、独逸の学制を模倣したものであろうと思はれる」(『本邦教育史概説』、目黒書店、一九二二年、三四四―三四五頁)と記している。

(49)同上「上冊」、一二頁。翻刻版の原文は、「泰西技芸与二中国一不レ同」。

(50)同上「上冊」、一二頁。翻刻版の原文は、「技芸之為レ理甚深」。

(51)学校を構成する一二の学科は、原文では次の通りである。

「第一科課二金類一、第二科課二陶煉一、第三科課二石作一、第四科課二営造一、第五科課二配合帰当之法一、第六科課レ煉二各種引レ火之物一、第七科課レ製二元明粉朴硝白礬《はん》青礬各種金塩及諸顔料一、第八科課二織造一、第九科課二屠解一、第十科課レ紙作二圧印一、第十一科二課糧科一、第十二科課レ論レ製レ糖。」

(同上「上巻」、一四―一五頁)

(52)同上「上冊」、一九頁。翻刻版の原文は、「制レ勝之道、将貴レ謀兵貴レ勇」。

(53)同上「上冊」、二六頁。翻刻版の原文は、「農為国本」「農以為二富レ国裕レ民之一助一云」。
(54)同上「下冊」、三三頁。翻刻版の原文は、「婦女具二有霊魂一、才能与二男子一無レ異」。
(55)同上「下冊」、三三頁。翻刻版の原文は、「丈夫在レ家之時少、婦人在レ家之時多、訓二子女一、母之功多」。
(56)同上「下冊」、三三頁。翻刻版の原文は、「婦女不レ知レ書、只為二酒食是議一、則酒食之外、豈知三尚有二無窮道理一也」。
(57)同上「下冊」、三三頁。翻刻版の原文は、「天賦レ人以二霊明之性一」。
(58)同上「下冊」、三三―三四頁。翻刻版の原文は、「他如丈夫博学文儒、而婦人不学粗鄙、何趣之有、家中諸事、惟婦幹レ之、不学何能操置得レ宜」。
(59)同上「下冊」、三四頁。翻刻版の原文は、「蓋古者女学、与二男学一並挙」。
(60)同上「下冊」、三四頁。翻刻版の原文は、「女学非レ経二聖人之所一レ言」。
(61)同上「下冊」、三四頁。翻刻版の原文は、「以二古来才女多蹈一レ淫」。
(62)同上「下冊」、三四頁。翻刻版の原文は、「今人養レ女、多不レ教二読レ書認一レ字」。
(63)同上「下冊」、三九頁。翻刻版の原文は、「凡生而癡呆者、送入二院中一、医生細察二其致レ病之由一、設レ法治レ之」。
(64)同上「下冊」、三九頁。翻刻版の原文は、「有二一日之生一、亦盡二人一日之分一」。
(65)同上「下冊」、三九頁。「百人入レ院約九十、異日レ可為二良民一」。
(66)同上「下冊」、三九頁。翻刻版の原文は、「今在二香港天主教一、亦有二此挙一、特為二華民一而立」。
(67)同上「下冊」、四四頁。翻刻版の原文は次の通りである。
「今西士来二中土一、建二立礼拝堂一、亦欲下陶二淑斯民一、使上レ知下昭二事上帝一、保レ身救レ霊之道上、吾願華人早日信奉、去二其積習一、同為二上帝之民、大君之子一、将レ見下風俗之隆、成レ於二一郷一邑一、教化之隆、達上レ於二溥海内外一、余将二拭レ目俟一レ之」。
(68)日本における教育近代化のドイツ・モデルへの転換に関しては、種々の先行研究があるが、比較的平易に鳥瞰している論考としては、前掲の平松秋夫『明治時代における小学教授法の研究』(一二四―一二六頁)がある。同書において、「わが国がドイツに学ばんとする風は、特に医学関係において、早くからみられた傾向であるが、教育に関しても、明治七、八年頃に、ドイツの教育制度が相次いで紹介」されたと述べ、その端緒となった先駆的な事例として虎三郎翻刻の『徳国学校論略』を挙げている(同書一二四頁)。

第六章　明治初期における欧米翻訳教育書の校訂活動

(1)高橋翠村(一八五四～一九四四)は郷里長岡での虎三郎の門人である。身近に学んだ彼が、「病翁小林先生」という略伝を執筆しているが、その内容には信憑性がある。そこには、「明治八年八月適東京、遂遊干土佐、翌年還東京、寓神田、後移向島、文部省嘱託有所編纂」(松下鉄蔵著『小林病翁先生伝』に所収、同書六頁、一九三〇年刊)と記されている。虎三郎は、学校建設による廃墟長岡の復興を企図した美談「米百俵」の出来事の後、明治四年八月に上京した。虎三郎の上京を知った文部省は、彼を「文部省中博士」に叙任しようとした。が、この文部省の招聘を、彼は辞退した（前出の高橋翠村「病翁小林先生」には「文部省以中博士召、不就」とある）。しかし虎三郎は、上京後すぐに実弟雄七郎の土佐行きに同行し、高知に渡った。

だが、翌五年には、実弟の土佐藩との教員契約が切れ、東京に戻る。以後、彼は、東京の実弟宅に寓居し、明治六年には『小学国史』（全一二巻）を出版、翌七年には漢書『徳国学校論略』（上下二巻）を翻刻して刊行した。

このような帰京後の精力的な文筆活動の後に、彼が着手した仕事が、文部省嘱託という肩書きで、御雇外国人のオランダ人ファン・カステールが相次いで訳出した欧米教育書の日本語訳文を校訂するという作業であった。

以上のような上京後の虎三郎が辿った活動の経緯が、門人の高橋翠村「病翁小林先生」には簡潔に記録されている。

（2）虎三郎の遺稿集『求志洞遺稿』に寄せた象門後輩の北沢正誠の「序」。

（3）同上の遺稿集『求志洞遺稿』を編纂刊行した外甥の小金井権三郎の「小林寒翠翁略伝」。原文は「尋朝廷徴翁。挙文部省博士。翁以病辞之。」（『求志洞遺稿』所収「小林寒翠翁略伝」）。

（4）虎三郎が『徳国学校論略』を翻刻した明治七年（一八七四）の時点で、維新政府に出仕していた象山門人を、『明治七年　掌中官員録全』（西村組商会刊行、『明治初期の官員録・職員録』第二巻所収、一九七七年、寺岡書洞）により紹介した。

当時の文部省をはじめとする維新政府には、虎三郎と同門の象山塾関係者の他にも、極めて昵懇の間柄にあった中村正直など、彼が幕末期の江戸遊学中に知り合った旧知の人々が幾人もいた。

（5）オランダ人のファン・カステールが英文原書を日本語に翻訳したことは間違いないことである。だが、その日本語の訳文を、直ちに小林虎三郎が校訂したのではなかった。実は、間にもう一人、英文の助訳と日本語の校訂を手伝った人物が存在したのである。

この事実を明らかにしたのは、古賀武夫論文「藩校育徳館の近代化（十）」（西日本文化協会編『西日本文化』第二〇二号）である。同論文には、確かな資料的裏付けをもって次のように記されている。

筧昇三（カステールと共に小倉藩の藩校育徳学校で洋算を教えていた人物、筆者注）の「履歴書」にも、明治七年—明治九年ノ間東京府下ニ於テ蘭人カステール文部省ノ委嘱ニ係ル英文和訳、童女筌、百科全書・学室要論其他数書ノ筆記助訳等ヲ担当セリ」とあって、カステールに同行して上京した筧昇三の協力が大きかったことがわかる。

（6）御雇外国人教師であったオランダ人ファン・カステールの履歴に関する叙述は、主として橋本美保『明治初期におけるアメリカ教育情報受容の研究』（風間書房、一九八九年、一六九—一七三頁）を参照した。

（7）ファン・カステールの履歴については、「明治三年（一八七〇）一〇月二六歳で横浜兵部省にお雇い外国人として来日し、同年一〇月から六か月間、英仏語学教師となり、月給八〇ドルを受けた」（唐澤富太郎編『図説　教育人物事典』上巻、ぎょうせい、六四五頁）、あるいは「カステールの職業は、すべて英仏語学教師・学校教師・英学教師とあるので、終始一貫語学教師として活動」「文部省から翻訳を委嘱されたのも、その語学力をかわれてのこと」(佐藤秀夫解題「教師必読　ファン・カステール訳」、『近代日本教科書教授書資料集成』第一巻所収、東京書籍、一九八二年)等々と紹介されてきた。

だが、それらの記述の裏付けとなる資料的な根拠は、いずれも国内史料(「外務省記録」や「太政類典」など)に依拠したユネスコ東アジア文化研究センター編『資料　御雇外国人』(小学館、一九七五年)に収められた次のような記述であった。

【ファン・カステール】

①〔ア・ト〕②ファン・カステール③フハン・カステーラ④⑤フハン・ファン・カステール〔⑤ア・テ〕【原綴】〔Van Casteel,A.T.〕【年齢】①三年閏一〇月当時二六歳【国籍】蘭【雇入場所】①横浜【雇主雇期間】①兵部省(三年一〇月より六ヶ月②豊津藩③小倉県④小倉、豊津県(③五年五月八日満期、更に六ヶ月雇継)⑤駿河台南甲賀町八番地千葉県士族・宮本敦(一〇年八月二〇日－一二年八月一九日、一一年一一月限。「子細有テ解雇、一一年一一月一八日通知」)【職種】①②英仏語学教師③学校教師⑤英語学教師【給料】月給①八〇ドル⑤二五円【備考】③「学術正シク信切ニ教授致シ、殊ニ語学ハ凡八国ヲ兼候ニ付、生徒其志ヲ立勉強刻苦、即今可成出来候者并未ダ学業ハ不進候ヘドモ往々見込ノ人物モ出来、先ツ公私ノ裨益ト申物ニ御座候…」(小倉県伺、文部省宛、五年五月八日)【住所】⑤横浜居留地一二番【出典】①外務省記録六、②太政類典一、③太政類典二、④外務省記録八、⑤外務省記録三

(同上三六五頁)

上記の史料を踏まえて、ファン・カステールが語学教師として雇用された豊津県(小倉県)の側から、藩校育徳館に関わるファン・カステールの経緯と彼の小倉在勤時代の状況を詳細に分析したのが、前述した古賀武夫の連載論文「藩校育徳館の近代化」(六)(七)(八)(九)(十)(西日本文化協会編『西日本文化』第一八九号―二〇二号)であった。

同論文によると、豊津藩(小倉藩)は、藩立洋学校の英仏語学教師としてファン・カステールを雇うことになるが、雇用契約は早くも明治四年五月八日に東京で結ばれたていたこと、雇用された当初は東京の豊津藩邸で英語と独語の授業が行われていたこと、その二年後の明治六年三月に至って九州小倉に移り、現地の豊津県立学校で語学教師として勤務したこと、さらには小倉時代は日本女性と暮らしていたこと、等々のファン・カステールに関する新事実が、福岡県関係資料の分析を通して詳細に紹介、論述されている。

なお、古賀論文(十)では、「稲富栄次郎著『明治初期教育思想の研究』(福村書店刊)によると、明治五年「学室要論」(School Room)を出したというが、それが正しければ、これは彼が大橋洋学校(東京に豊津藩邸にあった藩立洋学校――筆者注)在職中のことになる」と記されているが、そこには事実誤認が認められる。すなわち、ファン・カステール訳のアメリカ教育書『学室要論』が、虎三郎の校訂を経て文部省から刊行されたのは、明治五年ではなく、明治九年六月のことであり、彼が九州豊津(小倉)を去って上京した後のことであったという事実からである。

ところで、上記の古賀論文でも、ファン・カステールが、いつ来日したかは不明であり、また来日後の豊津時代以外の活動に関しても詳細は不明である。だが、前掲の橋本美保『明治初期におけるアメリカ教育情報受容の研究』では、オランダでの現地調査を踏まえ

て関係史料を蒐集分析し、ファン・カステールの来日以降における活動の履歴を、より具体的に明らかにしている。

(8)『学室要論』及び『教師必読』おいて、原著者の序文に先だって掲げられた刊行元である文部省による出版案内の文章である。

(9)ファン・カステールは、『学室要論』『教師必読』の他にも、アメリカ人ページの教育書「"*Theory and practice of teaching*", 1847」も翻訳しており、同書は『彼日氏教授論』という表題で、明治九年十二月に文部省から出版された。

(10)ファン・カステールに関しては、稲富栄次郎『明治初期教育思想の研究』(福村書店、一九五六年)において、「そもそもカステールについては、これらの訳書の序文に「荷蘭人ファンカステール氏来テ都下ニ寓シ和英両語ニ通ズルヲ以テ嘱シテ此書ヲ訳セシム」(『学室要論』大井鎌吉識)とある以外、詳細を知ることが出来ない」(同書二四三頁)と記されていた。

だが、その後、前掲のユネスコ東アジア文化研究センター編『資料御雇外国人』(小学館、一九七五年)が刊行されるに及んで、これを基本史料とした佐藤秀夫「解題　教師必読　ファンカステール」(前掲『近代日本教科書教授法資料集成』第一巻所収)、あるいは唐澤富太郎「ファン・カステール」(唐澤富太郎編『図説教育人物事典』上巻所収、ぎょうせい、一九八四年)などが発表され、彼の履歴や活動の概略が紹介された。その後、現地調査を踏まえてファン・カステールの学歴や職歴、来日後の活動などの詳細を明らかにしたのは、前述のごとく橋本美保『明治初期におけるアメリカ教育情報受容の研究』であった。

ところで虎三郎が、ファン・カステールの翻訳した日本語の校訂を文部省から委嘱されたていた事実に関しては、教育史学界でも全く不問に付され、虎三郎に関する代表的な先行研究である山本有三『米百俵』(新潮社、一九四三年)あるいは松本健一『われに万古の心あり―幕末藩士　小林虎三郎』(新潮社、一九九二年)においても全く看過されてきたのである。

(11)米人ジョハン・エス・ハート『学室要論』(文部省刊行、一八七六年)の文部省による発刊序文(執筆は大井鎌吉)。なお、同翻訳書は四六判の洋装活字印刷本で、五二一頁という大部な分量であった。

(12)同上『学室要論』に収載された原著者の日本語訳された序文「学室要論原序」。

(13)同上一頁。なお原書における当該部分は、次のような英文である。

WHAT IS TEACHING

In the first place, teaching is not simply telling. A class may be told a thing twenty times over, and yet not know it. Talking to a class is not necessarily teaching. I have known many teaching who were brimful of information, and were good talkers, and who discoursed to their class with ready utterance a large part of the time allotted to instruction; yet an examination of their classes showed little advancement in knowledge.

(14)同上五一五頁。原書における当該部分は、次のような英文である。

To educate is, in the first place, to develop. It is to draw out and strengthen the powers and give them right direction. It is therefore, something more than merely imparting knowledge. Knowledge is to the child's mind what food is to the body. Each is a means to an end. It is to cause growth.

(15)同上五二一頁。原書における当該部分は、次のような英文である。

Education is developing, in due order and proportion, whatever is good and desirable in human nature.

(16)吉田熊次『本邦教育史概説』、目黒書店、一九二二年、三二二頁。

(17)稲富栄次郎『明治初期教育思想の研究』は、創元社から一九四四年に出版された。だが、同書は、その後の一九五六年には、増補改訂版が福村書店から再版された。本書は初版を参照した。

(18)同上二四一頁。

(19)福沢諭吉『福翁自伝』、一八九九年刊、岩波文庫版、一〇二頁。

(20)平松秋夫『明治時代における小学校教授法の研究』、理想社、一九七五年、四八―四九頁。

(22)米人チャーレス・ノルゼント著『教師必読』は、ファン・カステール訳、小林虎三郎校訂で、文部省から一八七六年に刊行された。四六判の洋装活字印刷本で、五六二頁という大著であった。

(22)前掲、橋本美保『明治初期におけるアメリカ教育情報受容の研究』の四六頁を参照。

(23)前掲『教師必読』に所収の「教師《チーチャルス、》必読《アシスタント》原序」。原書の英文は次の通りである。

PREFACE

This volume owes its existence, in part at least, to a request from a friend of the author to furnish advice and hints on one or two points connected with teaching. In complying with the request, it occurred to the writer that a series of familiar letters in reference to school duties and school exercises might prove beneficial to many. The idea has resulted in the preparation of this book, which is presented to the public, and particularly to teachers, with the hope that it may prove both acceptable and useful. The several letters have been written with special regard to the wants and wishes of those whose experience has been quite limited and brief. They embody such views and contain such suggestions as a long and varied experience in teaching has commended to the author as valuable.

It is not offered as a perfect guide to teaching, nor as a work whose hints and methods may be adopted under all circumstances, for no teacher should be a servile imitator or an exact copyist. It is hoped, however, that as a suggestive work it may accomplish somewhat for the class for whom it is prepared; and if it shall tend to awaken in the mind of any teacher more exalted views of his calling, or impart more correct ideas of school management and school instruction, it will not have been written in vain. Such as it is, the author commends it to the kindly consideration of teachers, assuring them that his heart is in full sympathy with them in their efforts to discipline and instruct the youth intrusted to their charge. Engaged in a noble work, may they earnestly and constantly seek for higher and better qualifications, so that they may prove honorable and honored members of a profession of no mean importance.

NEW BRITAIN, CT., June, 1859.

(24)同上『教師必読』所収の「教師必読目録」。なお、翻訳の仕方を知る参考として、原著書の英文目録を、原著書から添付した。

(25)前掲『日本教育史概説』、三一四頁。

(26)前掲『明治初期教育思想の研究』、二二五頁。

(27)同上『明治初期教育思想の研究』、二二五頁。

(28)前掲『明治時代における小学校教授法の研究』、四九頁。

(29)唐澤富太郎編『図説教育人物事典』(上巻、ぎょうせい、一九八四年)の「ファン・カステール」についての解説(同書六四六—六四七頁)。

なお、前掲の橋本美保『明治初期におけるアメリカ教育情報受容の研究』において、「ファン・カステーレンは来日してから死亡するまでの約八年間に、以下の一一冊の翻訳を行っている」(一七四頁)と記し、その中に「⑤明治九年七月刊『童女筌』巻之一 文部省 和蘭ファン、カステーレン訳 村山徳淳・小林病翁校」「⑦明治十年一月刊『童女筌』巻之二 文部省 和蘭ファン、カステーレン訳 小林病翁校」と、別個の翻訳業績として紹介されている。

(30)英国人ヴァレンタイン著『童女筌』(全二巻)は、文部省から上巻が明治九年(一八七六)七月に、第二巻が明治十年一月に刊行された。だが、『童女筌』というイギリスの女児教育書が、どのような内容であるのかという点については、全く触れられてはいない(同書一七四頁を参照)。

(31)同上「上巻」、三一四頁。

(32)『日本近代教育史事典』(平凡社、一九七一年)、八三頁を参照。

(33)前掲、山本有三『米百俵』(一九六頁)に、虎三郎が遺した英単語ノート史料の写真が掲載されている。この史料は、虎三郎が、ある英文原書に出てくる英単語を書き抜き、それに対応した日本語の意味を、原書に出てくる頁ごとに順次、列記した「英単語彙集」である。

(34)同上一九七頁。

(35)前掲、平松秋夫『明治時代における小学校教授法の研究』、四六頁。

(36)同上四六頁。

(37)同上四七頁。

(38)同上四七頁。

(39)唐澤富太郎編『明治教育古典叢書　第Ⅱ期　解説』(国書刊行会、一九八一年)の「序」。

第七章　幕末期におけるオランダ原書の翻訳活動

(1)江戸時代における西洋知識の受容と普及に関しては、膨大な数の洋学史研究の蓄積がある。江戸時代以来、蓄積されてきた先行研究の具体的な内容については、大槻如電編『新撰　洋学年表』(柏林社書店、一九二七年)および大槻如電原著、佐藤栄七増訂『日本洋学編年史』(鳳文書館、一九九五年)、日蘭学会編『洋学関係研究文献要覧』(日外アソシエーツ、一九八四年)などを参照されたい。

(2)坂本保富『幕末洋学教育史研究』(高知市民図書館、二〇〇四年)を参照されたい。同書は、幕末期に全国規模で急展開する洋学教育の状況に関して、幕府や全国の諸藩が不可避的に西洋近代化を進めざるをえなかった軍事科学(西洋兵学・西洋砲術)の導入展開という観点から、幕末期土佐藩関係の膨大な洋学関係史料「徳弘家資料」の解読分析を中心として、幕末洋学の普及拡大過程を解明した研究書である。

(3)佐久間象山『省督録』、岩波文庫版、三三頁。

(4)象山の漢詩は、小金井権三郎、良精編『求志洞遺稿』(一九八四年)、所収「詩坤」の部(二丁裏―三丁表)に収められている。漢詩の原文は次の通りである。

「　　象山先生詩
火輪横恣転江流。非是君臣愒日秋。忠義要張神国武。功名欲伐虜人謀。
東圻起堵曾陳策。南島賖船盍有猷。兵事未聞巧之久。何人速解熱眉憂。」
(『求志洞遺稿』所収「詩坤」の部、二丁裏―三丁表)

「　　象山先生詩
火輪(蒸気船)横恣《おうし》(ほしいままに)して江流に転ず。是れ君臣日を愒《むさぼ》る秋《とき》に非ず。忠義神国の武を張らんことを要す。功名虜人(西洋人)の謀を伐《う》たんと欲す。東圻《とうき》堵を起すは曾《すなわ》ち策を陳ぶ。南島船を賖《おぎの》る盍《なん》ぞ猷《ゆう》(はかりごと)有らざる。兵事未だ巧みの久しきを聞かず。何人か速かに熱眉の憂を解かん。」

(5)虎三郎の漢詩「癸丑六月。彌利堅使節彼理。率兵艦四艘。来浦賀港。」は、同上「詩坤」の部、二丁裏―三丁表。

(6)前掲『省督録』、四三―四四頁。

(7)虎三郎の漢詩「奉懐象山先生」(象山先生を懐《おも》ひ奉る)は、前掲『求志洞遺稿』所収「詩坤」の部、七丁裏。

(8)虎三郎の漢詩「読洋書」は、同上「詩坤」の部、八丁表。原文の漢詩は次の通りである。

「　　読洋書
洋儒窮物理。輓近滋精明。剖析入微眇。万象無遁情。創意製人血。全然若天成。洋人取燐酸鉄礦砂揮発華鶏子白食塩四品而混合之、加以瓦爾華尼電気、経十二少時則化而為血、与天成之物無以異也。神会乃至斯。造物豈無驚。昧者郤娼嫉。謗議謾縦横。何人執箴石。痛下破心盲。」

(9)「書手写諳厄児氏籌海試説後」は、同上「文」の部、三十三丁表―三十三丁裏。

(10)「書手写諳厄児氏籌海試説後」、同上「文」の部、三十三丁裏。原漢文は次の通りである。

「曩象山先生掲而示焉。曰。本邦四面皆海。而東西諸蕃。舟楫之術。日以滋精。其有衝突剽掠之虞。何啻荷蘭。則若此書。凡留心於辺事者。不可不取一通以置之座右。虎拝受之。写以蔵焉。」

(11)「書手写諳厄児氏籌海試説後」、同上「文」の部、三十三丁裏。原漢文は次の通りである。

「今読之。観其所論。自砲台之築造。火器之主用。軍須之儲蓄。点放之機宜。以及夫水兵応接掎角之法。率皆本邦之人。思慮所未嘗至。始則愕然而驚。茫然而疑。殆若不可企及者焉。徐而思之。則渙然而釈。沛然而疏。乃信其所規画。皆原之窮理。参之実歴。密乎算数。切乎事情。而止乎不得不然。固未始有可驚而疑者。而雖本邦之人。苟学而習之。久而熟焉。則亦可得而能也。」

(12)「書手写諳厄児氏籌海試説後」、同上「文」の部、三十四丁表。原漢文は「苟可以制敵。則雖敵所為。亦必資而用之。」

(13)「書手写諳厄児氏籌海試説後」、同上「文」の部、三十四丁表。原漢文は「其所長不能資以自助。而以受醜虜之屈辱。可謂智哉。」

(14)「書手写諳厄児氏籌海試説後」、同上「文」の部、三十四丁表。原漢文は「閉戸屏人。閑繙此書。回顧之際。不無感慨。遂書其後。安政二年乙卯蒲月雙松樵人虎。」

(15)大槻如電著、佐藤栄七増訂『日本洋学編年史』(一九六五年)には、幕府が中国漢籍を官板として翻刻した英国人著『重学浅説』という書物が、安政六年(一八五九)の項に記載されており、そこには次のような解説が付されている。同書において「重学」と表記された文献は、本書のみで、虎三郎が抄訳した冊子『重学訓蒙』は記載されていない。

「英国人偉力亜力の撰。志那宣教師アレキサンダ・ワイリ(A. Wylie)の力学に関する漢籍を、幕府にて官板として翻刻したるものなり。」

(16)「重学訓蒙序」、前掲「文」の部、九丁裏―十丁表。原漢文は次の通りである。

「頃者偶獲荷蘭人所著重学訓蒙者読之。其事雖似鄙細。而実於民生日用。殊為切要。因不自揣。訳以国語。以示夫寒郷晩生。有志斯学。而未習洋文者。俾之得窺其端緒矣。(中略)今余所訳述。雖曰拙陋。然上而従政服官之人。下而豪農鉅商之徒。或得而読之。於以知彼国重学之精備。本邦漢土所未夢見。而於家国民生。裨益極大。遂推尋其理。購造其器。而施諸実事。則富強之本。乃得其一焉。豈曰小補。」

(17)「重学訓蒙後序」、同上「文」の部、十丁裏―十一丁表。原漢文は次の通りである。

「夫以一器之偶行。其制未備。其施之未普。而猶且如此。果使衆器悉行。其制能備。其施能普焉。則其利又如何也。西洋重学。於家国民生。不可一日而緩焉者。観諸此。其亦可以瞭然無疑夫。余方訳重学訓蒙。客有以城東諸村水碾車之事語余者。因叙述之以為後序。」

(18)「察地小言後序」、同上「文」の部、十丁裏―十一丁表。原漢文は次の通りである。

「虎既受此原本於象山先生。先生謂虎曰。探候之事。非機敏者。不足以任之。蓋虎資性樸魯。機敏尤為其所不足。故特因以戒焉耳。」

(19)「察地小言序」、同上「文」の部、十一丁表―十一丁裏。原漢文は次の通りである。

「虎先是既以研経之暇。受泰西砲隊銃陣之法於先生。則又益用力於此。以求致爪牙之用。乃窃以謂用兵貴得地利。故孫子十三篇。為従前談兵者之要訣。而論地理者。三居其一。泰西兵術。至近倍進。遠出本邦漢土之上。則察地之事。亦必有極其精者。既有之矣。而未之知也。砲隊銃陣。其進退分合之法。在平時。雖既熟。而一旦臨敵。滞碍必多。悪得免敗哉。」

(20)佐久間象山『省諐録』(岩波文庫版、三三頁)。

(21)「察地小言序」、同上「文」の部、十一丁裏。原漢文は次の通りである。

「因質諸先生。則曰子之疑善矣。彼国兵家。固有所謂察地学者。而自為一科矣。遂出把氏書中工兵察地篇以示焉。曰是僅々数葉爾。固未為備矣。然視之孫子以下論地理者。其詳略精粗之相距。亦已天淵矣。今鈔為小冊子。使夫将一隊及任探候者。皆預熟復。而行軍之際。又之写懐裡。臨時検閲焉。則其於得地利思過半矣。子盍先着鞭。」

(22)「察地小言序」、同上「文」の部、十一丁裏。原漢文は「虎大喜。鈔一本以読。」

(23)「察地小言序」、同上「文」の部、十一丁裏。原漢文は次の通りである。

「既而花旂再来。貿易約成。不復至於用兵。而虎忽獲罪以帰。未幾又罹沈痾。東之高閣。已十余年矣。今茲憂長藩益傲。列藩奉命討勦。而我公与焉。虎乃深慨其疾益痼。不能従而致方剛之力也。則遂出旧本。訳以国字。名曰察地小言。以貽平生同憂之士従於軍者。庶幾其有所省察。以免滞碍之患。而区々敵愾之志。亦得少伸乎。」

(24)「察地小言序」、同上「文」の部、十二丁表。原漢文は次の通りである。

「癸丑至今。不過一紀。世局変換。既已如此。而忠智憂国。若象山先生者。示諭之言。猶在于耳。而又不得免殃於其間。此則虎翻訳之間。俯仰回顧。不覚流涕而大息者矣。因既叙其鈔訳之由。又附以此。而写巻首。慶応丙寅孟秋下浣小林虎炳文力病書於求志楼上。」

(25)虎三郎が翻訳した『察地小言』は、先行研究を収めた洋学関係の文献、例えば大槻如電修『新撰　洋学年表』、前掲『日本洋学編年史』、さらにまた日蘭学会編『洋学史事典』などにも、全く紹介されてはいない。

(26)虎三郎が翻訳し手書して冊子にまとめた『察地小言』の原本は、長岡市立中央図書館の分館「互尊文庫」(旧市立図書館)の二階にある「文書資料室」所蔵の「相沢富士雄家文書」の中に収められている。

(27)虎三郎の裏書きの原漢文は次の通りである。

「書不尽言々言不尽意神而冏之存乎其人。訳者題」(書は言を尽さず。言は意を尽さず。神にして之を冏《あきらか》にするは、其の人に存す。訳者、題す—筆者訳)。

(28)山田政尚、名は錫、通称は愛之助、はじめ劔嶽と号し、後に到処と改めた。長岡藩医の家に生まれ、藩内の諸師に学んだ後、藩命を受けて江戸に遊学、幕府儒官の古賀侗庵に儒学を、伊東玄朴に蘭学を学んで帰藩。藩校教授となり虎三郎や河井継之助などを教え、やがて都講(校長)に就任して幕末期の藩校を支えた。戊辰戦争では、虎三郎と同じく非戦恭順を主張し、戦後は小千谷民政局や柏崎県に出仕して学政を担当した。退職後は栃尾に移り住み、私塾「到処塾」を開いて地域教育に尽くし多くの人材を育成した。

以上は、今泉省三『長岡の歴史』第六巻(野島出版、一九七二年)、『長岡歴史事典』(長岡市、二〇〇四年)、『ふるさと長岡の人びと』(長岡市、一九九八年)などを参照した。

(29)山田政尚の推薦序文の原漢文は次の通りである。

「　読察地小言

地理之開戦争也大矣、是以訳人云当説之然語而不詳故非身経其事在漫然然看過無所用意頃日西征之師取敗者争因干此矣、今閲此訳書其言切実訳明読之自不得不警省実得洋書之其面目在款嗚呼使彼軍中一有知之在則不至於取敗矣、然則此書之於方今可謂必用矣、訳者之意其在干此願其在乍此款。

慶応二年丙寅十月　山田尚政　識　」

(30)「泰西兵餉一班序」は、前掲『求志洞遺稿』所収「文」の部(十三丁表—十四丁表)に所収。

(31)「泰西兵餉一班序」、同上「文」の部、十三丁裏。原漢文は次の通りである。

「近今泰西各国。深有察於此。乃其所以使兵卒甘飽以保其健康者。極其詳悉。洵和漢古今所未曾有。考之彼国兵志。歴々可見。属者余購獲荷蘭砲隊加毘丹薄魯印所著従軍必携読之。内有兵餉篇。語雖簡。而夫所以使兵卒甘飽以保其健康者。亦足以観其概略。因摘而訳之。名曰泰西兵餉一斑。以授子弟兵学者。而諸請観者。亦不敢隠焉。」

(32)「泰西兵餉一班序」、同上『求志洞遺稿』所収「文」の部、十三丁裏—十四丁表。原漢文は次の通りである。

「嗚呼泰西兵術。既冠宇内。則我列藩経理軍政。固不得不専倣彼制。乃兵餉一事。亦非取彼所為以参酌。則必不能適其宜。然則若此書所載。出而将兵者。固不可不知。入而管供給者。尤不可不知。不知此。而欲使兵卒甘飽以保其健康。免糜爛之惨。而禍不及其国。必不可得。而彼不仁不智之責。又悪得而逭之哉。」

(33)山本有三『米百俵』(新潮社、一九四五)、一九二—一九六頁。

(34)同上『米百俵』、一九七頁。

(35)同上『米百俵』、一九三頁の「泰西兵餉一班」第一頁の写真版より解読。

(36)星新一『祖父・小金井良精の記』(河出書房新社、一九七四)、三四頁。

(37)「野戦要務通則一班序」、前掲『求志洞遺稿』所収「文」の部、十四丁表。原漢文は次の通りである。

「西洋兵学。分科設門。無慮若干。而以野戦要務置其一。蓋以此故也。其科固有専書。従事乎洋兵者。不可不求其詳且備者而講之。余閲荷蘭薄氏従軍必携。其内野戦要務通則。語雖過簡。而事目頗多。亦足以観其大凡。因抜而訳之。為一冊子。謂之一斑者。明其非専書。而未為詳備爾。大方君子。固無取焉。然初学之士。目未知蟹文者。或受而読之。則其於求全豹。未必無助云。」

(38)「馬基頓二英主伝」の翻訳年月は不詳であるが、虎三郎の遺稿集『求志洞遺稿』では、編集上、彼の翻訳作品の最初に位置づけられている。この訳稿は、西洋英雄伝記という内容からしても、戊辰戦争が始まる幕末期の切羽詰まった時期の翻訳とは考えにくく、江戸遊学から帰藩謹慎した直後における失意の時期の翻訳成果と考えられる。

(39)「馬基頓二英主伝」、同上『求志洞遺稿』所収「文」の部二十三丁裏。原漢文は次の通りである。

「馬基頓《マセドニー》王非立《ヒリップス》第二者。亜明大《アミンダス》之子也。馬基頓《マセドニー》為希臘《ギリシヤ》十二国之一。始雖有王微弱不競。自紀元五百十三年。至四百七十九年。為波斯《ペルシヤ》藩属。後亦猶不得自主。及非立《ヒリップス》出。而国始興矣。非立為人。深沈果敢。有権略。其猶少也。国嗣不定。訌争《こうそう》紛然。地品《テベ》彼罷比大《ペロピダス》来為判決。遂拉非立帰。以為質《しち》。養之埃巴米嫩大《エパミノンダス》家。埃巴米嫩大精於兵者也。非立因学焉。発憤鑽研。窮其蘊奥《うんおう》。才智大進。其異日能拯《すく》本国之衰替。雄視於一方。而以開嗣子之大業者。蓋根於此云。」

(40)「馬基頓二英主伝」、同上「文」の部、二十四丁裏。原漢文は次の通りである。

「非立挙事。不欲速成。必審始終之利否。以制緩急疾舒之宜。故前後大小数十戦。除彼爾摩都斯《ペルモチユス》庇散多慕《ビサンチユム》二役外。未嘗取敗。業殆将成。而一旦遭弑。其志不遂衆惜焉。子亜勒散得立。亜勒散得者。以三百五十六年。生以彼爾拉《ペルラ》。天資卓犖。自幼負大志。父非立嘗与戦敵。勝王聞而泣。人以為問焉。則曰。大人奪我功名之地。是以泣爾。非立因知其為非常器。使亜理斯多的力斯為之伝。亜理斯多的力斯者。博物君子也。奨掖訓誨。尽其心力。王漸長。才兼文武。雄略絶人。非立弑遭弑、王乃継位。時年二十一歳也。」

(41)『象山全集』第二巻に所収「象山詩鈔巻之下」三九－四〇頁。

「
題那波利翁《ナポレオン》像
何国何代無英雄。平生欽慕那波翁。邇来杜門読遺伝。忽忽不知年歳窮。撫剣仰天空慨憤。世人那得察吾衷。如今辺警日復月。戦
船来去海西東。外蕃学芸老且巧。我独遊戯等孩童。守株未知師他長。矮舟誰能操元戎。嗟君原是一書生。苦学遂能長明聡。一朝
照破当時弊。革弊除害民情従。旌旗所向如靡草。威信普加欧羅中。元主西征不足道。豊公北伐何得同。人生得意多失意。大雪
翻手朔北風。帝王事業雖未終。収為将応有庸。世人心竅小於豆。齷齪寧知英雄胸。自奮能成遠大計。自屈難樹廊清成。安得
起君九原下。同謀戮力駆奸兇。終巻五洲帰皇朝。皇朝永為五洲宗。」

(42)「馬基頓二英主伝」、前掲「文」の部、二十七丁表。原漢文は次の通りである。

「論曰。亜勒散得英才大略。固過絶千古矣。然非有非立為之前。其成功之速。悪能如此哉。伝曰。創業垂統。非立有焉。使亜勒散得獲竟其志。則嚢括三洲之地。以定一大統之勢。吾見其非難也。然而天弗借之年。偉業中廃。可勝惜乎。余幼時読国史。毎観織田右府。削平之功垂成。而俄斃於逆豎。未嘗不掩巻而泣。今於亜勒散得之事亦然。」

(43)「民間禁令序」、同上「文」の部、十四丁裏。原漢文は「而刑者也。為懲夫民之不従教而入于悪者而設也」。

(44)「民間禁令序」、同上『求志洞遺稿』所収「文」の部、十五丁裏。

「余聞西洋各国法律之書。至詳至悉。而非独彫刻頒布。又以為斉民必学之科。故斉民皆靡弗知法律之概。而訟獄自寡。其或有之。有司先審訊其情。然後判。曰汝所訟。不合律某條。故属曲。汝所犯当律某條。故処以某刑。訟者犯者。皆無復所措辞。甘心罪服。(中略)方今国家之務。在於択宇内之至善而定経邦之大典。則若西洋法律之書。於有志之士。為所宜参覈。固不待論也。但余疾益痼。神益耗。欲繙蟹文之籍而不可得。僅就一二邦人所訳者。窺其一斑爾。悪足以摘其要而述之哉。天下之大。固不乏傑俊之士。必当有能見其全豹訳而出之以補東方之所未備者矣。余則刮目以待。」

(45)虎三郎の漢詩「静夜の吟」、同上、「詩坤」の部、十三丁表—十三丁裏。「晴夜の吟」の原文とその読み下し文は次の通りである。

「天有万古月　天ニ万古ノ月アリ
我有万古心　我ニ万古ノ心アリ
清夜高楼上　清夜、高楼ニ上リ
憑欄聊開襟　欄ニヨリテ聊カ襟ヲ開ク
天上万古月　天上万古ノ月
照我万古心　我ガ万古ノ心ヲ照ラス」

第八章　病翁小林虎三郎の病気と病状の分析

(1)ウイルス性(天然痘ウイルス、Poxvirus《ポックスヴィラス》 variola《ヴァリオーラ》)の感染病である天然痘(痘瘡《とうそう》、smallpox《スモールポックス》)に関する理解と記述に関しては、南山堂『医学大辞典』(二〇〇六年、一四六四—一四八八頁)、医歯薬出版『最新医学大事典』(二〇〇五年、一三〇〇頁)、生涯教育シリーズ五一『感染症の診断・治療ガイドライン』の「天然痘」(『日医雑誌』第一二六巻・第一二号、二〇〇一年十二月)、国立感染症情報センター編「天然痘研修資料」などの医学文献を参照。

(2)日本においても、天然痘(痘瘡)は伝染病として恐れられていた。明治維新政府は、西洋先進諸国の医療制度を模した日本最初の医療制度に関する法律「医制」を制定し、明治七年(一八七四)に公布した。その中で伝染病と指定されたのが、「チフス・コレラ・痘瘡《とうそう》・麻疹《はしか》の四疾患」(新村托編『日本医療史』、吉川弘文館、二〇〇六年、二二八頁)であった。

特に「痘瘡」、すなわち天然痘は、江戸時代に「種痘」という予防技術が確立され、さらに明治十年(一八七七)に制定された「天然痘予防規則」によって「強制種痘」が規定されて以来、患者や死者は減少傾向をたどった。だが、現在もなお、一旦、罹患した患者に対する治療法は、いまだ確立されてはおらず、対症療法で凌ぐしかない難病である(同書二二八頁を参照)。

(3)小林虎三郎編『小学国史』の第一巻(一八七三年四月刊)に所収。

(4)小金井権三郎・良精編『求志洞遺稿』(一八九四年)の「文」の部、四十七丁表。原漢文は「紀元二千五百三十四年。七月下澣。越後病翁小林虎撰于東京所居之求志楼。」

(5)山本有三『米百俵』(新潮社、一九四三年)、一七六頁。

(6)小林国治・国訳・略注『小林虎三郎の求志洞遺稿』(長岡市史双書第三四巻、一九九五年刊)、一二一頁。

(7)前掲『求志洞遺稿』の「文」の部、八丁表。原漢文は「安政六年己未孟春力疾属草求志洞雙松迂夫虎。」

(8)同上『求志洞遺稿』の「文」の部、四十六丁裏。

(9)前掲『小学国史』の第一巻(明治六年四月刊)の冒頭に収載された中村正直の「序」。

(10)西山英雄編『漢方医語辞典』(創元社、一九八四年)、二九四頁。

(11)「風湿」「リウマチ」に関しては、前掲の西山英雄編『漢方医語辞典』(二九四頁)、小学館『日本大百科全書』第二三巻(一九八八年、八五八頁)などを参照。

(12)同上八五八頁。

(13)前掲『求志洞遺稿』の「略伝」、三丁表。原漢文は次の通りである。

「翁之帰郷也。閉門閑居。無幾発病。頗罹難治之症。爾来拋卻百事。唯与薬炉相親。病間左右図書。作為詩文。独慷慨世態耳。」

(14)前掲『求志洞遺稿』の「略伝」、三丁表—三丁裏。原漢文は次の通りである。

「長岡藩中。与翁馳名声者。有鵜殿団次郎・河井継之助・川島億二郎等。鵜殿被徵幕下。為目付役。与勝安房等。共与幕議。以故不常在藩。河井川島与翁共議藩政。迭上下其論。然以翁多在病床。不能施行持論。川島亦与翁同意。独河井反之。且以才弁服衆。遂昇顕職。掌握藩政。方官軍臨越。藩師誤方針者。皆出於河井之意。多亡壮士。其身亦戦没。可不慨哉。方是時。翁屡河井論失政。然臥病不能達其説。徒仰天浩歎耳。蓋河井執藩政也。雖権力盛一時。至学力道徳。不及翁遠矣。以故平素忌避翁。不用其説。翁亦知其論不容。不敢与藩政。至王政復古之日。唯養病閉居一室。」

(15)前掲『求志洞遺稿』の「略伝」、三丁裏。原漢文は次の通りである。

「明治二年。藩主牧野忠毅君。起翁与政。川島及同志諸士薦勧就職。翁不得已遂力疾応之。以任藩大参事。常在家統督文武政務。尋朝廷徵翁。挙文部省博士。翁以病辞之。蓋朝臣中有知翁者薦挙之也。」

(16)前掲『求志洞遺稿』の「略伝」、三丁裏—四丁表。原漢文は次の通りである。

「明治四年秋。以病少緩。到于東京。自安改元年得罪退国。已過十八年。(中略)十年七月。抵伊香保浴温泉。居数旬。俄然発熱。頗為劇症。八月二十四日。舁而帰寓。未一点鐘。溘焉而逝。享年五十歳。翁以多病終身不娶。故無子。翁有兄二人夭。翁以三男継家。翁次貞四郎則継家亡。」

(17)同上「詩」の部、九丁表。

(18)同上「詩」の部、九丁表。
(19)同上「詩」の部、十三丁表。
(20)同上「詩」の部、九丁裏。
(21)同上「詩」の部、十丁裏。
(22)同上「詩」の部、十丁裏―十一丁表。
(23)同上「詩」の部、十一丁表。
(24)同上「詩」の部、十一丁裏。
(25)同上「詩」の部、十二丁裏。
(26)同上「詩」の部、十五丁表。
(27)同上「詩」の部、十五丁表―十五丁裏。
(28)同上「詩」の部、十五丁裏―十六丁表。
(29)同上「詩」の部、十六丁表。
(30)同上「詩」の部、十七丁表―十七丁裏。
(31)同上「詩」の部、十八丁裏。
(32)同上「詩」の部、十九丁表。
(33)同上「詩」の部、二十六丁表。
(34)同上「詩」の部、二十六丁表―二十六丁裏。
(35)前掲『小林虎三郎の思想　米百俵』、二二四頁。
(36)前掲『求志洞遺稿』の「文」の部、四十八丁裏。
(37)ユネスコ東アジア文化研究センター編『資料　御雇外国人』(小学館、一九七五年)、一四〇頁を参照。なお、同書の二三〇頁には、「ウエルニヒ」の履歴調書が記載されている。
(38)佐々木東洋に関する記述は、日蘭学会編『洋学史事典』(一九八四年)、『日本近現代人名辞典』(吉川弘文館、二〇〇一年)などを参照。
(39)「少々感冒仕以来、例の胸患チト不宜候」の「胸患」とは、「結核」に随伴して発症する「結核性胸膜症」(tuberculous pleurisy)による「胸膜炎」の症状ではないかと思われる(南山堂『医学大事典』、一九九九年、五七五―五七七頁を参照)。
(40)前掲『小林虎三郎の思想　米百俵』、二三二頁。
(41)同上二三二頁。
(42)「黄疸」(janundice〈icterus〉)とは、胆汁色素(ビリルビン、bilirubin)が血中に増加した状態の高ビルビリン血症(hyperbilirubinemia)

の病気。症状は、全身に皮膚・粘膜が黄色調を呈し、脳髄液、間接液、尿、乳汁、唾液にも胆汁色素（ビリルビン）が出るようになる症状（前掲、南山堂『医学大事典』、二九四－二九五頁を参照）。

(43)「チルロース」、すなわち「肝硬変」（cirrhosis）は、「肝の線維化が増強し正常な小葉構造が消失して、結接形成をきたした状態」で、「腹水、浮腫、黄疸、肝性脳症、食道静脈瘤からの出血」などの症状（医学書院『医学大辞典』、二〇〇三年、四五〇頁を参照）。

なお、初期の症状には、脱力感、掻痒感、筋肉痛、体重減少などの症状が多く、進行すると合併症を併発し様々な症状（腹水による腹部の膨満感やむくみ、消化管の静脈瘤の破綻による吐下血、脳症による意識障害・昏睡、食思不振・悪心・嘔吐など）が顕著となる。

(44)今泉省三『三島億二郎伝』（覚張書店、一九五七年）、三四三頁。

(45)前掲『求志洞遺稿』の「文」の部、四十九丁表。

(46)同上「文」の部、五十二丁表。

(47)耐性マラリア治療薬「規尼」（quinine）に関しては、前掲の医学書院『医学大辞典』（五二九頁）、南山堂『医学大事典』（四三五頁）などを参照。

(48)星新一『祖父・小金井良精の記』（河出書房新社、一九七四年）、二五頁。虎三郎の実妹（幸）は、長岡藩家臣の小金井良達に嫁ぎ、その次男が小金井良精であった。良精は、伯父の虎三郎などに進路相談して東京大学医学部に進み、卒業後のドイツ留学を経て、母校の医学部教授にまで立身出世した。

その良精は、伯父の虎三郎の象山塾時代の畏友で、彼が大学進学前から医学者になるまで全面的に経済援助をした恩人（信州松本藩出身の象山門人小松彰）の姪（実妹の娘）と結婚する。だが、彼女は、新婚早々に病死してしまった。その後、後妻に迎えたのが東京大学医学部の後輩である森林太郎（鴎外）の妹・喜美子であった。そして、良精と喜美子の間に生まれた娘（精子）の嫁ぎ先が、「製薬王」といわれ、星製薬や星薬科大学を創設した星一《ほしはじめ》（一八七三～一九五一）であった。そして、両者の長男として生まれたのが作家の星新一であった。したがって新一は、虎三郎の甥の孫、森鴎外の姪の子ということになる。虎三郎は、文豪の森鴎外と縁戚に連なっていたのである。

(49)同上六九頁。

(50)同上二五頁。

結語

小林虎三郎は、欧米列強諸国が植民地獲得を競って極東アジア世界に侵攻する幕末動乱期に、東西両洋の学問を兼学して恩師象山の「東洋道徳・西洋芸術」思想を継承し、国家の存立基盤を人材育成におく教育立国という思想に結実させた。彼は、その思想を、富国強兵・殖産興業を国是とする明治初期の日本近代化過程に具現化すべく、国家レベルにおける数々の教育的活動の中で展開した。それ故に「米百俵」の美談は、彼が描いた教育的軌跡の断片でしかないのである。

本書は、「米百俵」の史実のみを捉えて美談とする顕彰的な歴史理解を超えて、主人公の教育立国思想の展開過程を物語る彼の学究的軌跡の全体像を、具体的な活動内容の調査分析を通して究明すること、すなわち幕末維新期を日本近代化と共に生きた主人公の悲運な生涯の全貌を、関係史料の精査分析を通して実証的に解明すること、を研究課題としたのである。

本書の内容は、五〇年を一期とした虎三郎の一生を時系列に跡づけつつ、彼が日本近代化に関わって展開した具体的活動を八つの活動領域（研究課題）に分けて捉え、それをもって本書の章立てとした。各章では、筆者が発見した虎三郎に関する未公開史料を含めた関係資料の解読と分析を通して、彼が展開した活動内容の全容解明とその歴史的意義を考察した。その結果は、以下のように概括することができる。

まず、第一章の〈教育立国思想「興学私議」の形成と展開〉では、彼が越後長岡の藩校を経て江戸に遊学し、象山の私塾に入門して恩師の説く「東洋道徳・西洋芸術」という学問的な思想世界を修得し、その学習成果を処女論文「興学私議」に結実させるに至った経緯と論文の内容を分析した。彼の論文「興学私議」は、国家による統一的な学校教育制度の確立(興学)によって、東西両洋の学問を修得した人間(「東洋道徳」と「西洋芸術」を兼備した人材)を育成することこそが、国家の富強と安寧の根本であるとする教育立国思想の表明であり、その思想に基づく抜本的な教育改革案の提唱を内容とするものであった。

特に注目すべきは、彼が同論文で提唱した教育立国思想に基づく教育改革の構想である。その主たる骨子は、次の三点に集約することができる。

(1) 既存の幕府官立の三校(幕藩体制の官僚養成機関としての昌平坂学問所、軍事的人材の養成機関としての講武所、洋学の研究教育機関としての蕃書調所)を、国家の指導者を養成する高等教育機関として統合し、これを欧米学校制度を模範とした学科組織や教育内容に整備拡充すること。

(2) 教授学習に必要な図書や設備・備品を西洋から購入して学校教育の整備充実をはかると同時に、海外留学制度や御雇外国人教師制度を創設して、西洋モデルの教育近代化政策を積極的に推進すること。

(3) 学政改革で最も重要な点は、基礎教育から高等教育までの教育全体を機能的に組織化した国家レベルでの体系的な学校教育制度の構築であり、特に喫緊の教育課題は国民全体を就学対象とする小学教育制度の確立であること。

以上のような虎三郎の学校教育構想の前提には、幕藩体制下における身分的あるいは地域的な教育差別を打破して、能力主義に基づく人材育成の教育制度を、国家的規模で確立する必要がある、との基本認識があった。学校教育による人材育成を基礎として国家の富強と安寧を実現すること、それこそが虎三郎の描いた学究的軌跡の全体を貫通する教育立国思想の根本であった。それは、恩師象山の「東洋道徳・西洋芸術」思想を継承した彼自身の実践躬行すべき教育的な思想世界であったのである。

そのような彼の学校教育論は、これまで全く注目されてはこなかった。それ故に本書では、彼の論文「興学私議」を、幕末期における進取開明の先駆的な教育構想として捉え、その内容を詳細に分析し特徴を明らかにした。

続く第二章の〈美談「米百俵」の誕生とその歴史的真実〉では、「米百俵」の美談を、何よりもまず歴史的な出来事として捉え、激動する幕末維新期の時代動向の中で分析し考察した。「米百俵」の史実が引き起こされる歴史的な背景や時代的な経緯を踏まえて、美談の内実を詳細に分析した結果、美談の裏に隠された次のような歴史的事実を指摘することができた。

(1) 戊辰戦後の長岡復興を委ねられた虎三郎は、同じ象門畏友の億二郎と共に、様々な復興政策を展開する。が、その際に、象山の学問思想を継承した彼ら門人たちは、教育立国思想を掲げて人材育成の教育政策を重視したのである。すなわち、敗戦後の財政破綻の中で学校建設資金を算段して捻出し、教育差別のない四民平等の新たな藩立学校として「国漢学校」を新築開校させたのである。

(2) 新校舎が落成する直前、長岡藩牧野家の分家である越後三根山藩から救援米「米百俵」が送られてくる。だが、虎三郎は、それを分配せずに国漢学校の開校資金に組み入れてしまう。美談「米百俵」の誕生である。しかしながら、事実は、救援米「米百俵」によって学校が新築されたのではなかった。換金された「米百俵」は、設備・備品などの開校経費の一部に充当されたのである。

(3) 「米百俵」の史実は、有三の作品に描かれたような単純な美談ではなかった。まず第一に、国漢学校の新築開校は、決して虎三郎個人の功績ではなかった。それは、長岡藩の復興を担った虎三郎たち藩首脳が、明治新政府が推進する教育近代化に呼応して実施した苦心の教育政策だったのである。確かに「米百俵」の史実は、結果的にみれば、虎三郎の教育立国思想の具体化とみることができる。だが、その歴史的な真実は、戊辰戦争で逆賊となった長岡藩が、忠誠の証として維新政府の要求する教育政策を率先実現するための学校建設であった。それ故に、史実「米百俵」は、決して虎三郎個人の勇気ある英断によって誕生した美談ではなかったのである。

(4) 虎三郎が初代校長に就任した国漢学校は、校名が示す通り、旧来の儒教一辺倒の漢学教育を脱却して、国学と漢学、それに洋学をも兼修する新しい学校であった。これもまた、新時代の教育内容として国学や洋学を重視する維新政府の教育政策を忠実に実行したものであった。また、同校は、旧来の藩校が武家の子弟に入学を身分限定していたのに対して、全ての領民子弟が等しく学べる開かれた学校として開校された。このことも、従来は、国民教育を説く虎三郎の先駆的な教育立国思想の実現によるものと理解されてきた。だが、事実は、四民平等の国民皆学を国是とする維新政府の強力な教育政策を誠実に履行した結果であったのである。

(5) 以上に指摘した諸点は、本書が初めて明らかにした歴史的事実でり、従来の「米百俵」の美談を覆す内容であるかも知れない。だが、「米百俵」の逸話は、「美談」である前に厳粛な歴史的事実、すなわち「史実」なのである。このことは認められなければならない。

しかし歴史学的な視座から、美談「米百俵」の誕生経緯とその内実を詳細に吟味してみると、従来の解釈とは違った意味において、「米百俵」の「史実」は「美談」に値する出来事であった、と再認識することができる。すなわち、救援米「米百俵」の使途は、教育立国思想を掲げる虎三郎と彼の盟友たちの決断と実行によって学校開設資金に組み込まれたのである。それによって「米百俵」は、単なる経済的価値を超えて測りしれない精神的価値を惹起し、長岡の人々に戦後復興に立ち向かう勇気と希望を喚起した、ということである。莫大な学校建設資金の総額からみれば、「米百俵」の代金は微々たる金額であった。だが、維新政府の教育政策を主体的に受け止めて、学校建設による人材育成こそが長岡復興の全ての基礎であると説く虎三郎の教育立国思想が、長岡復興への大きな起爆剤となったことは否定できない。

人間は、物心両面で如何に窮地に追いやられても、歴史の連続性から断絶した「今」という現実にのみ埋没することはできず、幾世代にもわたって連続する教育的世界を遠望して生きようとする偉大な存在である。そのような歴史を貫通する高邁な人間精神を表現する具体的事例として、「米百俵」の史実は再評価されてしかるべきであり、従前とは違った意味で「美談」と呼ぶに値するする歴史的な出来事であったのではないか。本章で立証したかったのは、このことであった。

以上のごとく本章では、美談「米百俵」の誕生経緯とその内実を、「史実」としての歴史学的な視点から厳粛に吟味した。明治維新という時代の転換期に、越後長岡で誕生した「米百俵」の美談は、財政破綻にあえぐ逆賊の長岡藩が、維新政府の意向には逆らえず、他事を投げ打って遂行した教育政策の賜物であったといえる。

だが、そこには、明治維新という転換期の時代思潮を読み違えず、しかも維新政府の国家権力に抗うことなく、学校開設による人材育成という最も平和的な手法で、戦後復興に立ち向かった英明にして篤実な指導者として、主人公の虎三郎を再評価すべきではないだろうか。同門畏友の億二郎たち長岡の人々と共に、敗戦後の長岡復興にかけた彼の必死の思いが、「米百俵」の史実を生み出したのである。その意味で、やはり「米百俵」は美談に値する。さすれば、その史実は、明治維新の越後長岡においてのみ誕生する奇跡的な出来事ではなく、維新期の日本の彼方此方《あちこち》で、否、現代世界の何処《いずこ》においても起こりうる「美談」でもあるのではないか。

次の第三章〈明治初期における教育近代化の問題状況〉では、政治の根本課題は人材育成という教育世界の実現にある、と説く虎三郎の教育立国思想の観点からみれば、明治初期に展開された西洋モデルの日本の近代化、とりわけ教育の近代化は、人的条件と物的条件との両面において、理想と現実とがあまりにも大きく乖離し、矛盾に満ちた問題状況にある、と認識された。彼は、人的側面での問題としては、近代国家の全ての基礎である国民教育―小学教育を的確に立案し実施できる有能な人材が、地方行政はもちろん中央政府においても極めて欠如している、と指摘した。

そして、物的側面での問題は、平民児童の小学教育を左右する教科書問題に集約的にみてとれた。彼にとって、明治初期における欧米翻訳教科書の全盛という異常な教育状況は、平民教育の実現にとって大きな阻害要因として認識されたのである。特に、教科書を巡る問題は、歴史教科書の刊行状況に象徴的にあらわれていた。当時、文部省は、大人向けの欧米歴史書の翻訳書を学校教科書に指定していたので、当然、欧米史偏重の歴史教育となり、しかも、訳文の日本語は近世社会そのままの難解な漢文調であったのである。

上記のような明治初期の歴史教科書を巡る問題状況があったが故に、教科書の編纂刊行という国家的課題に、個人で取り組むにはあまりにも困難な事業であったにもかかわらず、ひとり虎三郎をして立ち向かわしめるに至ったのである。その結果、彼は、病躯に鞭打って『小学国史』(全一二巻)を執筆し刊行したわけである。平民児童が理解できる平易な国文で書かれた歴史教科書としての「国史」の誕生であった。虎三郎の歴史教科書は、欧米翻訳教科書が全盛の明治初期において、「日本人が日本文で日本児童のために執筆した日本史の教科書」の嚆矢であり、これを転機に、日本人自身による自前の教科書編纂の事業が、文部省の主導で本格化することになったのである。

第四章の〈国文による歴史教科書『小学国史』の編纂刊行〉では、晩年の虎三郎が、病苦に懊悩しながら編纂した歴史教科書『小学国史』(明治六―七年刊)の内容と特徴を、同時代の代表的な歴史教科書であった文部省編『官版史略』との比較考察を通して具体的に検討した。

虎三郎編『小学国史』は、大人の読物としては興味深い内容の歴史書であり、小学校の教師が歴史理解を深め授業を準備する参考書としては、実に有益な歴史書であった。だが、同書を、教師が授業に使用する教授用書「小学授業之書」として、あるいは児童の歴史教科書としてみた場合には、次にあげる幾つかの問題点を指摘しなければならない。

(1) 全一二巻という大部な虎三郎編『小学国史』は、学校の限られた授業時数内で消化できる教材量を遥かに超えた分量であり、また、購入する教師や児童にとっては多大な経済的負担を強いるものであったこと。

(2) 文部省刊行『官版　史略』の禁欲的で簡潔明瞭な叙述と比較した場合、『小学国史』には、編者である虎三郎自身の歴史観に基づく主体的な歴史解釈が直截に表現されており、極めて個性的な歴史書であること。それ故、同書には、公教育における歴史教科書としての客観性や妥当性が問われると同時に、小学校の歴史教育が、はたして「国史」(日本歴史)のみに限定されてよいのか、という問題点も指摘されなければならないこと。

上述のような問題点は、虎三郎が『小学国史』を編纂した明治初期における教育近代化の問題状況を抜きにして考えることはできない。すなわち、国家主導で欧化政策が推進される文明開化の時代状況の下で、欧米歴史の翻訳書がそのまま小学校の歴史教科書として使用されていたことの問題性と、そこからもたらされる西洋史偏重という歴史教育の問題性である。実は、そのような明治初期の教科書を巡る問題状況に対する批判と反省の上に、「日本人による日本児童のための日本史の歴史教科書」の作成を意図して編纂刊行されたのが、虎三郎の『小学国史』であったわけである。それ故、明治初期の欧化全盛という時代的条件を捨象して、虎三郎が編纂した『小学国史』の歴史教科書史上における位置や意義を論ずることはできない。

ところで、西洋史偏重の内容であった文部省の『官版　史略』は、虎三郎の『小学国史』が刊行された直後に、『万国史略』(明治七年)と『日本史略』(同八年)とに分離再編される。さらに明治十四年(一八八一)には「小学校教則綱領」が公布され、小学校の歴史教育が「尊皇愛国ノ士気ヲ養成」することに目的化され、内容も「日本歴史」に限定されることになった。

このような欧化政策に対する反動化の現象が強まる明治十年以降の急激な時代変動からみれば、虎三郎の『小学国史』は、歴史教育の転換期の作品であり、欧化全盛の西洋史一辺倒から尊皇愛国を強調する日本史重視に向かう時代動向を先取りした歴史教科書であったとみることもできなくはない。

だが、それは誤解である。日本の教育近代化の質的転換を意味する「小学校教則綱領」の公布後に加速される、尊皇愛国の皇国史としての歴史教育を担う日本史の教科書と、虎三郎の『小学国史』とは、決して同列あるいは同質のものではなかった。この点を看過してはならない。『小学国史』は、変転する政治動向に迎合した作品では決してなかったのである。それは、恩師象山の「東洋道徳・西洋芸術」思想を継承した虎三郎自身の教育的な思想世界を、歴史教科書の編纂に具体化した労作であった、と評することができる。

第五章の〈漢書『大徳国学校論略』を明治初期の日本に翻刻紹介〉では、虎三郎が、いまだ近代化の端緒にあった明治初期の日本に翻刻紹介した漢書『大徳国学校論略』の意図や経緯、内容や特徴などの数々を分析した。特に、同書の刊行に関わった東西両洋の三ヶ国（ドイツ・中国・日本）の関係者たちが同書に込めた各々の意図を比較検討し、その上で同書の内容と特徴を詳細に分析した。その結果、次の諸点を指摘することができた。

(1) 同書は、西洋教育文化の単なる紹介書ではなく、また、清朝中国の偏狭な西洋認識と皮相的な西洋化の問題を弾劾するがごとき書物でもなかった。原著者のドイツ人宣教師は、アヘン戦争後の中国社会が、依然として強固な中華意識を墨守したままで中体西用の近代化を展開している現実を問題としたのである。

すなわち、西洋近代社会が生み出した果実としての「西洋芸術」（西洋近代の科学技術）のみの受容にとらわれた、安易で性急な近代化を推進する清朝中国の近代化政策との対比において、ドイツに象徴される西洋文明社会の教育文化を紹介しているのである。

(2) 原著の副題に「一名西国学校」とあるごとく、同書の内容は、単にドイツの学校制度に限定されたものではなかった。原著者の母国ドイツは近代化を達成した西洋先進諸国の代表的事例として扱われており、しかも学校だけでなく、西洋の教育文化を広く包括的に紹介している。それもそのはずである。博士号の学位を有し教養豊かで学究肌の宣教師であった原著者は、東洋の異国である中国に長く在住して、現地の生活と言語に精通していたのである。

それ故に彼は、単なるドイツと中国の二国間における学校教育の比較という狭隘なパラダイムを超えて、東西両洋の比較教育文化史的な視座と洞察をもって叙述している。その意味では、同書を国際的な比較教育文化書とみてもよいであろう。

以上のような内容の漢書『大徳国学校論略』を、西洋モデルの近代化が進行する明治初期の日本に翻刻紹介したのが虎三郎であった。彼は、英仏両国に遅れて近代国家の建設に着手したドイツが、近代化の先進国である英仏の経験と成果を効率的に摂取して、極めて短期間の内に近代化を達成し、今や英仏両国を凌駕するまでに富国強兵・殖産興業を実現した近代国家となった成功事例として、ドイツの近代化に刮目したのである。彼は、西洋世界で後進国から先進国に上昇したドイツこそが、同じ後発型である日本の近代化モデルには最も相応しい、そう認識したわけである。

日本の従来の歴史学では、中国近代化を推進した「中体西用論」や日本の「東洋道徳・西洋芸術」などの思想を、後進国における折衷主義の近代化論として否定的に捉えてきた。日本の歴史学界の、近代化することを西洋化することに一元化して捉え、西洋近代の指標(メルクマール)を絶対視し追従するがごとき歴史理解には、異文化を理解し受容する側の主体的な条件、すなわち受容する側の主体性(sujectivity)が捨象されてしまうという歴史認識の誤謬が内在している。このような日本近代化論の問題を指摘しておかなければならない。

以上のような歴史的意味を持つ漢書『大徳国学校論略』の日中両国における理解は、東洋と西洋という二分的な世界観の図式で捉えるならば、当然、日中共に西洋を西洋のままで理解できるはずもなかった。それ故に、西洋文明を生み出す精神基盤となっているキリスト教の理解にまでは及んでいなかった。このことは確かである。

しかしながら、日中とはいっても、中国人の校訂者や推薦者と、日本の虎三郎の場合とでは、明らかに認識の相違が認められる。虎三郎は、西洋人であるドイツ人宣教師が観察し分析したアヘン戦争後の中国近代化の問題性を

「他山の石」として受け止め、日本の近代化推進に有益な成功事例（ドイツ）と失敗事例（中国）の両方を同時に提供してくれる格好の書物として『大徳国学校論略』を捉え、同書をいまだ近代化の端緒にあった明治初期の日本に翻刻紹介することができたのである。

虎三郎が、翻刻『徳国学校論略』を刊行した当時における日本近代化のモデルは、フランスでありアメリカであった。だが、彼には、そのような日本近代化のモデル設定は、欧米と日本との間の風土的、歴史的、文化的な諸条件の相違を全く無視した、極めて懸隔の大きいものと映った。日本の内外共に厳しい現実状況を冷静に認識するとき、ドイツ型の近代化こそが適切妥当な日本近代化のモデルである、そう彼は考えたのである。

何故に、ドイツ・モデルであるべきなのか。ドイツ近代化の具体的な政策実施においては、近代化の基礎的条件である国民教育が何よりも重視されていたこと、そして、役人、教師、牧師、宣教師、軍人、商人、職人など、全ての職業人が、職業選択に対応した学校教育の恩恵を享受して、基礎的あるいは専門的な知識技術を習得して職務に専念していること、つまりドイツは学校教育の普及徹底を基礎として近代化を達成していること、等々を彼に痛感させてくれたのは、他ならぬ漢書『大徳国学校論略』であったのである。

虎三郎の『徳国学校論略』の翻刊という教育的活動は、恩師象山の「東洋道徳・西洋芸術」という思想世界を、明治初期の日本近代化に具現化しようとした彼自身の国家的レベルにおける業績の一つとみてよい。『徳国学校論略』は、日本に紹介されたドイツの教育文化に関する体系的な文献の嚆矢であった。この彼の先駆的な業績は、結果的には明治二十年前後に近代化モデルがドイツ型に転換される契機になったとみることができる。

第六章の〈明治初期の教育界を啓蒙した英米翻訳教育書の校訂活動〉では、明治初期にオランダ人御雇外国人教師（ファン・カステール）が英文から翻訳した日本語の訳文を、虎三郎が校訂して文部省から刊行した英米翻訳教育書（アメリカ教育書『学室要論』『教師必読』とイギリス教育書『童女筌』の三冊、いずれも明治九年に文部省より刊行）につき、その内容や特徴の詳細な分析を試みた。
彼らが翻訳、校訂して日本の教育界に紹介した英米教育書は、豊富な教師経験を有する欧米の原著者たちがまとめた、教員の養成や研修に有用な実践的教育書であった。そこには教師論や教職論、教育内容論や教育方法論など、英米教育に関する最新知識が盛り込まれていた。国民形成という日本近代化の重要な国家課題の実現を担っていた文部省は、明治五年(一八七二)の学制発布の後、欧米各国の教育書や教授書の翻訳刊行を積極的に推進した。その先駆的役割を担ったのが、ファン・カステールであり、虎三郎であった。彼らが翻訳校訂した教育書は、旧態依然とした明治初期の教育状況の中で、日本の教育近代化を担う学校現場の教師たちに、欧米新教育の実際を垣間みせる新たな機会を与えるところとなったのである。

第七章〈幕末期におけるオランダ原書の翻訳活動〉では、ペリー米国艦隊が浦賀に来航した翌年(安政元年、一八五四)、虎三郎は、恩師象山の横浜開港説を奉じて藩主や幕閣に上書したために、藩当局より罪科を被り、郷里の越後長岡に蟄居謹慎を命じられた。以来、彼は、戊辰戦争が勃発する前年の慶応三年(一八六七)までの十数年間に、オランダ語の読解力を活かして幾冊ものオランダ原書を翻訳した。本章では、これまで全く知られなかった彼の翻訳活動の成果を分析して内容や特徴を明らかにし、同時に日本洋学史上における歴史的な意義をも考察した。その研究成果の概要は次の通りである。

(1) 虎三郎が翻訳した「籌海《ちゅうかい》試説」「重学訓蒙」「察地小言」「泰西兵餉一班」「野戦要務通則一班」「馬基頓《マセドニー》二英主伝」は、いずれもオランダ原書の抄訳である。「重学訓蒙」は物理の力学書、「馬基頓《マセドニー》二英主伝」は西洋の歴史書であり、その他の四冊はオランダ軍人の著した西洋兵学書の抄訳であった。

(2) 虎三郎が翻訳した西洋軍事科学を中心とするオランダ原書の内容は、幕末期の日本には全く紹介されていない西洋日新の最新知識であった。それにもかかわらず、彼の翻訳活動の成果は、今もって日本の洋学史の中に位置づけられてはいない。したがって、本章で取り上げた虎三郎の翻訳作品は、本邦初公開の貴重な作品とみることができる。

(3) 幕末期の病苦にあえぐ不遇な時期にオランダ原書の翻訳活動に心血を注いだ虎三郎は、明治維新の後、長岡藩大参事(旧家老職)に選挙されて戊辰戦後の長岡復興に尽力し、期せずして美談「米百俵」の主人公となる。だが彼は、明治四年(一八七一)の廃藩置県を機に、復興途上の郷里長岡を去って上京し、漢書『大徳国学校論略』(一八七三年)を明治初期の日本に翻刊し、ドイツを中心とする西洋先進社会の教育文化を紹介する。この先駆的な翻刻活動もまた、幕末期以降に彼が展開した西洋新知識の翻訳活動の一環とみることができる。

(4) 特に虎三郎の翻訳活動において注目すべきは、彼が常に平易な国文の日本語訳を心掛けていたことである。それは、多くの日本人が、身分や地域などによる教育的差異を超えて、等しく西洋日新の新知識を学ぶことができる平等社会に改革すべく、平民教育の実現を切望する彼自身の教育的な配慮からであった。それ故に彼は、明治維新の直後に本格的な国語国字の改革論を展開し、『明六雑誌』を舞台に展開される国字改革をめぐる論議をリードしたのである。しかも彼は、自らの国字改革論の具体的な実践として、平易な日本語による歴史教科書『小学国史』(全一二巻)を編纂し刊行したのである。

はたして、わが国における本格的な国語国字改革の論議は、維新前後の早い時期から前島密、西周、福沢諭吉、西村茂樹などの先達によって活発に展開されていた。だが、虎三郎こそは、彼ら著名人たちに先んじて国語国字改革を主張した先駆者であった。彼の国語国字改革の思想とその実践は、本章で取り上げた幕末安政期以降に展開された彼の翻訳活動に看取することができるのである。

以上の七つの章は、虎三郎が幕末維新期の日本近代化に関わって展開した学究的活動の内容分析であった。しかし、最後の第八章〈病翁小林虎三郎の病気と病状の分析〉は、内容的に全く異質なものである。彼は、学問的大成をめざした江戸遊学の中途で、黒船来航という幕末動乱の政治的騒擾の中で処罰され、郷里長岡に蟄居謹慎を命じられ、無念の後半生を生きなければならなかった。だが、その後の彼は、常に長岡藩や日本の現状を冷静に認識して問題を発見し、直面する現実的課題の解決に向かって自身がなしうる役割を探求して、独自の具体的な活動を展開していくのである。

象山塾で同門の吉田松陰や勝海舟などと比較すれば、彼の人生は極めて地味であった。だが、日本近代化に関わって彼が遺した功績は大きい。実は、そうした彼の活動の数々は、壮絶な病魔との戦いの連続の中で展開されたものであったのである。この点が、従来、美談「米百俵」の主人公を理解する際の盲点であった。

虎三郎は、誕生して間もなく天然痘に罹って生死を彷徨い、一命は取りとめたものの重度の後遺症が残った。左眼の失明と顔面の痘痕《とうこん》(あばた)である。彼は、幼くして心身に深く刻まれた病痕を背負って生きなければならなかったのである。だが、不幸は更に追い打ちをかけた。天然痘の後遺症が病因と思われる難病の数々が、長岡に蟄居した直後の二十代後半の彼に襲いかかったのである。リウマチ、皮膚病、肝硬変、肺結核などの相次ぐ発症であった。いずれも完治する見込みのない難病であった。心身両面での症状は実に耐え難く、様々な痛苦を伴った。だが彼は、病苦に懊悩しながらも決して挫折せず、強靱な意志力と使命感とを持続して必死に人生を駆け抜け、五〇年の天寿を全うしたのである。

美談「米百俵」の主人公が、幕末維新期の日本近代化と共に辿った人生の軌跡は、長く厳しい病魔との格闘を抜きに理解することはできない。それ故に本章は、先行する七つの章の研究内容を、虎三郎の側から追体験的に理解する上では看過できない、虎三郎研究の基礎的かつ基盤的な研究なのである。特論とも呼ぶべき本章において、宿命のごとくに彼が背負い続けた難病の数々と心身両面での過酷な症状の実態を、様々な関係史料を分析して、具体的に明らかにすることに成功したのではないか。そう、心密かに安堵している。

以上、本書の各章において解明できた研究成果の概要を紹介した。幕末維新の激動期を生きた彼の五〇年にわたる生涯は、恩師象山の説いた日本近代化の思想「東洋道徳・西洋芸術」を修得し、それを教育立国の思想として明治以降の日本近代化に具現化すべく、国家レベルで様々な学究的活動に展開した軌跡であった。美談「米百俵」の史実は、彼の描いた教育的軌跡を構成する一つの断面に過ぎないものであった。今、そう理解できるであろう。

だが、その史実は、彼の教育立国思想の展開を象徴する最も具体的な出来事であったことは確かである。今、彼が生きた学究的生涯の全体像から、史実「米百俵」に照射し直して再認識するとき、それは新たな美談として理解されるに足る出来事であったことが理解できるであろう。

畢竟するに「米百俵」の史実は、特定の時代と場所に生起する特殊な出来事では決してなかった。この基本認識こそが、肝心なのである。それは、幕末維新期の日本近代化を象徴する「東洋道徳・西洋芸術」の思想を含めて、東アジアの儒教文化圏における西洋モデルの近代化を推進する教育立国思想の具体的な表現であった、とみることができるからである。さすれば、史実「米百俵」を貫通する教育立国思想という東洋の高邁な人間精神は、洋の東西を問わず、歴史的な時間と空間を超えた普遍的な広がりをもつ新たな美談として捉え直すことができるのではないか。この一点に、本書の拙い研究成果を総括することができる。

【付録】米百俵の主人公・小林虎三郎に関する略年表

和暦（西暦）	年齢	月	「米百俵」の主人公小林虎三郎・長岡藩・三根山藩に関係する主要事項
文政11（1828）	1	8	・虎三郎、越後長岡藩士の小林又兵衛（親真、号は誠斎、家禄百石、母は長岡藩士梛野与次兵衛の娘の久）の七男二女の三男として誕生（兄二人が天然痘で夭折、虎三郎も罹患するが一命を取りとめ家督を相続）。
			・この年、西郷隆盛二歳、勝海舟六歳、佐久間象山十八歳。
文政12（1829）	2	4	・父又兵衛、藩校崇徳館（文化五年、一八〇八年創立）の助教に就任。
		12	・古学派の秋山景山が、藩校崇徳館の都講（校長）に就任。
			・朱子学派の高野松陰が、藩校崇徳館の都講（二人制）に就任。
天保2（1831）	4	4	・長岡藩第九代藩主牧野忠精が老中を辞任、牧野忠雅（忠精の四男）が第十代藩主を襲封。
天保4（1833）	6	11	・虎三郎の恩師となる佐久間象山（信州松代藩）、江戸に遊学し林家学頭の佐藤一斎に師事。
天保7（1836）	9	2	・象山、江戸より帰藩、松代藩の城内で経書を講義。
		7	・父又兵衛、新潟町奉行に就任。
天保9（1838）	11	4	・象山、藩命で越後を探訪、長岡藩新潟町奉行の小林又兵衛と邂逅。
天保10（1839）	12	2	・象山、再度、江戸に遊学し、六月、神田阿玉池に念願の漢学塾「象山書院」を開設。
天保12（1841）	14	5	・高島秋帆、武州徳丸が原で西洋砲術の操練を実施。
		9	・象山、松代藩の江戸藩邸の学問所頭取に就任。
天保13（1842）	15	6	・松代藩主・真田幸貫（松平定信の次男）が老中に就任し海防担当となり、寵臣の象山にアヘン戦争に揺れ動く海外事情の調査を命ずる（象山の洋学学習への転機）。
		9	・象山、高島秋帆門人で伊豆韮山代官の江川坦庵に入門し、西洋砲術を修業。
		11	・象山、欧米への対応政策「海防八策」（アヘン戦争の分析と日本の対応策）を藩主に上書。
天保14（1843）	16	4	・幕府、長岡藩に新潟町の上知を命じ天領とする。
		11	・長岡藩第十代藩主牧野忠雅、二十五歳で老中に就任し、内憂外患の幕末期の外交に尽力（安政四年の病気辞任まで長期間在職）。
弘化2（1845）	18		・象山、オランダ語を習得し、オランダ原書にて本格的な洋学研究に向かう。
			・虎三郎、この頃、長岡藩校崇徳館の助教に就任。

弘化3(1846)	19	1	・畏友の川島億二郎(後に三島と改姓)、藩校崇徳館の助教に採用。
嘉永2(1849)	22	6	・億二郎、藩主牧野忠雅の養子忠恭(三河西尾藩主松平乗寛の三男)の若殿様御小姓役に任ぜられ江戸へ出発。
		10	・象山、蘭和辞書『増訂和蘭語彙』の出版を計画(この年、信州の松代藩・上田藩・飯田藩などから江戸の象山塾に入門して西洋砲術を修業する者が多数)。
嘉永3(1850)	23		・虎三郎、藩命により江戸に藩費遊学。江戸の漢学者・萩原緑野(折衷学派の私塾)に入門して詩文を学ぶ。
			・象山、江戸深川の松代藩邸で西洋砲術の教授活動を本格的に開始、勝海舟(旗本)、山本覚馬(会津藩)、木村軍太郎(佐倉藩)、武田斐三郎(大洲藩)、津田真道(津山藩)など、全国諸藩からの入門者が相次ぐ。
嘉永4(1851)	24	3	・虎三郎、同藩の億二郎と共に江戸の象山塾に入門。
		5	・象山、藩邸を出て江戸木挽町(現、東京都中央区銀座)に私塾を開設。吉田松陰(長州藩)、宮部鼎蔵(熊本藩)、西村茂樹(佐倉藩)、伴鉄太郎(旗本)、大島万兵衛(出石藩)などが入門。
嘉永5(1852)	25		・河井継之助(長岡藩)、加藤弘之(但馬出石藩)などが象山塾に入門。
嘉永6(1853)	26	6	・米国ペリー艦隊が浦賀に来航。虎三郎、恩師の象山や同門の松陰などと共に浦賀に急行し黒船を見学。象山、横浜警護の松代藩軍議役に就任し、幕府の緊急対外政策「急務十条」を老中の阿部正弘に上書。
		12	・億二郎、藩の御目付役格に抜擢される。
			・億二郎、ペリー米国艦隊の浦賀来航に際して藩庁に意見書を提出して処罰を受け、御目付役格を免じられ即刻長岡に帰藩を命じられる。
			・この年、象山塾に坂本龍馬(土佐藩)、白井小助(長州藩)、西村茂樹(佐倉藩)など全国諸藩から入門者が相次ぐ。
嘉永7(安政元)(1854)	27	3	・幕府、日米和親条約に調印。
			・虎三郎、恩師象山の横浜開港説を奉じて「建白書」を藩主に提出するが、即刻、帰藩謹慎の処罰を受ける。
		4	・松陰、下田停泊中のペリー米国艦に密航を企て幕府に捕縛され、恩師象山も連座して江戸伝馬町の獄舎に投獄される。象山、獄中で半省記『省諐録』を執筆。
		9	・幕府より象山に地元信州松代での蟄居の判決。松陰には長州藩野山獄での幽囚の処分。松陰、野山獄で密航の動機とその思想的信条を『幽囚録』に著わし、恩師象山に送付し添削を請う。
安政2(1855)	28	7	・幕府、長崎海軍伝習所を設立(所長は旗本の永井玄蕃頭尚志。第一回生は勝海舟、榎本武揚、五代才助、佐野常民など)。
			・長岡の自宅に謹慎中の虎三郎、オランダ原書の西洋海防学書「籌海試説」を抄訳。
安政3(1856)	29	3	・幕府、武術講習所「講武所」を築地鉄砲洲に、洋学の研究教育機関「蕃書調所」を九段坂下に設立。
		4	・億二郎、謹慎処分を解除となる。

		8	・松陰、長州萩の叔父の杉家私塾で講義を開始（松下村塾の起原）。
安政5（1857）	31	7	・幕府、日米修好通商条約に調印。
		8	・長岡第十代藩主牧野忠雅が病没、養子忠恭（三河西尾藩主松平乗寛の三男）が第十一代藩主に就任。
安政6（1859）	32	2	・父又兵衛が死去し、虎三郎が家督を相続。 ・虎三郎、処女論文「興学私議」を脱稿し、信州松代で蟄居中の恩師象山に献呈。
		5	・長州藩の命を受け、久坂玄瑞が信州松代に象山を招聘に来訪。
		10	・象山門人の吉田松陰、橋本左内が安政大獄で刑死。松陰、刑死の直前に江戸伝馬町の牢獄で門人宛『留魂録』を書き遺す。 ・河井継之助、西国へ遊学し備中松山藩の儒学者・山田方谷に入門。
文久2（1862）		12	・土佐藩が、象山を自藩に招聘すべく中岡慎太郎他二名の使者を信州松代に派遣。長州藩も再度、久坂玄瑞・山縣半蔵他一名を信州松代に派遣。
文久3（1863）	36	2	・長岡藩分家の三根山藩牧野家第十一代当主で旗本の牧野忠泰（六千石）が、知行五千石を高直しで一万千石となり、三根山（新潟市西蒲原区峰岡）を居城とする大名（従五位下諸大夫、伊勢守）に昇格（三根山藩の誕生）。
		7	・薩英戦争（英艦七艘が薩摩湾で交戦）が勃発、十一月に薩摩藩が降伏し賠償講和を締結。
		9	・象山、九年ぶりに蟄居放免となる。 ・長岡藩第十一代藩主牧野忠恭、寺社奉行・京都所司代を経て老中に就任（同年十二月、外国事務掛。慶応元年四月に老中を辞任）。
		11	・虎三郎、火災により蟄居中の自宅を全焼。
元治元（1964）	37	7	・象山、京都で斬殺され佐久間家は断絶。
		8	・幕府、長州征討を諸藩に命令（第一次長州征伐、長岡藩も出兵）。
慶応元（1865）	38	5	・第二次長州征伐で長岡藩も出兵。
		10	・継之助、長岡藩の外様吟味役から郡奉行に昇任。 ・虎三郎、謹慎中にオランダ原書の物理学書「重学訓蒙」を抄訳。
慶応2（1866）	39	3	・薩長同盟（討幕提携の密約）が成立。
		4	・幕府、海外留学を許可。
		7	・象山門人の山本覚馬（会津藩、京都初代府議会議長、同志社の創立に尽力）、勝海舟より象山遺児（恪二郎、慶応義塾を卒業後は司法省判事）の世話役を依頼される。
		8	・将軍家茂が大阪城で死去、慶喜が第十五代将軍に就任。

		12	・虎三郎、オランダ原書の地理学書「察地小言」を抄訳。
			・虎三郎、長岡藩兵制改革案「藩兵制改革意見書」を藩庁に提出。
			・幕府、英国に留学生一二名を派遣(留学生取締役は象山と親交の中村正直)。
			・前島密、将軍徳川慶喜に「漢字御廃止之議」を上書(国語国字改革論の嚆矢)。
慶応3(1867)	40	7	・長岡藩第十二代藩主に養子の牧野忠訓(丹後宮津藩主本庄宗秀の次男)が就任。
		10	・継之助、長岡藩の家老職に昇任。
			・徳川慶喜、大政奉還。
			・虎三郎、オランダ原書の軍事食糧学書「泰西兵餉一班」及び西洋兵学書「野戦要務通則一班」を抄訳。
明治元(慶応4)(1868)	41	1	・王政復古の大号令。
			・鳥羽・伏見の戦い(戊辰戦争が勃発)。
		2	・新政府、学校掛を設置し国学者三名(矢野玄道・玉松操・平田鉄胤)を学校取調に任命。
		4	・五ヵ条の御誓文を発布。
			・継之助、家老上席となり藩の軍事総督に就任。
		5	・征討軍が上越国境の三国峠を突破し、越後小千谷を占領。
			・継之助、小千谷慈眼寺で新政府軍の軍監岩村精一郎(土佐藩)と会談するが決裂。長岡藩、奥羽列藩同盟に加盟し、北越戊辰戦争が勃発。
		7	・長岡城が落城(藩主牧野忠訓は会津へ避難)。
		8	・長岡城を奪還、継之助が負傷。征討軍が長岡城を再度、奪還。
			・奥羽越列藩同盟の三根山藩、新発田藩、村松藩、村上藩など越後諸藩が官軍に降伏離脱。継之助は戦傷で死去(享年四十一)。
			・虎三郎、江戸横浜に遊学中の実弟雄七郎に、帰国参戦せず学問研鑽に励むべきことを説諭。
			・虎三郎、藩主を追って会津から仙台に脱出。九月末に藩主忠訓が米沢で降伏・帰順、長岡藩は無条件降伏。
		10	・明治と改元(一世一元の制を制定)。
		12	・藩主忠訓が隠居し第十三代藩主に牧野忠毅(第十一代藩主忠恭の四男)が就任、七万四千石から二万四千石に大幅減録の上、長岡藩が再興。
			・維新政府より三根山藩に転封命令(領地替えの沙汰)。
明治2(1869)	42	1	・東北諸藩に対する処分の詔書が発布。
		2	・維新政府、「府県施政順序」を発令し、全国の府県に四民平等の小学校の設立を奨励。
			・藩当局、四郎丸村の昌福寺を仮校舎に藩校を再興し、藩士子弟の教育を再開。
		5	・虎三郎の母(久)が死去。

年	年齢	月	事項
		7	・維新政府、版籍奉還を発令。長岡藩主の牧野忠毅、版籍を奉還して長岡藩知事に任命され、同時に三根山藩主牧野忠泰も三根山藩知事に就任。藩の職制改革により、虎三郎が牧野頼母・億二郎と共に大参事（旧家老職）に選挙される。
		11	・維新政府より三根山藩の転封先は信州伊那との命令。
		12	・維新政府より三根山藩に対する転封中止の命令。
			・長岡藩、維新政府に幾度も緊急救援米の提供を嘆願するが全て却下される。
			・前島密、維新政府に「国文教育の儀に付建議」を上書。
明治3（1870）	43	3	・維新政府、戊辰戦争の朝敵（越後諸藩を含む東北諸藩）に小学校設立の布達を発令。
		5	・実弟雄七郎、慶應義塾に入塾（最上級の四等に入塾、二十六歳、証人は長岡藩士の藤野善蔵）。同級に馬場辰猪などがおり、塾長は小幡篤次郎、小幡仁三郎、永島貞次郎、阿部泰蔵、藤野善蔵、小泉信吉の六人で輪番制。
			・三根山藩（明治三年に峰岡藩と改称）が本家の長岡藩に救援米「米百俵」を恵送。
		6	・「米百俵」の代金（約二百七十両）を組み込んだ国漢学校（国漢学と演武場、直後に医学局、洋学局を増設）が新築開校（長岡坂之上町）。虎三郎が初代学校長に就任し、開校式で経書「大学」を講義。
		7	・太政官より、三根山藩に峰岡藩と改称の沙汰。
		9	・牧野忠毅、廃藩置県に先んじて藩知事を辞任し版籍を政府に返上、長岡藩は廃藩となり、政府直轄の柏崎県に併合。虎三郎は柏崎県より「学校并演武場掛」を拝命。
		10	・この頃、象山門人の加藤弘之（出石藩）、西村茂樹（佐倉藩）、小松彰（松本藩）などが維新政府の文部省に高官として在職。
明治4（1871）	44	2	・福沢諭吉『学問のすゝめ』（初編）を刊行。
		5	・長岡藩の藩校であった国漢学校は、県立柏崎学校の分校となり、自然廃校の状態となる。
		7	・廃藩置県により峰岡藩（旧三根山藩）は峰岡県に改組。
			・象山門人、象山遺稿『省諐録』を刊行（勝海舟の序文、虎三郎の跋文）。
		8	・虎三郎、この前後に文部省より「中博士」（大学の教授か編集官）への任官要請を受けるが病気を理由に辞退。
			・この頃、二十代から難病に病んできた虎三郎は、「小林病翁」と改名。
			・廃藩置県の直後の秋、虎三郎は藩の公職を辞して郷里長岡を去り、東京に移住。
			・実弟雄七郎、福沢諭吉の推薦で土佐藩立学校へ洋学教師（英語）として赴任、虎三郎も病気療養を兼ねて高知へ同行。
		12	・太陽暦の採用、徴兵令の発布。
明治5（1872）	45	4	・雄七郎の土佐藩との雇用契約期限が切れ、虎三郎も高知から東京の弟宅に戻る（土佐滞在は約半年間）。

		5	・雄七郎、大蔵省駅逓寮に任官し、大蔵大輔の伊藤博文などの知遇を得る。
		8	・東京に国立師範学校（後の東京高等師範学校）を設置。象山塾で親交の深い勝海舟が参議兼海軍卿に就任。
		9	・太政官、「学制」を発布（西洋型の近代学校制度の成立）。
		11	・億二郎の尽力で、長岡洋学校が開校（後の長岡中学校、英語教師として長岡出身で慶應義塾教員の藤野善蔵を招聘、俸給は破格の月一二〇円）。
明治6（1873）	46	2	・明六社が発足（象山門人の加藤弘之、西村茂樹、津田真道が参画。社長は最年少の森有礼）
		4	・虎三郎、『小学国史』（全一二巻）の刊行を開始（第一巻の序は中村正直。最終巻は翌年七年以降に刊行）。
		6	・柏崎県が廃止され新潟県に併合される。長岡洋学校は新潟学校の分校となり、十一月に藤野善蔵は退職して帰京。
		11	・福沢諭吉、漢字廃止を主張して国語読本『文字之教』を編集刊行。
明治7（1874）	47	1	・板垣退助・副島種臣らが民撰議院設立建白書を提出。
		3	・西周が『明六雑誌』創刊号に、論文「洋字ヲ以テ国語ヲ書スルノ論」を発表し、日本語ローマ字化を主張。
			・同誌に西村茂樹が西周論文への反論「開化の度に因て改文字を発すべきの論」を発表。
		5	・明六社の社員・清水卯三郎が、前島や西の国語国字改革を批判し、論文「平仮名の説」を発表。
		6	・虎三郎、ドイツ人宣教師が中国で出版した漢書『大徳国学校論略』（上下二冊）を翻刻して明治初期の日本に紹介（日本へのドイツ学校教育制度の本格的な紹介の嚆矢）。
明治8（1875）	48	7	・虎三郎の実弟雄七郎が中心となり長岡に育英団体「長岡社」を設立。
明治9（1875）	49	4	・象山門人の西村茂樹（文部省高官）、東京修身学社（日本弘道会）を創設。
		6	・虎三郎校閲、オランダ人ファン・カステーレン訳『学室要論』（文部省より刊行）。
			・虎三郎校閲、オランダ人ファン・カステーレン訳『教師必読』（文部省より刊行）。
		7	・虎三郎校閲、オランダ人ファン・カステーレン訳『童女筌』（文部省より刊行）。
			・柏崎県立長岡分校が廃止となり、九月に私立長岡学校として独立（校長職の学校取締には億二郎が就任）。
明治10（1877）	50	2	・西南戦争が勃発、長岡藩士族も政府軍として従軍。
			・象山門人の加藤弘之、開成学校（後に東京大学）の総理に就任。
		7	・虎三郎、群馬県伊香保温泉に病気療養の湯治旅行（「伊香保日記」に詳細な記述）。
		8	・二十四日、病状急変し急ぎ伊香保から東京向島の実弟雄七郎宅に帰るが、その日に病歿。享年五十（法名は雙松院文覚道炳居士、東京谷中の共同墓地に埋葬）。
			・この年、木戸孝允（四十五歳）、西郷隆盛（五十一歳）、山田方谷（七十三歳）などが死没。
明治11（1878）	没1	4	・恩師象山の漢詩集『象山先生詩鈔』（上下二巻）が門人・子安峻が創設した活版印刷所「日就社」（読売新聞

			社の前身）から刊行（二品宮山階親王の序文、勝海舟の題字、中村正直の校注、虎三郎の跋文は実弟の雄七郎が清書を代筆）。
		9	・明治天皇、北陸東海地方巡行に出発（途中、長岡を訪問）。
明治12(1879)	没2	3	・虎三郎の甥の小金井良精が東京大学医学部第一回生として主席で卒業し、ドイツへの官費留学が内定。
		4	・億二郎、新潟県古志郡長を拝命。
		12	・甥の小金井良精、象山門人小松彰（信州松本藩出身）の姪（八千代）と婚約を済ませ、翌年十一月にドイツへ留学。
明治15(1882)	没5	2	・虎三郎著「雙松西遊記」（実弟の雄七郎が校閲）。
			・宮内省より象山の霊前に追弔金下賜。
		11	・「安政の大獄」で刑死した松陰の遺骸が埋葬された東京都世田谷区豪徳寺（旧長州藩主別邸地）に松陰神社を創建。
明治18(1885)	没8	6	・甥の小金井良精がドイツ留学から帰国し東京大学医学部講師に就任（東京大学総理は象山門人の加藤弘之）。十一月に小松彰の姪（八千代）と結婚するが、翌年六月に新妻が病死（享年二十二）。
明治19(1886)	没9		・甥の小金井良精、弱冠二十九歳にして東京大学医学部教授に昇進。
明治20(1887)	没10	1	・ドイツのヘルバルト派教育家のハウスクネヒトが来日、東京大学で教育学を講義（ドイツ教育学の本格的な紹介。これを契機に日本の教育学界はドイツ教育学に傾斜）。
明治21(1888)	没11	3	・甥で東京大学医学部教授となっていた小金井良精が、森林太郎（鴎外）の妹（喜美子）と再婚（その長女が星製薬の創立者・星一と結婚して誕生した長男が作家の星新一）。
明治22(1899)	没12	2	・初代文部大臣の森有礼、刺客に襲われ翌日死去。
		5	・雄七郎、『薩長土肥』を出版（博文館）、長岡に戻る。
明治23(1890)	没13	7	・雄七郎、第一回衆議院議員に当選（新潟県第五区—古志三島郡が選挙区）。
		10	・教育勅語を発布。
明治24(1891)	没14	4	・雄七郎、東京帝国大学第一医院で病没、享年四十七。
明治25(1892)	没15	3	・億二郎、長岡の自宅で他界（享年六十八）。
明治26(1893)	没16	8	・小金井権三郎・良精兄弟の編纂した虎三郎の遺稿集『求志洞遺稿』（上下二冊、表紙揮毫を象門畏友の勝海舟、序文は象門後輩の北沢正誠が執筆）が刊行。
明治31(1898)	没21	9	・藤原銀太郎編『近世越佐人物伝』（樋口源吉発行、擁天堂出版部発売）刊行。

明治37(1904)	没27	12	・虎三郎の甥で小金井良精の実弟寿衛造（陸軍大尉）が中国・旅順で戦死（享年三十三）。
明治40(1907)	没30		・山口県萩に松陰神社を創建（伊藤博文などの松下村塾門人たちが誓願）。
大正6(1917)	没40	1	・峰岡藩（旧三根山藩）の家臣団が「財団法人三根山有終団」を結成し、内務大臣後藤新平より設立認可を受ける。
		3	・北越新報社編『長岡教育史料』（北越新報社）刊行。同書で虎三郎が校長となった藩立国漢学校時代の教員が「米百俵」の史実経緯を詳述。この内容が後に山本有三『米百俵』の原型となる。
			・『峰岡藩史資料』（財団法人三根山有終団）刊行。
大正11(1922)	没45	6	・越佐徴古館編『越佐維新志士事略』（国幣中社弥彦神社）刊行。
大正14(1925)	没48	7	・小金井良精の実兄・権三郎（慶應義塾出身で元衆議院議員）が病死。
昭和4(1929)	没52	6	・広井一著『明治大正　北越偉人の片鱗』（著者兼発行者）刊行。
昭和5(1930)	没53	4	・松下鉄蔵著『小林病翁先生伝』（「附小林雄七郎先生伝」、著者兼発行の私家版）刊行。
昭和6(1931)	没54	5	・信州松代に象山神社の創設が内務省より認可。
昭和10(1935)	没58	1	・山本有三「真実一路」を『主婦の友』に連載（一月―翌十一年九月号）
		12	・今泉鐸次郎編『牧野家譜』（上下二巻、長岡史料刊行会）刊行。
昭和11(1936)	没59	10	・新潟県立長岡中学校編『長岡中学校読本』（「人物編」「人物編　略記・資料編」二冊）刊行。
		11	・山本有三著『真実一路』（新潮社）出版。
昭和15(1940)	没63	9	・日独伊三国同盟が成立。
		12	・星野慎一訳『土地なき民』（全三巻、ハンス・グリム著、鱒書房）刊行。
昭和16(1941)	没64	4	・国民学校令を公布（小学校を国民学校と改称）。
		10	・若月赳夫著『長岡の先賢』（互尊文庫刊）。
		12	・太平洋戦争が勃発（ハワイ真珠湾を攻撃）。
昭和17(1942)	没65	7	・山本有三論文「隠れたる先覚者、小林虎三郎」（雑誌『改造』第七号所収。翌年出版の単行本『米百俵』に収録）。
昭和18(1943)	没66	1	・山本有三の戯曲「米百俵」（雑誌『主婦之友』一月号および二月号に連載。同年六月に新潮社から出版の単行本『米百俵』に収録）。
		4	・連合艦隊司令長官・山本五十六（「米百俵」の長岡中学校卒業生）、ソロモン諸島付近で戦死。
		6	・山本有三の単行本『米百俵』（新潮社）刊行。同月、戯曲「米百俵」が東京劇場で公演される。

		12	・学徒出陣（第一回学徒兵入隊）。
昭和19（1944）	没67	10	・小金井良精（東京帝国大学名誉教授）が他界（享年八十七）。
昭和21（1946）	没69	3	・米国教育使節団、報告書（戦後の民主主義教育の原典）を最高司令官マッカーサー元帥に提出。
		5	・山本有三、貴族院議員に勅選、さらに翌二十二年には第一回参議院議員選挙に当選し、田中耕太郎らと緑風会を結成、国語運動に尽力。
		11	・中野城水著『新潟県教育史』（上巻、新潟県教育会）刊行。
昭和23（1948）	没70	5	・小村弌論文「小林虎三郎伝（三）」（新潟県民俗学会監修『高志路』戦後版新一一号、一九四八年五月所収）。
昭和32（1957）	没79	4	・今泉省三著『三島億二郎伝』（覚張書店）刊行。
昭和42（1967）	没89		・斎藤新治論文「小林虎三郎―近代教育の先覚者―」（東中通一編『越佐が生んだ日本的人物』所収、新潟日報社）刊行。
昭和43（1968）	没90	2	・今泉省三著『長岡の歴史』（第一巻、野島出版。第二巻は同年三月、第三巻は昭和四五年二月、第四巻は昭和四三年十二月）刊行。
昭和44（1969）	没91		・結城伴造著『長岡の教育百年』（野島出版）刊行。
		6	・長岡市立阪之上小学校沿革史『阪之上の教育』（長岡市立阪之上小学校）刊行。
昭和45（1970）	没92	3	・『新潟県教育百年史』（「明治編」、新潟県教育庁）刊行。
昭和46（1971）	没93	11	・今泉省三著『忘却の残塁―明治維新の長岡の三傑―』（野島出版）刊行。
昭和48（1973）	没95	2	・西蒲原郡教育会編『西蒲原郡志』（名著出版）刊行。
		9	・武田広昭編『三根山藩』（新潟県「巻町双書」第二〇集、巻町役場）刊行。
昭和49（1974）	没96	2	・星新一著『祖父・小金井良精の記』（河出書房新社）刊行。
			・山本有三、病没（享年八十七）。
昭和50（1975）	没97	2	・安沢順一郎『深く志を耕す―私の教育・倫理学ノート』（小林虎三郎と山本有三に関する論考を含む）刊行。
		8	・『米百俵　小林虎三郎の思想』（山本有三『米百俵』の新装版、長岡市刊行）。
昭和51（1976）	没98	2	・土田孝夫・吉岡又司・内山喜助著『南天一望―小林虎三郎とその周辺―』（長岡目黒書店）刊行。
		10	・『長岡中学読本　人物編　略註・資料編』（長岡高校同窓会）覆刊。
昭和59（1984）	没96	3	・蒲原拓三著『長岡藩史』（『牧野家家史』と合本版、歴史図書社より復刻）。
			・財団法人三根山有終団編『三根山藩開封三五〇年記念誌』（同法人より刊行）。
平成2（1990）	没102	11	・坂本保富論文「明治初期日本近代化を巡るドイツと中国の歴史的位置―『徳国学校論略の比較考察』―」（世

			界教育日本協会『教育新世界』第二九号所収。
平成3(1991)	没103	3	・『三島億二郎日記』(長岡市史双書第一七巻)刊行。
平成4(1992)	没104	5	・松本健一著『われに万古の心あり―幕末藩士 小林虎三郎』(新潮社)刊行。
平成5(1993)	没105	3	・『近代長岡の漢学者高橋翠村 静雲精舎存稿』(長岡市史双書第二五巻)刊行。
		11	・島宏著『米百俵 小林虎三郎の天命』(ダイヤモンド社)刊行。
平成6(1994)	没106	3	・星野慎一論文「戊辰戦争と長岡藩―「米百俵」の原点をみつめる―」(長岡市『長岡市史研究』第五号所収)。
		8	・『長岡市史 資料編三 近世二』(長岡市発行、「米百俵」に関する最新の関係史料一〇点を収録)刊行。
平成7(1995)	没107	11	・『小林虎三郎の求志洞遺稿』(長岡市史双書第三四巻)刊行。
平成8(1996)	没108	3	・『長岡市史 通史編 上巻』(長岡市)刊行。
		6	・山本有三著『米百俵』の英訳版(*One Hundred Sacks of Rice*, translated by Donald KEENE)刊行。
平成9(1997)	没110	3	・『三島億二郎日記(2)』(長岡市史双書第三六巻)刊行。
平成12(2000)	没113	2	・小島一則著『越後 三根山藩』(考古堂書店、「ビジュアルふるさと風土記④」)刊行。
		3	・『三島億二郎日記(3)』(長岡市史双書第三九巻)刊行。
平成13(2001)	没114	3	・『三島億二郎日記(4)』(長岡市史双書第四〇巻)刊行。
			・土田隆夫論文「『米百俵』と長岡藩の『教育立国』」(新潟郷土史研究会『郷土新潟』第四一号所収)。
		7	・山本有三『米百俵』(新潮文庫版、高橋健二「編集後記」)刊行。
		11	・翻刻『長岡学校沿革略誌』(土田隆夫校注、新潟県立長岡高等学校同窓会)覆刊。
平成15(2003)	没116	3	・横山真一編「近代長岡と広井一(1)(2)(3)」(新潟県立長岡明徳高校、二〇〇三―二〇〇六)。
		5	・『長岡郷土史』第四〇号「小特集 米百俵」(長岡郷土史研究会)。
平成16(2004)	没117	6	・竹元正実著『「米百俵」海を渡る』(日之出出版)刊行。
		8	・稲川明雄著『長岡藩』(現代書館)刊行。
		10	・亀井功論文「米百俵の米の出場所について再考を」(巻町郷土資料館友の会『まきの木』第八一号所収)。
平成17(2005)	没118	12	・横山真一著『新潟の青年自由民権運動』(梓出版社)刊行。
平成18(2006)	没119	1	・福田昭昌著『米百俵の精神を嗤う―経済至上主義教育改革批判―』(教育開発研究所)刊行。
		8	・坂本保富著『米百俵の歴史学―封印された主人公と送り主―』(学文社)刊行。
		9	・坂本保富論文「漢書『大徳国学校論略』の明治日本への翻刻紹介」(信州大学・坂本研究室『研究報告書』第六号所収)。

平成19(2007)	没120	3	・坂本保富論文「明治初期における欧米翻訳教育書の校訂活動」(信州大学・坂本研究室『研究報告書』第七号所収)。 ・坂本保富論文「美談「米百俵」の誕生とその真実」(信州大学・教職教育部『教職研究』創刊号所収)。
		4	・本山幸一著『越後長岡藩の研究』(高志書院)刊行。
平成20(2008)	没121	3	・坂本保富論文「教育立国思想『興学私議』の形成と展開」(信州大学・坂本研究室『研究報告書』第八号所収)。
		5	・長岡市米百俵財団編『米百俵―その先の未来へ―』(長岡市米百俵財団)刊行。
平成21(2009)	没122	1	・『ふるさと長岡』(郷土出版社)刊行。
		3	・坂本保富論文「明治初期の歴史教科書『小学国史』の内容と特徴」(信州大学『人文社会科学研究』第三号所収)。 ・坂本保富論文「明治初期における教育近代化の問題状況」(信州大学・教職教育部『教職研究』第二号所収)。
		7	・長岡大学ブックレット編集委員会『「米百俵の精神」と長岡大学』(長岡大学刊)。
		10	・坂本保富論文「病翁小林虎三郎の病気と病状の分析」(信州大学・坂本研究室『研究報告書』第九号所収)。
平成22(2010)	没123	4	・福田毅他『明日へ―生き方を変え、地域を変える―』(オフィスエラ出版)刊行。
		10	・坂本保富論文「幕末期におけるオランダ原書の翻訳活動」(信州大学・坂本研究室『研究報告書』第一〇号所収)。

あとがき

日本が未曾有の高度経済成長期にあった昭和四十年代の中頃、いまだ二十歳を超えたばかりの病弱な筆者は、日本近代化研究―幕末期の象山思想に象徴される「東洋道徳・西洋芸術」思想の研究―を志した。非西洋文化圏の極東アジアで、しかも第二次世界大戦で甚大な戦禍を被った小国日本が、何故に驚異的な戦後の経済復興をなしとげ、欧米先進国に追いつき追い越すほどの経済大国に急成長できたのか。諸外国からみれば全くの謎であった。

その謎解きに挑んだ欧米諸国の日本研究者たちは、江戸時代に蓄積された豊かな教育文化の遺産に刮目し、前近代との連続性におて日本近代化という歴史的現象を把捉し、その研究成果を次々と発表した。日本の学問世界にとっては、昭和戦後の黒船来航のごとき「西洋の衝撃《ウエスタン・インパクト》」であった。当然、舶来品志向の日本の研究者たちは、学問領域を超えて我先にと挙げて欧米モデルの日本近代化研究に着手した。

昭和四十年代の日本の学術界は、そんな時代であった。学生であった筆者もその渦に巻き込まれた。戦後日本の歴史学会では、「東洋道徳・西洋芸術」という思想は、昭和戦前の「和魂洋才」思想と同義的なものと解釈され、論理的な整合性のない和洋折衷思想として否定的な評価を受けていた。が、当時の日本の研究者たちの潮流は、欧米追随の二番煎じにみえた。それ故に筆者は、時代の流れに逆行するかのように批判的な問題意識を抱き、近代化を推進する日本側における主体性の形成や担保という視座から、幕末期日本の佐久間象山に代表される「東洋道徳・西洋芸術」という思想に着目したのである。

畢竟するに、「近代化」(modernization)という概念の内実は、「西洋化」(westernization)、すなわち西洋近代をモデルとして設定した欧米学会の独占的な指標(Merkmal《メルクマール》)であるべきなのか。近代化の概念を構成する指標には、民族性・歴史性・文化性・地域性など、多種多様な条件が考慮されてしかるべきではないか。さすれば、近代化研究で重要な視点は、近代化を推進する当事国の側の主体性(subjectivity)ではないのか。煎じ詰めれば、国の数だけの近代化がありうるのではないか。もし、日本には日本の近代化がありうるならば、「東洋道徳・西洋芸術」思想は、日本人の日本人による日本近代化の思想とみることができるのではないか。当時の筆者は、怖いもの知らずの若気の至りで、そう考えたのである。

はたして、幕末期に成立した日本近代化の思想「東洋道徳・西洋芸術」とは、如何に形成され普及し解釈され、幕末維新期以降の日本近代化に関わったのか。筆者は、この問題を研究者としてのライフワークにしたいと思った。あれから四〇年以上の歳月が流れた。筆者の研究的人生は、象山の「東洋道徳・西洋芸術」思想という大河を形成する幾筋もの河川を辿る、牛歩のごとき半生であった。探求すべき主要な流れの一つが、恩師象山の学問思想を最も誠実に継承し実践した小林虎三郎の人生であった、というわけである。

実は、本書の草稿は、すでに三年前に書き上げていた。だが、勤務する大学での管理職その他の多忙な日常や想定外の病気入院などで、脱稿前の最後の推敲ができずに歳月のみが無為に過ぎてしまった。今、ようやく出版の運びとなった。感慨無量である。幕末維新の歴史に埋もれていた主人公の軌跡の全貌を、史実に即して解読し歴史の表舞台に位置づけたい。そんな研究者としての責務を、教育思想を中心とする歴史研究の学徒であることを自認してきた筆者は、抱き続けて生きてきたのである。今、やっとその重荷を下ろすことができる。

本書は、象山思想という大河に寄り添って生きてきた筆者が、還暦を過ぎた今、漸くにして辿り着くことができた、ささやかな研究的人生の彼岸である。「米百俵」の主人公との出会いは、今にして思えば、偶然の必然であったのかもしれない。顧みれば、筆者が生きてきた六十余年の歳月は、長いようで短くも感じる。人間としても研究者としても、悩み迷える救いがたい半生であった。公私にわたり、心身共に様々な試練に遭遇してきた。が、青年の日に志した研究的人生を何とか最期まで全うしたい、有限の存在である我が人生の無限化への証として、限りある命を刻んで織りなした研究書を後世に遺したい。一途に研究者としての死に甲斐を求めて、そう、鏡の中の私に言い聞かせながら生きてきた。そんな大それた生への執念が、ときとして彼岸への逃避を願う愚かな迷妄を断ち切ってくれ、悩み迷える現世という此岸での研究的半生を支えてくれた。

昨年の春、心身の過労に疲れ切ったストレスから突発性難聴に襲われ、勤務する大学の附属病院に入院した。そのとき、還暦を過ぎた我が身の老い迫る現実を直視せざるをえなかった。と同時に、ある抑えがたい衝動が込み上げてきた。父も母も還暦を過ぎて間もなくに他界し、育ての親である姉や青春を共に生きた弟も若くして急逝し、すでにこの世の人ではなかった。学恩を被った恩師たちもほとんどが鬼籍に入られた。「私も、いつ最期を迎えてもおかしくない年齢になってしまった」。そう、実感したのである。過ぎ去りし拙い半生を顧みたとき、「この世にこんな人間がいて、そんな生き方があったのだ」、このことを記録に遺しておきたい。真実、そう思った。昨年の夏休みに、講演や集中講義などの合間をぬって、土日を返上して急ぎまとめたのが自叙伝『鏡の中の私を生きて―悩み迷える研究的半生―』（振学出版、二〇一〇年）であった。この出版にはサプライズがあった。偶然の必然で出会った日本歌謡界を代表する唄人・五木ひろしさんの声援を受けて出版できたのである。望外の喜びであった。同書の「あとがき」に、筆者は、幼少時からの無念な思いが幾重にも重なる我が半生と、悲劇と不幸に満ちた「米百俵」の主人公の人生を重ね合わせて、次のように記した。

「米百俵」の主人公である越後長岡藩の小林虎三郎の生涯。彼の不幸と不運が連続する生涯を思うとき、言語を絶する彼の無念の思いに深い共感を覚えると共に、生きる希望と勇気を喚起される。彼の学究的生涯は、知る人ぞ知る、誠実一路の地道な人生の表現であった。歴史的偉人と評価される同じ象山門人の松陰や龍馬、あるいは同藩の河井継之助などとは対照的に、誠実一路を生きた虎三郎は、激動する幕末維新史の舞台裏に埋もれてしまった。(中略)

私の悩み迷える半生は、虎三郎など歴史研究の上で出会った数多の人物の「苛酷な人生」「非業の最期」「無念な生涯」に共感し感動し、癒され励まされる半生であった。「おれの無念さを思え。お前はまだまだ。そのくらいでへこたれるな。死は一定だ。己を貫いて生きよ」。いつも、そんな励ましの言葉が、天上から聞こえてきた。夢にみることもしばしばであった。そのたびに私は、鏡の中の私と向きあい、何があっても人生を全うしようと誓いあって生きてきた。

いつの世も人間の世界は、権謀術数に満ちている。正義の論理をかざす学問の世界も決して例外ではない。だが、無念の思いに沈んでは負けだ。自分の人生に自分が負けるのは自滅だ。無念の思いは、なんとしても、この世で晴らさなければならない。無念のままでは死にきれない。心底、そう思った。さすれば、無念の思いとは、何ものにも屈せず、迎合せず、鏡の中の私に恥じなく、自分を自分らしく生き抜く源泉となるのではないか。

我が拙き半生を顧みて思うことは、「研究することは生きること、生きることは研究すること」、この一言であった。本書の出版に際して、そんな感慨が胸の奥深くから静かに込み上げてくる。

本書が、今後の「米百俵」やその主人公の研究、さらには恩師象山の研究をはじめとする幕末思想史研究の一里塚となれば、望外の喜びである。活字離れが急速に進行する昨今、本書を紐解いて下さる賢明な読者各位に衷心より深謝し、ご叱正を庶幾《こいねが》う次第である。

なお、本書を構成する八つの章は、元々は独立した論文として執筆されたものである。今回、それらを一書にまとめるに際しては、各論文とも大幅に加筆し訂正を加えた。と同時に、可能な限り平易な文章に書き改めた。また、研究全体の内容や文脈の連続性・一貫性を担保すべく、資料の引用や説明の重複を可能な限り避けようと削除や修正にも努めた。しかし、各章の研究課題を解明する上で、様々な分析視角から引用し分析する必要性があり、たとえ同一資料であっても、どうしても重複が避けられない場合も少なからず残ってしまった。読者諸賢に、もしも煩雑で読みにくい場面があるとしたならば、それは浅学非才な筆者の力量不足の致すところである。幾重にも御寛恕を請う次第である。

平成二十三年九月十一日

坂本 保富

初出一覧

第一章　教育立国思想「興学私議」の形成と展開
　信州大学全学教育機構・坂本研究室『研究報告書』第八巻（二〇〇九年三月）
第二章　美談「米百俵」の誕生とその歴史的真実
　信州大学全学教育機構・教職教育部『教職研究』創刊号（二〇〇七年三月）
第三章　明治初期の教育近代化に関する問題認識
　信州大学全学教育機構・教職教育部『教職研究』第二号（二〇〇八年三月）
第四章　国文による歴史教科書『小学国史』の編纂刊行
　信州大学人文社会科学研究会『人文社会科学研究』第三巻（二〇〇九年三月）
第五章　漢書『大徳国学校論略』を明治日本に翻刻紹介
　・初出は「明治初期日本近代化を巡るドイツと中国の歴史的位置―『徳国学校論略』の比較考察」
　（世界教育日本協会編『教育新世界』第二九号所収、一九九〇年十一月）
　・増補改稿は信州大学全学教育機構・坂本研究室『研究報告書』第六巻（二〇〇七年九月）
第六章　明治初期の教育界を啓蒙した英米翻訳教育書の校訂活動
　信州大学全学教育機構・坂本研究室『研究報告書』第七巻（二〇〇八年十二月）
第七章　幕末期におけるオランダ原書の翻訳活動
　信州大学全学教育機構・坂本研究室『研究報告書』第一〇巻（二〇一〇年十月）
第八章　病翁小林虎三郎の病気と病状の分析
　信州大学全学教育機構・坂本研究室『研究報告書』第九巻（二〇〇九年十月）

《著者の略歴と業績》

坂本 保富（さかもと　やすとみ）

略歴

昭和22年（1947）6月、栃木県上三川町に出まれる。昭和53年（1978）3月、東京教育大学大学院博士課程修了（専門は教育思想史、教育文化史）。現在、信州大学教授、信州大学評議員。東京都荒川区、学校法人大妻学院、諏訪日赤病院など公共機関の各種委員を歴任。全国各地の大学、都道府県・市町村の歴史博物館や教育委員会、学校やPTA、病院や企業などでの講演多数。

主な著書

著書には、自叙伝『鏡の中の私を生きて－悩み迷える研究的半生－』（振学出版）、『米百俵の歴史学』（学文社）、『幕末洋学教育史研究』（高知市民図書館、平成16年度の高知県出版文化賞、高知市出版学術賞を受賞）、『人間存在と教育』『思索の栞－人間・教育・歴史－』『最新教育原理要説』『我々はいかに生きるか－現代道徳教育の課題－』『日本近代教育史研究』（以上は振学出版）、『原典解説　日本教育史』（図書文化社）、『原典対訳　米国教育使節団報告書』『教科教育百年史』（建帛社）、『戦後教育四十年』（小学館）、『大妻学院八十年史』（ぎょうせい）、『日本教育史研究』『荒川区教育史』（共編、全4巻、以上は第一法規出版）、『埼玉宗教名鑑』（埼玉新聞社）、など三十数冊、他に信州大学坂本保富研究室『研究報告書』（全10巻）など論文多数。

米百俵の主人公　小林虎三郎
——日本近代化と佐久間象山門人の軌跡

2011年10月15日　第1版第1刷発行

著　者　坂本　保富

発行者　田中　千津子
発行所　株式会社　学 文 社

〒153-0064　東京都目黒区下目黒3-6-1
電話　03（3715）1501（代）
FAX　03（3715）2012
http://www.gakubunsha.com

印刷　新灯印刷
製本　小泉企画

ISBN 978-4-7620-2216-6

封印された主人公と送り主

米百俵の歴史学

坂本保富 著

昭和の文豪・山本有三の作品『米百俵』によって広く知られるようになり、また近年小泉元首相の発言でも注目された、越後長岡藩の「米百俵」の逸話。本書は、美談としての「米百俵」の史実をあらためて検証し「米百俵」にまつわる新たな見地をみいだした。

山本有三に見出されるまで、地元長岡ではまったくといっていいほど省みられていなかった小林虎三郎の存在、また、この逸話ではまったく注目されない送り主である三根山藩の存在。三根山藩とはいかなる藩か？「米百俵」にこめられた、三根山藩の人々の想いとは……。幕末維新期の長岡藩三根山藩をとりまく政治的・経済的な状況の分析をふまえ、学際的に究明した書。

目次

四六判／上製 210 頁
定価 1890 円
ISBN4-7620-1584-9